LES SIRES
ET LES BARONS DE
Chacenay

TROYES
LÉOPOLD LACROIX LIBRAIRE
MDCCCLXXXV

LES SIRES

ET LES BARONS DE

Chacenay

TROYES
LÉOPOLD LACROIX LIBRAIRE
MDCCCLXXXV

LES
SIRES ET LES BARONS
DE
CHACENAY

Imp. Brunard, rue Urbain IV, 85. — Troyes

LES
SIRES ET LES BARONS
DE
CHACENAY

PAR

M. L'ABBÉ LALORE

Ancien Professeur de Théologie au Grand-Séminaire de Troyes

---—✳—---

TROYES

LIBRAIRIE LÉOPOLD LACROIX

83, rue Notre-Dame, 83

—

1885

INTRODUCTION

M. Bertherand, propriétaire actuel du château de Chacenay possède la copie d'une Histoire des seigneurs de Chacenay, écrite au xviii° siècle. Cette histoire, restée manuscrite, comprend deux parties : Ire partie, *Histoire chronologique de la baronnie de Chacenay*; II° partie, *Chronologie des seigneurs des Tours Sainte-Parise* [1]. Après avoir contrôlé les faits avancés dans l'Histoire des seigneurs de Chacenay, nous avons pris à tâche de les rectifier et de les compléter dans notre travail, qui comprendra, d'après le même plan, trois parties : Ire partie, *Titres de la seigneurie de Chacenay et des Tours Sainte-Parise*; II° partie, *Histoire chronologique des barons et seigneurs de Chacenay*; III° par-

---

[1]. Lucien Coutant a donné une *Notice historique et généalogique de la terre et baronnie de Chacenay*, 1851, insérée dans l'*Annuaire de l'Aube* de 1852. L'auteur a eu sous les yeux le manuscrit que nous venons de citer; mais il abandonne souvent son guide pour se livrer à des excursions fantaisistes.

tie, *Chronologie des seigneurs des Tours Sainte-Parise.*
Mais avant d'entrer en matière nous croyons utile de
faire connaître le Château qui fut illustré par les barons
et les seigneurs dont nous allons rappeler le souvenir.

Le Chateau de Chacenay.

Le lecteur trouve au commencement de ce volume
la vue du château actuel de Chacenay. Ce dessin est
dû au crayon bien connu de Mme Bertherand, il a été
gravé avec soin par M. Louis Le Clert.

Nous avons ajouté à la fin de cette Introduction
deux plans par terre, dressés, l'un à la suite de l'enquête du 25 mai 1716 [1], et l'autre vers 1750 [2]. Ces
deux plans donnent l'idée du château de Chacenay et
de ses ouvrages de défense, tel qu'il se comporta en
substance de la fin du xiiie siècle jusqu'à la Révolution.

Le château de Chacenay, autrefois à la limite de la
Champagne et de la Bourgogne, est situé dans une
contrée agreste et montagneuse, sur un mamelon
escarpé, à 307 mètres d'altitude, dans le canton d'Essoyes, à 16 kilomètres de Bar-sur-Seine. Il domine
d'une façon fort pittoresque l'église et le village de

---

1. Archiv. de l'Aube, *Archiv. Judiciair.* n° 1171.
2. Cabinet de M. Bertherand. Le plan de 1750 renferme une
vue cavalière du château.

Chacenay, disposés en amphithéâtre au bas du château, sur le versant et dans un vallon étroit.

En suivant de l'œil les plans ci-joints on saisit rapidement l'ensemble et les parties principales des constructions et des travaux de défense du château.

I. L'ancien Chateau jusqu'en 1285.

Le corps de logis du château (P) regarde l'ouest ; il est appuyé au nord sur la Tour Carrée (O) et au midi sur la Grosse Tour ou Donjon du Roi (B). Dans la grande enceinte, au nord, à mi-côte, se trouve la poterne (XX) qui donne accès au village de Chacenay.

Au nord, à l'est et à l'ouest le château est naturellement fortifié par des pentes très-abruptes qui protègent des travaux d'art. Au midi il était défendu par un puissant rempart et par trois rangs de fossés larges et profonds creusés dans le roc, revêtus de pierres de taille et flanqués de demi-tours.

Vers le milieu du grand rempart méridional se trouvaient les Tours Sainte-Parise qui communiquaient avec le Donjon du Roi par une galerie établie sur le rempart[1]. C'est dans les Tours Sainte-Parise qu'était la grande porte méridionale du château avec son pont-levis. Elle ouvrait sur une avenue qui aboutissait pri-

---

1. Au XVIII° siècle on voyait encore la porte qui de l'escalier du Donjon ouvrait sur le rempart.

mitivement des Tours Sainte-Parise au chemin de Loches, en traversant divers ouvrages de défense dans l'intérieur de la grande enceinte, au midi [1]. C'était, comme aujourd'hui, l'entrée principale du château.

II. Le Chateau après 1285.

En 1285, la seigneurie de Chacenay ayant été divisée en deux parts égales dans l'intérieur même de la grande enceinte castrale, la physionomie du château fut considérablement modifiée. La partie du rempart méridional qui touchait aux Tours Sainte-Parise fut démolie, et ainsi le Donjon fut séparé de ces Tours.

Les deux seigneurs travaillèrent à munir leurs manoirs respectifs de fortifications nouvelles.

1. *Le Donjon.*

Le seigneur du Donjon, au xive siècle, fit élever au nord de la cour du Château de fortes constructions qui s'appuyèrent, à l'est, à la Tour Carrée (O), et, à l'ouest, à la Tour aux Archives (N). C'est dans ces constructions que fut édifiée la nouvelle porte septentrionale du Donjon avec son pont-levis. Cette porte donnait sur l'avenue (Y) qui conduit au village par la poterne (XX).

[1]. Cette avenue était parallèle à l'avenue (U) qui fut créée plus tard pour le service du donjon (voir les plans de 1716 et de 1750).

Au midi, non loin des Tours Sainte-Parise, sur la partie du rempart détruit après le partage de 1285, fut construite la Tour à la Truie (M), en face de la Tour aux Archives. Des ouvrages de défense et des bâtiments élevés le long du rempart méridional rattachaient la Tour à la Truie au Donjon. Alors la nouvelle porte avec son pont-levis (F) fut ouverte dans ces constructions, près du Donjon, et une avenue (U), parallèle à l'antique avenue des Tours Sainte-Parise, fut créée pour aboutir au chemin de Loches [1].

A l'ouest du Donjon, un rempart défendu par un fossé avec berge reliait la Tour à la Truie et la Tour aux Archives, de sorte que le château affectait la forme d'un quadrilatère.

Enfin un fossé large et profond, creusé parallèlement aux fortifications qui fermaient la cour du Donjon à l'occident et au nord, protégeait ces mêmes fortifications, et complétait la séparation des deux seigneuries existant dans la grande enceinte castrale.

2. *Les Tours Sainte-Parise.*

Les seigneurs des Tours Sainte-Parise firent aussi exécuter des travaux importants pour la défense et le service de leur manoir.

Deux ailes de bâtiments fortifiés s'appuyaient aux Tours Sainte-Parise. L'une s'étendait jusqu'à l'angle

---

1. Voir les plans de 1716 et de 1750.

occidental de la grande enceinte en longeant le rempart, au midi ; l'autre aile avançait au nord jusqu'au Champ de la chapelle [1]. Le long de ces dernières constructions et parallèlement au grand fossé de séparation des deux manoirs seigneuriaux, passait le chemin qui des Tours Sainte-Parise allait retomber sur l'avenue du village de Chacenay (Y), en face de la porte septentrionale du Donjon.

Les Tours Sainte-Parise ont été construites pour protéger l'entrée du Château primitif ; pendant plusieurs siècles, jusqu'à l'invention de l'artillerie, elles ne faillirent pas à leur mission. Les Tours Sainte-Parise constituent la partie la plus ancienne du Château actuel de Chacenay.

3. *La Chapelle*

Dans la grande enceinte castrale, en dehors de la petite enceinte du Donjon comme de celle des Tours Sainte-Parise « à environ 100 pieds au nord de chacun des manoirs seigneuriaux » s'élevait la chapelle du château (A). Elle servait tout à la fois au Donjon, aux Tours, et à la paroisse de Chacenay [2]; mais le Champ de l'église appartenait au seigneur du Donjon.

1. Voir le plan de 1716.
2. Au moyen-âge et dans les temps modernes la chapelle du château de Chacenay fut paroissiale. La paroisse de Chacenay avait pour succursale Bertignolles, et c'est là que le curé résidait. Chacenay fut érigé en succursale de Bertignolles par décret impérial du 28 août 1808. La nouvelle église paroissiale de Chacenay a été

Élévation latérale.

Coupe longitudinale.

Echelle de 0,005 p. mètre.

Cette chapelle est aussi ancienne que le château, et dès la première moitié du xiie siècle elle était desservie par des chapelains-curés [1]. Elle fut reconstruite au commencement du xiiie siècle, dans le style ogival primaire, et probablement qu'il faut l'attribuer à la piété d'Erard II et d'Emeline de Broyes. C'est à la nouvelle chapelle que se rapportent les donations qui sont désignées dans l'*Inventaire* [2].

Les guerres ont ruiné en partie la chapelle de Chacenay. Il ne reste plus de cet édifice que l'abside, à sept pans, voûtée en pierre ; elle est précédée d'une travée voûtée en bois. Les fenêtres sont à simple lancette, les piliers et les colonnes sont ornés de chapiteaux à crossettes végétales. Ces restes si dignes d'intérêt, mesurent neuf mètres de longueur, six mètres trente centimètres de largeur et huit mètres de hauteur. Au xviiie siècle, un portique et une nef de fort mauvais goût furent élevés et rattachés à l'ancienne chapelle [3].

A la même époque on voyait dans le sanctuaire :

---

construite sur les plans de M. Bastier, architecte ; la première pierre a été posée le 23 avril 1854, et la bénédiction a été faite par M. Robin, curé d'Essoyes, délégué de Mgr Cœur, le 2 septembre 1855. Le maître-autel et l'autel de la Sainte Vierge, en bois sculpté, ont été faits par M. Charton, de Dampierre (Aube).

1. Archiv. de l'Aube, *Cartul. de Clairvaux* : Lambertus, capellanus de Chacenniaco, 1139-1163 (*Font*. III) ; Lambertus, presbiter de *Chacennay*, 1179 (*Font*. XV) ; Michael, capellanus de Chacennaio, 1189 (*Font*. XXXI) ; Petrus, presbiter de *Chacenay*, 1190-1193 (*Font*. XXIX).
2. Voir p. 4, Ve carton.
3. Ce portique a été rasé en 1855.

1° Le maître-autel dédié à saint Nicolas, en bois, et d'un travail assez simple [1];

2° Un reliquaire, renfermant des reliques de sainte Fructueuse, en bois doré et sculpté, inauguré le 29 septembre 1751 par l'évêque de Langres Gilbert de Montmorin de Saint-Hérem [2];

3° Enfin deux statues, l'une de la Sainte Vierge et l'autre de saint Nicolas que la tradition attribue aux Bouchardon [3].

Sous le portique se trouvaient les tombes de Madame Poncher et de Mr de Méréville, avec leurs inscriptions funéraires gravées sur le marbre [4].

1. C'est encore maintenant l'autel Saint-Nicolas de la nouvelle église de Chacenay.
2. On lit dans l'*Inventaire de Chacenay*, p. 84, 85 : « 29 septembre 1751. Procez-verbal du don fait par Mr de Méréville, conseiller au Parlement de Paris, d'un reliquaire béni par M[r] l'Evêque de Langres. Par le même acte Mme Poncher fait don à la même église de Chacenay d'une partie de l'ossement du bras de sainte Fructueuse, laquelle partie a été mise par l'évêque de Langres dans le reliquaire donné par ledit s[r] de Méréville. Ledit procez-verbal contient le détail de la cérémonie. Audit procez est joint celuy du s[r] Evêque de Langres, duquel est un duplicata dans ledit reliquaire. » Le reliquaire de sainte Fructueuse est aujourd'hui dans l'église paroissiale de Chacenay ; il mesure 33 centimètres de hauteur, sans la croix, 43 centimètres de longueur, 23 centimètres de profondeur. La relique est enfermée dans un étui vitré et scellé à chaque bout. Les deux cachets armoriés, timbrés d'une couronne de duc surmontés d'un chapeau de cardinal, portent : *de gueules, au lion d'or, le champ semé d'étoiles d'argent sans nombre.*
3. Ces deux statues, un peu maniérées, sont conservées, dans l'église actuelle de Chacenay.
4.   *Inscription de Madame Poncher.*
« Cy gyst Haute et Puissante Dame Madame Elisabeth Monique
« Arnauld, v[e] de Messire Claude François Poncher, Conseiller

Aujourd'hui les inscriptions tombales sont placées à l'entrée du chœur de la chapelle, où ont été transportés, en 1855, les restes mortels de Monique Arnauld et de Michel de Méréville, qui avaient été déposés d'abord sous le portique.

III. LE CHATEAU DU XV° SIÈCLE A LA FIN DU XVIII°

Vers la fin du mois de janvier 1474, le château de Chacenay fut assiégé, pris d'assaut, et en grande partie ruiné par Léger de Dinteville, qui commandait des troupes du roi Louis XI contre Charles-le-Téméraire. Jeanne de Choiseul, alors dame de Chacenay, était attachée à la cour et au parti du duc de Bourgogne,

« d'Etat, Baronne de Chacenay, Tours S¹ᵉ Parise, Chervey, Ber-
« tignolles, Noë, Valvimbourg, les grands et petits Mallets, les
« hautes et basses Férailles, et autres lieux, qui trespassa en son
« château de Chacenay, le dix décembre mil sept cent soixante
« dix neuf, dans la soixante dix neuvième année de son âge.
« Priez Dieu pour le repos de son âme. »
Au-dessus de cette inscription sont gravées les armoiries de Monique Arnauld et de François Poncher.

Inscription de M. de Méréville.
« Ci gist Messire Jean Michel Delpech de Mereville, Chevalier ;
« Conseiller honoraire au Parlement. Il fut bon chrétien, Magistrat
« intègre, ami constant, citoyen zélé, bienfaisant envers tous,
« secourable aux pauvres et aux malades, il a laissé partout des
« marques de sa libéralité, et en particulier sur cette paroisse.
« A tant de vertus la reconnaissance et l'amitié crétienne (*sic*) ont
« posé ce monument. Il mourut au château de Chacenay, le 23
« juillet MD. CC. LXXII. agé de 63 ans. Priez Dieu pour le repos
« de son âme. »

maître de toutes les places fortes de l'ancien comté de Bar-sur-Seine.

En 1474, au moment de la ruine du château de Chacenay, le seigneur des Tours Sainte-Parise était Antoine de Chaumont, seigneur de Quitry et de Rigny-le-Ferron. Mais Antoine de Chaumont n'habitait pas les Tours Sainte-Parise, il les laissa donc en ruines ainsi que les ouvrages et constructions qui s'y rattachaient, et elles sont demeurées en délabrement jusqu'à l'extinction de la baronnie de Chacenay. Voici quel était l'état des Tours Sainte-Parise en 1694 :

« Sur une motte et plateforme sont deux tours appelées Sainte-Parise, basties de pierre, en forme de demi cercle, sur le bord d'un grand et profond fossé sec, lesquelles tours, à découvert et dont partie du dernier estage est tombé, consistant, par bas en entrant, en un vestibule, de part et d'autre duquel sont deux espèces de corps de garde ou magasins, dont l'un est cazematé, voulté en hérisson ; au dessus de chacun des quels de la hauteur de trois étages sont trois chambres à feu l'une dessus l'autre, et au milieu d'icelles, à chacun des dits estages dessus le dit vestibule, une salle en la quelle donne entrée un escalier en vis, basty pareillement en pierre, dont la cage forme une tourelle ronde, en chacune desquelles chambres restent encore deux poultres et en chacune des dites salles une poultre avec quelques poultres de solives, ne restant aucunes solives, ni planches, toiture et couverture. Au devant des quelles tours le dit fossé entre. Et de l'autre costé [1], est une distance de terrain s'estendant jusques à une redoute en forme de demi-cercle qui s'élève au dessus de la campagne, laquelle distance paroist avoir esté autre fois le jardin des dites tours et n'est à présent remply que de broussailles et espines et peut contenir la quantité de... ; et de l'autre costé, tirant à l'église, environ un arpent cinq cordes de terrain pareillement remply de broussailles, tenant icelle d'une part au fossé du chasteau de Chassenay et au jardin d'iceluy chasteau, d'aultre à un profond fossé qui le ferme, d'un bout à la dite redoute, un autre fossé entre deuz, d'aultre au cimetière et église, laquelle est pareillement comprise dans le dit cimetière dans l'enceinte des fossés qui l'environnent. Les quels tours n'ont esté habitées, ne sont habitables et servent de monument à la postérité [2]. »

Galas de Salezard, seigneur du Donjon de Chacenay, fit réparer le corps de logis, c'est pourquoi on voit aujourd'hui ses armes au-dessus de la porte d'entrée. Cependant le château en grande partie démantelé demeura longtemps inhabité et comme enseveli sous ses ruines [3]. Dans la seconde moitié du xvi° siècle il fut habité par les Dinteville ; et au xvii° siècle par Daniel

---

1. Au midi des Tours. Voir les plans de 1716 et de 1750.
2. Archiv. de l'Aube, E. 699. Suit une désignation des fiefs relevant des Tours Sainte-Parise. Voir la vente du 4 août 1707, n° 380.
3. *Titres*, n°s 254, 272, 298, 299.

du Châtelet, puis par Elisabeth de La Fontaine, marquise de Lenoncourt et dame de Chacenay ; en 1683 il était abandonné de nouveau [1], et les déclarations du 15 avril 1707, du 4 août 1707 et du 16 mars 1718 le montrent encore délaissé et en ruines [2].

De 1741 à 1748, madame Poncher devenue seule propriétaire du château de Chacenay, dont elle fit sa demeure ordinaire, fit réparer le donjon et le corps de logis, et approprier seulement les autres constructions en ruines ; l'ancienne porte des Tours Sainte-Parise fut murée.

Le 14 août 1756, dans une lettre au chevalier de La Font de Saint-Yon, madame Poncher décrit ainsi son manoir :

> Habitante d'un vieux château,
> D'où j'ai délogé les chouettes,
> On est bien loin dans ces retraites
> Et de l'amusant et du beau.
> En haut de mon donjon juchée,
> Je puis converser de niveau
> Avec le pinçon, le moineau.
> Quand ils viennent à la couchée ;
> Mais pour entrevoir un humain
> Il me faut prendre une lunette ;
> Et je suis à moitié chemin
> Pour arriver à la planète [3].

1. *Titres*, nos 364, 374.
2. *Ibid.*, nos 374, 380, 391.
3. Cabinet de M. Bertherand, *Parnasse de Chacenay*, 14 août 1756. Dans les volumes du *Parnasse*, on trouve de très-jolis vers et des lettres curieuses du chevalier La Font, l'auteur célèbre de *l'Ombre du grand Colbert réclamant l'achèvement du Louvre*...

Ce tableau est un peu sombre ; en compensation, écoutons M. Grillot, ami de la baronne et secrétaire de l'abbé de Clairvaux :

> De ce château la gothique structure,
> Que l'art a ceint d'un abyme profond,
> N'offre d'abord qu'un chaos sans figure,
> Où l'œil se perd, où l'esprit se confond.
> Mais, aussitôt que l'on le considère
> Dans ses détails et dans sa variété,
> L'on ne voit plus qu'un palays enchanté,
> Que le vray sage à ceux des roys préfère.
> Dans ses bosquets, ses grottes, ses jardins
> L'art est toujours soumis à la nature,
> Tout s'y propage avec peu de culture,
> Et pour s'orner se passe des humains.
> De ce château Poncher est la déesse :
> Mais, quel que soit de ce lieu l'agrément,
> L'on voit bientôt, pour peu qu'on la connaisse,
> Que par l'esprit, le goût et l'enjouement,
> Et par les trayts de sa haute sagesse,
> Poncher en fait le plus bel ornement.

En réalité à cette époque la demeure seigneuriale apparaissait gracieuse et coquette au milieu des ruines, sur la croupe de la colline escarpée dont les versants et une partie du plateau sont plantés de beaux arbres.

L'*État des meubles et du linge de Chacenay, en* 1767 [1], montre que plusieurs pièces étaient meublées et décorées avec luxe, et les autres fort simplement. Ainsi dans le « premier cabinet d'assemblée » ou salon de jeu, on trouve des « rideaux en grosse toile jaune » et « en

---

1. Cabinet de M. Bertherand.

toile de coton encadrée d'indienne bleu et blanc ». Les chaises sont en paille avec « carreaux de siamoise bleu et blanc. » Le « second cabinet d'assemblée » ou salon de musique est plus riche : les fauteuils et canapés sont couverts de « serge cramoisie. » On y trouve : tympanon, vielle, viole, clavecin, et pupitres à musique peints en jaune ; d'anciennes tapisseries de haute lisse, des paravents, des consoles, des écrans dorés. Dans la « chambre de Mme Poncher » l'inventaire signale : des portraits de famille attribués à Largillière et à Louis de Boullongne, de riches tentures de satin, des trumaux, des glaces, et un lit d'apparat orné de magnifiques courte-pointes en satin blanc, rose, vert et or.

Madame Poncher avait su réunir tant d'agréments dans son château, qu'elle en fit un séjour plein de charme et très-envié. C'est là que pendant la bonne saison, accouraient divers personnages de la cour et des châteaux voisins pour assister aux fêtes, concerts et récréations intellectuelles que donnait l'aimable baronne de Chacenay ; on lisait des vers, on jouait la comédie dans le théâtre d'été, au milieu des bosquets du parc, sur l'ancienne place d'armes [1], et madame Poncher remplissait les principaux rôles [2]. Aujour-

---

1. Voir le plan de 1748 (T), entre la première et la deuxième enceinte des fossés.
2. Liste des pièces représentées pendant le cours de 1766, trois ans avant la mort de madame Poncher :
Crispin, médecin. — Les Fâcheux. — Les Plaideurs. — Le

d'hui encore, au château de Chacenay, les visiteurs remarquent plusieurs tableaux représentant madame Poncher dans différents costumes de théâtre. M. Bertherand conserve dans son Cabinet les recueils de rôles et de vers en tout genre qui faisaient les délices des habitués du salon et du théâtre de madame Poncher. Ces documents intitulés *Parnasse de Chacenay* pourront servir un jour à saisir au vif et à peindre un trait de la physionomie du château français dans la seconde moitié du xviiie siècle [3].

Après la mort de madame Poncher, le château de Chacenay fut un peu négligé pendant plusieurs années ; puis éclata la grande Révolution, ennemie jurée des châteaux. Laurent Florimond de Plancy, seigneur de Chacenay, reçut l'ordre, pendant les mauvais jours, d'abattre le donjon et de combler les fossés de son château. Croyant satisfaire aux exigences du moment il fit seulement démolir à deux tiers le donjon ; car il était moralement impossible de combler les fossés. Quelques jours plus tard, M. de Plancy était incarcéré.

Pendant la période révolutionnaire, la dévastation

Médecin malgré lui. — Les Folies amoureuses. — Le Joueur. — Attendez-moi sous l'Orme. — Les Ménechmes. — L'Esprit de Contradiction.

Pour clôture : La Mère coquette. — L'Impromptu de Campagne.

3. Les principaux châteaux de la contrée avaient leur Parnasse. Voir aux Archives de l'Aube, *Cart*. 4. Q 3 *doss*. Bavière, *État des meubles du château de Villacerf*, § *La Comédie*.

continua principalement au côté méridional, la porte voisine du donjon avec son pont-levis et la Tour à la Truie furent abattues ; la Tour aux Archives et la porte septentrionale avec son pont-levis furent en grande partie démolies ; enfin, l'invasion de 1814 ajouta encore des décombres à de si grands désastres [1].

IV. Le Château actuel.

C'est à MM. Edmond et Arthur Bertherand que revient l'honneur d'avoir tiré de ses ruines l'antique manoir de Chacenay ; ils ont accompli ce grand œuvre avec un zèle au-dessus de tout éloge et n'ont rien épargné pour le mener à sa dernière perfection jusques dans les moindres détails. Les travaux de restauration commencés en 1852 furent achevés en 1858.

L'architecte fit d'abord disparaître les derniers restes des travaux de séparation des deux manoirs seigneuriaux, c'est-à-dire le grand fossé avec le mur de trois mètres d'épaisseur, à l'occident de la cour du donjon ; la Tour aux Archives et la porte septentrionale avec son pont-levis furent complètement rasées. Le plan de restauration avait pour objet principal : le château

---

1. Th. Boutiot, dans *Une visite au Château de Chacenay* (Note insérée dans l'*Annuaire de l'Aube* de 1864, p. 81), décrit le château tel qu'il était en 1836. A cette note est jointe une lithographie du château actuel de Chacenay (moins les Tours Sainte-Parise), dessiné par Th. Boutiot, en 1863.

proprement dit, c'est-à-dire l'ancien corps de logis (P) ; les Tours Sainte-Parise ; l'ancienne poterne (XX) au nord, sur le chemin du village, ainsi que les fortifications qui la défendent ; enfin la grande tranchée méridionale. Le donjon, dont on voit encore les fondations à fleur de terre, n'a pas été relevé. L'ancienne porte du château au midi, avec son pont-levis a été rétablie dans les Tours Sainte-Parise où elle était primitivement ; de même l'avenue, qui aux XIIe et XIIIe siècles aboutissait des Tours Sainte-Parise au chemin de Loches, est rentrée dans son ancien tracé. L'architecte a pour ainsi dire repris en sous-œuvre la reconstruction commencée par Galas de Salezard vers la fin du XVe siècle ; de plus, il a rendu au château de Chacenay son cachet primitif d'unité. Pour affirmer l'autorité de cette restauration, il suffit de dire que les travaux ont été dirigés par M. Lassus, architecte de Notre-Dame et de la Sainte-Chapelle. MM. Vivet, peintres de la Sainte-Chapelle, ont exécuté avec un grand talent la décoration intérieure des principales pièces : ils ont rétabli, dans le même style, d'anciennes peintures qui ont été, par bonheur, découvertes sous les boiseries du XVIIIe siècle. La célèbre inscription grecque en caractères latins MONE PISTIS (une seule foi), qui se trouve dans le grand escalier, a été particulièrement conservée avec un soin religieux. M. Arthur Bertherand, devenu seul propriétaire du château (30 janvier 1862) s'efforça, au prix de recherches minutieuses et de dépenses considérables, d'assortir l'ameublement au style de l'architecture. Cependant on trouve des meubles, des tapisseries de haute lisse, des lustres de cristal, des trumeaux qui appartiennent à des âges plus récents ; des armures du temps de la Ligue [1] ; divers portraits, entre autres celui de M. Arnauld, père de madame Poncher, peint par Largillière, et celui de madame Arnaud, sa femme, peint par Louis de Boullongne ; deux pastels représentant madame Poncher en arlequine et en pierrette, ses costumes favoris dans les petites comédies, etc. On remarque encore l'ancien marc de Chacenay en cuivre mélangé d'étain, piriforme, avec une queue, sur la panse les armoiries de M. et Mme Poncher, avec cette inscription : *Marc de la baronnie de Chassenay 1748* ; et sur le rebord de l'orifice : *Élizabeth Arnaud Poncher* ; il contient 1 litre 500 millilitres, mesure des vieilles pintes en étain qu'on trouve dans le pays, et qui portent la même date au poinçon [2].

Tel est le château de Chacenay, sorti de ses ruines. On le voit avec ses assises et ses ruines d'âges antérieurs, sous sa physionomie du xve siècle, mais un peu

---

1. Un casque, qui porte des traces de balles, pèse 6 kilogr. 700 gr.
2. Devant le château, sur la terrasse qui remplace l'ancienne cour, on trouve encore un souvenir des siècles passés ; c'est un puits d'une très grande profondeur d'où on tire l'eau par le moyen d'un énorme rouage. Il n'y a jamais eu que ce puits au château de Chacenay.

adoucie, parce que les tours au nord et au midi n'ont pas été relevées. Il se dresse superbement plein des souvenirs que plus de sept siècles et une longue série de barons y ont laissé en passant. Disons qu'on y retrouve en particulier dans l'accueil gracieux et sympathique des propriétaires actuels, le souvenir de l'hospitalité grande et tout à la fois simple et cordiale des barons d'autrefois.

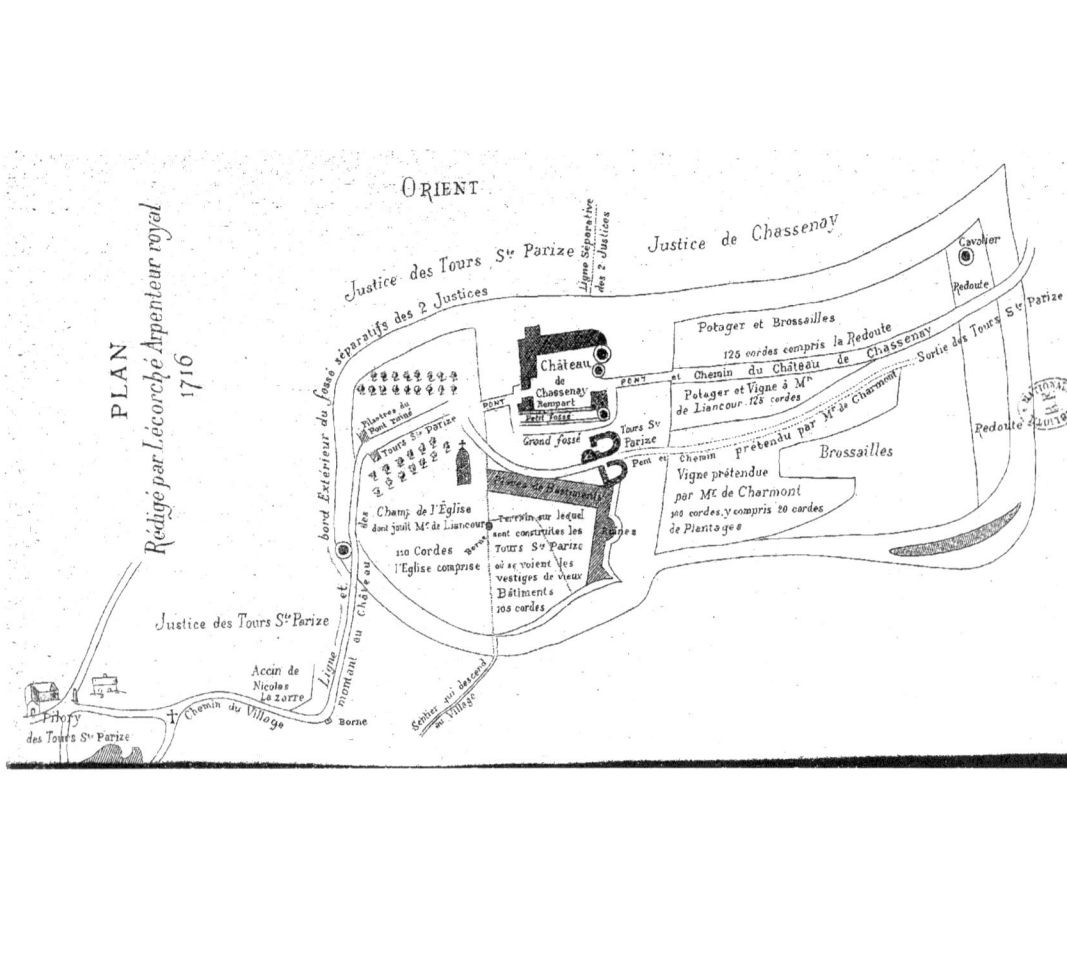

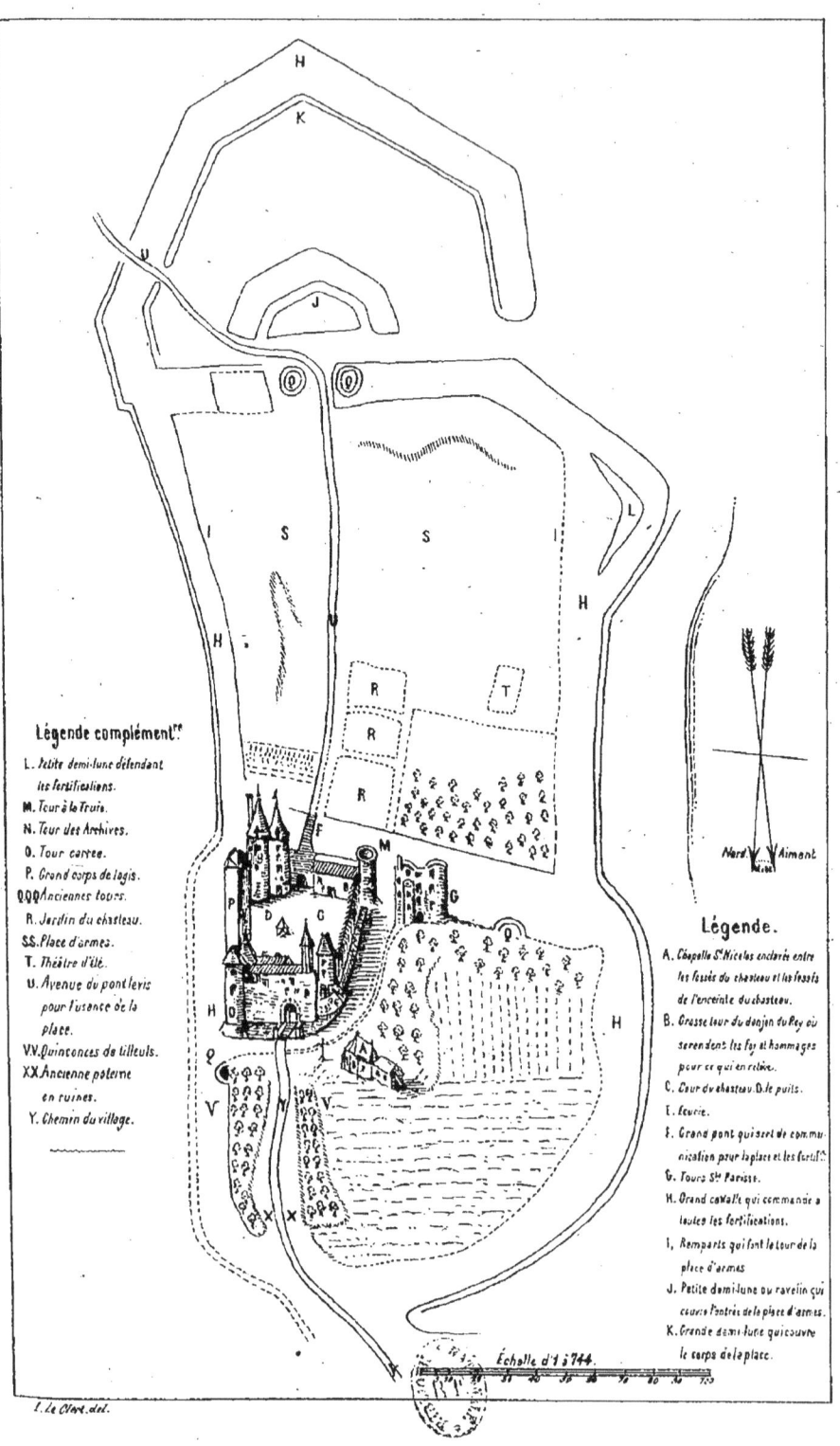

I

TITRES DE LA SEIGNEURIE DE CHACENAY
ET DES TOURS SAINTE-PARISE

Deux lettres de dom Brincourt [1] font connaître l'état des archives de la seigneurie Chacenay, en 1787-1788. Nous donnons des extraits de ces lettres :

« Montiéramey, le 13 octobre 1787.

» ... Une autre découverte que j'ai faite, ce sont les archives de Chacenay, qui passent pour contenir des choses précieuses; elles sont, à ce que j'ai appris, dans le meilleur ordre, le propriétaire en fait ses délices. On m'a assuré qu'une lettre de Mgr le Garde des sceaux, qui lui en demanderait communication, le flatterait beaucoup, et des gens qui le connaissent sont persuadés qu'il en permettrait le déplacement s'il était demandé par le Ministre, il n'en coûterait que les

1. Biliot. Nation. Manuscrits. *Moreau*, vol. 326. Communication de M. E. de Barthélemy.

frais de voyage pour aller chercher et rapporter les titres.

» Son adresse est : M. de Plancy, baron de Chacenay, en son château de Chacenay. A Bar-sur-Seine. »

En marge : « Monseigneur a écrit le 29 décembre à M. de Chacenay. »

« Montiéramey, le 17 octobre 1788.

» ... Lorsque je vous ai prié de me donner une lettre auprès de M. de Plancy, j'avais la certitude morale qu'il devait y avoir de grands trésors dans ses archives, je savais que la baronnie de Chacenay est une ancienne forteresse située sur la limite de la Champagne et de la Bourgogne, que le seigneur était un des grands vassaux de Champagne, qu'il avait droit de donner les mesures à plus de cent, tant villes que villages, et que cette baronnie a passé successivement aux maisons d'Arcis, Grancey, Anglure, Lénoncourt, Dinteville, Choiseul, etc. Quelle récolte immense n'avais-je pas lieu d'espérer? aussi à peine ai-je appris le retour de M. de Plancy que j'y suis allé : après la lecture de la lettre du Ministre, il m'a accueilli passablement, m'a montré l'inventaire de ses archives qui m'a effrayé par le peu d'antiquité que j'y ai trouvé. Les plus anciens titres ne remontent pas au-dessus du xiii° siècle, encore n'y en a-t-il pas un douzième.

» J'ai découvert que la dévastation de ces archives venait de deux causes : 1° de ce que Philippe-le-Bon, duc de Bourgogne, y ayant mis garnison en 1465, les Français l'assiégèrent, pillèrent et brûlèrent ; 2° ce sont les saisies réelles de 1668 à 1708 qui ont achevé de les ruiner... »

La plupart des titres que vit dom Brincourt en 1788 ont été brûlés en 1792 sur l'emplacement du cimetière actuel de Chacenay. L'inventaire dont parle le savant bénédictin, et qui avait été rédigé par M. de Plancy lui-même, dernier seigneur de Chacenay, a échappé à la destruction. Nous en donnons l'analyse ci-dessous. De plus, nous avons recherché les principales pièces mentionnées dans cet inventaire et nous avons essayé de réunir plusieurs autres documents plus anciens et dont les originaux étaient perdus au moment ou M. de Plancy coordonnait les titres et papiers de la baronnie de Chacenay. Malheureusement nos recherches ont été infructueuses sur plusieurs points.

1. — *Inventaire des titres et papiers de la baronnie de Chacenay et Tours de Sainte-Parise ainsi que des seigneuries qui en relèvent, déposés aux archives du château de Chacenay* [1].

Ier carton. *Baronnie de Chacenay et Tours de Sainte-Parise* — 50 pièces et liasses depuis le mois d'août 1287 jusqu'au 30 août 1766.

IIe carton. *Contrats et actes concernant la propriété de Chacenay et Tours de Sainte-Parise, saisie réelle, contrats de mariages et autres* — 19 pièces et liasses depuis le 29 mai 1422 jusqu'au 31 mars 1726.

IIIe carton. *Acquisitions particulières* — 122 pièces et liasses à partir du 15 janvier 1403 jusqu'au 19 juillet 1775.

IVe carton. *Pièces relatives au marc de Chacenay* —

---

1. Au Chateau de Chacenay. Nous donnons une analyse sommaire de ce document que nous citerons souvent ; il embrasse une période de temps qui s'étend de 1190 à 1775.

34 pièces et liasses depuis 1190 jusqu'au 3 octobre 1748.

V[e] carton. *Dons faits à l'église de Chacenay et corvées dues par les habitants au seigneur dudit lieu* — 8 pièces et liasses depuis 1205 jusqu'au 29 septembre 1751.

VIe carton. *Lettres de terriers, anciens censiers et déclarations particulières* — 24 pièces, liasses et registres depuis 1490 jusqu'en 1748.

VIIe carton. *Droits de cens, transactions et terrages* — 40 pièces et liasses depuis le mois d'août 1262 jusqu'au 9 janvier 1769.

VIIIe carton. *Droit des foires et marchés de Chervey* — une liasse. On y trouve les lettres-patentes du mois de juin 1751 en vertu des quelles les dites foires sont établies ; et un tarif des droits d'étalage.

IXe carton. *Pièces relatives aux droits de rouage, pressurage et bannalité* — 4 liasses depuis 1684 jusqu'au 5 septembre 1767.

X[e] carton. *Fief de La Cour de l'Auxerrois*, sur Chervey, — 14 liasses et registres depuis le 11 août 1583 jusqu'aux 29 décembre 1709.

XIe carton. *Fief de l'Islotte et de la chapelle Saint-Nicolas*, à Chervey, — 32 pièces et registres depuis le 10 juin 1469 jusqu'au 11 janvier 1762.

XIIe carton. *Fief des Grands-Essards et des Férailles*, sur Vitry-le-Croisé, Noé.. — 29 pièces et liasses depuis 1460 jusqu'au 29 mai 1769.

XIIIe carton. *Propriété des Randons*, sur Eguilly, Bussières, Beurey et Longpré — 8 liasses depuis 1696 jusqu'en 1763.

XIVe carton. *Seigneurie des Grand et Petit Mallets*, proche Noé, — 35 liasses depuis le 20 juin 1530 jusqu'au 30 septembre 1773.

XV⁰ carton. *Seigneurie de Noé* — 19 liasses depuis 1546 jusqu'en 1775.

XVIᵉ carton. *Droit de la fête de Noé* — 15 liasses depuis 1536 jusqu'en 1765.

XVII⁰ carton. *Droit de cours d'eau sur la rivière d'Arce* — 17 pièces et liasses depuis le 11 septembre 1541 jusqu'au 8 janvier 1765.

XVIIIᵉ carton. *Seigneurie de Sacey*, mouvante des Tours de Sainte-Parise, — 22 pièces et liasses depuis le 15 juin 1478 jusqu'au 18 avril 1774.

XIXᵉ carton. *Seigneurie de Ville-sur-Arce*, mouvante des Tours de Sainte-Parise, — 41 pièces et liasses depuis le 7 mars 1469 au 23 septembre 1774.

XXᵉ carton. *Droit de cinq muids de vin sur les dîmes de Ville-sur-Arce* — 1 pièce et 5 liasses à partir du 11 juillet 1200 jusqu'au 29 août 1763.

XXIᵉ carton. *Terre et seigneurie de Vaudes* — 22 pièces et liasses à partir du 6 octobre 1466 jusqu'au 6 novembre 1770.

XXII⁰ carton. *Seigneurie de Machy et Pommeroy* — 7 pièces et liasses à partir de 1403 jusqu'au 10 juillet 1776.

XXIII⁰ carton. *Seigneurie de Jean-de-Gand*, à Fontette, — 5 pièces et liasses à partir de 1355 jusqu'au 22 septembre 1764.

XXIVᵉ carton. *Seigneurie de la Motte d'Onjon* — 3 liasses depuis 1399 jusqu'au 27 mai 1761.

XXVᵉ carton. *Seigneurie de Spoy* ou du fief de Villiers[1] — 4 liasses depuis 1408 jusqu'en 1767.

---

1. La maison forte du fief de Villiers était dans le cul-de-sac qui est en face du portail occidental de l'église de Spoy. On voit encore quelques restes de cette maison.

XXVI⁰ carton. *Seigneurie de Thennelières* — 6 liasses depuis 1484 jusqu'en 1767.

XXVII⁰ carton. *Seigneurie d'Eguilly* — 3 liasses depuis 1509 jusqu'au 12 juillet 1775.

XXVIII⁰ carton. *Fiefs des Fosses, Fays-Gallain et Saint-Usage* — 5 liasses depuis 1464 jusqu'en 1766.

XXIX⁰ carton. *L'abbaye de Mores* — 3 liasses depuis 1484 jusqu'en 1769.

XXX⁰ carton. *Droits et domaines sur Viviers* — 11 pièces et liasses depuis le 13 septembre 1398 jusqu'au 11 janvier 1765.

2. — Sans date (Vers 1075). Charte de fondation de l'abbaye de Molême. Parmi les donateurs de l'alleu de Molême figurent « Hugo de Curtiruno (Courteron) et uxor ejus Gersennis cum sorore sua *Chacennacensi et liberis ejus.* »

(*Gallia Christ.*, IV, *Instr.*, 147.)

3. — Sans date (1075-1084). Anséric de Chacenay donne à l'abbaye de Molême ce qu'il possédait dans l'église de Stigny (Sisteniacum) et les dîmes de vin et de grain. Eudes, fils de Rocelin de Rougemont, retint la moitié de l'église.

(Archiv. de la Côte-d'Or, *Cartul. de Molême*, I, 28 v°.)

4. — 1083. Renard-Hugues, évêque de Langres, confirme la fondation de l'abbaye de Molême. Parmi les témoins « S. Anserici, domini de Cancenniaco. M° LXXX° tertio, indict. VI⁰. »

(Archiv. de la Côte-d'Or, *Cartul. de Molême*, I, 2 r°.)

5. — Sans date (1075-1084). « Agnoscant omnes

futuri et presentes, quod Ansericus, pater Milonis de Cacennaco, dedit Deo et Sancte Marie Molismensi feodum illud quod Hugo de Mercennaco et Milo, filius ejus, apud Molismum et apud Vertellum et apud Baynolum tenebant ab eo. Milo autem, filius ipsius Anserici, ex hoc dono duos tantummodo homines sibi retinuit, scilicet Walannum, fabrum, de Castellione, et Ricardum calvum, quos nullo modo ecclesie Molismensi voluit concedere, nisi in vita patris sui ; alia ergo omnia concessit.. »

(Archiv. de la Côte-d'Or, *Cartul. de Molême*, I, 28 v°.)

6. — Sans date (1084-1107). Notum sit omnibus, quod Milo de Cacenniaco et Adelaidis, uxor ejus, et filius eorum Hugo, ad curiam Sancte Marie Molismensis cum ceteris fidelibus convenerunt. In crastino ergo, id est die sancti Stephani, condonavit isdem Milo omnem calumpniam quam habebat in ecclesia de Sisteniaco et in omni decimatione ejus, vel in atrio, et in omni terra que ad ecclesiam pertinet. Hoc ipsum exorante, deprecante et volente uxore sua Adelaïde, et laudante Hugone, filio suo, et hanc concessionem pro animarum suarum necnon et antecessorum suorum remedio fecerunt, et per baculum Lescelini, camerarii, quo tunc infirmus sustentabatur, in manus abbatis Roberti posuerunt et coram istis testibus confirmaverunt : Norgaudus de Telere ; Rainaudus, filius Odonis *Clarer* ; Milo, cognatus ejus ; Henricus de Varnovillare.

(Archiv. de la Côte-d'Or, *Cartul. de Molême*, I, 16 v°.)

7. — Sans date (1084-1107). Donation de l'église et des dîmes de Stigny à l'abbaye de Molême. Milon

de Chacenay approuve cette donation. « Walterius, miles, divina gratia inspiratus, habitum sancte religionis suscepturus, dedit Deo et sancte Marie et ecclesie molismensi ecclesiam de Sistiniaco totam » et la moitié de la dîme de Stigny qu'il tenait en fief d'Eudes, fils de Rocelin de Rougemont. Ensuite Hugues, fils d'Eudes, donna à Molême l'autre moitié de la dîme de Stigny « Hoc autem donum Milo de Cacennaco, de cujus casamento constabat, fideliter concessit, et ut omnia rata essent, confirmando laudavit. Hujus rei testes sunt : Walterius de Muntiniaco, Wido Cardus, Walterius de Ispania.. »

(Quantin, *Cartul. génér. de l'Yonne*, II, 22 et 23.)

8. — Sans date (1084-1107). Robert, abbé de Molême, notifie que Milon de Chacenay renonce aux droits qu'il prétendait sur la terre de Nitry (Nantriaci) donnée à l'abbaye de Molême par Guibert de Châtel-Censoir (Castrum Censurii). En reconnaissance les religieux donnent à Milon de Chacenay 9 livres, à son fils Hugues un cheval, et à sa femme Adélaïde une once d'or.

(Archiv. de la Côte-d'Or, *Cartul. de Molême*, I, 60 v°.)

9. — 1102 « Milo de Cacennaio « est témoin d'une donation faite par Hugues, comte de Troyes, et par la comtesse Constance à l'abbaye de Montiéramey. » Actum est hoc apud Trecas in aula comitis, anno ab Incarnatione Domini M° C° II°. »

(Dans notre *Cartul. de Montiéramey*, p. 25, 26.)

10. — 17 août 1103. Robert, évêque de Langres,

confirme les possessions de l'abbaye de Molême.. « Ad hec viri illustres Airardus, Briniæ comes, Milo, Barri super Sequanam comes, itemque Milo, Chacennaci dominus, ad festum sancti Mammetis congregati, vobis in presentia nostra concesserunt in elemosinam possidendum quicquid de casamentis eorum et feodis in posterum vobis quibuslibet modis adquirere possetis... Actum hoc Lingonis, in capitulo nostro publico in festivitate sancti Mammetis, Paschali, romano pontifice, presidente, Philippo rege Francorum regnante. Anno ab Incarnatione Domini M° C° III°, indictione XI, ciclo lunari XVIII. Data per manum Duranni, notarii. »

(*Gallia Christ.*, IV, *Instr.*, 152.)

11. — 1er avril 1104, au concile de Troyes. Milon de Chacenay est témoin de la Charte par laquelle Hugues, comte de Champagne, donne à l'abbaye de Molême des revenus importants à Rumilly-les-Vaudes, Bar-sur-Aube etc.

(D'Achéry, *Spicilegium*, IV, 241, in-4°.)

12. — 1105 ? « Paschalis, episcopus, servus servorum Dei, venerabili fratri Roberto, Lingonensi episcopo. » Confirmation des possessions de l'évêché de Langres.. « Castrum Chacennaium. »

(*Gallia Christ.* IV, *Instr.*, 153.)

13. — 1107 « Ansericus, Milonis filius, de Cacynniaco » est témoin d'une donation faite par Hugues, comte de Troyes, à l'abbaye de Montiéramey. « Actum est hoc publice apud idem monasterium, anno ab Incarnatione Domini M° C° VII°. »

(Dans notre *Cartul. de Montiéramey*, p. 29.)

14. — Sans date (vers 1110). « Robertus de Riceiaco » donne à l'abbaye de Molême pour le repos de l'âme « uxoris sue Agne, eodem die quo honorifice a fratribus suscepta et sepulta fuit, convocatis post tumulationem corporis generaliter pluribus in capitulo Barri et Cacenniaci aliorumque locorum militibus.. quartam partem terre de Moris.. laudante donno Ansirico de Chacenniaco, a quo tenebat eam in pheodo ; et ancillam unam apud Busseriacum, que vocatur Aramburgis, quam habebat ex parte sue uxoris. »

(Archiv. de la Côte-d'Or, *Cartul. de Molême*, I, 54 r°. — Socard, *Chartes inéd. des Cartul. de Molême*, p. 80.)

15. — 1111. « Ansericus de Cachynniaco » est témoin d'une donation faite par Hugues, comte de Troyes, à l'abbaye de Montiéramey. « Actum est hoc apud ipsum cenobium, anno ab Incarnatione Domini M° C° XI°. »

(Dans notre *Cartul. de Montiéramey*, p. 29.)

16. — 1113 « Ansericus de Cacenniaco » est témoin d'une donation faite par Hugues, comte de Troyes, à l'abbaye de Montiéramey. « Actum publice Trecis, in curia, anno ab Incarnatione Domini M° C° XIII°. »

(Dans notre *Cartul. de Montiéramey*, p. 30).

17. — 22 février 1119 (*v. st.*).. « Ego Ansericus de Cacennaco » avec le consentement « mee uxoris Hubeline.. trado et concedo.. ecclesie Molismensi quicquid in meo dominio in villa que Poliniacus dicitur teneo, in servis et ancillis (homines scilicet qui, vel ancillas, in Poliniaco et Marrolis commanebant), in silvis, pratis, pascuis, aquis et usibus hominum vel bestiarum, ut michi vel

uxori mee unicoque filio meo Jacobo, cui necdum etas loquelam tribuit, et in hoc seculo et in futuro prosit Deo facta proprii juris mei largitio.. Quia vero nimia preventus egritudine apud Trecas, in donjione meo, in nundinis sancti Remigii scilicet (*au mois d'octobre 1119*), absente uxore mea, feceram istud, nunc.. sub ejus presentia et cum ejus laude et voluntate.. renovo et confirmo. » témoins : « Milo de Duinvilla et Pontius, filius ejus; Aymo de *Brié* et Gunterus, filius ejus; Liduinus de Vendopero ; Paganus, prepositus ;.. Lambertus, cellerarius meus; Fulco, Theobaldus et Remigius, clientes mei.. Facta est autem hec descriptio et confirmatio apud Cacennacum in domo mea, anno.. M° C° X° nono, VIII kalendis marcii. »

(Archiv. de la Côte-d'Or, *Cartul. de Molême*, I, 60 v°. Socard, *Chartes inéd. des Cartul. de Molême*, p. 101.)

18. — 1135 au plus tard. « Ansericus de Chacethnniaco, laudante uxore sua Humbelina, dedit Sancte Marie et fratribus Clarevallis in perpetua libertate possidendum quicquid ipse tenebat et quicquid ab homnibus qui ab eo tenebant quandoque posset acquiri apud Fontarcii locum, sicut mete que ad hoc posite sunt designant... (Voir plus bas, n° 31.)

Testes : Richardus, prepositus de Chacetniaco, Albericus de *Vitré*. . . . .

(Extrait d'une charte de Wilencus, évêque de Langres, datée de 1135. Bibliot. de Troyes, *Cartul. de Clairvaux*, p. 3-4.)

19. — Sans date (1126-1136). « Wilencus de Grancey, évêque de Langres, dans la charte-notice de la

fondation de l'abbaye de Longuay notifie que : « Iterus [de *Malai*], miles, eisdem fratribus quicquid necesse fuerit in terra illa quam ibi de casamento Cacenniaci tenebat in pratis, in acquis,.. concessit. Hoc laudavit uxor ejus Adelina et Nevolus, filius ejus..

(Arch. de la H^{te}-Marne, *Cartul. de Longuay*, fol. 87.)

20. — Sans date (au plus tard 1137 et 1151). « Godefridus, Lingonensis episcopus » fait la notification suivante : « quod Agano de Barro ad conversationem ad Claramvallem » donne à l'abbaye « omnia prata que tenebat, vel que alii tenebant ab eo de terra que dicitur Sancti Petri, laudantibus Rocelino de Vendopera, de cujus casamento erant, et Thoma, consanguineo ipsius Aganonis, ad quem ipsa hereditas pertinere videbatur. Testes : Guido, comes de Barro ; Ansericus de Chacennaio ; Hilduinus de Vendopera ; Ricardus de Chacennaio.. Post multum vero temporis Herbertus, frater Thome » conteste ce qui a été fait par son frère.. enfin il est convaincu de mauvaise foi. « Testes : Hugo, Altissiodorensis episcopus ; Guido, comes de Barro ; Jacobus de Chacenaio ; Josbertus de Firmitate ; Thomas qui hoc donum laudavit. »

(Bibliot. de Troyes, *Cartul. de Clairvaux*, p. 179.)

21. — Sans date. *Charte notice de la fondation de l'abbaye de Mores sous le sceau de Geoffroy, évêque de Langres.* Notificetur posteritate nostre, quod, Ansericus de Chassennaico (*avant* 1137), laudante uxore sua Hubelina, et filio suo Jacobo, dedit in elemosinam Deo et domui de Moris quicquid habebat in finagio de Moris, et usuarium totius terre sue in pascuis omnium

animalium. Testes sunt : Guntherus de Buxeria ; Gauffridus, frater ejus, Henricus de Chacennaico.

Item Jacobus de Chacennaico (*avant* 1152) laudante uxore sua Agnete, dedit predicte domui de Moris partem suam terre franche de *Chierrevi* ; confirmavit etiam donum quod Ansericus, pater suus, eidem domui fecerat... Testes sunt : Milo de *Chierrevi*, Wiricus de Chacennaico, Richardus de Chacennaico.

(Dans nos *Chartes de l'abbaye de Mores*, n° 2.)

22. — 1137. *S. episcopi Trecensis de Hubelina de* Chacenai. Ego H[enricus], Dei gratia Trecensis episcopus, omnibus notum facio, quod Hubelina, domina de Chacenaii, uxor Anserici, defuncto Anserico marito suo, pro anima ipsius et sua dedit fratribus de Ripatorio pratum suum de *Chevenum*, laudante jacobo, filio ejus. Actum anno Verbi Incarnati M° C° XXX° VII°.

(Archiv. de l'Aube, *Cartul. de Larrivour*, fol., 20 v°.)

23. — Sans date (vers 1138). « Ego Ansculfus et Milo, frater meus, divinum metuentes judicium, decimam de Malaio, quam Girardus Boverius, atavus noster, Molismensi ecclesie pro anima sua dederat, et nos injuste calumpniabamur, eidem ecclesie in pace et absque ulla reclamatione dimittimus. Hujus scripti testes sunt : dominus Jacobus de Cacennaco et Agnes, uxor sua ; Gunterius de Busseriis ; Gaufredus de *Brié*, frater ejus ; Milo, prepositus ; Henricus, faber.. »

(Socard, *Chartes inéd. des Cartul. de Molême*, p. 70.)

24. — 1139. Pétronille-Elisabeth, femme de Gui, comte de Bar-sur-Seine, et fille d'Anséric de Chacenay,

consent, avec ses quatre enfants Milon, Guillaume, Gui et Manassès, à une donation faite par le comte Gui au prieuré de la Trinité de Bar-sur-Seine ; il s'agit des droits d'une foire de trois jours, commençant à la fête de la Trinité..

(*Art de vérifier les dates*. Comtes de Bar-sur-Seine.)

25. — 1145-1153. Bulle du pape Eugène III rappelant une charte de Geoffroy, évêque de Langres, confirmative des donations faites à l'abbaye de Longuay. Parmi les bienfaiteurs sont désignés : Jacques de Chacenay, son épouse Agnès, et son frère Anséric, seigneur du fief de *Faiens*.

(Archiv. de la H^{te}-Marne, *Cartul. de Longuay*, fol. 88.)

26. — Sans date (avant 1146). Sous le sceau de Geoffroy, évêque de Langres, « Guido, comes Barri super Secanam, filiis suis laudantibus Milone et Willielmo. » Il donne à l'abbaye de Mores « quicquid habebat in finagio de Moris, et quicquid sui homines ab eo tenebant, si Fratres ejusdem loci ab eis possent acquirere.. Petronilla, comitissa, ejusdem comitis uxor, laudavit et confirmavit, nam ad dotem ejus finagium illud pertinebat..

(Dans nos *Chartes de l'abbaye de Mores*, n° 2.)

27. — Sans date (1146 au plus tard). « Godefridus », évêque de Langres, fait la notification suivante : « Decimam de Vitriaco recepi de manu Jacobi de Jacenna, ipso eam reddente et refutante in manus nostras.. » L'évêque donne cette dîme à l'abbaye de Basse-Fontaine. « Hoc factum est in presentia Hugonis, Autis-

siodorensis episcopi, et Bernardi, abbatis Clarevallis. »
(Dans notre *Cartul. de Basse-Fontaine*, p. 113.)

28. — 1146. « Godefridus » évêque de Langres, précise plusieurs points de la charte précédente : « Decimam de Vitriaco recepi de manu Jacobi, domini de *Chacenai*, ipso eam reddente et refutante in manus nostras..... in qua ipse habebat duas partes, videlicet in grossa decima, et tractum et stramen et paleam et *les hautons*; minutam decimam, in qua medietatem habebat.. M° C° XL° VI°.

(Dans notre *Cartul. de Basse-Fontaine*, p. 113 et 114.)

29. — 1146. Henri de Carinthie, évêque de Troyes, confirme la donation de la dîme de Montsuzain « quam Hubelina, mater Jacobi de Chacennaio, dedit ecclesie Sancti Petri Insule Germanice.. Predictam vero decimam in manibus predecessoris nostri Hatonis prenominata Hubelina deposuit, a quo bone memorie abbas Galterius, qui tunc temporis predicte ecclesie presidebat, hujus decime investituram accepit. Post aliquantum vero temporis Jacobus de Cachennaio reclamare cepit.. asserens sine assensu suo dari non posse a matre decimam que eum jure hereditario pertinebat. Eapropter frater noster Petrus, Insule Germanice venerabilis abbas, prenominati Galterii successor, eidem Jacobo in redemptionem predicte decime de bonis ecclesie XXV l. dedit per manum dive memorie Bernardi, sanctissimi abbatis Clarevallis, et per manum comitis Theobaldi; consentientibus.. Agnete videlicet, uxore Jacobi, et Anserico, fratre ejus.. Anno M° C° XL° sexto.. In presentia nostra et coepiscopi nostri Gode-

fridi, Lingonensis episcopi, et donni Bernardi, abbatis Clarevallis. Fuerunt et alii testes, abbates : Petrus, Cellensis; Alardus, de Ripatorio ; Evrardus, de Sancto Lupo... milites : Galterius, comes Brenensis ; Marchus de Plaerta ; Eustachius Catalaunensis. »

(Dans notre *Cartul. de Montier-la-Celle,* p. 260.)

30. — 1146. Noverint omnes tam presentes quam posteri, quod ego Jacobus, dominus de Cachenaio, assensu Agnetis, uxoris mee ; atque ammonitu Galteri, Brenensium comitis, et matris, uxoris ejus, domine Agnetis de Baldimento, et domine mee A. Brenensium comitisse, dedi ecclesie Sancte Marie de Bassofonte in elemosina partem decime de *Blainni,* que juris mei erat, in omnibus utilitatibus, et hoc laudante domino Godefrido, Lingonensi episcopo. Hujus rei testes sunt : dominus Pontius, archidiaconus ; Petrus, prior de *Viviers* ; Gunterus de Busseriis, et frater ejus Gaufridus ; Milo de *Chirevi,* milites ; Henricus, prepositus ; Robertus Pinellus ; Henricus, major de *Blainni* ; et Malbertus de *Blainni.* Ut autem hec in posterum inconcussa illibataque permaneant, sigilli domini mei Godefridi, Lingonensis episcopi, impressione munita, reliqui. Acta sunt hec anno Incarnati Verbi M° C° XL° VI°, Ludovico regnante, Godefrido Lingonis presidente.

(Au château de Brienne, *origin.* — Dans notre *Cartul. de Basse-Fontaine,* p. 122.)

31. — 1147. *Charte-notice de la fondation de la grange de Fontarce.* Notificetur posteritati nostre, quod Ansericus de Cacenniaco (*au plus tard* 1135), laudante uxore sua Ubelina, dedit monasterio Clarevallensi quic-

quid ipse tenebat et quicquid ab hominibus qui ab eo tenebant posset acquiri apud Fontarcium locum, sicut mete, que ad hoc posite sunt, designant et termini ipsi in longum et latum circumquaque demonstrant. Extra metas vero, circa eosdem fines, in omnibus que sui juris sunt sive sue possessionis, concessit omnes aasentias ubique ad comburendum, ad edificandum, ad pascendum porcos et cetera pecora, sive ad quoslibet usus... Quod si forte alicui dampnum fratres intulerint solo capitali restituetur. Hec omnia fratribus libere possidenda concessit, excepto quod in foresta ejus exartum non facient. Concessit etiam quod de feodo ejus, circa eosdem fines, ubicumque acquirere potuerint. Testes sunt : Richardus, prepositus de Cacenniaco; Albericus de Vitreio, Garembertus, Symon de Brierio...

Bencelinus quoque de *Malai* (*au plus tard* 1147), qui habebat Esmengardim, filiam Iterii [de *Malai*], uxorem, dedit monasterio Clarevallensi terram de Fesca et quicquid habebat in finagio Fontarcii, laudante predicta uxore sua Ermengardi et Iterio, filio suo, et Becelina, filia sua. Hoc donum laudavit Hugo de *Juvencurt*, frater ipsius Bencelini; et Poma, uxor Hugonis, que erat soror Ermengardis, uxoris Bencelini; et Odo, filius Hugonis; et Bencelina, filia ejusdem Hugonis. Hoc donum laudavit Jacobus de Cacenniaco de cujus casamento terra descendebat. De dono Bencelini et de laude Hugonis, fratris sui, et de laude domini Jacobi testes sunt : Balduinus, abbas de Castellione; et Gaufridus de Noeriis; et Hugo, filius Guidonis de Fonteto; et Rainerius, miles de Firmitate. De laude vero Ermengardis, uxoris Bencelini, et filii sui Iterii, et Roceline, filie sue, et de laude Agnetis, uxoris Jacobi de Cacenniaco, que hoc etiam laudavit, testes sunt : Rainaldus qui dicitur Clarellus et Guilelmus *Satons* et Falco de Cacenniaco et Milo. Ego Godefridus, Dei gratia Lingonensis episcopus, totam presentis pagine cartham laudo et proprio sigillo munio et Clarevalli in perpetuum confirmo. Anno ab Incarnatione Domini M° C° XL° septimo, regnante Ludovico filio Ludovici, rege Francorum ; S. Joscelini, archidiaconi ; S. Pontii, archidiaconi ; S. Warnerii, archidiaconi ; S. Guiardi, archidiaconi ; S. Fulconis, archidiaconi ; S. Humberti, decani.

(Bibliot. de Troyes, *Cartul. de Clairvaux*, p. 157.)

32. — 1147. Charte-notice de la fondation de la Grange de Champigny. « Guido, filius Rigaudi, dedit monasterio Clarevallensi partem suam de quadam terra que est in finagio Rivi Parvi » près de Champigny; tous ceux qui avaient quelque droit sur cette terre y renoncent. » Jacobus de Cacennaco laudavit dona de terra supradicta in quantum pertinebat ad feudum suum. Testes sunt : Gaufridus de Brierio et Guillelmus, frater ejus. Ego Godefridus, Dei gratia Lingonensis episcopus, totam presentis pagine cartam laudo et proprio sigillo munio et Clarevallensi monasterio in perpetuum confirmo. M° C° XL° septimo. »

(Bibliot. de Troyes, *Cartul. de Clairv.*, p. 241, 242.)

33. — Sans date (1147). Ego Godefridus, Lingonensis episcopus, notum fieri volo tam presentibus quam futuris, quod Jacobus de Chacenniaco et Ansericus, frater ejus, concesserunt, quando ibant Iherosolimam, in ipso itinere extra Metensium urbem, per manum fratris Gaucheri, cellararii, quicquid domui Clarevallis

dederat [Ansericus] pater eorum. Concessit etiam idem Jacobus ut Clarevallenses sine ulla calumpnia usum suum haberent et libere fruerentur in tota terra sua tam in pascuis et aquis quam etiam nemoribus. Hujus rei testes sunt : Hugo de *Montmor* ; et Guido de Garlanda ; et Girardus, filius Warberti Catalaunensis ; Ansericus de Monteregali ; Radulfus, abbas de Claustro ; et frater Petrus de Condeio. — Cette charte paraît avoir été écrite sous les murs de Metz, où les croisés s'étaient donné rendez-vous.

(Bibliot. de Troyes, *Cartul. de Clairvaux*, p. 158.)

34. — Sans date (vers 1152). Charte-notice de la fondation de l'Abbaye de Mores. « Petronilla, Barri comitissa » donne à l'abbaye de Mores « pro anima viri sui Guidonis, filiorum suorum Milonis et Willielmi, quicquid ad eos pertinebat Terre Franche de *Cherrevi*. »

(Dans nos *Chartes de l'abbaye de Mores*, n° 2.)

35. — Sans date (avant 1158). Charte-notice constatant que Jacques, seigneur de Chacenay, du consentement d'Agnès, sa femme, et de ses enfants (qui ne sont pas nommés) a donné à l'abbaye de Longuay les pâtures *de Curte Episcopi* (Cour-l'Evêque). « Testes : Alexander, prior de Moris, et frater Wibertus. »

(Arch. de la H^{te}-Marne, *Cartul. de Longuay*, fol. 101.)

36. — Sans date (avant 1158). Ego Godefridus, Lingonensis episcopus, omnibus tam presentibus quam futuris notum facio, quod dominus Jacobus de Cachen-

niaco concessit Deo et ecclesie Sancti Laurentii de Campigniaco, pro magno forifacto quod predicte ecclesie fecerat, omnem azsentiam in nemoribus suis in perpetuum, ad omnem illius ecclesie in omnibus et per omnia necessitatem ; capellano quoque predicte ecclesie et ad construendas domos suas et ad focandum iterum in nemoribus suis azsentiam concessit. Laudavit hoc Agnes, uxor ipsius. Ne autem hoc aliqua temporum vetustate vel alicujus hominis perversitate aut mutaretur aut deperiret sigilli nostri impressione firmavimus. Hujus rei testes sunt : Guiardus Sultanus; Henricus, faber; Pinellus, prepositus; Philippus, prior Clarevallis; Rainaldus, cellerarius; Rainaldus, monachus episcopi.

(Bibliot. de Troyes, *Cartul. de Clairvaux*, p. 243.)

37. — Sans date (avant 1158). *De laude domine de Cacenai.* Ego H[enricus], Dei gratia Trecensis episcopus, notum facio presentibus et futuris, quod Agnes, domina de *Cacenai*, laudavit fratribus de Ripatorio cum filiis suis elemosinam Jacobi, viri sui, et remisit eis querelas quas habebat adversus eos de tenementis hominum suorum ; et hoc per manum Alani, Autisiodorensis episcopi. Cujus rei testis fuit ipse episcopus, ex parte fratrum, et Dembertus, presbiter ; Johannes, capellanus Sancte Marie Trecensis. Ex parte domine : Vuirricus *d'Aguillei* ; Hugo, miles, de *Fonteit* ; Hugo de Lanis, prepositus ejus. Quod ne aliquis posterorum negare vel immutare presumat presenti pagina annotamus et sigilli nostri impressione signamus.

(Archiv. de l'Aube, *Origin.* Larrivour. — *Cartul. de Larrivour*, fol. 3 v°.)

38. — Sans date (avant 1158). Ego Henricus, Dei gratia Trecensis episcopus, notum fieri volo... quod dominus Jacobus de Caceniaco remisit fratribus de Ripatorio censum V solidorum. Hoc ipsum laudavit uxor ejus cum filiis et filiabus suis. Concesserunt etiam quicquid acquisierant de tenementis hominum suorum. Hujus rei testes sunt : Rainaldus Clarevallensis ; Hugo de *Fonteit* ; Ulricus *d'Aguillei* ; Philippus, miles ejus.

(Archiv. de l'Aube, *Origin.* Larrivour.)

39. — Sans date (avant 1158). Ego Godefridus, Lingonensis episcopus, notum facio posteritati nostre, quod dominus Jacobus de Cacheniaco, in infirmitate illa de qua mortus est, condonavit monachis Beate Marie de Ripatorio V solidos de censu pratorum qui sunt apud Lusiniacum, quos monachi de Ripatorio ei annuatim debebant, laudante uxore sua Agnete, et per manum nostram. Ne autem hoc aliqua temporum vetustate aut alicujus hominis perversitate vel mutaretur vel penitus deperiret, sigilli nostri impressione signavimus. Huic rei interfuerunt : Rainaldus, cellerarius Clarevallis ; Guiardus *Solteins* ; Hugo Pinellus.

(Archiv. de l'Aube, *Cartul. de Larrivour*, fol. 3 v°.)

40. — 1158. *Agnes de Cachenai.* — Ego Henricus, Dei gracia Trecensis episcopus, tam futuris quam presentibus notum facio, quod Agnes, domina de Chachenaio, laudantibus filiis suis Thoma et Ayrardo, concessit ecclesie de Ripatorio donum viri sui Jacobi, scilicet censum V solidorum, quos fratres ejusdem ecclesie ei annuatim debebant. Remisit etiam eis calumpniam quam movebat de fossato et exclusa et aque-

ductu ut eam ducerent ad omnia necessaria sua. Gerpivit preterea predictis fratribus terras et prata que ecclesia de Moris eis contulit in finagio de *Lusigné*, et prata Bonelli, molendinarii, et terram de Trembleio cum prato, que dedit eis Petrus, filius Ansoldi; et pratum de Trembleio, quod dedit Helias de *Montsusayn*; et quatuor *arpens* pratorum, que dedit eis Ainbertus de Loeriis, qui tenebat ab Hatone de Moneta et Hato ab ipsa; et pratum de *Chastelet*, quod Lucas de Arbresello dedit eis; et hastam prati de *Chasteleth* quod dedit eis *Clarins* de *Bussé*; et pratorum septem *arpens* in Graveria, que Fulcherus, prepositus, dedit eis; et duo *arpens* pratorum ad Ulmellos, que *Clarins* et Theobaldus dederunt; et pratum de *Campestré* quod Theobaldus dedit eis; et unum *arpent* prati in *Campestré* quod Fulcherus dedit eis; et modicum terre quod fratres de Ripatorio incluserant cum pratis suis in Trembleio, quod domina Agnes dicebat esse de pascuis ville communibus. Hujus rei testes sunt : Johannes, capellanus Sancte Marie Trecensis; Daimbertus, presbiter; Bencelinus de Malaio; Hugo de Fonteto.

Actum ab Incarnatione Domini M° C° L° octavo.

(Archiv. de l'Aube, *Cartul. de Larivour*, fol. 3 v°.)

41. — 1159. A la prière de Pétronille de Chacenay, comtesse de Bar-sur-Seine, l'abbé de Molême établit à Froidmanteau (*Frigidus Mantellus*, plus tard *Franchevaux*) des religieuses tirées de Juilly-aux-Nonnains (Yonne). Sont présents : les comtes de Champagne, de Nevers, de Tonnerre, les sires de Saint-Florentin, d'Ervy et de Montréal.

(Quantin, *Cartul. génér. de l'Yonne*, t. II, 99.)

42. — Sans date (1163 au plus tard). Ego Godefridus, Lingonensis episcopus, notum fieri volo tam presentibus quam futuris, quod *Pinel* de Chacenaio concessit Deo et domui Clarevallis quicquid predecessores sui concesserant, laudante Emengarde, uxore ejus, Waremberto et Girardo et Jacobo et Lamberto, filiis ejus et filia ejus Doeta cognomento Crispina. Hujus rei testes sunt : Lambertus, capellanus de Chacennaio ; et Johannes, capellanus de Vitreio ; et Amalricus, capellanus de *Cherrevé* ; et Johannes, filius Henrici de Chacennaio.

(Bibliot. de Troyes, *Cartul. de Clairvaux*, p. 159.)

43. — 1164. Gauthier, évêque de Langres, rappelle que « Petrus de Brierio, avus Hugonis de Fonteto, a prima edificatione grangie de Fontarcio cum Anserico de Jascennaio donaverat fratribus [Clarevallis] usuaria totius terre sue » à Fontarce.

(Bibliot. de Troyes, *Cartul. de Clairvaux*, p. 167.)

44. — 1165. « Ego Manasses, comes Barri super Sequanam. » Il fait la notification suivante : « laudante Theobaldo, fratre meo, dedi et concessi Deo et fratribus de Moris in Mainardi, ejusdem monasterii abbatis, manu quicquid habebam, et alii de me tenebant, in villa de *Villenesse* et infra parrochiatum ejusdem ville.. de laudatione fratris mei Theobaldi. Testes sunt : Agnes, domina de Chacenaici. Actum anno ab Incarnatione Domini M° C° LX° quinto.

(Dans nos *Chartes de l'abbaye de Mores*, n° 9.)

45. — 1166. « Galterus Dei gratia, Lingonensis epis-

copus. » Il notifie que « Albericus, filius Roscelini, dedit.. B. Marie Clarevallis pratum quod dicitur Ad Quercum, et est intra finagium Fontarcie. » Albéric quitte aussi à l'abbaye « calumpniam quam habebat in bosco de Rageia.. et in prato de *Roandun*.. Testes horum sunt[?]: Johannes, dominus Cacenniaci, et Agnes, uxor ejus.. M° C° LX° VI°. »

(Bibliot. de Troyes, *Cartul. de Clairvaux*, p. 169.)

46. — 1171. Ego Galterus, Dei gratia Lingonensis episcopus, notum esse volo presentibus et futuris, quod Thomas de Chacenniaco, penitentia ductus et fidelium suorum consilio acquiescens, novam villam, quam prope grangiam Fontarcii et villam que Sanctus Eusebius vocatur, edificare ceperat, quod in gravamen ejusdem grangie esse poterat, destruxit, fide sua interposita et prestita promittens, tam ipse, quam Airardus, frater ejus, quod nullam de cetero villam edificaret, nec ipse, nec heres ejus, in perpetuum, inter predictam villam et memoratam grangiam et item inter Vitreium villam et eandem grangiam.. Testes sunt: Drogo de Fonteto, Michael de Cherreveio, presbiteri; Wiardus de *Brecons*; Hugo Goriardus; Everardus de Cherreveio, milites. Actum anno ab Incarnatione Domini M° C° LXX° primo, regnante Ludovico, Francorum rege; Gerardo, existente abbate; Walcherio et Rainaldo et Johanne, cellariis Clarevallis.

(Bibliot. de Troyes, *Cartul. de Clairvaux*, p. 172.)

47. — Vers 1172. Dans le 1er registre des *Feoda Campaniæ* de Henri Ier, comte de Champagne, sous le titre « De Trecis et Insulis » on lit: « Erardus de Chas-

cenaio, ligius et debet custodiam totum annum. »
Sous le titre « Ce sunt li fié de la Chastelerie de Bar-sur-Aube » on lit : « li sires de Chacenai, liges. » Ailleurs sous le titre « Ce sunt li fié de la Chastellerie de Villemor » on lit : « Erars de Chacenai. Li fié est à Laines-au-Bois. »

(D'Arbois de Jubainville, *Hist. des comtes de Champagne*, II, IX, n. 93. — Aug. Longnon, *Livre des vassaux du comté de Champagne*.. n. 1835, 2957.)

48. — 1173 « Galterus, Dei gratia Lingonensis episcopus. » Il notifie que « Oliverus de Fonteto, laud nte uxore sua Ermentrude » a donné à Clairvaux « libertatem decime in toto finagio de Fonteto, de parte illa que ad se pertinet, de terris quas fratres Clarevallis suis aratris, aut ministris seu mercennariis colunt vel colent in perpetuum. De concessione Oliveri testes sunt : Nicolaus, magister Mormanti ; Thomas de Chacennaio.. M° C° LXX° tertio. »

(Bibliot. de Troyes, *Cartul. de Clairvaux*, p. 171.)

49. — 1174. Jugement de Matthieu, évêque de Troyes, au sujet de la terre de Préhy, sur la quelle Erard II, comte de Brienne, et le chapitre de Chablis avaient des droits en litige. Parmi les témoins : « Andreas, frater comitis [de Brena] ; Erardus, nepos ejus, de Chacenaio.. M° C° LXX° quarto. »

(Quantin, *Cartul. génér. de l'Yonne*, t. II, 252.)

50. — 1177. La grande charte de Louis VII, roi de France, en faveur du chapitre de la cathédrale de

Troyes mentionne les *Casamenta* que le seigneur de Chacenay tient à Molinons dans l'Yonne.

(Dans notre *Cartul. de Saint-Pierre de Troyes*, p. 38.)

51. — Sans date (au plus tard 1178). « Airardus, dominus Cacennaii » est témoin d'une donation faite par « Hilduinus de Anguleio, » à l'abbaye de Montiéramey.

(Dans notre *Cartul. de Montiéramey*, p. 170.)

52. — Sans date (1163-1179). Ego G[alterus], Dei gratia Lingonensis episcopus, notum esse volo presentibus et futuris, quod Oliverius et Willelmus de *Belon*, fratres, dederunt in elemosinam domui Clarevallis pasturas de *Belon* et de Capella et de *Riel* et omnes aaysentias in eisdem finagiis, quicquid ad eos pertinebat et piscationem in aqua Usse. Hujus rei testes sunt : Wiardus de Capis, Thomas de Chacenaio, et Wiardus de *Layrré*, milites.

(Bibliot. de Troyes, *Cartul. de Clairvaux*, p. 393.)

53. — 1179. Charte-notice de Gauthier, évêque de Langres, relative à Fontarce. « Johannes et Clarellus, frater ejus, dederunt Sancte Marie Clarevallis pratum suum de *Roandum*. » Parmi les témoins « Drogo, major domine de Chacenniaco.. M° C° LXX° nono. »

(Bibliot. de Troyes, *Cartul. de Clairv.*, p. 162, 163.)

54. — 1179. « Ego Galterus, Dei gratia Lingonensis episcopus. » Il notifie « quod Paganus de Univilla dedit Deo et B. Marie Clarevallis partem suam de seicio ad Puteolos, pro quo debet ei domus Clarevallis VI d.

censuales in festo sancti Johannis.. Laudaverunt hoc donum Pagani *Damerons*, uxor ejus, et Laurentius et Herbertus, fratres ejusdem Pagani. Testes sunt : dominus Thomas de *Chacenai* et Guiardus de Larreio et Petrus de Fontetis, milites. Hoc donum laudavit dominus Thomas de *Chacenai*, de cujus casamento prefatum seicium erat, et laudationis ejus sunt testes : Haymo de Porta, et Petrus et Bertrannus de Fontetis, milites.. M° C° LXX° nono. »

(Bibliot. de Troyes, *Cartul. de Clairvaux*, p. 164.)

55. — (11 décembre 1179). In nomine Domini, amen. Ego Arardus de Chacennaio cognovi ex authenticis instrumentis antecessorum meorum quod avus meus Ansericus, laudante uxore sua Humbelina, dedit Sancte Marie et fratribus Clarevallis in perpetua libertate possidendum quicquid ipse tenebat et quicquid ab hominibus qui ab eo tenebant, quandocumque posset acquiri apud Fontarcii locum, sicut mete, que ad hoc posite sunt, designant (voir n° 31). Ego igitur Arardus, avi et patris necnon et patrui mei pius in hac parte successor, laudante uxore mea Mathilde, et nepote meo Jacobo, concessi et confirmavi monasterio Clarevallis quicquid ei prenominati antecessores mei ante concesserant et omnia de quibus fratres ejusdem domus in investituram possessionemve tenebant, die quo presens est conditum instrumentum, tam in Vitreio quam in Bergeriis, seu in omni terra mea et finibus ejus quoquo possessa titulo. Insuper addidi et proprio dono meo in perpetuam elemosinam eidem monasterio Clarevallis quicquid habebam in finagio de Busloco, a semita que descendit de Ferallis et tenditur ad Campiniolam inter duos furnos et villam Sancti Eusigii.

Acquictavi etiam quicquid ibidem alii quilibet vel meo nomine, vel ad censum, vel in allodium possidebant, competenti concambio ejusdem loci possessoribus constituto, excepto jure Gualterii de Anbonvilla, et Hugonis *Talebos,* necnon et Pagani de Hunivilla, et monachorum Sancti Eugendi. Quicquid etiam habebam intra prescriptam semitam versus Fontarcium in terris et in pratis et in terra de Fasco (*al.* Falco) libere et absolute predicto monasterio tradidi. Extra semitam quoque dedi ei XVI jugera terre in eodem finagio versus Sanctum Eusegium. Statui insuper ut in nemore de Vitreio, sicut distinguit vallis de Correio usque ad viam de Campagiola et usque ad terram de Fasco, nullus exsartum faciat; quod si quis fecerit, sit terragium Clarevallis. Hec omnia me, Deo propitio, fideliter ex integro servaturum ad pacem et commodum Clarevallis fratrum, proprie fidei interpositione promisi et meo sigillo firmavi, atque ad proprii roboris firmamentum sigillum domini Gualterii, Lingonensis episcopi, presenti pagine deprecatus sum adhiberi. Testes sunt : Hugo, abbas de Moris ; Theodoricus, abbas de Burlencurte ; Petrus de Fonteto ; Hugo *Moriers* ; Legerius de Barrovilla ; et Johannes Falconerius ; aliique quamplures. Actum apud Chacennaium, anno Dominice Incarnationis M° C° LXX° VIIII°, III idus decembris. Ego quoque Gualterius, Lingonensis episcopus, presenti pagine suscribo et predictam elemosinam seu prescriptam concessionem mea auctoritate confirmo et proprii sigilli munimento corroboro. Testes sunt : magister Hunaldus et magister Girardus de Wangionisrivo et Hugo *Moriers* et Petrus de Fonteto.

(Bibliot. de Troyes, *Cartul. de Clairvaux*, p. 177.)

56. — Sans date (1179-1183). « Ego Agnes, Dei patientia domina de Chacennaio. » Elle fait la notification suivante : « Liberorum meorum assensu concessi ecclesie B. Marie Bassi Fontis grangiam meam de Vitriaco cum area, ob remedium anime mee et domini mei Jacobi, perpetuo possidendam. Concessi etiam.. ut ipsi omnia necessaria ad reparationem dicte grangie.. accipient in nemoribus meis, sicut filius meus Erardus eis concessit, quando perrexit Jerosolymam [1179].. Dedi etiam vineam Ruffe de *Covegnon* cum omnibus appendiciis suis.. » Parmi les témoins : « Johannes, dominus Chacennaii.. »

(Dans notre *Cartul. de Basse-Fontaine*, p. 115.)

57. — 1182. « Ego Erardus, dominus Chacennaii. » Il fait la notification suivante : « laudante Mathilde, uxore mea, dedi in elemosinam domui de Moris, et duabus ejus grangiis de Fraxino et de Spina omne usuarium in pasturis omnium animalium in tota terra mea.. M° C° LXXX secundo. »

(Dans nos *Chartes de l'abbaye de Mores*, n. 27.)

58. — 1183. *S. Erardi de* Chacenai. Notum sit omnibus, quod ego Airardus, dominus Cacennaii, laudante uxore mea Mathilde, dedi in elemosinam Deo et domui Arripatorii et in perpetuum possidere concessi vineam Garini et Fornerii ; et dimidium jugerum terre, predicte vinee contiguum ; et decimam quam admodiaverunt ab Ulrico de Lineriis et a Guiardo, vicecomite de Capis, que est in barrochia de *Arbrissel*. Testes sunt : Hugo, abbas de Moris ; Petrus Grossus de Fonteto ; Petrus, nepos ejus ; Ilduinus de Aguileio ; Petrus de

Gronai. Actum est hoc anno ab Incarnatione Domini M° C° octogesimo tercio.

(Archiv. de l'Aube, *Cartul. de Larrivour,* fol. 101v°.)

59.— 1183. « Ego Airardus, dominus Cacenniaci. » Il fait la notification suivante : « Uxore mea Felicitate laudante.. ecclesie B. Marie Bassi-Fontis in elemosinam dedi apud Vitriacum terram in qua concessi ut una grangia fieret de nemoribus meis, pro qua michi XII nummi censuales in festo S. Remigii debentur... Quando Jerosolimam perrexi (1179), devictus precibus matris mee [Agnetis], concessi prefate ecclesie [Bassi-Fontis] quod vineam Rufe de *Couvegnon* cum omnibus suis appenditiis haberet, si mater mea vineam illam in aliquo tempore ei dare vellet.. M° C° LXXX° tertio. »

(Dans notre *Cartul. de Basse-Fontaine,* p. 114.)

60. — 1187. « Ego Herbertus Turpis Moneta. » Il fait la notification suivante : « vendidi pro CCC solidis Agneti, domine de Chaceniaco, et accensivi pro IX denariis de censa domum.. apud Barrum. » Agnes donne cette maison à l'abbaye de Basse-Fontaine « M° C° LXXX° septimo. »

(Dans notre *Cartul. de Basse-Fontaine,* p. 108.)

61. — 1189. Ego Airardus, dominus Chacenniaci, notum facio presentibus et futuris, quod vineam meam que vulgariter dicitur *Clos,* apud Barenvillam, dedi in elemosinam Deo et B. Marie de Claravalle, tali conditione, scilicet, quod si de expeditione Jherosolimitana non reversus fuero, prefata domus eam jure hereditario libere possideat ; si vero, Deo annuente,

reversus fuero, in meo arbitrio erit ipsam vineam recipere aut prefate domui, ut dictum est, eam in elemosinam relinquere. Testes : Jacobus, nepos meus ; Petrus Grossus de Fontetis; Gaufridus, qui fuit prepositus de Chacennaio. Actum anno ab Incarnatione Domini M° C° LXXX° nono.

(Bibliot. de Troyes, *Cartul. de Clairvaux*, p. 176.)

62. — 1189. Ego Manasses, Dei gratia Lingonensis episcopus, notum fieri et ratum haberi in perpetuum volo, quod Milo, comes Barri super Sequanam, dedit libere et absque ulla retentione Deo et fratribus Clarevallis quicquid et quoquomodo habebat in feodo et dominio in villa Campiniaci et in finagio ejus, et omnes pasturas quas habet in feodo et dominio a finagio de *Essoye* in ultra, versus Castellionem et versus *Loesme*. Hujus rei testes sunt : Radulfus, abbas Long[ivadi] ; Petrus, decanus Barri ; Balduinus de *Bussuy* et Stephanus de *Chasnay*, milites. Actum est hoc anno ab Incarnatione Domini M° C° LXXX° nono.

(Bibliot. de Troyes, *Cartul. de Clairvaux*, p. 248.)

63. — 1191. Erard (Ier) de Chacenay meurt en Palestine devant Acre pendant la troisième croisade.

(Albéric, ap. D. Brial, *Recueil des historiens de France*, XVIII, 755 A.)

64. — Sans date. (Nous ignorons si cette charte appartient à Erard Ier ou à Erard II.)

Ego Erardus, dominus de Chacenaio, notum facio presentibus et futuris, quod arpentum prati et palam qui sunt inter pratum Daimberti et pratum Petri *Goion* fratribus de Ripatorio ad pratum de molendino Pagani exchambiavi. Hujus rei testes sunt : Gaufridus et Thomas, monachi de Ripatorio ; Galterius, prepositus, et Petrus, frater ejus, Lusiniaci.

(Archiv. de l'Aube, *Cart. de Larivour*, fol. 4 v°.)

65. — Sans date (vers 1191). « Ego Agnes, nobilis mulier, domina Cacenaii, viam universe carnis ingressura.: coram venerabili abbate T[heobaldo] monasterii Arremarensis, et R[enaudo] Sancte Marie Bassi Fontis, et filiabus meis M[argareta], domina Chanlotis et H., domina de *Durnai*, testamentum meum feci.. » Dons à l'abbaye de Montiéramey et à l'abbaye de Basse-Fontaine ainsi qu'à ses deux filles. A Marguerite elle donne : « quicquid habebam apud Lusigniacum et apud Montem Susanum, preter decimam ejusdem ville, quousque Jacobus, filius domini Erardi *Cacenai*, terram suam possit tenere. Dedi etiam filie domini H[ugonis] Vandopere quicquid habebam apud *Taneileres* et wageriam domini Buchardi et unam archam que erat in hospitio monasterii Arremarensis cum omnibus que intus erant.. » Cette charte a été rédigée d'une façon incorrecte.

(Dans notre *Cartul. de Montiéramey*, p. 120, 121.)

66. — Sans date (vers 1191). « Ego Theobaldus de Barro [super Secanam, *al.* de Chanloto], » fait la notification suivante : « Agnes, nobilis mulier, quondam domina Chacenaii, mater uxoris mee Margarete et Hu.. de Durnaio, viam universe carnis ingressura.. » a donné à l'abbaye de Basse-Fontaine « domum de *Coveignon*.. et vineam Ruffe.. »

(Dans notre *Cartul. de Basse-Fontaine*, p. 109.)

67. — Sans date (1180-1193). « Ego Manasses, Dei gratia Lingonensis episcopus. » Il notifie que « Crispina, filia Pinelli de *Chacenai*, laudavit domui Clarevallis pratum quod Haimo Baratellus, pater mariti sui, prius illi dederat in matrimonio et postea dedit eidem domui in elemosinam. Hoc etiam laudaverunt filii ejus Nicholaus et Arambertus. Testes sunt : Petrus, presbiter de *Chacenay* ; Gaufridus, prepositus ; et Hugo. »
(Bibliot. de Troyes, *Cartul. de Clairvaux*, p. 173.)

68. — 1198. « Ego Milo, comes Barri super Secanam, filius Hugonis comitis. » Il fait la notification suivante : « omnibus hominibus Barri et homnibus eorum successoribus emptione C librarum manum mortuam in perpetuum concessi possidendam... Testes : Renaudus, vicecomes Barri ; Stephanus de Chasneto (*al.* Chaceneto), miles ; Thomas de Busseriis, miles ; Guillelmus de *Bussuil*, miles ; Helebaudus de Avaloria, miles ; Milo, tunc presbiter Barri ; Andreas, ejus capellanus, Gossuinus tunc prepositus Barri... »
(Bibliot. Nation. *F. Franc.* 5995, fol. 97 v° et 5998, fol 123 v°. — Ibid. *Collect. Dupuy*, vol. 227, fol. 130. Ed. *Docum. histor. extraits de la Bibliot. royale*, II, 43.)

69. — Juin 1199. « Menardus *Chaalunz* » et plusieurs autres personnes de Laubressel « homines Jacobi de Cacennaio (*al.* de Durniaco), militis » donnent à l'abbaye de Montiéramey « quartam partem quam habebant in hasta Sancti Patrocli in nemore, in terris tam cultis quam incultis, quantum durat foresta grangie Pontis Basse versus villam Arbrisselli. Memoratus etiam Jacobus, » de son côté, abandonne « medietatem

quam habebat » et reçoit « XXX libras pruvinensium de beneficio ecclesie Arremarensis. »

(Dans notre *Cartul. de Montiéramey*, p. 159.)

70. — Juillet 1199. « Ego Jacobus de Durniaco (*Al.* de Cacenniaco). » Il notifie la donation relatée dans la charte précédente.

(Dans notre *Cartul. de Montiéramey*, p. 160.)

71. — XIIe XVIe s. La maison de Chacenay « omnes heredes de Chacenayo » figure parmi les premières familles baronniales de la Champagne et de la Bourgogne recommandées aux *Misse generales* célébrées pour les bienfaiteurs de l'abbaye de Clairvaux.

(Dans notre *Trésor de Clairvaux*, p. 175, n. 2.)

72. — 1201. Dans le 3e registre des *Feoda Campaniæ* on trouve parmi les *Feodi magni* : « Dominus de Chacenaio est homo ligius domini Campanie et tenet *Chassenai* ab eo. »

(D'Arbois de Jubainville, *Hist. des Comtes de Champagne*, II, XX, n. 261.)

73. — 1203. Hilduin, évêque de Langres, notifie que « Erardus, dominus de *Cacennay*, nondum miles » donne à l'abbaye de Longuay ce qu'il possède à Cour-l'Evêque. Hilduin scelle cette charte parce que ledit Erard n'a pas encore de sceau.. « M° CC° tertio. »

(Arch. de la H^{te}-Marne, *Cartul. de Longuay*, fol. 102.)

74. — 1204. Ego Erardus, dominus de *Chacenai*, notum facio.. quod Petrus de *Fonteites* dedit Deo et

domui Clarevallis in elemosinam decimam de Autre-
villa quam tenebat. Hoc donum laudaverunt filii ejus
Hugo, Robertus, Guido, Petrus et Rainaldus, promit-
tentes in fide sua guarantire... Ego Erardus, dominus
Chascenai, presentem cartam sigilli mei impressione
munivi et predictum donum, quod de casamento meo
erat, laudavi et promisi contra omnes guarantire.. M°
CC° IIII°. »

(Bibliot. de Troyes, *Cartul. de Clairvaux*, p. 73.)

75. — Juillet 1205. « Ego Erardus, dominus Chacenaii » Acceptation d'un compromis relatif à certaines difficultés « quas T[eobaldus], abbas, et conventus Arremarensis habebant adversum me apud Viva-
rias et Anguleium et *Noiers* et *Chierrevi*... M° CC°
quinto, mense julio. »
(Dans notre *Cartul. de Montiéramey*, p. 221.)

76. — 1205. *Erard de Chacenai permet à l'abbaye
de Mores de construire une grange entre Bussières et
Chervey, lieu dit Entre-les-Deux-Chemins.* « Ego Erardus, dominus de *Chacennei*, filius domini Erardi, notum facio me dedisse in perpetuam eleemosinam et
benigne concessisse domui de Moris, ob remedium
anime mee et antecessorum meorum, ut grangiam
edificent inter Buxerium et Cherrevium inter Duos Ca-
minos ; concedo etiam eidem domui et confirmo omnes
donationes et eleemosinas quas antecessores mei de
Chacenneo fecerunt predicte domui, Ansericus, et Jacobus, filius ejus, et Erardus pater meus, videlicet,
plenarium usuarium in omni terra mea.. Concessi etiam
et benigne laudavi jam dicte domui quicquam habue-

runt antecessores mei in finagio de Moris et in Terra Franca de Cherreveio. Hec omnia laudavit Emelina, uxor mea.. M° CC° V°.

(Dans nos *Chartes de l'abbaye de Mores*, n. 53.)

77. — 1205. *Accord entre Guillaume, prieur de Bertignolles, et Pierre, chapelain de Chacenay.*

Ego M[aubertus], decanus Vendopere, notum volo fieri tam presentibus quam futuris, Guillelmum, priorem de *Bretegnuelle*, et Petrum, capellanum de *Chacenai*, super querelis que vertebantur inter ipsos in me compromisisse in hunc modum : quod post inquisitionem factam juris utriusque, quicquid super querelis dicerem tenerent, et ut hoc ratum esset, prior litteras abbatis de Molismo michi de ratihabitione tradidit, Petrus prius fidei interpositione postea juramento tenere firmavit et ecclesiam suam in manu mea posuit, et insuper fidejussores xx librarum. Inter querelas de *Bretegnuelle* continebatur quod ecclesia de *Bretegnuelle* matrix erat ecclesia, capelle de *Chacenai*, ejus filie, et quod ita esset in multis rationibus et allegationibus et instrumentis sufficienter probavit. Postea dicebat se eamdem portionem debere recipere in oblationibus capellarum quam in matre ecclesia. Ego vero hoc esse verum dixi et dico et omnibus testificor : abbatem Molismensem et priorem de *Bretegnuelle* habere jus patronatus in ecclesia de *Bretegnuelle* et capella de *Chacenai*, et ecclesiam de *Bretegnuelle* esse matrem ecclesiam et capellas ejus filias, et priorem amodo recipere in capellis eandem portionem quam et recipit et receperat in matre ecclesia, excepto presbiterio quod tale est : reconciliationes mulierum, exceptis sectis ; baptisma parvulorum ; visitationes infirmorum ; confessiones; oblationes peregrinorum propriis manibus oblate ; similiter sponsi et sponse caritates, nisi redimantur, quoquo modo redimantur. Prior predictus duas partes accipiet in festo Inventionis sancti Stephani ; si oblatio non sufficit ad procurationem monachorum et clericorum, de hiis que superexpendentur prior duas partes persolvet, presbiter terciam. In candelis de capellis concessit prior accipere presbitero medietatem pro somptu luminarium. In nulla decima partes accipit presbiter, excepta decima agnorum et lane in quibus terciam partem habet. In orreo etiam prioris habet sacerdos annuatim dimidium modium tritici, tria sextaria frumenti et tria trimesii. Omnes alias querelas que erant inter priorem et P[etrum], presbiterum, ad nichilum redegi, precipiens presbitero sub pena supranominata istud observare, et priori fideliter portiones suas reddere. Ne autem super hiis tractu temporis discordia oriatur, presentem paginam sigilli mei impressione firmavi. Actum est hoc anno Incarnati Verbi M° CC° V°.

(Archiv. de la Côte-d'Or, *Origin.* lias. H. 229.)

78. — Avril 1206. (Pâques le 2). *Erard de Chacenay donne à Clairvaux ce qu'il possède à Saint-Usage et confirme les donations faites par ses prédécesseurs.* Notum sit omnibus tam presentibus quam futuris, quod ego Erardus, dominus *Chacennai,* dedi Deo et domui Clarevallis in perpetuam elemosinam quicquid habebam apud Sanctum Eusebium, tam in terragio quam in decimis, libere ac pacifice perpetuo possidendum. Preterea concessi predicte domui et laudavi et

approbavi omnia de quibus domus ipsa investita erat die qua presens carta facta fuit. Cartas quas prefata domus Clarevallis habet ab antecessoribus meis et universas donationes eorum eidem domui factas laudavi et approbavi, et presentis carte testimonio predicte domui confirmavi. Hujus donationis, laudationis et confirmationis testes sunt : dompnus Guido, abbas Clarevallis, in cujus manu hoc factum fuit ; frater Jacobus, cellararius ; frater Robertus, supprior ; frater Anno et frater Magnettus, monachi ; et frater Lecelinus, conversus Clarevallis ; et dominus Milo de Cherreveio ; et Milo de Porta, quondam prepositus, et Bernardus, major de Campannola ; et Robertus de Bleigneio. Actum anno ab Incarnatione Domini M° CC° VI°, mense aprili.

(Bibliot. de Troyes, *Cartul. de Clairvaux*, p. 177.)

79. — 1206. Robert, évêque de Langres, ratifie le jugement (n° 77) rendu par Maubert, doyen de Vendeuvre.

(Arch. de la Côte-d'Or, *Cart. de Molême*, II, fol. 78 v°.)

80. — 1206. *Erard de Chacenay accorde au prieuré de Noé-les-Mallets droit d'usage dans ses bois de Vitry.* Ego Erardus, dominus de Chacenayo, notum volo fieri presentibus et futuris, me dedisse, libere in perpetuam elemosinam domui de *Noeix*, que est Sancte Marie de Molismo, et fratribus ibidem Deo servientibus pro furno et pro omnibus aisanciis domus predicte plenum usuarium in foresta de Vitreyo et in *Ferrailles*, a Monte Spinoso usque ad Sanctum Eusebium, laude et assensu Emeline, uxoris mee. Et ne hoc processu temporis delere posset oblivio, presentem paginam si-

gilli mei impressione firmavi. Actum anno Verbi Incarnati M°CC°VI°.

(Arch. de la Côte-d'Or, *Cartul. de Molême*, II, fol. 80 r°.)

81. — 1207. La grande Charte de Philippe-Auguste en faveur du chapitre de la cathédrale de Troyes mentionne les *Casamenta* que le seigneur de Chacenay tient à Molinons, dans l'Yonne.

(Dans notre *Cartul. de Saint-Pierre*, p. 122.)

82. — 1208. Dans la semaine de Pâques (Pâques le 6 avril). Jacques, seigneur de Durnay, Agnès, sa femme, Gérard et Hugues leurs enfants, et Marguerite, femme dudit Gérard, donnent à l'abbaye de Mores le droit de pâture qu'ils avaient en la ville et finage de Mores...

(Dans nos *Chartes de l'abbaye de Mores*, n. 60.)

83. — 29 juin 1209. *Erard de Chacenay confirme les donations faites à l'abbaye de Larrivour par ses prédécesseurs.* Ego Erardus, dominus de Chacennaio, notum facio omnibus tam presentibus quam futuris, quod omnia dona et omnes elemosinas quas antecessores mei donaverunt ecclesie et fratribus de Ripatorio, de quibus cartas habent, benigne concessi et laudavi, et presentis cartule testimonio cum sigilli mei appensione imperpetuum confirmavi. De exclusa vero fratrum, que est inter molendinum Fulcheri et Ripatorium, volo et precipio, ne rumpatur ulterius, nisi molendino illi dampnum per eam inferri constiterit et gravamen. Quod si quis eam amodo sine manifesto dampno rumpere presumpserit, volo ut tantum de rebus ruptoris impresen-

tiarum capiatur, unde exclusa plene refici possit et dampnum reddi. Actum anno gratie M° CC° nono, mense julio (*sic*), die apostolorum Petri et Pauli.

(Archiv. de l'Aube, *Origin. scellé*. Vitrine 11.)

84. — 1209. « Ego Airardus, dominus de *Chassenay*, assensu et laude uxoris mee, laudo et confirmo omnia que a domina Agnete, domina de *Chassenay*, ecclesie Beate Marie Bassi Fontis in elemosinam data sunt... M° CC° nono. »

(Dans notre *Cartul. de Basse-Fontaine*, p. 118.)

85. — 1211. *Jugement de la cour d'Erard de Chacenay en faveur de l'abbaye de Clairvaux*. Ego Erardus, dominus *Chacenai*, notum facio presentibus et futuris, quod cum inter fratres Clarevallis, ex una parte, et dominum Hugonem, filium domini Petri Grossi de Fonteto, ex altera, querela verteretur super terris, pratis et rebus aliis que quondam fuerant domini Hugonis de Aqua et domini Bertranni, militum de Fonteto; tandem fratribus Clarevallis conquerentibus michi, ambe partes in curia mea comparuerunt... Judicio mee curie cognitum fuit legitime et approbatum, quod dominus Hugo de Aqua dedit domui Claravellis in elemosinam quicquid habebat in bosco et plano, in pratis et aquis et justicia et in terragiis... in finagio de Fonteto, exceptis corporibus hominum. Item cognitum fuit per testes legitimos et probatum, quod dominus Bertrannus similiter dedit eidem domui Clarevallis quicquid habebat in finagio de Fonteto in omnibus utilitatibus; et quod ipse Bertrannus et homines ejus poterant rumpere ubique terras per totum finagium de Fonteto, et idem

Bertrannus habebat exinde terragium et eschaetas. Cognitum fuit etiam et legitimis testibus comprobatum, quod de predictis omnibus domus Clarevallis vestita fuit, et quod fratres Clarevallis a predicto Hugone, filio domini Petri Grossi, fuerant devestiti. Ego Erardus, dominus *Chacenai*, domum Clarevallis per jus et curie mee judicium revestivi. Et ut hec rata permaneant presentem cartam sigilli mei munimine roboravi. Actum anno Domini M° CC° undecimo.

(Bibliot. de Troyes, *Cartul. de Clairvaux*, p.179.)

86. — Avril 1214. Jacques de Durnay, et son fils Gérard, du consentement d'Agnès, femme de Jacques, et de Marguerite, femme de Gérard, concèdent à l'abbaye de Mores les granges dites « Quercum et *Billefeurre* » moyennant l'observation de certaines conventions.

(Dans nos *Chartes de l'abbaye de Mores*, n. 71.)

87. — 1215. *Erard de Chacenay constate le droit de l'abbaye de Clairvaux dans les pâtures des Mallets et de Noë.* Ego Erardus, dominus Chacenaii, notum facio presentibus et futuris, quod Milo, miles de *Cherreve*, dedit Deo et B. Marie Clarevallis in puram et perpetuam elemosinam pasturas suas de *Malai* ad usum omnium animalium et pecudum eorumdem fratrum Clarevallis, ubique per totum finagium ejusdem ville omni tempore in perpetuum possidendas. Hoc laudavit Emelina, uxor dicti Milonis; Everardus, Symon, Milo, filii eorumdem, hoc laudaverunt. Item Guido, miles, de *Noex*, filius domini Petri Grossi de Fontetis, in nostra presentia constitutus, recognovit quod ipse aliquando

injuste acceperat animalia fratrum Clarevallis in pasturis de *Noex;* promisit autem nobis... quod nec per se, nec per alium dictos fratres Clarevallis super eisdem pasturis de *Noex* deinceps inquietabit... Actum anno gratie M° CC° quintodecimo.

(Bibliot. de Troyes, *Cartul. de Clairvaux*, p. 401.)

88. — 4 février 1216, Latran. Le Pape Innocent III mande à [Haimard], évêque de Soissons, à [Raoul], abbé de Saint-Jean-des-Vignes, et à [Gui], doyen de Soissons, d'excommunier les vasseaux de Blanche et de Thibaut qui, manquant à leur serment de fidélité envers Blanche et Thibaut, adhéraient au parti d'Erard de Brienne. Le 12 décembre 1216, le pape Honorius renouvelle la bulle d'Innocent III. — En vertu de cette bulle Erard de Chacenay était excommunié et sa terre frappée d'interdit.

(Bibliot. de Troyes, *Cartulare*, ms. 22, p. 45-46.)

89. — 1216. *Erard de Chacenay déclare, par jugement, que Milon de Beurrey, chevalier, doit hommage à l'abbaye de Mores.* Ego Erardus, dominus Chacenaii, notum facio quod, cum fratres de Moris, ex una parte, et Milo filius domini Hildieri, militis, de *Burrey,* ex altera parte, coram me litigarent super casamento de *Burrey;* jamdicti fratres, per chartam Mauberti, decani Vendopere, et Odonis, domini de Vendopera, et Joffredi, marescalli Campanie, in foro meo probaverunt quod omnia que Hildierus supradictus possidebat apud *Beurrey...* primo fuerunt de casamento Sancte Marie de Faverniaco, et modo sunt de casamento de Moris. Sciendum propterea quod Milo, filius dicti Hil-

dieri, in presentia mea constitutus, recognovit se fuisse hominem ecclesie Beate Marie de Moris et coram multis aliis fecit hominium Radulpho, abbati de Moris. Itaque omnia que possidebat apud *Burrey..*, idem Milo cepit de ecclesia Beate Marie de Moris... M° CC° XVI°.

(Dans nos *Chartes de l'abbaye de Mores*, n. 74.)

90. — Janvier 1216 (*v. st.*). *Erard de Chacenay prend du duc de Bourgogne en fief perpétuel le village de Vitry-le-Croisé.* « Ego Erardus, dominus de *Chacenay*, notum facio... accepisse de Odone, duce Burgundie, in perpetuum feodum et chasamentum Vitreyum, villam meam, pro omnibus hominibus, salva fidelitate episcopi Lingonensis et comitisse Campanie et comitis Nivernensis, et super predicta villa quasi de alodio meo eidem duci in curia sua debeo esse legitimus garantizator... M° CC° XVI° mense januario. »

(Archiv. de la Côte-d'Or, *origin. scellé*. Homme à cheval, cire blanche, lias. B. 10470.)

91. — Février 1216 (*v. st.*). « Ego Erardus, dominus de Chacenayo... laude Emeline, uxoris mee, et liberorum meorum... » Il donne au Val-des-Ecoliers 100 sols sur les foires de Bar-sur-Aube « in tonneio Belvacensi ; » et ce qu'il possède « in decima de *Couveignon*... M° CC° X° sexto. »

(Copie du xvii° s. que nous possédons. — Bibliot. Nat. F. Franç. 5996, fol. 104 r°.)

92. — 1217. « Ego Erardus, dominus de *Chacenai..* » Il notifie « quod Domanginus, filius Constantii, balistarii, de *Ayricort*, et Albertus *Beullars*, avunculus

ejus, in mea presentia constituti laudaverunt et bona fide creentaverunt, fide data in manu mea, omnia dona quecumque patres et predecessores eorum contulerunt, retroactis temporibus, fratribus Clarevallis... M° CC° XVII°. »

(Bibliot. de Troyes, *Cartul. de Clairvaux*, p. 374.)

93. — 1217. Ego Erardus, dominus de *Chacenai*, notum facio presentibus et futuris, me dedisse Deo et domui Clarevallis in elemosinam XXX sextarios avene annuatim percipiendos, ad mensuram Trecensem, in decima quam habeo in villa que dicitur Mons Suisanus. Hoc laudaverunt uxor mea Emelina et filii mei Erardus et Mathildis. Actum anno Demini M° CC° XVII°. [*En marge* : Hec tradita est abbati de Moris.]

(Bibliot. de Troyes, *Cartul. de Clairvaux*, p. 178.)

94. — 1217. Ego Erardus, dominus Chacenaii, notum facio quod ego laudo fratribus de Moris elemosinam quam Johannes de Aguilleio, miles, fecit eisdem fratribus de Moris de decima sua de *Chauffour*, que erat de feodo meo. Actum anno Domini M° CC° XVII°.

(Copie du XVII° s. que nous possédons. — Bibliot. Nation. *F. Franç.* 5995, fol. 123 r°.)

95. — 5 décembre 1217. Erard de Brienne et Simon de Joinville déclarent que, de concert avec Renard de Choiseul, ils ont donné à Blanche et à Thibaut une trêve qui durera jusqu'au premier dimanche après Noël (31 décembre) inclusivement. Henri II, comte de Bar-le-Duc, est l'arbitre choisi par Blanche pour juger, conjointement avec Erard de Chacenay,

arbitre désigné par Erard de Brienne, les contestations qui pourraient s'élever par rapport à cette trêve.

(Bibliot. Nation. anc. F. Lat. 5993 *Cartul. de la comtesse Blanche*, fol. 44 r°. — D'Arbois de Jubainville, *Hist. des Comtes de Champ.*, *Catalogue*, n° 1095.)

96. — 24 février 1218. Erard de Brienne et Simon, seigneurs de Châteauvillain, donnent à la comtesse Blanche une trêve qui durera jusqu'au 22 avril suivant. Sont compris dans cette trêve : Thibaut, duc de Lorraine ; Simon, seigneur de Joinville ; Erard, seigneur de Chacenay ; Renard de Choiseul ; Simon de Clefmont, Simon de Sexfontaine ; André de Nogent, tous partisans d'André de Brienne.

(D'Arbois de Jubainville, *Hist. de Comtes de Champ.*, *Catalogue* n° 1105.)

97. — Juin 1218. « Ego Willelmus, Dei gratia Lingonensis episcopus. » Il notifie qu'Erard, seigneur de Chacenay, a donné à l'abbaye de Clairvaux les pâtures de Vitry, Bligny et Meurville dont il est question dans la charte n. 100. « Ego autem E[rardus], dominus *Chacenay*, supplico vobis, pater et domine Lingonensis episcope, quatinus presenti carte sigillum vestrum faciatis apponi. Actum anno Domini M° CC° XVIII°, mense junio. »

(Bibliot. de Troyes, *Cartul. de Clairvaux*, p. 400.)

98. — 4 juillet 1218. Erard de Chacenay écrit au pape Honorius qu'après avoir été excommunié et avoir vu sa terre mise en interdit par [Haimard], évêque de Soissons, Raoul, abbé de Saint-Jean-des-Vignes, et

Gui, doyen de Soissons, il a obtenu la levée de ces censures en jurant de se tenir à la disposition du pape. S'il forfait envers Blanche et Thibaut il retombera *ipso facto* sous les mêmes censures.

(Bibliot. Nation., *Liber principum*, 500 de Colbert, vol. 58, fol. 12 v°. — D'Arbois de Jubainville, *Histoire des Comtes de Champagne, Catalogue* n° 1134).

99. — 4 juillet 1218. Erard de Chacenay fait savoir à tous ceux qui verront les présentes, le contenu de sa lettre au pape Honorius (n° 98).
(*Ibid.*, fol. 13 v°; n° 1135).

100. — 10 juillet 1218. Ego Erardus, dominus Chacennaii, notum facio omnibus presentibus et futuris, quod illas pasturas que sunt versus Fontarciam, a via que exit a Ferallis et tendit ad viam de Noeriis et vadit per Sanctum Eusebium usque ad vallem de *Hei*, et pasturas totius finagii de Vitreio et de Blagneio et de Murrivilla fratribus Clarevallis libere confirmavi et perpetua donatione concessi ; quod eas non concessi, nec de cetero concedam ullo modo Templariis, neque Hospitalariis, neque aliis religiosis viris. Hoc totum laudavit et concessit Emelina, uxor mea. In cujus rei memoria tam ego quam ipsa presentem cartam sigillis nostris fecimus roborari. Actum anno gratie M° CC° XVIII°, mense julio, die VII Fratrum martyrum.
(Bibliot. de Troyes, *Cartul. de Clairvaux*, p. 400.)

101. — Juillet 1218. *Erard de Chacenay donne à l'abbaye de Longuay ce qu'il possède à Cour-l'Evêque.* Ego Erardus, dominus Chacenaii, notum facio presen-

tibus et futuris, me, ob remedium anime mee et antecessorum meorum, dedisse in elemosinam Deo et ecclesie Beate Marie Longivadi quicquid habebam in terragio de *Cort Avesque*, perpetuo possidendum. Hoc laudavit Emmelina uxor mea ; et Erardus, filius meus ; et *Mahaut* et Johanneta, filie mee. Actum anno domini M° CC° XVIII°, mense julio.

(Arch. de la H^{te}-Marne, *Cartul. de Longuay*, fol. 82.)

102. — 1218. « Ego Erardus, dominus Chacenaii. » Il fait la notification suivante : « pensatis obsequiis que fecerat michi ecclesia Sancti Lupi Trecensis, timens ne de rebus dicte ecclesie accepissem aliquando minus juste, ob remedium anime mee dedi prefate ecclesie in perpetuam elemosinam dimidium modium siliginis et dimidium modium avene, ad mensuram Trecensem, in decima mea de Monte Suzanno singulis annis percipiendum.. M° CC° X° octavo. »

(Dans notre *Cartul. de l'abbaye de Saint-Loup*, p. 239.)

103. — Juillet 1218. « Herveus.. Trecensis episcopus. » Il notifie et confirme la donation précédente, n. 102, « prefatam donationem ratam habentes et eidem ecclesie confirmantes.. — M° CC° X° octavo, mense julio. »

(Dans notre *Cartul. de l'abbaye de Saint-Loup*, p. 240.)

104. — 1218. « Ego Erardus, dominus Chacenaii.. » Il donne à l'abbaye de Mores « totam decimam de Monte Susano » à l'exception de diverses parties déjà données, à savoir : à Montier-la-Celle un demi-muid de seigle et deux muids d'avoine ; aux moines de Saint-

Sépulchre un demi-muid de seigle et dix-huit setiers d'avoine ; à Clairvaux trente setiers d'avoine ; à l'abbaye de Saint-Loup de Troyes un demi-muid de seigle et un demi-muid d'avoine ; à la Maison-Dieu de Neuville trois setiers de froment ; aux Templiers quatre setiers d'avoine ; au curé de Montsuzain quatre setiers de seigle et huit setiers d'avoine.. « Hanc elemosinam laudavit Emelina, uxor mea, et filius meus Erardus, et filie mee *Mahaut* et Johanneta.. M° CC° X° octavo. »

(Dans notre *Cartul. de Montier-la-Celle,* p. 166.)

105. — 1218.. *S. Erardi de* Chacenai *de arpento prati.* Ego Herardus, dominus Chacenaii, notum facio omnibus tam presentibus quam futuris, me dedisse in perpetuam elemosinam Deo et ecclesie Beate Marie de Ripatorio unum arpentum prati ad *Lusigni.* In cujus rei testimonium feci presens scriptum sigilli mei munimine roborari. Actum anno gratie M° CC° X° VIII°.

(Archiv. de l'Aube, *Cartul. de Larrivour,* fol., 29 v°.)

106. — 30 décembre 1218, Latran. Honorius III ayant reçu la lettre d'Erard de Chacenay, mande à [Haimard,] évêque de Soissons, à Raoul, abbé de Saint-Jean-des-Vignes, à Gui, doyen de Soissons, de faire jurer par Erard de Chacenay fidélité à Blanche et à Thibaut ; et de l'excommunier et de mettre sa terre en interdit s'il viole son serment.

(Bouquet, XIX, 673 B. — D'Arbois de Jubainville, *Hist. des Comtes de Champ., Catalogue,* n° 1174.)

107. — Juillet 1219. *Sous les murs de Damiette, Erard de Chacenay donne aux Teutoniques 20 livres de*

rente à prendre sur ses biens de Guerchy et de Saint-Sauveur (Yonne). « Ego Erardus, dominus Cachenaii, notum facio.. quod dedi et concessi fratribus hospitalis Alemannium.. XX libratas terre Nivernensis monete in perpetuum possidendas; de quibus.. VIII libratas terre in terra quam dominus Henricus de *Perrose* juxta Sanctum Salvatorem *am Puisoie* de me tenebat.. dicta autem terra est de feodo comitis Nivernensis.. alias XII libras in redditibus meis.. apud Gacheium.. M° CC° XIX, mense julii. Datum in exercitu Damiete. »

(Dans nos *Chartes de Beauvoir*, p. 185.)

108. — Juillet 1219. « Ego Herveus, comes Nivernensis, donationem quam dominus de Cachenaio, nepos noster, fratribus hospitalis Alemannium fecit.. (ut supra n. 107.) laudamus.. M° CC° X° nono, mense julii. »

(Dans nos *Chartes de Beauvoir*, p. 187.)

109. — 1219. *Emeline approuve la vente des deux Dancevoir.* Ego Emelina, domina Chacegnaii, omnibus presentes litteras inspecturis notum facio, quod laudavi fratribus Longivadi venditionem quam Symon, dominus Castrivillani, frater meus, fecit eisdem de utroque Dancevoyio, tam in feodis quam in demeneuris, sicut in ejus carta continetur. Ut autem ratum habeatur sigillo meo confirmavi. Actum anno domini M° CC° nono decimo.

(Archiv. de la H^{te}-Marne, *Cartul. de Longuay*, f° 160.)

110. — 1219. Ego Jacobus, Lingonensis decanus, et procurator totius episcopatus, notum facio omnibus pre-

sentibus et futuris, quod Jobertus, miles, de *Chacenay*, dedit in perpetuam elemosinam Deo et fratribus Longivadi qui morantur apud *Rovre* omnem usuagium in finagio de *Columberoil* et de Ligneio, sicut homines de *Rovre* habent in eisdem finagiis. Ita tamen quod si dampnum aliquod fecerint jam dicti fratres, vel servientes eorum, vel animalia ipsorum, solum capitale reddent. Actum anno Domini M° CC° XIX°.

(Archiv. de la H^{te}-Marne, *Cartul. de Longuay*, f° 42.)

111. — 1er novembre 1220. Jacques, évêque de Soissons, et Raoul, abbé des Vignes, rappellent au doyen de Saint-Maclou de Bar-sur-Aube la bulle d'Honorius III analysée plus haut (n. 106). Ils disent qu'en vertu de cette bulle le doyen de Saint-Maclou a sommé Erard de Chacenay de faire hommage à Blanche en lui fixant le terme de l'Assomption dernière au plus tard ; que les exceptions dilatoires mises en avant par le procureur du dit Erard ne peuvent être admises ; et que l'excommunication prononcée contre Erard devra être renouvelée.

(D'Arbois de Jubainville, *Histoire des Comtes de Champagne, Catalogue*, n° 1297.)

112. — 3 mars 1221, Latran. Honorius III, sur la demande de la comtesse Blanche, charge [Jean], abbé de Sainte-Geneviève de Paris, le prieur de la même abbaye, et Girard de Bourges, chanoine de Paris, de faire exécuter la sentence d'excommunication et d'interdit prononcée par [Jacques], évêque de Soissons et par ses collègues contre Erard de Chacenay. — Le même jour, Honorius adresse deux autres bulles, l'une

à Hugues, évêque de Langres, et l'autre à Etienne, abbé d'Auberive, pour notifier à ces deux personnages qu'en étendant leurs pouvoirs quant au for de la pénitence, il ne leur permet pas d'absoudre les partisans d'Erard de Brienne qui sont excommuniés.

(D'Arbois de Jubainville, *Hist. des Comtes de Champagne, Catalogue* n°^{os} 1318-1320.)

113. — 7 mars 1222. Erard de Chacenay fait hommage à Blanche et à Thibaut, et promet de se soumettre au jugement arbitral d'Eudes de Grancey, d'Erard de Villy et de Lambert Bouchu. « Ego Erardus de Chacenaio... ego veni ad fidelitatem domine mee ligie Blanche, comitisse Trecensis palatine, et domini mei ligii Theobaldi, nati ejus, comitis Campanie et Brie palatini, et eisdem feci hominagium contra omnem creaturam que possit vivere et mori ; promisi etiam et teneor facere et adimplere eisdem comitisse et comiti, quicquid michi dicent vel injungent dominus Odo de Granceio, dominus Erardus de Villiaco et dominus Lambertus Bouchutus, vel duo ipsorum, et hoc super sacrosancta juravi... M° CC°. XXI°, nonas martii. »

(Chantereau, II, 124.)

114. — 28 mars 1222, Isle-Aumont. Erard de Chacenay jure d'aider Blanche et Thibaut contre toute créature et spécialement contre la reine de Chypre. « Ego Erardus de Chacenaio notum facio... quod charissime domine mee ligie Blanche, comitisse Trecensis palatine, et Theobaldo, nato ejus, quod juvabo eos contra omnem creaturam que possit vivere et mori,

sicut homo ligius ipsorum, contra omnem creaturam que possit vivere et mori, et juravi etiam specialiter quod eos juvabo contra reginam Cypri, et heredes ipsius et contra maritum ipsius si forte ipsa nuberet alicui et contra omnes creaturas que occasionne ejusdem regine vel heredum suorum... Et hec omnia supradicta creentavi, sicut homo ligius predictorum comitisse et comitis, et juravi me in perpetuum firmiter observaturum eisdem et heredibus comitis sepedicti. Actum apud Insulas anno Domini M° CC° XXI° in crastino Pasche Floridi. »

(Chantereau, II, 124.)

115. — 28 mars 1222. Eudes de Grancey, Erard de Villy et Lambert Bouchu rendent le jugement arbitral annoncé plus haut (n. 113). Erard de Chacenay prendra l'engagement de soutenir Blanche et Thibaut contre toute créature, notamment contre la reine de Chypre ; il reconnaîtra cette convention devant le roi, la fera attester par lettres de la duchesse de Bourgogne et de l'évêque de Langres ; il donnera des cautions...

(D'Arbois de Jubainville, *Histoire des Comtes de Champagne, Catalogue*, n° 1391.)

116. — 10 avril 1222. Alix, duchesse de Bourgogne, fait savoir qu'Erard de Chacenay a juré d'être fidèle à Blanche et à Thibaut contre toute créature et spécialement contre la reine de Chypre.

(Chantereau, II, 140-141.)

117. — 1222. Hugues, évêque de Langres, déclare qu'Erard de Chacenay a fait hommage lige à Blanche

et à Thibaut, et qu'il a juré de les soutenir contre toute créature, spécialement contre la reine de Chypre. Si Erard manque à son serment Hugues l'excommuniera et frappera sa terre d'interdit.

(Chantereau, II, 131.)

118. — Juillet 1222. Thibaut IV, comte de Champagne, déclare que « Guido, dominus Arceiarum, recognovit se assignavisse... Anserico, fratri suo, thesaurario Lingonensi, XLIII libratas terre » représentant la part d'Ansérie dans la succession « bone memorie Johannis, fratris eorum. » Gui a assis cette rente sur le péage et la prévôté d'Arcis.

(*Cartul. Comitum Campaniæ*, Bibliot. de Troyes, ms. 22, p. 185.)

119. — Sans date (1222). Dans le 6° registre des *Feoda Campaniæ* on lit : « Guido de *Vilers* (Villiers-sous-Praslin) fecit emendam domino Comiti (*Thibaut* IV) de eo quod non fuit in chevauchia coram Mettensi. Hugo de Marolio et Erardus de Chacenaio plegii. » A la même époque Erard de Chacenay figure parmi les vassaux du comte de Champagne : « Erardo de Chacenaio. »

(D'Arbois de Jubainville, *Hist. des Comtes de Champagne*, II, XXXII, n°s 409, 487.)

120. — 1223. Jean, roi de Jérusalem, accorde certain différent qui s'était élevé entre sa très-chère parente Mahaut, comtesse de Nevers, d'une part, et Hérard de Chacenay, son très-cher allié, d'autre part, à cause de la sénéchaussée du Nivernais et de la terre de Gachy. Par suite de cet accord, Hérard de Chacenay

abandonne la sénéchaussée à la dite comtesse, et celle-ci reçoit en homme lige, pour la terre de Gachy (Guerchy), Gui, seigneur d'Arcis, qui avait épousé Mathilde, fille du dit Hérard de Chacenay.

(L'abbé de Marolles, *Invent. des titres de Nevers*, t. IV, p. 169 — éd. de Soultrait, p. 518.)

121. — 29 janvier 1223 (*v. st.*), à Paris. Jean, roi de Jérusalem, atteste que Gauthier Cornu, archevêque de Sens, (qui a acheté d'Erard de Brienne, seigneur de Ramerupt et de Venisy, « apud *Séant*, die lune ante Purificationem M° CC° XX° tercio » la forêt de Rageuse) s'engage pour 375 livres de Provins qu'il devait à Erard de Brienne, envers Erard de Chacenay.

(*Recueil de pièces pour faire suite au Cartul. génér. de l'Yonne*, n° 308.)

122. — 1223 (*v. st.*). Erard de Chacenay, cousin d'Erard de Brienne, ratifie la vente de la forêt de Rageuse (n. 120).

(*Recueil de pièces pour faire suite au Cartul. génér. de l'Yonne*, n° 308.)

123. — Mars 1223 (*v. st.*). « A., officialis Lingonensis. » Il notifie que « Guillelmus dictus *Escorchés*, de Villa super Arcia, armiger, recognovit se dedisse perpetuo in elemosinam domui de Moris VII solidos turon. cum dimidio » qu'il percevait « in censiva sive abonnamento domini de Chacennaio, de manu majoris ipsius qui apud Cherreveium commoratur... M° CC° XX° secundo, mense martii. »

(Dans nos *Chartes de l'abbaye de Mores*, n. 81.)

124. — Juillet 1224. « Ego Erardus, dominus de *Chacenay*. » Il fait la notification suivante : « Quod querela que erat inter me et fratres de Ripatorio de pratis de Lusigniaco et exclusa que est juxta Lusigniacum super aquam Bassam pacificata fuit in hunc modum, videlicet, quod ego laudavi... predictis fratribus omnia prata que adquisierunt usque ad diem que fuit pridie idus augusti anno Domini M° CC° XX° III°, que ad jus meum pertinent, vel que sunt de accensiva mea, retento michi censu qui de eisdem pratis michi debetur ; » les religieux pourront encore acquérir « de pratis hominum meorum, vel que sunt de accensiva mea, usque ad X arpenta, salvo censu meo et justitia mea. » Quant à l'écluse « que est subtus molendinum quod dicitur Molendinum Fulcherii, de Lusigniaco proxima » Erard s'engage à ce que « non rempetur neque deteriorabitur quoquo modo... M° CC° XX° III°, mense julio. »

(Archiv. de l'Aube, *origin*.)

125. — 25 décembre 1224, Sézanne. Thibaut IV, comte de Champagne, fait un règlement sur le partage des fiefs entre les enfants mâles et sur le droit d'aînesse. Jacques de Chacenay et Gui d'Arcis figurent parmi les barons qui ont concouru à cette célèbre ordonnance.

(Pithou, *Les Coustumes du bailliage de Troyes*, éd. 1609, p. 334.)

126. — Avril 1225. *Translation du prieuré de Belroy*. Ego frater Abraham, prior de *Beauroi*, totusque conventus ejusdem domus, notum facimus omnibus pre-

sentes litteras inspecturis, quod, cum vellemus transferre habitationem nostram in vallem de *Juncheres*, fatres Clarevallis opposuerunt se nobis asserentes quod hoc fieret in eorum prejudicium et gravamen et pretendentes quandam cartam nobilis viri domini Erardi de *Chacenai*, in qua continetur quod idem Erardus ita concessit et dedit eisdem fratribus Clarevallis quasdam pasturas suas, que ad vallem de *Juncheres* pertinent, quod de cetero non concedet eas aliis religiosis viris ; tandem vero, ad multas preces dicti domini Erardi, concesserunt nobis dicti fratres Clarevallis quod ibidem habitaremus, ita sane quod pro re ista non fieret in posterum prejudicium eis. Talis conditio, mediantibus bonis viris, inter nos et ipsos fratres Clarevallis habita est, quod non poterimus ibi esse ultra XVI fratres cum familia nostra. De animalibus vero ita condictum est inter nos, quod non poterimus ibidem habere ultra XXX tam vaccas quam vitulos et si plura animalia inventi fuerimus habere, cum constiterit verum esse, reddemus II solidos pro emenda de quolibet animali, quotiescumque ultra pretaxatum numerum fuerit ibi vel alibi in pasturis de domanio domini Erardi de *Chacenay*, ubi Clarevallenses usuarium habent. Nec poterimus habere terras arabiles in finagiis in quibus predicti fratres Clarevallis habent pasturas. Si vero contigerit quod dominus de *Chacenay* conferat nobis aliquam partem de nemoribus suis, in ipsa parte habebunt fratres Clarevallis usuarium. Per prata autem que nos habebimus extra clausuram nostram, postquam fuerint secata, animalia predictorum Clarevallensium sine conditione poterunt pasturare. Si autem predictam habitationem nostram aliquando voluerimus alienare a nobis et in alienam manum transferre non poterimus illud facere nisi de voluntate Clarevallensium fratrum. Ego autem frater Ricardus, prior de Valle Scholarium, et totus domus nostre conventus omnes supradictas conventiones gratas habemus et nostri sigilli munimine roboramus. Abbas etiam Clarevallis et totus ejusdem domus conventus easdem conventiones gratas habuerunt et munierunt sui appositione sigilli. Actum anno gratie M° CC° XX° quinto, mense aprili.

(Bibliot. de Troyes, *Cartul. de Clairvaux*, p. 182.)

127. — 1226. « Radulfus, abbas Clarevallis... » Il fait la notification suivante : « frater Guido, portarius noster, de voluntate nostra operari fecit duas magnas ollas cupreas ad pulmenta pauperum porte Clarevallis decoquenda : quarum una tenet modios VII, altera vero IV. » La marmite qui contient sept muids a été faite des dons « illustris domine Helyssendis, comitisse de Barro super Secanam, et nobilis domine Isabelle domine Castrivillani ; » la marmite qui contient quatre muids a été faite des dons « domine scilicet *Aeliz* et domine Juliaci et domine de *Chacenay* necnon et aliorum plurimorum bonorum virorum ac mulierum. »

(Archiv. de l'Aube, *Cartul. de Clairvaux*, t. II, p. 43.)

128. — 1226. Ego Erardus, dominus Chacenaii, notum facio universis presens instrumentum inspecturis, quod pro remedio anime mee et antecessorum meorum concessi et confirmavi ecclesie Clarevallis quicquid ipsa acquisierat ab hominibus meis de corpore, ubique in toto posse meo, videlicet terras, prata, vineas, census, custumias, terragia, essarta et quicquid a dictis ho-

minibus acquisierat usque ad diem quo presens instrumentum fuit annotatum ; et omnes terras, prata, vineas, census, custumias, essarta, redditus et terragia de quibus memorata ecclesia erat in possessione, ubique per totum posse meum, die qua presens carta fuit annotata, sepedicte ecclesie Clarevallis concessi et confirmavi. Concessi et confirmavi predicte ecclesie quicquid hactenus acquisivit et in posterum acquiret de feodis meis vel antecessorum meorum, de illis videlicet feodis que ego, vel antecessores mei, possidebamus tunc temporis quando carta mea vel carte antecessorum meorum confecte fuerunt, antequam presens instrumentum esset confectum, que de feodis meis acquirendis loquuntur. Concessi et confirmavi fratribus predicte ecclesie quicquid ipsi possent acquirere ab hominibus meis de corpore et ab hominibus heredum meorum quaslibet hereditates que a me vel ab heredibus meis non moveant, eas tamen hereditates que a me vel ab heredibus meis movent et movebunt predicta ecclesia nullo modo ab hominibus meis de corpore poterit acquirere, nisi ego vel heredes mei hoc prefate ecclesie concesserimus; sed ab aliis hominibus qui non sunt homines mei de corpore hereditates que de me movent predicta ecclesia poterit acquirere, salvis tamen redditibus quos in ipsis possessionibus habere debeo, videlicet in nummis, in blado, in pane, in vino, in carnibus, nisi carte predicte ecclesie, vel aliquid jus, concesserint predictos redditus vel aliquem eorum ecclesie memorate, salva donatione feodorum, sicut superius est expressum. Addidi et supradictis ut quicumque hominis mei dicti a prefata ecclesia vel ab aliquo alio tenentur ad censum, vel alio modo, per emptionem et quolibet alio justo modo prefate ecclesie licebit acquirere. Poterunt et dicti homines conferre in elemosinam fratribus prefate ecclesie de rebus suis secundum consuetudinem patrie. Salve autem remanent prefate ecclesie omnes carte quas a me vel ab antecessoribus meis habent, hoc excepto, quod hereditates hominum meorum de corpore que de me movent, nisi de consensu meo, vel heredum meorum, de cetero non acquiret. Salva et remanet consuetudo percussus hominum Clarevallis de Champignola et de Mundivilla et hominum meorum. Hec omnia laudavit et approbavit Amelina, uxor mea, fide interposita promittens quod nunquam veniet contra presentem cartam. Que ut rata sint et firma presentem cartam sigilli mei munimine roboravi. Actum anno gratie M° CC° XX° sexto.

(Bibliot. de Troyes, *Cartul. de Clairvaux*, p. 179.)

129.— 1228. « Erardus, dominus de Chacennaio. » Il fait la notification suivante : « Laude et assensu Emeline, uxoris mee, dedi in elemosinam... domui de Moris usuagium perpetuum ad opus sue grangie, que vocatur Molendinum Garnerii... in nemoribus meis que erunt assignata meis hominibus de Victreio et de Aculeio ad utendum. Dedi etiam.. unum modium avene... in costumis nemoris de Monsterolo juxta monasterium Arremarense... Hec omnia laudaverunt filii mei Erardus et Hugo. Actum anno Dominini M° CC° XX° octavo. »

(Dans nos *Chartes de l'abbaye de Mores*, n. 90.)

130. — 30 juillet 1229. « Ego Theobaldus, Campanie et Brie comes palatinus.. ego dilecto et fideli meo

Evrardo de *Chierrevi* dedi et concessi feodum, quod de me tenebat dilectus meus Simon, frater ejus, apud *Chierrevi* et in finagio de *Chierrevi*; et in augmentatione feodi illius concessi dicto Evrardo C s. annui redditus, in mercato Barri super Sequanam persolvendos in festo sancti Remigii, et per hoc devenit homo meus ligius, salva ligietate domini de *Chacenay*.. Actum anno gratie M° CC° XX° nono, die lune post octavas Magdalene. »

(*Cartul. Comitum Campaniœ*, Bibliot. de Troyes, ms. 22, p. 230. — Chantereau, II, 200 et 201.)

131. — 1229. « Ego Erardus dominus de *Chacenay*, notum facio, universis presentes litteras inspecturis quod ego, laude et assensu Ameline, uxoris mee, et Erardi et Hugonis, heredum meorum, talem communitatem feci cum abbate et conventu Molismi de hominibus et feminis quos habemus vel habituri sumus ego, ex una parte, et dicti abbas et conventus, ex alia, in villa de Exoia : quod homines mei cum feminis ipsorum et homines ipsorum cum feminis meis successive, sine ulla contradictione, vicissim jungent conubia, ita quod medietas tocius sobolis eorum mea erit et altera medietas ecclesie Molismensi.. » Erard avait à Essoyes huit femmes qui étaient mariées à des hommes de l'abbaye de Molême et six femmes de l'abbaye de Molême étaient mariées à des hommes d'Erard. »

(*Cartul. de Molême*, II, fol. 27 r°. — Socard, *Chartes inéd. des Cartul. de Molême*, p. 159.)

132. — Mars 1229 (*v. st.*). « Erardus dominus de *Chacenai*. » Il fait la notification suivante : « Ego, laude

et assensu Ameline, uxoris mee, et puerorum meorum, terras quas charruagio posueram et ponere poteram, que sunt de communitate de Lusegneio, et omnes terras communitatis quas [Sanctus Lupus] et homines sui ad suas karrugas tenebant, in perpetuam elemosinam [Sancto Lupo] et hominibus ejus concessi, salvo meo terragio et justitia mea, que sunt communia inter me et [Sanctum Lupum]. In recompensatione » les religieux de Saint-Loup « michi et heredibus meis dederunt sex feminas, una cum heredibus suis, quas habebant in terra abbatis monasterii Arremarensis.. Actum anno gratie M° CC° XX° nono, mense martio. »

(Dans notre *Cartul. de l'abbaye de Saint-Loup*, p. 285.)

133. — Avril 1229 (Pâques le 15). « Ego Jacobus, dominus *Durnai*. » Il fait connaître un accord entre « Gaufridus, dominus de Cyris » et l'abbaye de Larrivour « super justicia vinearum, nemorum suorum que sunt inter Ripatorium et *Aubrissel* et super justicia vinearum suarum que sunt in finagiis de Teneleriis et et de *Aubrissel*... Hec omnia ego, de cujus feodo movent predicte ville, videlicet *Teneleres* et *Aubrissel*, laudavi et approbavi, et Girardus, filius meus, similiter. Ista etiam omnia laudaverunt.. dictus Gaufridus, dominus de Cyris, et Aalix, uxor ejus, filia mea.. Actum anno gratie M° CC° XX° nono, mense aprili. »

(Archiv. de l'Aube, *Origin. scellé*, vitrine 11.)

134. — 1230, août. « Ego Erardus, dominus Chacenaii.. notum facio, quod, cum inter me, ex una parte, et abbatem et conventum Arremarensem, ex altera, verteretur discordia super eo quod petebam ab ipsis

Suffisiam de Masnillo, uxorem Liebaudi; et Elisabeth de Monsterello, uxorem Clarini de Monsterello, que femine filie sunt Radulphi fabri, majoris de Lusigniaco; petebam etiam Mariam de Monsterello et Suzannam de *Buires*, que fuerunt filie Erardi de Lusigniaco; petebam etiam Ermeniardym de Villa Media et Adelinam de Villiaco, uxorem Petri Cotini, que Emeniardis et Adelina fuerunt filie Fulcheri *Reboursin* de Lusigniaco, quas omnes feminas predictas cum medietate liberorum suorum abbas et conventus Sancti Lupi Trecensis michi escambiaverant : in quibus feminis et eorum liberis abbas et conventus S. Lupi nichil juris habebant, sicut abbas et conventus Arremarensis asserebant, cum ipsi Arremarenses eas diutius et pacifice tenuissent et possedissent, tandem... ego et heredes mei totum abbati et conventui Arremarensi in perpetuum quitavi, laudantibus hoc Emelina, uxore mea, et Erardo, filio meo. In cujus rei testimonium presentes litteras, de laude et assensu dictorum uxoris et filii mei, sigilli mei munimine feci communiri. Actum anno Domini M° CC° XXX°, mense augusto.

(Archiv. de l'Aube, *origin*.).

135. — Août 1231. « Ego Erardus de *Chacegnay*. » Il confirme l'accord réglé en 1205 entre le prieur de Bertignoles et le chapelain de Chacenay.. le droit de patronage « in ecclesia de *Bretigni* et capella de *Chacegnay* » appartient à l'abbé de Molême et au prieur de Bertignolles; « et ecclesiam de *Bretigni* confirmamus esse matrem ecclesiam, et capellas ejus filias.. M° CC° XXXI, mense augusto. »

(Arch. de la Côte-d'Or, F. Molême, *origin*. lias. 34.)

136. — 17 septembre 1231. « Ego Erardus, dominus Chacenaii. » Il renouvelle la promesse qu'il a faite le 28 mars 1222 et s'engage particulièrement à servir le comte Thibaut contre la reine de Chypre et ses héritiers, et contre son mari, au cas qu'elle se marie. « Actum anno gratie M° CC° XXXI°, die mercurii ante festum beati Mathei apostoli. »

(Chantereau, II, 210.)

137. — 1231. Erard, sire de Chacenay, fait remise à Gui, comte de Nevers, de 100 livrées de terre que le dit comte devait lui asseoir.

(L'abbé de Marolles, *Invent. des titres de Nevers*, t. IV, p. 169 — éd. de Soultrait, p. 514.)

138. — 1231. Ego Hugo, dux Burgundie, notum facio omnibus presentes litteras inspecturis, quod, cum abbas et conventus Molismensis acquisierint molendina karissimi consanguinei mei Erardi, domini de *Chacegnay*, sita apud Essoyam, ego hoc, quod de feodo meo est in predictis molendinis, abbati et conventui concedo et laudo in perpetuum possidendum. In cujus rei testimonium presentes litteras sigilli mei munimine roboravi. Actum est hoc anno Domini M° CC° XXX° primo.

(Archiv. de la Côte-d'Or, *Cartul. de Molême*, II, fol. 27 v°.)

139. — Mars 1231 (*v. st.*). « Ego Erardus, dominus de *Chacegnai*, notum facio.. quod abbas molismensis, ex una parte, et Guillelmus de *Chacegnai*, filius defuncti Roberti, et fratres ejus Milo et Colinus,

ex altera, fecerunt communitatem hominum et feminarum suarum de *Bretegnole* secundum modum communitatis que est apud Essoyam inter me et prefatum abbatem de hominibus et feminis nostris et de ipsorum successoribus.. M° CC° XXX° primo, mense martio. »

(Archiv. de la Côte-d'Or, *origin*. lias. 34.)

140. — Ego Erardus, dominus de Chacenayo, notum facio omnibus ad quos littere iste pervenerint, quod ego, laude et assensu tam uxoris mee Emeline, quam liberorum nostrorum Hugonis et Aelidis, vendidi integraliter abbati et conventui Molismi molendina mea de Essoya et fullonios et domum veteris molendini et sexaginta pedes aque subtus Estachevram, a ripa in ripam, que deinceps erit foresta propria Molismensium monachorum, et tres vias per quas itur ad dicta molendina, et unum masum eisdem molendinis proximum, sicut per metas est divisum. Vendidi etiam in eisdem molendinis omnem justiciam quam in eis habebam, nullam justiciam michi vel heredibus meis retinens in eisdem. Et sciendum quod per eamdem venditionem homines mei de Essoya molere tenentur per bannum ad eadem molendina, ad molturam rationabilem, sicut antea faciebant. Preterea nec ego nec heredes mei molendinum facere vel acquirere poterimus a *Loches* usque ad Vulpillerias. Communitas vero hominum et feminarum nostrarum de *Polegni* tenebitur in perpetuum, a die ista et deinceps, secundum consuetudinem que tenetur apud Essoiam de hominibus et feminis nostris inter me, ex una parte, et abbatem Molismensem, ex altera. Supra molendina vero erit aqua communis, nisi forte de

assensu communi, mei videlicet et heredum meorum, ex una parte, et abbatis et conventus Molismi, ex altera, posita fuerit in foresta. Et de hiis omnibus ferre debeo rectam guarantiam ecclesie Molismensi. Ut igitur hec omnia firmum et inviolabile robur obtineant presentem cartam inde conscribi volui, et sigilli mei munimine roborari. Actum anno gracie M° CC° XXX° secundo.

(Archiv. de la Côte-d'Or, *Cartul. de Molême*, II, f° 27 v°. — Socard, *Chartes inédites des Cartul. de Molême*, p. 165.)

141. — 1232. Universis presentes litteris inspecturis frater N[icholaus], dictus abbas de Moris, salutem in Domino. Noveritis quod Bovo de *Chacenay* constitutus in nostra presentia, recognovit se recepisse ab abbate et conventu Molismensi, per manum prioris et camerarii ejusdem ecclesie, pro nobili viro domino Erardo de Chacenaio, pro mercato molendinorum de Essoya, VII^c libras pruvinensium fortium; et XX libras pro laude uxoris sue domine de *Chacenai* et hoc recognovit coram pluribus aliis in domo nostra de *Mores*. Et hoc ad petitionem ipsius fecimus sigillari. Actum anno Domini M° CC° XXX° secundo.

(Archiv. de la Côte-d'Or, *Cartul. de Molême*, II, fol. 27 v°.)

142. — 1232. Ego Erardus de Chacenayo notum facio tam presentibus quam futuris, quod Bernardus de Montecuco et uxor ejus, in mea presentia constituti, vendiderunt fratribus milicie Templi C et XX arpenta nemoris cum fundo terre. Quod nemus dicitur *li Bateiz*,

et quod situm est juxta Essartum domini Bernardi de Montecuco [1], quod etiam nemus Gaufridus *de la Cauchade* tenebat in feodum a domino comite Brene, et tam idem Bernardus, quam uxor ejus, fidem interposuerunt corporalem, quod nec per se nec per alium in omnibus premissis aliquid de cetero reclamabunt, nec ipsos fratres super his vexabunt... Et quia iidem fratres maluerunt tenere illa C et XX arpenta ad censum quam in feodo, ipsi ita mecum composuerunt : quod ego, gerens vices ipsius comitis in comitatu Brene, concessi ut de cetero tenerent C et XX arpenta ad censum, ita quod tenentur reddere dicto comiti, vel ejus mandato, pro quolibet arpento singulis annis I denarium ad festum sancti Remigii censualem ; nec idem comes Brene, seu alius, aliquid juris poterit de cetero reclamare in illis C et XX arpentis.. preter dictum censum tantum. Et ego teneor et promitto eisdem fratribus contra omnes super premissis portare garantiam et procurare quod dictus comes Brene omnia superius expressa, infra duos menses post reditum suum de partibus transmarinis, eisdem fratribus laudabit et approbabit imperpetuum.. Prefati etiam Bernardus et uxor sua coram me recognoverunt super dicta vendicione et omnibus aliis conventionibus sibi fuisse plenarie satisfactum. In cujus rei testimonium presentes litteras sigillo meo feci sigillari. Actum anno Domini M° CC° XXX° secundo.

(*Cartul. de la Commanderie de Saint-Jean de Jérusalem de Troyes.* Archiv. de l'Aube, fol. 16 r° et 23 r°.)

[1]. « Nemora *Bateiz* in comitatu Brene, inter Beveronem et domum Templi que vocatur Bonus Locus et magnam forestam *d'Oriant..* » *Ibid.* fol. 23 r°.

143. — Mai 1233. « Ego magister Fredericus de *Pontalliers*, officialis Lingonensis, et ego St[ephanus], prepositus ejusdem ville. » Ils notifient que : « Dominus Josbertus de *Chacenay*, miles, quictavit et remisit penitus ecclesie et fratribus Clarevallis omnes querelas et omnes actiones quas habebat et habere poterat super quibuscumque rebus.. adversus predictos fratres et ecclesiam Clarevallis.. Dedit etiam predictus Josbertus in perpetuam elemosinam prenominate ecclesie quicquid juris habebat et habere debebat et quicquid reclamare poterat in decimis villarum subscriptarum, videlicet, de *Darmagne*[1], de *Trée*[2], de *Bonmarchis*[3], de *Roecurt*[4], de Loschis.. » Jobert reçoit « pro bono pacis VII libras Lingonensis monete.. Acta sunt hec Lingonis.. M° CC° XXX° tercio, mense maio. »

(Bibliot. de Troyes, *Cartul. de Clairvaux*, p. 295.)

144. — 1233. « Ego Erardus, dominus de *Chacenay*. » Il fait la notification suivante : « Isambardus, abbas Molismensis, dedit in eschambium Miloni *Bruno* et Amiete, uxori sue, de *Chacenay*, furnum suum de *Bretegnolle* jure hereditario in perpetuum possidendum. » Milon et ses successeurs paieront tous les ans au prieur de Bertignolles « in crastino Nativitatis Dominice X solidos forcium campanorum » et ils donnent au prieuré « in recompensationem illius escambii..

---

1. Darmannes, H^te-Marne, cant. d'Andelot.
2. Treix, H^te-Marne, cant. de Chaumont.
3. Bonmarchis, village détruit, H^te-Marne, près de Reclancourt, réuni à Chaumont.
4. Rôcourt, H^te-Marne, cant. de Vignory.

plantam vinee.. necnon masum unum et pratum orto dicti prioris contiguum.. Istud autem escambium laudo et concedo libere et pacifice in perpetuum ecclesie Molismensi possidendum.. M° CC° XXX° tercio.

(*Cartul. de Molême*, II, fol. 79 r°. — Socard, *Chartes inédites des Cartul. de Molême*, p. 168.)

145. — 1234. « Je Erars, sires de Chàcenay... franchis et quit, par lou los Emeline, ma femme, de totes et de tailles tous mes homes et toutes mes femmes de Vitrei, » à certaines conditions.. « en MCCXXXIV. »

(Copie du xviie s. que nous possédons.)

146. — 1235 février (v. st.). Ego Erardus, dominus Chascenaii, notum facio.. quod, cum dilectus et fidelis meus dominus Guido de Sancto Eusebio, miles, tam a me quam a fratribus Clarevallis teneret in feodum totum bladum quod eidem Guidoni annuatim debetur reddi a dictis fratribus Clarevallis apud Fontarciam de quadam admodiatione super terris, pratis, terragiis et rebus aliis, a dicto Guidone vel ejus antecessoribus fratribus antedictis jure perpetuo possidendum et habendum; prefatus autem Guido, de mandato meo, et voluntate, de tota parte illa quam habebam et habere debebam in feodo admodiationis premisse homagium et fidelitatem fecit sepedictis fratribus et ecclesie Clarevallis. Et ego quitavi eum penitus in perpetuum ab omni servitio et jure in quo michi ipse pro dicto feodo tenebatur. Quod ut ratum imperpetuum permaneat et firmum presentem cartam sigilli mei munimine roboravi. Actum anno gratie M° CC° XXXV°, mense februarii.

(Archiv. de l'Aube, *Origin.* — *Cartul. de Clairvaux*, p. 185.)

147. — Avril 1236. « Ego Erardus, dominus Chacenaii. » Il est caution des conventions conclues entre Pierre, duc de Bretagne, et Thibaut, comte de Champagne, relativement au mariage de Jean, fils de Pierre, et de Blanche, fille de Thibaut. Erard déclare que lui et ses héritiers sont obligés envers son seigneur Thibaut, roi de Navarre, comte de Champagne, qu'en cas de mort de Jean de Bretagne, mari de Blanche, fille de Thibaut, elle doit être remise libre, dans quarante jours, dans Château-Thierry ; et que si Blanche vient à mourir, et que Jean et ses héritiers mourussent sans enfants, et qu'ils ne rendissent pas le royaume de Navarre dans quarante jours, « ego tenerem ostagium apud Trecas in propria persona mea infra mensem, postquam essem.. super hoc requisitus, nec de villa exirem qui eadem nocte ibidem jacerem.. » faute de quoi Thibaut pourra saisir tous les fiefs que le sire de Chacenay tient de lui. « Datum anno gratie M° CC° XXX° VI°, mense aprili. »

(Chantereau, II, p. 221.)

148. — 1236. Ego Erardus, dominus de Chacenaio, notum facio universis presentes litteras inspecturis, quod ego concessi fratribus militie Templi quamdam plateam que fuit Hugonis de Vaudis, sitam apud Trecas, juxta domum dictorum fratrum, moventem de censiva mea, imperpetuum a dictis fratribus possidendam, salvo jure vel censu meo quem dicta platea debet ab antiquo. In cujus rei testimonium presentibus litteris

sigillum meum apposui. Actum anno Domini M° CC° XXX° sexto.

(Archiv. de l'Aube, *Cartul. de la Commanderie de Saint-Jean de Jérusalem de Troyes*, fol. 298 r°.)

149. — 16 juin 1236. Epitaphium domini Erardi, senioris, de *Chacenay* in capella de Larreyo vulgo *Les cardinaux blancs* (A Clairvaux).

« Hic jacet bone memorie vir nobilis Erardus, senior, dominus Chacennaii. Obiit anno Domini 1236, 16 kalendas julii. »

Et sur un carreau de brique du côté de l'Evangile est écrit :

« Hic jacet nobilis vir Erardus, dominus Chacennaii. »
(Dans notre *Trésor de Clairvaux*, p. 199.)

150. — Août 1236. « Nos Guiardus, decanus xpristianitatis Barri super Albam, notum facio.. quod dominus Robertus, miles, frater domini Hugonis de Fontetis, militis, et dominus Stephanus de Firmitate super Albam, clericus, in mea presentia recognoverunt quod, cum adhuc vivente nobili viro Erardo, domino Chacenayy, inter viros religiosos abbatem et conventum Clarevallis, ex una parte, et communitatem hominum de Vitriaco et de Blenniaco [1], ex altera, discordia verteretur super hoc quod dicti homines dictarum villarum usuagium se habere dicebant ad pasnagium nemorum de Champeignola et de Mundivilla, villis dictorum Clarevallensium : tandem in ipsos, de assensu et voluntate prefati Erardi, domini Chacennayy,

1. En marge : « Homines de *Vitré* et de *Blagné.*

compromissum fuit a dictis partibus super dicta discordia... Pronunciaverunt dictam communitatem hominum de Vitriaco et de Blegniaco nullum jus omnino habere in pasnagio dictorum nemorum de Champeignola et de Mundivilla ; unde prefate communitati perpetuum silentium imposuerunt.. In cujus rei testimonium presentes litteras, ad instanciam prefatorum arbitrorum, sigilli mei munimine roboravi. Anno Domini M° CC° XXX° VI°, mense augusto.

(Bibliot. de Troyes, *Cartul. de Clairvaux*, p. 186.)

151. — Février 1236 (*v. st.*). « N[icholaus] » évêque de Troyes, « N[..] » abbé de Montiéramey, et « G[ilbertus], » abbé de Larrivour, notifient que « Huetus, dominus de *Chacenay*, recognovit.. se recepisse a G[altero], abbate Sancti Lupi Trecensis, nongentas libras pruvinienses, in quibus tenebantur eidem Hueto dictus abbas et conventus Sancti Lupi pro venditione quam fecerat eisdem.. de parte quam habebat in superfacto nemoris de *Lusignei* quod vocatur *Dervet*.. Et de eisdem nongentis libris se tenet ad plenum pro pagato... M° CC° XXX° sexto, mense februarii. »

(Dans notre *Cartul. de l'abbaye de Saint-Loup*, p. 200.)
— Cette Charte porte par erreur la date de 1206 dans le Cartulaire.

152. — 1240. Nos Robertus, Dei gratia Lingonensis episcopus, notum facimus universis presentes litteras inspecturis, quod Huetus, dominus Chacenaii, in nostra presentia constitutus, de voluntate et consensu expresso nobilis mulieris Ammeline, matris sue, domine Chacenaii, dedit et concessit in perpetuam ele-

mosinam Deo et ecclesiis beate Marie et beati Nicholai de *Chacenay*, capelle Bleigneii, et septem tam clericis quam presbiteris ibidem Deo servientibus totam decimam, tam grossam quam minutam, grangie sue de *Chaufour*, site juxta *Chéminel*, et quicquid habebat in tota decima tocius finagii ad dictam grangiam pertinentis, sicut homines de *Mosterel* et de *Buires* terras ad dictam grangiam pertinentes excoluerunt et adhuc excolunt. Concessit etiam dictis ecclesiis, locis et personis in pedagio suo de *Essoie* XV libras pruvinensium, videlicet medietatem ad Nativitatem Domini et medietatem ad pagamentum nundinarum Barri super Albam, ita tamen quod, si dictas XV libras in alio loco voluerit assignare, pedagium suum ad eundem H. libere revertetur. Concessit eciam locis et personis suprascriptis LX solidos per annos singulos in censibus et abonamentis Chacenaii, meditatem ad festum sancti Remigii et meditatem in medio Quadragesime percipiendam : nichilominus pro luminari ecclesie Beate Marie de in castello Chacenaii, dans et assignans universos census pratorum sitorum in finagio Vitreii, in festo Nativitatis Beate Marie persolvendos, et modium unum bladi in territorio Bleigneii, videlicet IV sextaria frumenti et VIII avene, et terciam partem tocius decime de *Bleigney*, de Bello Rege, et de *Posun* et de finagiis eorumdem locorum, sicut dominus Johannes, presbiter, dictam decimam quondam tenuit et percepit. De dictis vero presbiteris et clericis modernis, taliter est ordinatum, quod quinque in ecclesiis Beate Marie et Sancti Nicholay, duo in capella Bleigneii, quorum unus ad minus presbiter erit, in ordine quo voluerint, per se, vel per alios, tenebuntur descrivire, quorum successores in eisdem locis et ecclesiis, per se, vel per alios ydoneos, personaliter deservient in officio sacerdotali, non aliter ecclesias aut capellas predictas, horis quibus cantabitur, intraturi, nisi cum superpelliciis, adhibitis etiam capis regularibus a festo Omnium Sanctorum usque ad Pascha. Quolibet autem die suas missas ad minus, cum horis omnibus canonicis, celebrabunt, quarum una pro defunctis celebrabitur, nisi festum aut solempnitas intervenerit propter quod ab ejus celebratione sit cessandum, in quo casu celebrabitur alia loco ejus. Si quid autem decedentes ad opus dictorum locorum adquisierint, aut eisdem ecclesiis aut capellis debuerint, totum ipsis locis aut ecclesiis remanebit. Et post decessum fundatorum dicta septem beneficia equali valore partientur. Fundatorum autem anniversarium, cum decesserint, singulis annis in perpetuum celebrabitur, in capellis et ecclesiis supradictis. Dictus autem Huetus et E., mater ejus, et ejusdem H. successores, dicta beneficia conferent absque consensu alterius ; qui quidem, Hugo cum voluerit aut ejus successores in perpetuum, dicti capellani in ecclesia Beati Nicholay premissum officium celebrabunt. Quorum tamen unus eidem H. et ejus succesoribus horas canonicas in ecclesia Beate Marie cantabit et missam celebrabit. Hoc autem sub silentio nolumus pertransire, quod dicti capellani ad opus capellarum et ecclesiarum earumdem in dominio vel hominibus dicti Hugonis, aut successorum ejus, aliquid acquirere non poterunt absque eorumdem H. et heredum suorum voluntate et consensu. In cujus rei testimonium presentes litteras sigilli nostri munimine fecibus roborari. Actum anno Domini M° CC° XL°, mense augusto.

(*Origin.*, au château de Dampierre.)

153. — 1240 avril (Pâques le 15). « Ego Girardus, dominus Durnaii. » Il notifie un accord conclu entre lui et « Odinum de Claromonte » (Clefmont, Haute-Marne) au sujet 1° « De Villa nova inter Quercum et *lou Tielous*.. Odo percipiet octavam partem in hominibus ville et in redditibus quos dicti homines habent in blado, denariis et in furno ville ; 2° In nemore de *Derf*, quod partitum fuit tempore Jacobi de *Durnay*, Manasseri de Pogeio, Hugonis, quondam domini Brecarum, et tempore Symonis de Claromonte.. ; » 3° règlement par rapport aux droits respectifs des deux parties sur les biens dont suivent les noms : « Foresta que appellatur Dervus ; foresta de Monte Martini ; foresta de Espoissia ; stannum *dou Tielous* ; foresta inter Vendoperam et *Burri* ; foresta de *Cruissilles* ; foresta de *Cremenart* ; nemus de *la Bequaciere*.. assensu Margarete, uxoris mee, et filiorum meorum Milonis, Johannis et Jacobi.. »

(*Origin.* commun. par M. Socard, anc. libr. à Troyes.)

154. — Août 1243. Ego Emelina, domina Chacenaii. » Elle approuve la donation faite par « bone memorie Erardus de Chacenaio, maritus meus » à l'abbaye de Montiéramey « super usuario et pasturis de bosco et de finagio de *Poleigni* et de *Chaufor* anno M° CC° VI°, mense julio. Laudo etiam quicquid juris habeo in Esmeniardim de *Viviers* dictis abbati et conventui, salvo quod ipsi pro eadem Esmeniardim dent salvum escambium Hueto, filio meo, apud Chacenaium.. M° CC° XL° III°, mense augusto. »

(Dans notre *Cartul.* de *Montiéramey*, p. 345.)

155. — Décembre 1244. Gie Wedes de Broies, cheva-

liers, fais savoir à toz caus qui verront et orront cez presentes letres que je ai vandu à mon signaur Girart de Durnay et à ses hoirs à venir à tojors, par lou loi et par lottroi Agnes, ma fame, quan je avoie et tenoie à Vandeuvre, à Buirri, au Puis, à Vaususenain, à la Ville au Bois, à Amance, à Vauchoviler, au Maisnil Fulchart, à Lompré, à Tiefraein, à Maignant, à Briel, à la Vile Neve, à Buissures, à Marroles et en tote la chastelerie de Vendeuvre, en éritaiges, en demoines, en fiez, en totes gardes, en bois, en iaux, en prez, en terres, en vines, en totes autres appartenances par IIII^m livres de Provenisiens, et de tote ceste vandue doige porter loial garantie au devant dit Girart. Por ce que ceste vendue soit ferme, estable tojors, ai je séelées ces présentes lettres de mon séel. Ce fut fait en l'an de grâce M. CC. et quarante quatre, ou mois de décembre.

(*Origin.* commun. par M. Socard, anc. libr. à Troyes.)

156. — 1244. « Ego Elysabeth, domina Granceii. » Elle fait la notification suivante : « Cum discordia mota esset inter religiosos viros abbatem et conventum Clarevallis, ex una parte, et nobilem virum Odonem, bone memorie dominum Granceii, quondam maritum meum » au sujet de ce que l'abbaye de Clairvaux possédait « in *Fayns*[1] et in finagio de *Fayns*. » Deux arbitres avaient été nommés « Jacobum, monachum Clarevallis, et nobilem virum Girardum, dominum de Durnaio, filium ipsius Jacobi » mais avant que l'affaire fut terminée « Odo, dominus Granceii, viam universe carnis... ingressus. » ... Elisabeth renonce à tous ses droits et l'abbaye de Clairvaux lui donne « C libras pruvinensium

1. Les Fays, Aube, cant. d'Essoyes, comm. de Saint-Usage.

fortium... in pecunia numerata, et conversa est eadem pecunia in profectum et commodum liberorum meorum.. Filii mei et dicti Odonis » arrivés « ad etatem legitimam » ratifieront cet accord. Elisabeth fournit les cautions suivantes : « Nobilem virum Guillelmum de Chamlita, vicecomitem Divionensem, fratrem meum de L. libris; et nobilem virum Hugonem, dominum Chacenaii de C libris; et Reynaudum, dominum *Bone Fontayne*; Girardum, filium ejus, prepositum Granceii; Stephanum ablutarium, Wiardum tabernarium et Jacobum de Salione, istos quinque scilicet de L libris.... Actum anno Domini M° CC° XL° quarto. »

(Bibliot. de Troyes, *Cartul. de Clairvaux*, p. 106.)

157. — 1245. [Cette vente d'Eudes de Broyes est un peu plus détaillée dans une autre charte de l'an 1245, commençant ainsi :]

« Ge Odes de Broies, chevaliers, faz à savoir à touz ces qui ces présentes lettres verront que je ai vendu à Girart, seignor de Durnai, li et à ses hoirs, por quatre mile livres de Provenoisiens forz de Champaigne, tout ce que j'avoie et tenoie à Vendeuvre.. » Parmi les noms de villages on lit : *Brier* au lieu de *Briel; Vaususannain* au lieu de *Vausenain; Buissures* n'est pas nommé ; avant la *Vile au Bois* on lit *Ferre* qui n'est pas nommé dans la première charte.

(*Origin.* commun. par M. Socard, anc. libr. à Troyes.)

158. — 1248 juillet. Ego Erardus, dominus Chacenaii, notum facio omnibus presentibus et futuris presentes litteras inspecturis, quod ego teneor reddere singulis annis in perpetuum fratribus et ecclesie Clarevallis pro

anima nobilis viri Erardi, patris mei, unum modium frumenti percipiendum in granario meo apud Chacenaium, ad mensuram Chacenaii, quandiu vixerit nobilis mulier Emelina, mater mea. Post decessum vero ipsius Emeline predicti frumenti quantitatem percipient prefati Clarevallenses in redditibus bladorum meorum apud Vitriacum, absque alicujus contradictione. In cujus rei testimonium presentes litteras sigilli mei munimine roboravi. Actum anno Domini M° CC° XL° octavo, mense julio.

(Bibliot. de Troyes, *Cartul. de Clairvaux*, p. 188.)

159. — 1248. Ge Miles, sires de Noiers, faiz à savoir à touz cels qui verront ces lettres, que Sehiers de Gans, chevaliers, est mes hons liges, sauve la ligée lou chastelain de Gans et la dame de Chacenay par XX livrées de terre à tornois, eu par leschaoite madame Haaliz de la Rivière, qui fu feme mon seignour Griselin, et puet penre la quele chose quil miaux vodra de ces II choses. Et est à savoir que cil diz Sehiers doit VI semeignes de garde à Noyers un chascun an, quand il en sera requis de moi ou de mon commandement. Et por ceu que ceste chose soit ferme et estauble j'ai fait saeler ces présentes letres de mon séaul. Ceu fu fait en lan de la Incarnation Nostre Seigneur lan mil CC et XLVIII, ou mois de deloi.

(Archiv. de la Côte-d'Or, *Origin*. lias. B. 10474.)

160. Avril 1249. « Nicolaus, prior Belliregis de ordine Vallis Scolarium, et Robertus de *Moustiers* [en l'Isle], miles. » Ils notifient « Quod, cum abbas et conventus de Moris conquesti fuissent diu de nobili quon-

dam domina Emelina bone memorie, matre nobilis viri Erardi, domini *Chacennai*, super hoc quod ipsa abstulerat quandam partem decime de Bergeriis, ut dicebant, et justitiam a nobis exigerent, eo quod dictus Erardus, ultra mare profecturus, nos constituit emendatores interpresiarum suarum, nos voluimus, decrevimus et consuluimus, et de assensu nobilis viri Renaldi de Granceio, militis, domini *Larre*, conservatoris terre supradicti Erardi, mandavimus quod dicta decima dictis abbati et conventui reddetur in perpetuum possidenda. Actum anno Domini M° CC° XL° IX°, mense aprilis.

(Dans nos *Chartes de l'abbaye de Mores*, n. 111.)

161. — Vers 1251. Le rôle suivant paraît avoir été dressé par Gilles de Villenauxe, chevalier, et Jacques de Rebais, chanoine de Provins, conformément aux ordres à eux donnés par Thibaut IV, en 1250.

« Feodi de Trecis.

Dominus de Chacenaio tenet *lou donjon de Chacenai* ubi sunt domus sue. Et XII libras in portis de Barro super Albam, et unam domum, et stallum apud Barrum, et aliam domum in qua illi de Belvaco vendunt, et tonnetum de Barro. Item tenet motam Trecensem, et portam Sancti Nicholai et pedagium, sicut antecessores sui habuerint, et libertatem mote et castelli; et homines si veniant forte apud Trecas; et feodum quod dominus Hato tenet apud Monasterium Celle Trecensis; et feodum domini Manasseri de Gallanda apud *Laynes*, et feodum de Maissiaco cum pertinenciis. Scripta dicunt quod debet gardam per annum et ipse negat. »

Cet article se trouve répété deux fois de suite par l'auteur du rôle avec cette différence toutefois que le feudataire est nommé, la seconde fois, — « Dominus Erardus de *Chacenai*. » En outre la phrase finale se trouve sous la forme suivante : « Negat gardam ; « scripta dicunt quod eam debet per gardam. »

(Arch. Nat., J 196, 51. Commun. par M. A. de Barthélemy.)

162. — Avril 1252. Ego Erardus, dominus Chacenaii, notum facio universis, quod, cum ego haberem in perpetuum et possiderem XXX sextarios bladi ad mensuram Chacenaii, quorum XV sunt frumenti, VII et dimidium ordei, et totidem avene, et unum sextarium leguminis medietatem pisorum et medietatem fabarum, ad eamdem mensuram, ab Haymone, domicello, et Thoma, fratribus, quondam filiis Guidonis de Sancto Eusebio, militis, per excambium factum inter me, ex una parte, et dictos Haymonem et Thomam, fratres, ex altera, de omnibus rebus meis quas habebam seu habere poteram apud Sanctum Eusebium et in finagio ejusdem ville et de uno modio bladi, frumenti et avene per medium, percipiendo singulis annis in redditibus meis Vitriaci, si res mee de Sancto Eusebio et finagio ejusdem ville, date in excambium, XXX dictos sextarios bladi et sextarium leguminis non valerent ; abbas et conventus Clarevallis post excambium factum michi et heredibus meis in perpetuum singulis annis reddere tenerentur apud Fontarciam, grangiam ipsorum, cum dicti H. et Th. eamdem quantitatem bladi et leguminis apud eamdem grangiam, priusquam fieret excambium, hereditario jure haberent et tenerent in feodum a Clarevallensibus supradictis : tandem ego prefatus Erardus pro maxima voluntate mea dictos XXX sextarios bladi et sextarium

leguminis dictis abbati et conventui Clarevallis in perpetuum vendidi pro CCC libris pruviniensium fortium, quam pecunie summam, versam in utilitatem et commodum meum, recepi et habui in pecunia numerata a Clarevallensibus antedictis, atque de dicto blado et legumine me devestivi et dictos abbatem et conventum Clarevallis de prefatis XXX sextariis bladi et sextario leguminis in perpetuum quitavi, et de omni jure quod habebam et habere poteram quoad proprietatem et possessionem in dicto blado et legumine ipsos Clarevellenses investivi. Renunciavi etiam omni juri quod michi et heredibus seu successoribus meis competit, vel posset competere in posterum, quoad proprietatem predictam et possessionem dictorum XXX sextariorum bladi et sextarii leguminis renunciavi et omni beneficio et auxilio juris canonici et civilis... Promitto etiam tradere dictis Clarevallensibus litteras reverendi patris episcopi Lingonensis vim et tenorem presentium continentes. Volo insuper et concedo quod dictus episcopus Lingonensis, qui pro tempore fuerit, in me et heredes seu successores meos et in terram meam, jurisdictioni ejusdem episcopi subjectam, excommunicationis et interdicti sententias ad requisitionem dictorum Clarevallensium possit promulgare, et promulget, si ego aut heredes seu successores mei contra predictam venditionem seu aliquid predictorum veniremus seu venire faceremus... In cujus rei testimonium et robur perpetuum presentes litteras sigilli mei munimine roboravi. Actum anno Domini M° CC° L° secundo, mense aprili.

(Archiv. de l'Aube, *origin.*)

163. — Avril 1252. « Nos Guido, Dei gratia Lingonensis episcopus.. » Il notifie et scelle l'acte précédent.

« In cujus rei testimonium presentes litteras ad requisitionem dicti Erardi, domini de *Chacenay,* sigillo nostro fecimus roborari et easdem tradidimus Clarevallensibus supradictis. Actum et datum anno Domini M° CC° L° secundo, mense aprili. »

(Bibliot. de Troyes, *Cartul. de Clairvaux*, p. 190.)

164. — Sans date, 1252 avril. « Guido, Dei gratia Lingonensis episcopus. » Il notifie que « cum Haymo et Thomas, frater ejus, quondam filii Guidonis de Sancto Eusebio, militis, haberent jure hereditario, ut asserebant, apud Fontarcium, Clarevallis grangiam, XXX sextarios bladi ad mensurum Chacenaii (ut supra n. 158) atque dictum bladum et legumen tenerent in feodum a viris religiosis abbate et conventu Clarevallis Cisterciensis ordinis : prenominati H. et Th., fratres, in nostra presentia constituti, recognoverunt spontanei et majores annis et positi extra omnem avoeriam, sine vi et sine dolo, quod dictum bladum et legumen dederunt nobili viro Erardo, domino de *Chacenay,* in escambium pro omnibus rebus et juribus que idem dominus habebat apud Sanctum Eusebium et in finagio ejusdem ville et pro uno sextario bladi, frumenti et avene per medium, percipiendo singulis annis apud Vitriacum.. (*ut supra* n. 158). Et sciendum quod prefatus dominus de *Chacenay* in nostra presentia recognovit quod dictum bladum et legumen, post escambium factum, in feodum receperat ab abbate et conventu Clarevallis. In cujus rei testimonium.. M° CC° LII°. mense aprili. »

(Bibliot. de Troyes, *Cartul. de Clairvaux*, p. 191.)

165. — 1252 avril. « Ego Erardus, dominus Cha-

cenaii, notum facio quod, cum Guillelmus de Gresigneio, miles, et *Damerons,* uxor ejus, singulis annis reciperent et haberent apud Fontarciam, grangiam Clarevallis, XXX sextarios bladi ad mensuram Chacenaii (*ut supra* n. 158); quam quantitatem bladi et leguminis dicta *Damerons* tenebat in dotem ratione Guidonis de Sancto Eusebio, militis, quondam mariti sui; et quod bladum ac legumen erat de feodo abbatis et conventus Clarevallis : tandem ego dictus Erardus ab Haymone et aliis liberis ipsius Guidonis et dicte Damete, uxoris ejus, escambiavi (*ut supra* n. 160) cum.. post dictum escambium factum sextarios et legumen vendiderimus Clarevallensibus, nec dictus Guillelmus et dicta Dam., uxor ejus, de eisdem sextariis se devestire vellent, nisi dicti Clarevallenses toto tempore vite dictorum G. et D. teneantur reddere singulis annis quantum recipiebant in grangia Fontarcie.. » Erard décide les religieux de Clairvaux à payer cette rente et il donne comme caution à l'abbaye de Clairvaux : « Gerardum de Chacenaio, filium Ewrardi ; Stephanum, filium Martini de Aguilleio; Guillelmum et Milonem, fratres, de Chacenaio; Robeletum, filium Milonis, quondam prepositi; Bernardum dictum Forestarium ; Stephanum de Sezannia, prepositum Chacenaii; et Garinum de Sezannia, apud Blegneium commorantem. « Actum anno Domini M° CC° L° secundo, mense aprili. »

(Arch. de l'Aube, *origin.*).

166. — Avril 1252. Ego Erardus, dominus Chacenaii, Notum facio universis, quod, cum discordia verteretur inter me et communitatem Vitriaci et homines aliarum villarum mearum, ex una parte, et religiosos

viros abbatem et conventum Clarevallis, Cisterciensis
ordinis, Lingonensis diocesis, ex altera, super eo quod
dicti Clarevallenses post tempus fenationis consueverant
ponere prata sua sita in finagio Fontarcie, grangie
sue, et Vitriaci, ville mee, in banno et custodia, nec
permittebant animalia et pecora hominum dicte communitatis et aliorum hominum meorum uti pasturis
dictorum pratorum, licet prenominati Clarevallenses
pasturis ipsorum pratorum uterentur, vel fenum facerent in eisdem, si de ipsorum pratorum uterentur,
vel fenum facerent in eisdem, si de ipsorum voluntate
procederet : tandem dicta discordia in perpetuum pacificata est in hunc modum, videlicet, quod ego dictus Erardus, dominus Chacenaii, volui et concessi ut
dicti Clarevallenses ponant singulis annis post dictum
tempus fenationis pratorum in custodia et banno usque ad festum Omnium Sanctorum quatuor prata sua
prope Fontarciam.. que sic nominantur, scilicet, pratum quod dicitur Clausum Fontarcie, pratum quod dicitur ad Clopas, pratum quod dicitur de *Valmenot*, et
pratum quod dicitur ad Boves, quod protenditur in longum et latum usque ad fossatum quod fuit factum pro
dividendis pratis Salmasie et Fontarcie.. Et sciendum
quod dicta communitas Vitriaci et alii homines terre
mee atque eorum animalia et pecora singulis annis
de cetero se abstinebunt a pasturis dictorum quatuor
pratorum a dicto tempore fenationis usque ad dictum
festum Omnium Sanctorum sequens. Si vero contingat
quod aliquis dicte communitatis, vel alii homines mei,
infra tempus prenotatum bannum fregerit,.. ego jam-
dictus Erardus teneor et promitto fide mea data corpo-
raliter, quod ego dampnum ab eo qui deliquerit.. res-

tituere faciam Clarevallensibus et emendam pro violentia irrogata et dampno facto pro voluntate mea levabo. Insuper promitto quod dictam compositionem.. inviolabiliter imperpetuum observabo et faciam observari. Et ad hoc me et heredes meos obligo et obligavi. Et est sciendum quod pro hujusmodi compositione.. dederunt michi prenominati Clarevallenses CC libras pruviniensium fortium. Quam pecunie summam recepi et habui integraliter in pecunia numerata.. Dampnum vero factum dicti Clarevallensibus.. restituetur eis : de equo qui invenitur tempore prenotato ego dictus Erardus levabo si voluero XII denarios pro emenda, et similiter heredes mei, pro bove, seu vacca, vel asino IIII denarios; pro ove, vel capra II denarios; pro porco vero obolum... Actum anno Domini M° CC° LII°, mense aprili.

(Archiv. de l'Aube, *Origin. scellé.*)

167. — Avril 1252. « Nos Henricus de Chacenaio, major Vitriaci, et communitas ejusdem ville. » Ils font la notification suivante : « Quod nos ratam habemus et firmam, ac etiam approbamus venditionem quam fecit nobilis vir dominus noster Erardus, dominus de Chacenaio » aux religieux de Clairvaux « de eo quod ponant singulis annis imperpetuum in custodia et banno statim post tempus fenationis (*ut supra* n. 158). Ad majorem vero securitatem omnium predictorum tredecim de melioribus Vitriaci, quorum nomina inferius sunt expressa, juraverunt pro tota communitate quod de cetero.. omnia et singula inviolabiliter observabimus et et faciemus observari..: predictus Henricus de Chacenaio, major Vitriaci; Girardus, carpentarius;

et Constantius, frater ejus; Durandus, filius Margarete ; Milo, filius domini Heroldi ; Johannes, filius Bovonis ; Walterus, filius Ernaldi; Gaufridus Parvus; Durandus, filius Johannis Parvi ; Robelinus *Moichet;* Milo, *li fiz au Gravelier;* Milo, filius *dame Patoin;* Hugo de *Ergançon.* In cujus rei testimonium presentibus litteris sigilla virorum nobilium Erardi, domini de Chacenaio, et Renaldi, domini de *Larre,* fecimus apponi. Actum anno Domini M° CC° L° [II°], mense aprili. »

(Bibliot. de Troyes, *Cartul. de Clairvaux,* p. 192.)

168. — Avril 1252. « Ego Erardus, dominus de Chacenaio. » Il vend à l'abbaye de Montiéramey « pro precio XXX l. quamdam consuetudinem que vocatur *li sauvement..* in villa seu finagio de Vivariis.. tam in denariis quam in avena, quam in gallinis et etiam in rebus aliis.. M° CC° L° secundo, mense aprili. »

(Dans notre *Cartul. de Montiéramey,* p. 257.)

169. — Juin 1252. Erars, sire de Chacenay, quitte à ses sujets de Vitry-le-Croisé un droit qu'il avait audit Vitry sur le ban du vin, comme aussi les corvées qu'il y avait, moyennant douze vingts livres provins. Au mois de Juin 1252.

(Copie du xvii° s. que nous possédons. — Bibliot. Nation. *F. Franc.* 5995, fol. 185 r°.)

170. — Août 1255. Gui, comte de Forest, et sire de Chacenay à cause de dame Aalis de Chacenay, sa femme, fille de feu Erars, seigneur de Chacenay, affranchit tous les sujets du dit Chacenay de totes et tailles, moyennant que chacun desdits sujets lui paie-

ront tous les ans trois deniers de la livre de meubles, fors qu'en armeurs et robbes faites pour leur corps et aisements d'hostels ; et un denier pour livre des immeubles... auxquels sujets il octroie la prevosté et justice de Chacenay dedans le finage dudit lieu, moyennant la somme de XV livres provins, qu'ils rendront tous les ans à Pâques ; et ils n'auront ni la justice des forfaits faits ès bois et garennes du dit seigneur, ni des amendes des propres ni des domestiques du dit seigneur... le dit seigneur se retenant la cognoissance du rapt, la garde des églises, des clercs, des gentilshommes, des juifs, des quaorsins.. Au mois d'Août 1255.

(Copie du XVIIe s., que nous possédons.)

171. — Novembre 1260. « Nos Aaliz, dame de Chacenay, faisons à savoir que comme nostre chier frère Erart de bonne mémoire, jadis sires de Chacenay, ait donné et laissié an son testament à l'église de Clairvaux C soudées de terre à perpétuosité, nos devantdicte Aaliz avons assigné et assis les devantdictes C soudées de terre à penre chascun an C sous an la taille de Bleigni, dedans les octaves de la Saint-Martin por les devantdictes C soudées de terre. Et voulons et outreons que quiconquez sera meres de la devantdicte ville de Bleigni que il jurt sus sainctes ewangiles que il paiera les devantdis C souz à la devant dicte église. Ces lettres furent faictes en l'an de grace mil et deux cens et soixante, ou mois de novembre. »

(Arch. de l'Aube, cart. 3 H 136, *Vidimus* de 1365.)

172. — 1260. Alix, dame de Chacenay, certifie que Erard de Chacenay, son frère, a laissé au Val-des-

Ecoliers, pour son anniversaire, quarante soldées de terre.

(Bibliot. Nation. *F. Franç.* 5995, fol. 104 v°.)

173. — 3 juillet 1261. « Guillelmus, vicecomes de Melonduno, et Aalidis, uxor ejus.. noveritis nos recepisse a viro nobili Johanne, domino de Castrovillani, et fratre Roberto, abbate monasterii Arremarensis, C et XXV libras pruvinensium fortium de quadam summa pecunie quam dicti J. et R. in deposito habent, pro emenda hereditate ad opus dicte Aalidis et heredum ejus. De quibus C et XXV libris emimus a Johanne *Cervole*, milite, XIV libras annui redditus.. quas dictus *Cervole* recipere consueverat a domino Chacenaii. Datum anno Domini M° CC° LXI°, die dominica post festum apostolorum Petri et Pauli. »

(Dans notre *Cartul. de Montiéramey*, p. 358.)

174. — Mai 1266. « Je Jehan, sires d'Arcis.. Je doins et octroi le don ou la vendue que Pierre, dit Mauvais, de Montsuzain, et Isabes, sa femme, ont fet à l'abbé et ou covent et as frères de Mores, de lor partie et de tel chozes comme ils avoient ou moulin qui est appelé le Molins Huon.. l'an de grace mil deux cens sexante six, ou mois de may. »

(Dans nos *Chartes de l'abbaye de Mores*, n. 130.)

175. — Mai 1266. Ego Aelydis, domina Chacenaii, notum facio universis presentibus et futuris, quod in mea presentia constituti Stephanus, filius quondam defuncti Martini de Aguilleio et Ermengardis, uxor ipsius

Stephani, spontanei recognoverunt coram me sese vendidisse vera, perpetua et irrevocabili venditione legitime facta Radulpho, majori de Urvilla, quoddam molendinum cum omnibus appendiciis et pertinentiis ipsius molendini, liberum et immune ab omni feodo, redditu, consuetudine et alia quacumque servitute, exceptis sex denariis censualibus michi debitis annuatim, cum omni dominio, jure et justicia censuali, quod habebant ipsi venditores in finagio Urville, situm subtus Urvillam, inter quamdam petiam terre arabilis, quam habebam ibidem, et terram arabilem, que fuit defuncti domini Guillelmi de Urvilla, quondam militis, et dicitur Molendinum Cayni. Fit autem venditio dicti molendini pro octoginta libris bonorum et legalium pruvinensium, quas ipsi venditores confessi sunt coram me sese recepisse et habuisse nomine dicte venditionis a dicto Radulfo, de ipsis LXXX libris sese bene quictos et integre pagatos tenentes in pecunia numerata.. De dicto molendino dictum Radulfum, tanquam domina censualis, investivi et posui in possessionem corporalem, me tenens pro bene pagata ad plenum de omnibus que michi de jure debebantur ratione venditionis supradicte. Ego similiter, sub simili venditione spontanea, vendidi dicto Radulfo dictam petiam terre arabilis quam habebam, liberam et immunem ab omni censu, redditu, consuetudine et alia quacunque servitute, sitam ante dictum molendinum, juxta terram que fuit Villani de Hyspania, domicelli, ex una parte, et juxta terram arabilem que fuit Arnulfi quondam majoris Hospitalariorum, ex altera, pro sex libris pruvinensium forcium.... et pro duobus denariis dicte monete censualibus reddendis et solvendis michi et heredibus meis a possessoribus dicte pecie terre singulis annis in perpetuum apud Bleigneium, in vigilia Nativitatis Domini, cum omni dominio, jure et justicia censuali. In cujus rei testimonium et munimen presentes litteras ad preces dictorum Stephani et ejus uxoris ipsi Radulpho pro se et heredibus meis concessi sigillo meo sigillatas. Actum anno Domini M° CC° LX° sexto, mense maii.

(Archiv. du château de Chacenay, *origin. scellé.*)

176. — 12 juin 1267. Arrêt du Parlement de Paris condamnant le comte de Forez (comes Forisiensis) à payer au vicomte de Melun (vicecomiti Meledunensi) 1,200 livres tournois qu'il s'était engagé à donner pour la dot d'Alix de Chacenay (Alicie de Chacenaio), épouse dudit vicomte. Ordre au bailli de Macon d'exiger du comte de Forez le paiement de 1,200 livres.

(Beugnot, *Les Olim*, t. I, p. 257, n° XV.— Boutaric, *Actes du Parlement de Paris,* I, p. 105, n° 1149.)

177. In Parlamento Penthecostes anno Domino M° CC° LXIX° proponebat in curia ista vicecomes Meleduni contra Reginaldum, comitem Foriensem, quod convencio certa facta fuerat inter uxorem ipsius vicecomitis, relictam quondam Guidonis, comitis Forisiensis, ex una parte, et dictum comitem Reginaldum, ex altera, videlicet, quod idem comes dictam dominam acquitaret de omnibus debitis ipsam contingentibus, ratione dicti comitis Guidonis, fratris sui, excepto debito in quo tenebatur domino de Chacenaio, fratri ipsius domine. Cum itaque plura de debitis hujusmodi alia quam debitum domini de Chacenaio peterentur ab ipso, ratione uxoris sue, petebat idem vicomes ipsum comi-

tem condempnari ad hec debita persolvenda.. » Enfin le comte fut condamné « ad solvenda predicta debita, que dictus vicecomes estimaverat ad duo millia librarum..

(Beugnot, *Les Olim*, t. I, p. 754, n° XII.)

178. — 1273. Miles de Noyers, chevalier, le jeune, certifie que Miles, seigneur de Noyers, son père, et lui ont été choisis pour faire les partages entre Jehan, chevalier, seigneur d'Arcyes, et ses frères Erars d'Arcyes, escuyer, Guillaume, clerc, et Milet, et Helissant, leur suer, en cette sorte que Jehan soit sire d'Arcyes et de toutes les appartenances d'outre Seigne; et tiendra sa suer Helissant, puis la mariant lui donra deux cents livrées de terre; et les trois autres Pisy, le Vau de Seignelly, et Villeragis, et tout ce qui leur appartient d'autre part Seigne.. L'an MCCLXXIII.

(Copie du xvii° s. que nous possédons.)

179. — Juin 1277. « Andreas, decanus xpristianitatis Barri super Albam.. » Il retient « ad vitam suam solummodo, a viris religiosis Clarevallis tres vineas.. in finagio de *Cepoy*. » L'une de ces vignes est désignée « juxta vineam que dicitur *Chacenay*. »

(Bibliot. de Troyes, *ms* 731, p. 230.)

180. — 13 juin 1278. Erars et Guillaume d'Arcies, frères, filz de noble home Jehan et de noble dame Ysabeau, seigneur et dame d'Arcies, font leur partage de sorte que les villes de Pissey, du Val de Senailly, de Ville-Ragise et les fiez et appartenances des dites viles, sçavoir le fié de Sainte-More, le fié de Chameçon et le

fié de Ville-Ciens, appartiennent à Guillaume d'Arcies et à ses hoirs; et à Erars la terre et chastellerie de Chascenay; de ce qui leur est escheu à Sézanne... comme madame Aalis, dame de Chascenay le tenoit..; et acquiter Guillaume de toute dette, particulièrement Milet, leur frère, sires d'Arcies, pour cent livres de tournois, qui seront prises de la debte qui li sires de Noyers doit... Et nous Guiz de Genève, par la grace de Dieu évesque de Lingres, à la requeste des dits frères Erars et Guillaume, avons commandé mettre nostre scéel en ces lettres en tesmoignage de vérité, l'an de l'Incarnation Nostre seigneur MCCLXXVIII, le lundi après les octabes de Pentecoste.

(Copie du xviie s. que nous possédons.)

181. — 1278. « *De appelant faulx jugement comment on doit faire, par la coustume de Champaigne.* (Jugement contre le seigneur d'Arcis.) Il est coustume en Champaigne, que quicunques soit en plait devant justice, et il face demande contre partie, soit de meubles, ou de l'héritage, qui touche à partie, et li juges lor rapporte jugement, de quoy l'une partie se tiegne pour grevée, parquoy elle vuille rappeler devant le roy, ou devant le prince, la partie qui vient rappeller, ains qu'il appelle, doit ainsis dire à la justice : premierement je met mon corps et tous mes bien, et tout mon conseil en la garde li roy, ou li prince, de vous devant li je appelle, et ay appelé, de ce jugement, comme de faux et mauvais, et le trayeray millor de l'hostel li roi. Et ne puis qui li appiaux est fais, cils de qui il appelle n'a nulle juridiction sus luy, ne sus ses biens, ne les puet prendre, puis qu'il ait riens souz

le roy, ou sous celi devant qui il appelle. Et tandis la querelle demeure en l'estat tel, comme li appiaux la treuve, quiex que il soit. Et se il est saisiz, il demeure saisiz. Ce fu dit pour le dux de Bourgoingne, l'an M. CC. LXXVIII, à Paris, contre le seigneur d'Arceis, que li dux de Bourgoingne estoit en saisine de Vitry, que il avoit mis en sa main, pour cause de son fié, et li sires d'Arceis s'efforça par les gens le roy, que la main au dux en fust ostée, l'appel pendant. Il fu rapporté, que li dux de Bourgoingne demourroit saisiz. Ad ce faire furent : li abbés de Sainct Denis, li sires de Néelle, messires Jacques de Bouloigne, Gauthier de Chambéri, li quens de Pontiz, Regnaut Barbez, messr. Jehan du Mont, et plusieurs autres. »

(P. Pithou, *Les coustumes du bailliage de Troyes*, n. XLIII, p. 455, éd. 1609.)

182. — 1279. Jean, sire d'Arcis et de Chacenay, déclare que Henri de Saint-Benoit (sur Seine), chevalier, tient de lui, en fief, quatre muids d'avoine de rente qu'il a en la ville de Poligny, les quels quatre muids il veut désormais que Henri les tienne de Miles, seigneur de Noyers, oncle du dit Jean.

(Arch. de la Côte-d'Or, *layette* 167, *Fiefs dépendant de Noyers*, B. 10481.)

183. — Novembre 1281. « G[uido], Lingonensis episcopus. » Il notifie que « Erardus de Chacenayo, miles » vend, moyennant 800 livres, la moitié de la terre de Lusigny. (Voir ci-dessous les lettres d'Erard.) « Actum et datum anno Domini M° CC° LXXX° primo, mense novembri. »

(Archiv. de l'Aube, *origin*. F. Saint-Loup.)

184. — Janvier 1281 (*v. st.*). Ego Erardus de Chacenayo, miles, notum facio presentibus et futuris, quod ego, pro meis et terre mee negotiis et necessariis utilitatibus agendis et expediendis, vendidi et nomine venditionis concessi, tradidi et imperpetuum quictavi religiosis viris abbati et conventui monasterii Sancti Lupi Trecensis et eorum ecclesie, pro pretio et summa octingintarum librarum Turonensium, de quibus me teneo pro bene et legitime pagato, in pecunia numerata.. medietatem tocius terre quam nobilis mulier bone memorie Aalidis, quondam domina de Chacenayo et comitissa de *Forois*, habebat et habuit et habere debebat de franco allodio, omnibus modis et commodis, et habere poterat, tenuit et possedit in villa et finagio de Lusigniaco et in omnibus ad dictam villam de Lusigniaco pertinentibus, scilicet, in homnibus feminis, justiciis, manusmortuis... excepta duntaxat parte quam dominus Siguerus de Gandano, miles, in prenominatis habet; nichil mihi, vel meis heredibus, in premissis vel eorum aliquo retinens modo quolibet vel reservans. In quibus omnibus supradictis abbas et conventus predicti nomine ecclesie sue ab antiquo et tempore venditionis hujusmodi fuerunt et sunt socii pro indiviso mei et fratrum meorum et sororis mee, magne et alte justicie et in pacifica possessione ejusdem, a tempore a quo memoria non existit.... Actum et datum anno Domini M° CC° LXXX° primo, mense januario.

(Archiv. de l'Aube, *origin*. F. Saint-Loup.)

185. — 17 août 1282. Ego Johannes, miles, dominus Arceyarum et Chacenaii, notum facio presentibus et futuris, quod ego, pro meis et terre mee negotiis et necessariis utilitatibus agendis et expediendis, vendidi et nomine venditionis concessi, tradidi et imperpetuum quitavi pro me, et Milone, fratre meo, hoc volente, approbante et in hoc expresse consentiente, religiosis viris abbati et conventui monasterii Sancti Lupi Trecensis et eorum ecclesie pro pretio et summa octingentarum librarum turonensium, de quibus me teneo pro bene et legitime pagato, in pecunia numerata... medietatem totius terre quam nobilis mulier bone memorie Aalidis (*ut supra* n. 184.) Actum et datum anno Domini M° CC° LXXX° secundo, die lune post festum Assumptionis B. Marie Virginis.

(Archiv. de l'Aube, *Origin*. F. Saint Loup.)

186. — 18 août 1282. Le même acte, sous le sceau de l'officialité de Troyes. « Anno Domini M° CC° LXXX° secundo, die martis post festum B. Marie Virginis. »

(Archiv. de l'Aube, *origin*. F. Saint-Loup.)

187. — 17 septembre 1282. Ego Johannes, dominus Arceyarum et Chacenaii, notum facio presentibus et futuris, quod ego teneor et promitto bona fide garantire religiosis viris abbati et conventui Sancti Lupi Trecensis, medietatem tocius terre quam nobilis mulier Alaidis, quondam domina de Chacenayo, tenebat et possidebat, tempore quo vivebat, in villa et finagio de Lusigniaco et pertinentiis ejusdem ville, exceptis duntunxat hereditate domini Segueri de Gandano, militis, et feodo Estordi de Briello, armigeri, erga comitem et heredem Campanie et omnes alios... Datum anno Domini M° CC° LXXX° secundo, die jovis post Exaltationem sancte Crucis.

(Archiv. de l'Aube, *Origin*. F. Saint-Loup.)

188. — 23 décembre 1283. « *Comment ainnez frère ne doit avoir avantage en chastel qui vient de costé.* (Jugement en faveur d'Erard d'Arcis.) Le juedi devant Noel, l'an M. CC. IIII. XX. III comparut en jugement Messires Jehans, sires d'Arceis, devant l'abbé de Sainct Denis, qui lors gardoit pour le roy le royaume de France, encontre monseigneur Erart, son frère, et demandoit à avoir ainsnéece ou chastel de Chacenay, qui estoit lors venu deschoüectes de costé, et disoit qu'il en devoit porter ledit chastel de Chacenay, par vertu de la chartre de Champaigne : messire Erars s'en défendoit, et disoit que l'en en avoit autrement usé en Champaigne, que quant chastel de costé eschiet, il doit estre partis entre les freres ygaument, c'est assavoir, S. Just, Montaguillon, Seris, et Marolles. Ce jour fu rapporté par jugement, les raisons oyes d'une part, et d'autre, et la coustume de Champaigne enquise, que quant chastiaux vient d'escheoicte de costé, il se partira entre les frères ygaumens, senz avantage. Ad ce jugement rendre furent : messr. Gautiers, évesque de Senliz, monssigneur Simons de Néele, le quens de Pontiz, l'évesque de Teroüenne, li dians de Tours, li dux de Bretaigne, li sires de Grancey, et plusieurs autres grant foison. »

(P. Pithou, *Les coustumes du bailliage de Troyes*, n. LXII, p. 463, éd. 1609.

189. — 1234. « *Comment personne de serve condition ne peut vendre leur héritage, à hons franc, par point de chartre.* (Jugement en faveur d'Erard d'Arcis.) L'en use en Champaigne, que se aucuns nobles hom, ou aucune noble femme tient en fié, et il teigne hom-

mes, ou femmes, qui soint de main morte, ou taillables, et ils vendent de leur héritage à hommes, ou à femmes, personnes franches, par point de chartre, tout le facent il par leur seigneur de qui ils sont hommes, ils ne le pueent faire, que li sires souverains ne preigne les héritages, et les mecte en son domaine, comme son propre héritage, pour ce que par luy n'est fait. Et toute voie, se il avenoit que ils eussent vendu, et li sires, de qui ils sont homme, ne le sceust, et que par luy ne fust fait, et li acheteurs eust tenu l'héritage ung an, et ung jour, et li sires souverains y mettoit la main, avant celi qui seroit homme, li venders jorroit, ne ne le porroit en barrer. Ce fu jugé à Troyes l'an M. CC. IIII. XX. IIII pour monsr. Erart d'Arcis, contre Henri l'Armeurier, et contre Thiébault de Sainct Anthoine de Troyes, qui avoient achaté, à Sacey et à Ténillières, maisons, et autres héritages, aus hommes qui estoient du fié de monsr. Erart. Et disoient que il le pooient bien faire. Il fut rapporté, et à droit, que il ne le pooient faire, et que messr. Erart en jorroit. Ce fu jugié par monsr Jehan de Jainville, qui lors gardoit Champaigne, maistres Gauthier de Chambéri, maistres Jehan de Vaussoigne, maistres Gilles de Vendome, Gille de Compieigne, et Florens de Royes.

(P. Pithou, *Les coustumes du bailliage de Troyes*, n. XIII, p. 440, éd. 1609.)

190. — 1285. Philippe.. roi de France, à tous.. comme descort feust meue entre Jehan d'Arcies, chevaliers, et ses frères, sur la partizon de la terre de Chacenay, avenue de l'eschoite Aalis, ça en arrières dame de Chacenay, leur tante, et disoit li diz Jehans

que par la coustume dou païs devoit avoir plus gras droit por raison de ce qu'il estoit insnaiz d'ans... à ce dient li frères que li diz heritages doint estre partiz égaument... a esté trové que de la coustume de Champagne, les héritages qui eschient de costé doivent estre égaument départis entre les hoirs.. MCCLXXXV.

(Copie du xvii⁵ s. que nous possédons.)

191. — 1ᵉʳ novembre 1285. Par arrest entre Jean d'Arcies, chevallier, d'une part, et ses frères d'aultre part, sur la division, et la partisson de la terre de Chascenay, liquelle estoit descenduë et advenuë de l'eschoite Aaliz, ça en arrières dame de Chascenay, leur tante, enqueste faicte « Judicatum est, quod consuetudo Campanie bene probata est, scilicet, quod castrum, et castellanie, et fortalitia, et hereditates provenientes a latere, equaliter dividuntur, secundùm consuetudinem Campanie. In Parlamento Omnium Sanctorum M. CC. LXXXV. »

(P. Pithou, *Les coustumes du bailliage de Troyes*, éd. 1628, p. 75. Voir plus haut n° 190.)

192. — 23 août 1286. Jehans de Montaigne, bailliz de Sens, homologue et affermit les partages de la terre de Chascenay faits entre les quatre frères, Jehan, Millet, Erars, et Guillaume, en quatre parties égales, l'an MCCLXXXVI :

1° Fut dit que la terre de Chacenay mouvant du fief de l'évêque de Langres serait partagée en quatre parties égales dont Jehan d'Arcies avait le choix.

2° Que de la terre de Chacenay mouvant du comte de Champagne, du duc de Bourgogne et du seigneur de Chappe, messires Eras ferait deux parts, dont messire

Jehan d'Arcis prendrait l'une à son choix, pour lui et pour Milet, son frère, et l'autre serait pour Erars et Guillaume, son frère. L'un des partages mouvant de l'évêque emporte partie du château et Murre-Ville et ses appartenances; Aguilly et ses appartenances ; item les fiefs de Jehans de Montegni, de Perron de Fontoite, de Huon et Milet d'Aguilly, de Joffroy de Ville sur Arce, de Perron Barrat de Ville sur Arce... un autre aura les fiez de Breteinnielles (hors le fié d'Adam de Servigni), item de Guillaume de Lantil, de Jehan de Dienville, de Perinot de Jaucourt, de Guillaume dou Chastelet, de Thomas de Chastiau-Villain, de Guillaume de Muixé, d'Estevan de Rouvroy, de Rogier de Brecons, et de Guillemin de Vignier... L'autre partage de Chascenay mouvant du comte de Champagne et du duc de Bourgogne aura Bailly et ses appartenances, partie de Chaufour et de Pouligny ; le fié monseigneur de Juilly à Chaufour... la moitié de Vitré, la garde et la justice de la grange de Fontarce... et ne paiera rien de ce que les seigneurs de Chacenay doivent aux chanoines de Chacenay, ni aux hoirs de monseigneur Aimé de Saint-Ossege, ni à l'abbesse d'Andecees... ains celui qui aura le dongon de Chacenay paiera toutes les dettes, item est tenu asseter quinze livrées de terre que li seigneurs de Chacenay doivent à monseigneur Guy Chaudron. L'an MCCLXXXVI, à Sens, lou vendredy après les huictaines de la my-aoust.

(Copie du xviie s. que nous possédons. Voir *Les coustumes du bailliage de Troyes*, p. 447, éd. 1628.)

193. — 23 août 1286. Au partage de la terre de Chacenay, entre Jehan, seigneur d'Arcies, et Millet, son frère, d'une part : et Erart d'Arcies, et Guillaume, son

frère, d'aultre part : en l'an de grâce mil deux cens quatre vins et sis, lou vendredy aprez les huictaines de la my aoust (n. 192): « et est à sçavoir, que cil qui tenra cel partaige, ou li dongeons est, eiert tenus à asseter à celuy qui aura cest partaige en son héritaige, de l'escheoite madame Aaliz, dame de Chacenay, vingt et cinq livres, de terre à terre, à tournois, assises en une ville, et ou finaige, et au plus près de cele ville, etc. Et iert faite l'assise aus us et aus coustumes de Champaigne. »

(P. Pithou. — *Les coustumes du bailliage de Troyes*, p. 447, éd. 1628.

194. — 1ᵉʳ juin 1287. *De descendue de père et de mère.* (Jugement contre Elissende d'Arcis, dame de Merrey.) « Encore est il coutume en Champaigne, que ès descendues du père, et de mère, que un frères prend contre deux suers. Ceste coustume fut enquise à Troyes, pour madame Helissant d'Arceys, femme monssr. Gautier de Mary, qui demandoit à avoir en eschoite, ou chastel de Chacenay, contre monsr. Jehan d'Arceys, et mons. Erart, et ses autres frères. Et fu rapporté as octaves de Penthecouste, l'an M. CC. IIII. XX et VII que elle n'y aroit niant, se ce n'estoit d'aluef, ou de censives. Ad ce jugement faire furent.. : messire Jean de Jainville, sénéchaux de Champaigne; messires Guillaume, sires de Juilly ; messires Jehan, sires de Chappes ; messires Gauthiers, sires d'Argilliers, mon sire du Plaissis, messires de Broyes, messires Jehans, sire de la Voudre, et Guillaume du Chastellet.

(P. Pithou, *Les coustumes du bailliage de Troyes*, n. XI, p. 523, éd. 1628.)

195. — 1287. *Se apres asseurement, paix soit faite entre les asseurey.* (Jugement contre Erard d'Arcis.)
« Encore use len en Champaigne, que ce uns homme asseure autruy, en court de roy ou de prince, ou de autre seigneur, et il aient eu contens ensemble, et il facent pais ensemble par la court, et la pais faite et octroié, se dommage ne maulx viengne à celi, qui aura esté asseurez, et qui aura fait pais à ycelui, par celi, ne par les siens, ne par son sceu, et il s'en plaint à la court, et il dit, que li asseuremens est brisiés, et en requiert punition, et que len venge ce fait : et li autres se défende, et die ainsis, que asseurement n'y a il point quar la pais la ananti, qui a esté faite de moy, et de luy, par vous : pourquoi je dis, que se il estoit trouvez ainsis, que dommage li fust venus, que ce n'est pas assuremens brisiés, ne n'i doit courre corps, et en penrai droit par devant justice ; en tel cas, n'a point d'asseuremens enfraint, mais doit l'en punir le delinquant, d'amende pecunielle, selon l'exigence du cas commis et perpétré. Il fu rapporté à Troyes, l'an IIII XX. VII. pour autel cas, pour le seigneur de Chappes contre monsignr. Erart d'Arcis, qui avoient dissencion ensemble, que pour ce que la pais fu faite, puis l'asseuremens, que ce n'est pas asseuremens brisiés ; ains punira li roys le seigneur de Chappes, par amende. Ce fu jugié par monseignr. maistre Gauthier de Chambly, évesque de Senlis ; sire Ernoul de Grisemal ; Gille de Compiègne ; Florent de Roye ; Jehan de Villeblavain, qui estoit bailliz de Troyes ; et monsr. Jaque de Bouloigne, évesque de Téroenne. »

(P. Pithou, *Les coustumes du bailliage de Troyes*, n. XXXIII, p. 450, éd. 1609.)

196. — Au mois d'août 1287 messire Erard, sire de Chacenay, ainsi que Regnauz de Fontoites et Jean de Mallay, ecuyer, rendent foi et hommage pour leurs seigneuries au duc de Bourgogne.
(*Inventaire*, p. 1.)

197. — 1288. Frère Henriz, prieus de la Trinité de Bar suer Seigne, et messire Hugues, doyen de la chrestienté dou dit Bar, certifient que Miles de Bourguignons, escuyer, filz feu monseigneur Jehan de Viillon, chevalier, a vendu à monseigneur Erars d'Arcies, chevalier, seigneur en partie de Chacenay, un muid d'aveine de rente. MCCLXXXVIII.
(Bibliot. Nation., *F. Franç.* 5995, fol. 180 bis, v°.)

198. — 26 août 1288. Arrêt du Parlement de Paris. « Cum proponeret Eadmundus [filius Henrici, illustris regis Anglie] contra.. gentes nostras [Campanie] ad hoc quod feodum, quod Guido de Castro Villani tenet apud Sezanniam, quod dominus de Arceiis avoavit movere de feodo de Chacenayo, debebat remanere et esse de obedientia et subjectione ipsius Eadmundi [ratione dotalitii regine].. Le Parlement décide que le fief tenu par Gui de Châteauvillain à Sézanne appartient à Edmond et à Blanche, sa femme « intentione assignationis dotalicii.. et sibi debere remanere et deliberari.. Actum Parisius, die jovis post festum B. Bartholomei apostoli, anno Domini M° CC° LXXX° octavo. »
(Boutaric, *Actes du Parlement de Paris*, I, p. 414, n. 691.)

199. — Juillet 1299. En la promesse du dict Guil-

laumes d'Arcies, sires de Pisei, audict Erart d'Arcies, seigneur de Vitry en partie, pour prest de VII^c livres de tournois petiz, soubs le séel dudict Guillaume d'Arcies, l'an de grace mil deus cens quatre vins et neuf, ou mois de juillet : « Et se je ne faisoie lou paiement audit terme, je vuil, et octroy, que lidis messires Harars ait toute la terre, et tout lou droit, que je ay en l'eritaige de la succession de Millet, mon frère, en ce qui est des fiez monseigneur lou duc, et des fiez monseigneur l'avesque de Laingres. Et vuil que li, et si hoir, l'aient en nom de pure venduë. Ce est à sçavoir, dix livres de terre, assises au fueur de Champaigne, pour quatre vins livres de tournois petis, jusques à la somme de sept cens livres dessusdites.

(P. Pithou. — *Les coustumes du bailliage de Troyes*, p. 447-448, éd. 1628.)

200. — 1289. « *De fiez, qui viennent d'eschoite de costé, et comment on en doit reprenre.* (Jugement contre le seigneur d'Arcis.) Il est coustume en Champaigne, que se eschoite vient de costé, que l'on en doit relief, c'est à sçavoir, la valeur de l'issüe de un an. Item il convient, que tant comme il sont à l'escheoite, tant de fiez facient : quar li uns ne puet garantir l'autre. Et ainsi en use l'en notoirement. Et fu jugié à Paris en Parlement, pour le duc de Bourgoigne, et l'evesque de Langres, contre le seigneur d'Arcies, qui vouloit garentir monsr. Erart et ses frères, qui tenoient de luy. Il convint qu'il reprinssent dou duc, et de l'evesque, dou droit de la terre de Chacenay. Ad ce faire furent : li abbés de Sainct Denis, li sires de Néeles, messr. Jacques de Bouloigne, li quenz de Pontiz, maistre Gau-

tier de Chambéry, Regnault Barbeilli, et plusieurs autres. L'an de grace, M. CC. IIII^{xx} et XIX.

(P. Pithou, *Les coustumes du bailliaige de Troyes*, n° XVIII, p. 443, éd. 1609.)

201. — 1290. *Extrait du Cartulaire manuscrit de Chassenay.* Ce est li fiez que messire Erars, sires d'Arcies, tient de notre seigneur lou roy por raison de Champaigne en la chastellerie de Troyes : premiers, Arcies, lou chastiaul et toute la ville d'Arcies.... Item la vile dou Chaigne et tout le finage.. Item la vile de Marcilly.. Item la vile de Torcé lou Grant.. Item Torcé lou Petit.

(Copie du xviie s. que nous possédons.)

202. — Juin 1290. « Je Erars d'Arcies, chevaliers, faz sçavoir » un accord réglé entre lui et l'abbaye de Clairvaux, « aprez que contenz fust meuz.. en la court de très excellent prince Ph[ilippe], par la grâce de Dieu roy de France, sus ce que je disoie et proposoie que la granche de Fontarce, séant ou finage de Vitry, et li appendis et les appartenances de la dite granche estoient de ma garde.. » Voir ci-dessous les clauses de l'accord confirmé par le duc de Bourgogne. « Ce fut fait en l'an de grâce mil deus cens quatrevinz et diz, ou moys de juing. »

(Archiv. de l'Aube, *origin. scellé sur lacs de soie verte.* — Vitrine 11.)

203. — Juin 1290. « Nous Robers, dus de Bourgongne. » Il confirme un accord signé entre « Erart d'Arcies, chevaliers » et l'abbaye de Clairvaux au sujet

de la grange de Fontarce. « La dite grange et li apendis et les apartenances sont et seront de la justice haute et basse dudit Erart, et demourra la justice haute et basse perpetuelment au dit Erart et à ses hoirs. La quele justice haute et basse il tient de nous en fié et en honmage. Et la dite grange et li appendis et toutes les appartenances de la dite grange sont et seront et demouerront perpetuelment en la garde de très excellent prince Ph[ilippe], par la grace de Dieu roy de France, pour le raison de la conté de Champaigne.. Ce fu fait l'an de grace mil deu cens quatrevings et dis, ou mois de jing. »

(Archiv. de l'Aube, *origin. scellé*, 3 H. 144.)

204. — 1er juin 1293. « Baudoin de Loon, bailliz de Troyes, de Miauz et de Provins.. » Il notifie que « nobles hons mes sires Soiers de Gan, chevaliers, et Roberz de Gan, escuiers, frères » ont vendu à l'abbaye de Saint-Loup de Troyes « un mui de froment et deus muis d'avoine, à la mesure de Troies, par chascun an de rente, en la ville de Lusaingny, et quatorze vins arpans de bois treffons seur fait.. pour la somme de cinc cenz livres de tournois petiz, don il se tinrent bien à paié... L'an de grace mil deus cenz quatre vinz et treize, le lendemain après les huitaves de la feste de Trinité ou mois de juing. »

(Archiv. de l'Aube, *origin*. F. Saint-Loup.)

205. — Juin 1293. La même notification, 1° par l'official de Troyes, 2° par l'official de Thérouanne : « Siguerus de *Gan*, commorans apud *Calonne*, Morinensis dyocesis, domina Maria, ejus uxor, et Robertus,

ipsius Sigueri, militis, frater, dicte dyocesis, armiger, habebant et possidebant pro indiviso apud Lusigniacum tres modios bladi, scilicet, I modium frumenti et II modios avene.. in terragio de Lusigniaco, quod fuit dominorum de Chacenayo, item CC et LXXX arpenta nemoris in finagio de Lusigniaco.. in loco qui dicitur *Dervet*.. mediantibus V° libris parvorum turonensium.. Datum anno Domini M° CC° XC° tercio, mense junio. »

(Archiv. de l'Aube, *origin*. F. Saint-Loup.)

206. — Décembre 1293. *Assentemens dou seigneur d'Arceys de la vendue dou seigneur de Gan touchant la terre de Lusigny* (au dos de la pièce suivante). Je Evarz d'Arcees, chevaliers, fais à savoir à touz cels qui ces letres verront et orront que comme mes sires Séiers de Gan, mes coisins, et Roberz, ses frères, aient vendu à religieus homes l'abbé et lou couvent de Saint-Lou de Troyes, achetens por aus et por lor esglise, tout lou bois que il aveint ou finage de Lusigni et tout lou blef que il avoient de rente en la ville de Lusigni ; et je, comme hoirs de la vendue, aie offerz les deniers as diz religieus por venir à la retreite de la dite vendue, selonc les us et les costumes de Champaingne ; je, à la preiere et à la requeste de mon loen ami frère Jehan de Saint-Avantin, prévoz de la dite esglise, me sueffre de la dite retreite et wueil et octroi que la vendue et les choses dessus dites demorent paisiblement à la dite esglise l'an et lou jor passei après la vendue feite. Et ce terme passei, se la chose lor demore, li diz prévoz me doit feire délivrer cent livres de menus tournois, li quel sunt en garde et en commende de par moi et de par lui. Et se il avenoit que autres hoirs ve-

nist avant pour retreire les choses dessus dites, qui ni aust plus grant droit de moi, je ne renunce pas à la dite retreite, ainz vorroie que l'offre que je ai feite de mes deniers me vaussist tant comme raisons seroit, et que je en fusse deventiers comme cil qui premiers se seroient offerz et presentez à la dite retreite. Et ce ensinc estoit que les dites choses fussient retreites par moi, ou par autrui, et que eles ne poissient demorer az diz religieus ne à lor esglise, je wueil et otroi que li diz prevoz, ou cil qui auroit ces presentes letres avec lui, praingne les diz cent livres por feire sa volontei et otroi que cil qui les a en garde et en commende li délivre sans autre commendement, la retreite feite, si comme il est dessus devisei. En tesmoing de la quele chose je ai mis mon séel en ces présentes letres, qui furent feites et données l'an de l'Incarnation Nostre-Seignor mil deus cenz quatre vinz et treze, ou mois de décembre.

(Archiv. de l'Aube, *Origin*. F. Saint-Loup.)

207. — Janvier 1307 (*v. st.*) Au partaige fait entre Erars d'Arcies, chevaliers, et Guillaume, son frère, chevaliers, de toute l'eschoite, qui leur est advenue de Jehan, jadis seigneur d'Arcies, leur père, et de Milet d'Arcies, jadis seigneur de Bleigny, leur frère, sauf le douaire de leurs femmes, en sorte que Arcies et le chastel d'Arcies et les armures et les garnisons qui appartiennent à la défense dou dict chastel d'Arcies, demourront au dict chastel, vint à Erars ; Chacenay et le chastel de Chacenay et les armures et les garnisons qui appartiennent à la défense dou dict donjon de Chacenay, demourront audict donjon, et aussi Bleigny,

Poçon, Belleroy, vint à Guillaume... Les charges sont partagées, comme de donner cent livres sur Arcies à monseigneur de Merrey pour raison de mariage de leur sœur, sa femme; à monseigneur Horry de Nouex, cent sols chacun an. L'an MCCCVII, lou mardi après la Circoncision Nostre Seignor. Présens : monseigneur Pierre de Jaucourt, monseigneur Guillaume de Vaucouleurs, chevaliers ; Thevenin de Fontoite, Erars de Biauvoir, escuyers.

(Copie du xviie s. que nous possédons. Voir Pithou, *Les coustumes du bailliage de Troyes*, éd. 1628, p. 81.)

208. — 1307 (*v. st.*). Robert li Bouchard, garde dou scel de la prevosté de Bar sur Seigne, scelle et homologue les partages faits entre Erars et Guillaume d'Arcies, chevaliers, frères, réduisant en parties ce qui leur appartient (*ut supra*) spécialement à Guillaume le chateau, donjon, ville, finage, et appartenances de Chacenay entièrement; item la ville et finage de Chierrevé, item de Viver, de Maley, de Noys, de Vitry, de Bretignolles, de Saint Osège, item les fiefz que Messire Hugues de Thoart tient à Voiz, à Montsuzain, à Aubeterre, pour cause de sa femme, sœur de Monseigneur de Noyers. L'an M. CCC. VII.

(Bibliot. nation., *F. Franç.* 5995 fol. 181 r°.)

209. — 1307. (*v. st.*). Au partaige d'entre les dis Erars et Guillaumes d'Arcies, de l'an de grâce mil CCC. et VII : « et lidis messires Erars doit asseoir, en cest partaige, pour amandance doudit partaige, avec les choses dessusdites, des livres de terre, en la ville de Chacenay, ou ou finaige. » Et plus bas : « à Ancels

de Dronay, escuyers, XX livres de terre. Aux hoirs monseigneur Henry de Saint Benoit, XXV livres de terre. » Et encores aprez : « aux chanoines de Chacenay, dixe huit livres de terre chacun an. »

(P. Pithou, *Les coustumes du bailliage de Troyes*, p. 448, éd. 1628.

210. — 1308 (*v. st.*). Extrait du Cartulaire de Chacenay. — L'an MCCCVIII, après la Saint-Vincent, reconnurent la garde du château de Chacenay :

1. Messire Renaux de Noys, pour quarante jours, de ce qu'il tient à Noys.

2. Messires Jehans Gaulars, comme tuteur des enfants de feu monseigneur Guillaume de Clémont, pour ce qu'ils tiennent en la ville de Biauroy.

3. Messire Guillaume de Lanty, de ce qu'il tient du fié de Monseigneur à Blaigny.

4. Huoz de Ville sur Arce, de ce qu'il y tient. Item Oudinez de Ville sur Arce. Item madame Isabiaux de Ville sur Arce, et Méline, sa sœur.

5. Hélissanz de Baucencourt, femme feu Jehan, filz monseigneur Guillaume de Lanty, de ce qu'elle tient à Baucencourt; item Marie et Mélinette, ses sœurs.

6. Messire Horriz de Noys, de ce qu'il tient à Fontoites. Messire Etienne de Fontoites, pour la maison de Fontoites. Item Jehan de Fontoites.

7. Jehan dou Chatelet, de ce qu'il tient à Maley et à Aiguilly. Augier d'Aiguilly, de ce qu'il y tient. Item madame Marie de Longeville, femme de Jehan Mouciaux, de ce qu'elle tient à Baucencourt.

8. Messire Pierre de Jaucourt et Erars, son fils, de ce qu'il a acquis de Joffroy d'Argançon au dit Argançon.

9. Henri Chaudron de la maison de Spoix.

10. Guillaume de Muissy, et Joffroy et Périnet, ses enfants, de ce qu'ils ont à Spoix.

(Copie du xvii⁰ s. que nous possédons.—Bibl. nation. F. Franç. 5995, fol. 181, r⁰.)

211. — 1309. *Jugement en faveur d'Erard d'Arcis contre les femmes veuves de Vitry-le-Croisé.* L'an de grace M CCC et IX estoit descors entre monseigneur Erart d'Arcies, d'une part, et les fames vauves de Vitry, d'autre part, pardevant Gautier de la Porte, bourgeois de Bar sur Aube, establi juige de par lou dit Erart, seur ce que lesdites femmes disoient, et maintenoient, quar elle estoient frainches, et ne vouloient payer au dit Erart la frainchise de ladicte ville de Vitry, laquelle est frainche par point de chartre. Et disoient raison pourquoy : Quar elles en avoient esté frainchies, ne n'en avoient riens paié, par si long temps, comme il peut souvenir à mémoire d'omme, au veu, et au sçeu de tous les seigneurs de Vitry. Item le dit Erart disoit au contraire, que hons, femmes de potée ne puent acquierre frainchise de neiant paier, par longue teneure : Itins disoient, que les devoient estre, et demourer, à la coustume de la dite ville de Vitry, et paier ansi, comme li autre, comme elle se connussent femmes doudit Monseigneur Erart. Et que tels estoit la coustume de Champaigne, la où la dite ville de Vitry est. La coustume dessusdite enquise, li dessusdit Gautier leur rapporta, et par droit, que lesdites femmes vauves demouroient, et paieroient, ansi comme li autre de Vitry. Ciz jugemens fu faiz par lou consoil Monseigneur de Noiers ; monseigneur Guillaume d'Arcies, sei-

gneur de Chacenay ; monseigneur Horry de Fontoites ; monseigneur Renault de Noyers, son frère ; monseigneur Estienne de Fontoites, et plusieurs autres.

(P. Pithou, *Les coustumes du bailliage de Troyes*, éd. 1628, p. 100.)

212. — 6 janvier 1311 (*v. st.*). Messire Erard, sire d'Arcis et de Chacenay, chevalier, est témoin de l'acte d'hommage fait par Mile de Noyers, maréchal de France, à l'abbaye de Saint-Remy de Reims.

(Bibliot. Nation., *Trésor généalog.* de D. Villevielle.)

213. — 21 janv. 1316 (*v. st.*). Le vendredi veille de saint Vincent à Villaines en Duesmois, Mre Guillaume de Chacenay, sire de Pisey, fait hommage au duc de Bourgogne de ce qu'il tient pour raison de Gié.

(Arch. de la Côte-d'Or, *Fiefs du Dijonnais*, t, VII, p. 138.)

214. — 29 avril 1319. Les seigneurs de Champagne, parmi les quels figure « le seigneur de Chascenay, » sont convoqués à Troyes pour une expédition projetée contre les Flamands.

(*Historiens de France*, XXIII, 823.)

215. — 1320. Cette année mourut Marguerite de la Broce, veuve en premières noces de Dreux de Chapes, dame de Chapes, femme d'Erard d'Arcis, chevalier, seigneur de Chacenay. Elle est enterrée au chœur de l'abbaye de Mores, où se voit son tombeau de pierre.

(Bibliot. Nation. *F. Franç.* 5995, fol. 199 v°.)

216. — 13 janvier 1323. Arrêt du Parlement de Paris ordonnant de parfaire l'enquête et les procédures commencées pour savoir s'il est vrai que le château de Chacenay (*de Chacenayo*) a été acquis au roi par suite des embarras suscités par les héritiers de Jean, sire d'Arcis-sur-Aube (*de Arceiis*) et de Chacenay, chevalier, à ses exécuteurs testamentaires.

(Boutaric, *Actes du Parlement de Paris*, t. II, p. 491, n° 7027.)

217. — 2 juin 1323. Mandement au bailli de Troyes et aux autres justiciers de lever la mainmise, à Arcis-sur-Aube, sur les biens du douaire d'Alix de Joinville, dame de Beaufort, le quel séquestre avait été ordonné par ce que la dite dame avait refusé d'asseurer Guillaume de Marcilly, conseiller du roi, et qu'elle avait rompu la prison ou l'arrêt qu'on lui avait imposé pour ce fait. Le bailli rendra compte de son mandat.

(Boutaric, *Actes du Parlement de Paris*, t. II, p. 525, n° 7243.)

218. — 28 janvier (lundi avant la Chandeleur) 1324 (*v. st.*). Sentence du bailli de Chaumont en faveur de l'abbaye de Clairvaux « contre Guillaume d'Arcyes, seigneur de Chassenay. » Les religieux sont maintenus dans la possession d'une rente d'un muid de froment, à la mesure de Chacenay, en la grange dudit seigneur à Vitry-le-Croisé, et aussi dans le droit qu'ils avaient dans la haute justice, dans les bois et sur le four de Saint-Usage.

(Bibliot. de Troyes, *ms.* 731, p. 230.)

249. — Testament de Guillaume d'Arcis « fait à Lille l'an de grace mil trois cens et vint et cinq. »

« En nom dou Père, dou Fils et dou Saint Esperit, Amen. Je Guillaume, sires d'Arcies, chevaliers, en mon bon entendement... eslis ma sépulture chiés les Freres Meneurs de Troyes, emprès mon père et ma mère, je leur donne X l. t. pour pittence... Je vuil que li testamens de feu mon chier seigneur et père monseigneur jadis Erart, seigneur d'Arcies, chevaliers, et de feu jadis madame Marguerite, ma mère, soient accompli.. Item je done à religieuses personnes mes chières et amées suers suer Jehanne d'Arcies, nonain d'Avenay, et Agnès d'Arcies, nonain de Juerre, à chascune LX l. Item C l. que en doit encore au chapitre de Lengres de CCC l. que monseigneur mon père il laissa, pour le viaige d'outremer.. Item je done en non de restitucion à l'église de Clerevaux X l. et au couvent dou dit leu C s. pour pittence, et de leurs lettres qu'ils ont l'usaige de Bouciquant, et de C soudées de terre qu'il demandent sus la terre de Bleigny.. Item je vuil que XX l. soient départies aus hospitaus là ou hebergent les povres gens, au plus près des chastiauls d'Arcies et de Chacenay, la moitié en l'une et l'autre moitié en l'autre chastellerie. Item je vuil et ordonne que pour le remède de m'ame... une chapelle soit fundée de trois messes la semaine en ma chapelle de Bleigny, avec les messes que on y doit.. Item aux povres de la maison Dieu d'Arcies, pour pittence, XX s. Aux meseaux de la maladrerie dilec X s: Au prieur et aux frères de la priorté d'Arcies, pour pittence, XX s. Item à l'église Saint-Estienne d'Arcies XX s. t. à pranre tous les ans sur les tailles d'Arcies pour faire chascun an mon anniversaire en la dicte église. A l'église de Villetre pour

aumosne XX s. A l'église de Torcey le Grant pour ce XX s. Aus povres de lospitaul de Woiz pour pittance X s. A l'église de Torcey le Petit pour ce XX s. A l'église de Saint-Navort pour ce XX s. A l'église dou Chasne pour ce XX s. A l'église de Woiz pour aumosne X s. A l'église Saint-Nicolas de Chacenay XX sous de rente annuel et perpetuel à panre touz les ans sur la jurée de Chacenay pour faire mon anniversaire. A l'église de Vitry en telle manière XX s. sur les accensiez de Vitry. A l'église d'Esguilly pour aumosne XX s. A l'église de Bleigny pour ce XX s. A l'église de Murreville pour ce XX s. Au couvent de Moires pour pittence C s. Au couvent de La Riveour pour ce LX s. Au chapitre de Saint Maclou de Bar seur Aube LX s.; aus Freres Meneurs dilec pour pittence C s.; aux dames de Saint Nicholas de Bar pour ce XX s.; aux dames du Vaul des Vignes XX s. Je esliz et dénomme mes exécuteurs nobles personnes et discrètes ma chiere et amée compeigne Quenegons de Grancy, dame d'Arcies, mes chiers et améz cosins Jehan d'Arcies, arcediacre de Laçois en l'église de Leingres, mons. Erart d'Arcies, chevaliers, Jacot, Gauchier et Guillaume de Pacy, escuiers.. Testament escript en la présence de mon chier seigneur et cosin mons^r Mile de Noyers, mons^r Itier de la Broce, mons^r Erard d'Arcies, chevaliers.. Donné et fait à Lille, l'an grace mil trois cens et vint et cinq, le septime jour de janvier entrant. »
Codicille du 10 janvier 1325 (*v. st.*) — Ouverture du testament le 17 février 1325 (*v. st.*) « presenz : haut homme et noble mons^r Huede, seigneur de Grancy, chevalier ; noble dame madame Ysabeau de Blammont, sa femme ; mons^r Jehan, seigneur de Belmont ; mons^r

de Frolois, seigneur dou Moulinot; monsʳ Huede Le Pi de Mairé.. à ce appelez et requis. G[uillaume] de Chacenay [1]. Ita est. »

(Archiv. de l'Aube, *origin.* cart. 3 H. 136.)

220. — 19 mai (le jeudi devant la Pentecôte) 1328. Sentence du bailli de Chaumont au profit des religieux de Clairvaux, contre « noble homme Guillaume d'Arceys, chevalier, seigneur de Chacenay » à cause de l'empêchement qu'il avait mis à la haute justice des religieux dans les prisons et le four de Saint-Usage.

(Bibliot. de Troyes, *ms.* 734, p. 528.)

221. — 6 décembre 1331. « Jehan Guérard li Jeune » garde du sceau de la prevôté d'Ervy, notifie que « messire Erars d'Arcees, sires de Chacenay.. et Blainche de Chateillon, sa femme, d'une part.. » en contestation avec l'abbaye de Montiéramey et le prieur de Viviers, « disoient que la garde dou dit prioré leur appartenoit ; item qu'ils devoient avoir trois soignies chacun an seur le dit prioré, pour chacune soignie trois jours eulx, leurs gens et leurs chevaulx au songnement dou dit prioré et à tous despenz; item.. que on leur devoit les clefs des biens et des lieux de layens pour faire toutes leurs nécessités; item qu'ils recevoient layens tous leurs comptes aux dépens dou dit prioré ; item avoir l'administrement et pintage des mesures la voille et le jour de la feste de Viviers ; item des ruiz, qui a euz appartenoyent, à euz appartenoit l'imposition à faire par leur gent et l'exécution du lever; item que leur homme et femes liges de Viviers

---

1. « Clerc tabellion juré de la court de Leingres. »

leur sergent de Chacenay les pooit adjorner à Viviers à respondre par devant euz ou leur gent au chastel de Chassenay; item que li bannissement du malfaiteur prinz et aresté en la justice de Viviers leur appartenoit; item que en leurs vignes assises en la justice du dit prieux de Viviers ils pooient mettre sergent. » les seigneurs de Chacenay renoncent à ces droits.. « Ce fu fait l'an de grace mil trois cens trente et ung le venredi jour de la sainct Nicholas en yver. Présens : Guillaume de Puisiaux, escuyer ; mons^r. Mathier, curé de Pisi ; mons^r. Jehan, curé de Courtaoust, prestres ; et autres.. Je Erars d'Arcées, sire de Chacenay, et Blanche de Chasteillon, ma femme, dessusdit, avons mis nos seaulx, des quiex nous usons, en ces présentes lettres..

(Archiv. de l'Aube, *origin.* scellé du sceau d'Erard.)

222. — Février 1331 (*v. st.*). Transaction entre le seigneur et les habitants de Ville-sur-Arce de la quelle il résulte que huit écuelles combles faisaient le boisseau ras, mesure de Chacenay, en usage sur toutes les terres relevant de cette baronnie.

(*Invent.*, p. 73.)

223. — 15 juin, 1348. « A tous ceuls.. Marguerite d'Arcies, dame de Saint Briz et de Chacenay, et Dreues de Mello, chevaliers, ses aimiez filz, seigneur de Saint Briz, de la ville de Chitry en partie, et des appartenances des dictes villes.. » Marguerite et Dreux abandonnent à des habitants de Chitry, moyennant 90 l. t., une servitude appelée maréchaussée et qui consistait en une rente de deux bichets d'avoine pesant sur cha-

cune des maisons en question. « Et je Renauz de Mello, chevaliers, sire de Saint Parise le Chasteaul, les choses dessusdictes loe, grée, ractifie.. Le dimenche de l'octave de la Pentecôte 1348. »

(Archiv. de l'Yonne, *origin*. E. 548.)

224. — Novembre 1349. « Marguerite d'Arcies, dame de Saint-Bris et de Chacenay » elle fait la notification suivante : « pour notre cler et évident proufit avons laissié.. par pur eschange » à l'abbaye de Clairvaux « Jaquete, fille feu Perrinot le Fourroilon de Vitry le Croisié, notre femme, ensamble tous ses hoirs.. » Les religieux de Clairvaux donnent à Marguerite « en lieu de la dite Jaquete.. par pur eschange, Phelippe, fil feu Joffroy de Champeignoles, ensamble tous ses hoirs.. L'an de grace mil CCC quarante et nuef, ou mois de novembre. »

(Archiv. de l'Aube, *Origin. scellé* 3 H 137.)

225. — Sans date. Après le traité de Brétigny 8 mai 1360. « A Chacenay, de la value du XIIIe des vins en la ville, prevosté, chastellenie et ressort de Chacenay, excepté Bleigny, Pousson, Belroy le viez, Meureville, Cepoy et Parvoireville ; lequel marchié Huguenin, fillastre Billery, de la Ferté, mist à XXXV l. t. d'assiete, acrehue de LXX s. t. et cent deux soiz que Jehan Bricot de Courteron tierçoya lassus de ce marchié, et li demoura pour tout ensemble les crehuz LIX l. t. X s. t. De la value de l'imposition de VII d. pour livre es villages et lieux dessusdiz, lequel marchié ledit Huguenin mist de première assiète à la somme de VI l. tournois,

acrehu de VII s. t. et ne crut riens, et depuis le tierçoya et li demoura pour tout IX l. t. »

(Bibliot. Nation., *F. Franç.* 11560. — Comptes de deniers levés en Champagne pour la rançon du roi Jean..)

226. — 27 février 1364 (*v. st.*)-1383. « Guillaume de Gans, escuyer, sire de Fontette en partie » donne son dénombrement de ce qu'il tient en foi et hommage, à cause de sa femme, de l'abbaye de Clairvaux, au finage de Fontettes. Autres dénombrements du 29 juin 1378 et du 26 juin 1383. Dans le dénombrement de 1378 Guillaume de Gand excepte la justice et seigneurie grande et petite qu'il tient « partout les lieux dessusdits » en foi et hommage de messire Renaut de Mello, seigneur de Chacenay, à cause de son château de Chacenay.

(Bibliot. de Troyes, *ms.* 731, p. 326, 327.)

227. — 28 juillet 1366. — « Jehan, sire de Châtillon en Bazois, chevalier, et Marguerite de Frolois, sa femme, vendent au roi les chastel et chastellenie d'Arcies en Champagne, à eux eschus par le décès de Guy de Frosloy, frère de la dite Marguerite. »

(Bibliot. Nation., *F. Franç.* 5995, fol. 182 v°.)

228. — 12 juillet 1372 — 15 mai 1391. « Jehanne d'Arcées, dame de Larrey et de Chacenay, saichent tuit que je cognois et adveu à tenir en fié et en hommaige de très haut et puissant et excellent prince mons. le duc de Bourgoigne les choses qui sensuignent : et premiers ma forteresse de Larrey... » elle avoue te-

nir aussi, « en recesie, 1° tout ce que tient mes chers et amés filz Roubert de Grancey, chevaliers, es ville de Courcelles et de Saincte Columbe.. » Lettres sur ce de Robert qui s'intitule : « Roubers de Grancey, chevaliers, sires de Belgeu, de Courcelles et de Saincte Columbe.., le juedi avant la sainct Barnabé, apostre, l'an de grace M CCC. sexante et douze. »

Elle avoue tenir « en recesie 2° tout ce que tient en fié de moy mess. Regnauz de Trye, chevaliers, sires de Cloyes et de Baalon en partie, en la ville dou dict Baalon... Tout ce que tient de moy madame Marie de Bierrey, dame de Quincey et de Bissey les Pierres... Donné le lundi après les huitaves des apostres saint Pere et saint Paul l'an de grâce M CCC sexante et douze.

— Et pour ce qu'il a apparu à nous Guillaume de Grancey, seigneur de Larrey, les lettres dessusdictes estre séelées du séel de notre dame et mère madame Jehanne d'Arcées, dame de Larrey et de Chacenay, et depuis le trespassement d'icelle a estey le séel brisié et despecié par petite garde.. » de nouvelles lettres furent écrites « que nous avons séelées de notre propre séel, qui furent faitez et données le XV° jour du moys de may M CCC IIII^{xx} et onze. »

(Archiv. de la Côte-d'Or, *origin.* lias. B 10522.

229. — 1er septembre 1379. « Nous Jehanne d'Arcies, dame de Larrey et de Chacenay, avouons à tenir en foi et homaige de noble et puissant baron mons. Loys de Chalon, conte de Tournerre, à cause de son chastel et chastellenie de Crusy le Chastel.. » Il s'agit de vignes « ou finaige de Ancy le Franc, » et dans la châtellenie de Crusy. Jeanne d'Arcis déclare qu'elle possède

plusieurs de ces biens avec « nostre suer la dame de Ancy le Franc.. Donné le juedi avant la feste de la Nativité Nostre Dame l'an de grace MCCCLXX et neuf. »

(Arch. de la Côte-d'Or, *origin. scellé*, lias. B. 10527. — Sceau brisé dans la partie supérieure ; femme debout, à sa droite un écusson sur lequel est un lion debout.)

230. — 20 novembre et 3 décembre 1389. « A tous ceulx qui ces présentes lettres verront et orront, Yolande de Dinteville, dame de Chacenay et de Vitry le Croisié, salut. Saichent tuit que je tien et advoue à tenir en fié et hommage du roy nostre sire, à cause de son chastel et chastellerie de Bar sur Seinne, pour ou nom et à tiltre de mon douaire que je tien de mon très cher et très amé seigneur et mary monsieur Regnaut de Mello, jadis chevalier, dont Dieux ait lame, toutes les choses qui sensuigent. Premiers la Haulte Forest de Fraignines, ensemble les revenues dicelles, et ensemble le bois de Bidant, en tous les quielz bois puet avoir environ six cents arpens de bois, esquelz bois est vendue ouverte et sont...... en trois lieux : le premier es revenues dicelle Haulte Forest, et puet valoir larpent dicelles revenues environ trante solz tournois, une livre et demie de cire. La seconde vendue en ycelle Haulte Forest, et puet valoir larpent environ dix livres tournois et dix livres de cire. Et la tierce vendue en iceulx bois de Bidant, et puet valoir larpent environ soixante solz tournois et trois livres de cire. Et puet valoir les vendues dicelles revenues Haute Forest et de Bidant, pour chascune année, environ soixante livres tournois et soixante livres de cire. Item, une maison seant en yceulx bois, close de palis

et de faulx fossez, en laquelle maison est la demourance du forestier et garde diceulx bois et forest. Item, la rente diceulx bois que les habitans de la ville de Chautfour doivent chascun an le jour de saint Remy ou chief d'octobre pour certain usaige que yceulx habitans ont en yceulx bois et pour le pasturaige de leurs bestes, et puelent valoir par année environ trante sextiers d'avoinne, à la mesure dudit Chautfour, qui puelent valoir à la mesure de Troyes environ cinq sextiers d'avoine. Item, doivent yceulx habitants dudit Chautfour et de Poligny une manière de rente appelée le pain aux chiens, et puet valoir à ma part et porcion environ treze pains, chascun pain en estimacion et valour de deux deniers tournois. Et avec chascun pain doivent deux deniers tournois et puelent valoir environ vint et six deniers tournois ; tout ce deu par yceulx habitans chascun an le landemain de la Nativité nostre Seigneur. Item, pour l'usaige et pasturaige dyceulx bois de Bidant que doivent chascun an, au jour de feste saint Remy ou chief doctobre, les habitans de la ville de Monstereul de lez Moustier Arremey vint et sept sextiers avoinne à la mesure de Troyes, qui puelent valoir à la mesure dudit Chautfour environ dix huit sextiers avoinne. Item la justice haulte, moyenne et basse dyceulx bois et maison et des appartenances, qui puest valoir chascune année environ soixante sols tournois et trois livres de cire. Toutes lesquels choses je adveue à tenir en fyé et en hommage du roy nostre sire. Et se aucune chose je avoie oublié en cest present denommément, par ignorance ou inadvertance, mouvans des fiefz de mondit souverain seigneur, si ladvoue je à tenir de mondit souverain seigneur, et de mectre en denommément toutesfois qu'il vendra à ma cognoissance. En tesmoing de laquelle chose, je Yoland dessus nommée ay seellé cest present denommément de mon propre seel. Ce fut fait l'an de grace mil CCC IIII^{xx} et nuef, le XX° jour du mois de novembre.» Item sensuit la teneur d'une lettre annexée dedens ledit denommément, contenant ceste forme : « A tous ceulz qui ces presentes lettres verront et orront, Nicolas de Buxères, garde du seel de la chastellerie de Chacenay, salut. Saichent tuit que par devant messire Jehan Martin, prebtre, et Jehannot de Lentil, clerc, jurez et establiz ad ce faire audit Chacenay, et en la chastellerie, de par madame Yoland de Dinteville, dame dudit Chacenay et de Vitry le Croisié en partie, vint et fut present en sa propre personne la dicte madame Yoland, la quelle de son plain gréy et bonne volenté, senz force et contrainte aucune, recognut et confessa que les lettres de denommément par les quelles ces presentes lettres sont infichées, estoient et sont seellées de son propre seel, duquel elle use communément en ses lettres et besoingnant en afferment et verayent tout le contenu en ycelles lettres de denommément. En tesmoing de ce je Nicolas de Buxères dessusdiz, par le rapport et avec les signez desdiz jurez, ay seelées ces presentes lettres du seel de la prevosté et chastellerie dudit Chacenay et de mon propre seel en contre seel. Ce fut fait le III° jour du mois du mois de décembre lan mil CCC IIII^{xx} et nuef. »

(Archives Nation., P. 200, n° 46.)

231. — 12 juillet 1388. « Nous Jehanne d'Arceys, dame de Larrey et de Chacenay, faisons savoir à tous

ceulx qui ces presentes lettres verront et orront, que nous tenons en fyé et en hommage du roy nostre sire, à cause de son chastel de Bar sur Seine, le donjon de Chacenay, ensemble les troinchées à l'environ dudit donjon, et faisons protestation que, ou cas que nous oriens oblié, par negligence ou autrement, à mettre en ces lettres aucunes choses dou cognoistre et esclaircir, toutes foiz que nous en seriens adviziez, et que ce que oblié y oriens nous soit sauf. Donné soubz notre seel le douzienne jour du mois de juillet lan mil CCC IIII^{xx} et huit. »

(Archives nation., P. 200, n° 44.)

232. — 7 janvier 1389 (*v. st.*). « A tous ceulx qui ces présentes lettres verront et orront, Robert de Grancey, seigneur de Chacenay, salut. Saichent tuit que je advoue à tenir en fyé et hommage du roy nostre sire, à cause de son chastel et chastellerie de Bar-sur Seinne, le donjon dudit Chacenay, ensemble les trainchées et fossez appartenans audit donjon. Et promet de faire service au roy nostre sire en la manière que en tel cas est adcoustumé. Et proteste que ou cas que je auroie oblié, pour negligence ou autrement, à mectre en ces lettres aucunes choses du cognoistre esclaircir et toutesfois que je seroie advisez, et que ce que oblié y auroie me soit sauf. En tesmoing de ce je ay mis mon seel à ce présent denommément, qui fut fait le sabmedi septienne jour du mois de janvier, lan mil trois cens quatre vins et nuef.

(Archives nation., P. 200, n° 45.) »

233. — 1399. Gaucher de Chamigny, seigneur de

la Motte d'Onjon, donne un dénombrement de cette terre à Jean de Mello, seigneur des Tours Sainte-Parise.
(*Invent.*, p. 121.)

234. — 24 juin 1403. Guillaume de Machy reprend de Louis de Mello, seigneur de Sainte-Parise, deux arpens et demi de pré, sis au finage de Macey.
(*Invent.*, p. 122.)

235. — 4 mars 1403 (*v. st.*). Gaucher de Chausigny fournit à Louis de Mello, seigneur de Sainte-Parise, son aveu et dénombrement pour le fief de la Motte d'Onjon.
(*Invent.*, p. 122).

236. — Le 8 juillet 1407. « Sentence prononcée par Simon de Bourmont, bailli de Troies.. Nicole Le Roux, prieur du prioré de Bertignolles, » soutient que son prieuré a tout droit de four banal à Bertignolles ; « Robert de Grancey, chevalier, seigneur de Chassenay » veut s'arroger des droits insolites sur le four.. de là, au nom du prieur, exploit par un sergent royal auquel « le maistre de l'escole dudit lieu avoit baillé confort et ayde pour faire ledit exploit.. » Le seigneur de Chacenay est condamné ; son procureur « Jehan Le Boucherat » en appelle.
(Archiv. de l'Aube, *origin.* lias. H 229.)

237. 17 novembre 1412. Sentence donnée par le bailli de Chaumont « contre noble dame Yoland de Dinteville, dame de Victry le Croisez. » Les religieux de Clairvaux sont reconnus « seigneurs de la grange

de Fontarce par dons à eulz faicts par les sieurs de Chassenay et de Victry. »

(Bibliot. de Troyes, *ms* 730, fol. VII^{xx} v°.)

238. — 21 novembre 1412. « Yoland de Dinteville, dame de Chassenay et de Victry le Croisez en partie » renonce au procès qu'elle avait intenté à l'abbaye de Clairvaux relativement aux droits de terrage à Fontarce.

(Bibliot. de Troyes, *ms* 730, fol. VII^{xx} v°.)

239. — Le 22 mars 1431, Henri V, roi d'Angleterre, donne à Etienne d'Anglure, son chambellan, par confiscation sur Jean de Sarrebruch, évêque de Châlons, les terres de Pargny et d'Etrelles ; et par confiscation sur le seigneur de Quitry, les terres de Chacenay, Vitry-le-Croisé et autres dépendant de Chacenay, que tenait Jean de Mello.

(*Généal. de Choiseul* devant Caumartin.)

240. — 6 mai 1442. « Jehanne de Choiseul, dame d'Anglure, dudit Choiseul et de Chassenay en partie, » confirme l'ancienne donation d'un muid de froment, faite par Erard de Chacenay à l'abbaye de Clairvaux sur le grenier de Vitry-le-Croisé.

(Bibliot. de Troyes, *ms* 731, p. 250.)

241. — 1451, avril (*n. st.*). *Rémission au profit d'habitants de Vitry-le-Croisé qui avaient dépouillé des gens de guerre revenant de l'expédition d'Allemagne.* Charles, par la grace de Dieu, roy de France, savoir faisons à tous présens et à venir, nous avoir receu

l'umble supplicacion de Jaquet de Joucterot dit Fourquault, Jehan Voillemer dit le Barbier, Nicolas Perreau, Jehan Taichot, Nicolas Barbot, Jehan Maly et Jehannin Vougery, povres laboureurs chargés de femmes et d'enfens, demourans à Vitry-le-Croisé lez Chassenay, contenant : Que ou moys de mars, l'an mil CCCC XLIIII ou environ, aucuns compaignons de guerre, passerent en grant nombre par la ville dudit Victry et venoient, comme euls et autres disoient, de nostre armée d'Alemaigne de la compaignie de nostre tres chier et tres amé filz le Daulphin de Viennoys, plusieurs desquelz entrerent en la place duditlieu de Victry pour y repaistre, et ce fait s'en partirent, et d'iceulx demoura ung homme d'armes luy quatriesme et quatre chevauls pour ce qu'ilz estoient fort foulez. Auquel lieu de Victry arriverent après de trente à quarente compaignons de guerre, bien montez et armez, lesquelz on disoit estre de la compagnie au nepveu de Guy de Blanchefort, lequel estoit pour lors oudit païs à grant compagnie de gens de guerre et logiez à Vendevre près d'icelluy lieu de Victry, et se aproucherent les diz compaignons de guerre de la porte de la place dudit lieu de Victry, et parlerent à Charles de Servoles, escuier, seigneur d'icelluy lieu de Victry, et entre autres choses lui dirent qu'il faisoit mal de retraire en ladicte place les gens de guerre que nous avions habandonnez ; ausquelz il respondit et dist en soi excusant qu'il n'en avoit aucuns retraiz et que les diz gens de guerre s'en aloient sur la riviere de Seine, et atant se departirent iceuls compaignons de guerre et misdrent en chasse les autres compaignons de guerre ainsi habandonnez, et d'iceuls ruerent jus à grant partie, comme il fut dit et rapporté audit lieu. Apres lesquelles choses ledit homme d'armes se partit tout de pié d'icelle place de Victry, où il laissa trois de ces gens et ses quatre chevauls, et se fist guider et mener audit lieu de Vendevre, où estoient lesdiz gens de guerre qui estoient audit nepveu de Blanchefort, pour trouver et fere son traictié avecques ledit nepveu dudit Blanchefort. Et lesdiz supplians, le soir de nuyt, après son partement, et que chacun fut retraict et couché en ladicte place de Victry, aians en mémoire ce que l'en disoit que les diz gens de guerre estoient par nous abandonnez, esmeuz et temptez de l'ennemy, se leverent, et les aucuns d'eulx s'en alerent apres deux varlez dudit homme de guerre qui se faisoit guider, et emmenoient deux de ses diz chevaulx qu'il avoit laissez en ladicte place de Victry, lesquelz ils acouceurent et d'un espieu blecerent ung peu en la main l'un d'iceulx varlez, et leur osterent les diz deux chevauls qui ne estoient pas de grand prix et aussi ung hoqueton, une chausses, un vieille espée, une dague, une bourse où il avoit deux ou trois pieces d'argent de la monnoye d'Alemaigne ou de Lorraine et des clos à cheval; et les aucuns autres des diz supplianz se partirent aussi et s'en alerent destrousser l'autre varlet qui estoit demouré audit lieu de Victry, et lui osterent les autres deux chevauls qu'il avoit du dit homme d'armes qui estoient de petit gris, un vieil mantel de gris, ung jacques sans manches, une espée et une salade de petite valeur, et le tout menerent en un bois où ilz le tindrent par l'espace de deux jours et une nuyt ou environ, où ilz despendirent l'argent des bagues et des trousses d'iceuls varletz qui furent vendues XXII s. VI d. t. ou environ, et l'un des diz chevauls dont les diz supplians eurent leur part du pris de la vendicion, chacun XVIII s. IIII d. ou environ. Et ce fait, menerent les diz deus varlez au chemin de Troyes et leur donnerent congié, et l'autre varlet ilz menerent au chemin dudit Vendevre ou estoit alé ledit homme d'armes son maistre, et luy donnerent semblablement congié sans leur fere autre mal ne desplaisir; et l'un des autres deux chevaulx fut aussi vendu cinq francs ou environ, dont chascun des diz Fourquault, le Barbier, Perrault, Taichot, Barbot, Maly et Jehan Vougery, supplians, et autres leurs complices eurent de IX à dix gros ou environ. Et advint que environ icelluy temps aucuns lesdits compaignons de guerre du logis dudit de Vendevre alerent courir audit lieu de Victry, et prindrent et emmenerent entre autres choses les chevauls des harnois dudit Charles de de Servoles, pour lesquelz rescourre lesdiz supplians et autres laboureurs dudit Victry se assemblerent et alerent apres iceuls compaignons de guerre, et en y allant trouverent sur le chemin dudit Vendevre un compaignon de pié arbalestrier qui tiroit à aler à la roucte ou compagnie desdiz gens de guerre, lequel ilz prindrent et emmenerent audit lieu de Victry et luy osterent ung cranequin d'acier, ung habit et ung chapperon de petite valeur qui furent vendus certain petit pris, dont à present ne sont recors, mais bien scevent que le tout fut beu et despendu par euls et autres leurs complices, et trois ou quatre jours apres donnerent congié audit compaignon arbalestrier, parce que les chevauls dudit de Servoles, lui furent renduz et delivrez. Et combien que en faisant les choses dessusdictes lesdiz supplians, qui sont povres simples gens de labeur, considéré que l'on disoit lesdiz gens de guerre estre lors par nous habandonnez, comme dit est, ne cuidassent en riens offenser, neantmoins à l'occasion des choses dessusdictes puis peu de temps en ça, les procureurs et officiers dudit lieu de Victry pour ledit Charles de Servoles [1] et la dame de Chacenay et de Victry en partie ont mis iceulx supplians en procès par devant leur prevost ou bailly ou leurs lieustenans audit lieu de Victry, et pour les faiz et cas dessusdiz les ont constituez prisonniers et depuiz les ont eslargiz à caucion de retourner es dictes prisons aux prouchaines assises, et de present doubtent lesdiz supplians que à ceste cause on les vueille durement et rigoureusement traicter et condempner en grosses amendes, ou autrement les pugnir rigoureusement, par quoy ils seroient en avanture d'estre du tout destruiz, et qu'il leur convenist de laisser le païs et habandonner leurs povres femmes et enfens qui par ce moyen vendroient du tout à mendicité, se nostre grace et miséricorde ne leur estoit sur ce impartie....

Suit la rémission adressée au bailly de Sens. Donné à Paris, ou moys d'avril, l'an de grace mil CCCC cinquante, devant Pasques, et de nostre regne le XXIXe.

(Archiv. Nation. Trésor des Chartres. Reg. JJ. 184,

---

1. En 1444, Charles de Servoles, chevalier, seigneur d'Estrepy, de Vitry-le-Croisé et de Barroville, vendit à Clairvaux sa part dans la seigneurie de Baroville au prix de 70 rides et demi d'or et 2 s. 6 d. tournois en trois grands blans pesant ensemble 1 marc et 1 trezel d'or ; Renaude de Mello, son épouse, consentit cette vente. En 1478, Charles de Servolles et Renaude de Mello vendent à Clairvaux une autre portion de Barroville. Prix 134 l. 13 s. 4 d.
(Archiv. de l'Aube, *F. Clairvaux.*)

pièce CXVIII. — A. Tuetey, *Les Ecorcheurs sous Charles VII*, t. II, p. 428.)

243. — 27 avril 1456. Sentence donnée par le bailli de Troyes « contre Charles de Sarvolles, escuyer, et damoiselle Regnaude de Mello, sa femme, sieur et dame de Victry le Croisez en partie. » Les religieux de Clairvaux sont maintenus dans le droit d'usage pour leurs bestiaux de Fontarce dans les bois de Vitry et de Chacenay.

(Bibliot. de Troyes, *ms.* 730, fol. VII^{xx}I r°.)

242. — 8 mars 1456 (*v. st.*). Sentence du bailli de Troyes contre l'abbaye de Clairvaux au profit de Guillaume de Mello, écuyer, sieur de Bligny et Meurville, à cause de 100 s. t. de rente que l'église du dit Clairvaux a droit de prendre à Bligny (voir n. 171) et 6 l. t. sur Meurville, de laquelle sentence les religieux ont appelé au Parlement.

(Bibliot. de Troyes, *ms.* 731, p. 138.)

244. — 1460. Jeanne de Choiseul rend foi et hommage au seigneur de Gyé pour raison du fief des Grands-Essards et des Férailles, sis entre Vitry-le-Croisé et Noé.

(*Invent.*, p. 123.)

245. — 1460-1461. Compte de la châtellenie de Noyers. Le receveur de Noyers paie 60 livres à dom Erard de Chassenay, abbé de Notre-Dame de Lésinnes.

(Archiv. de la Côte-d'Or, B. 5542.)

246. — 4 juin 1461. Barthélemy de Ville-sur-Arce rend son aveu et dénombrement de la terre de Saint-Usage à Jeanne de Choiseul, dame de Chacenay.
(*Invent.*, p. 123.)

247. — 23 mai 1466. Charles de Servoles « seigneur de Vitry le Croisez en partie et de Chassenay » consent à la main-levée d'un empêchement sur certaines censives, en deniers et orge, dues à l'abbaye de Clairvaux sur le finage de Vitry-le-Croisé.
(Bibliot. de Troyes, *ms.* 731, p. 249.)

248. — 23 juillet 1466. « Guillaume d'Anglure, chevalier, seigneur de Chassenay » est témoin du mariage de Philippe Vignier, écuyer, seigneur de Courcelles, avec demoiselle Claude Le Gruyer.
(Bibliot. de Troyes, Caummartin, *Généal. Vignier*, t. II, p. 242.)

249. — 6 octobre 1466. Jean Eudelin, seigneur de Vaudes, fournit aveu et dénombrement de la dite seigneurie à Antoine de Chaumont, seigneur des Tours Sainte-Parise.
(*Invent.*, p. 173.)

250. — 10 juin 1469. Jacques de Rochetaillée donne à Antoine de Chaumont aveu du fief de l'Islotte, ou la Motte du Vivier, duquel dépendait la chapelle Saint-Nicolas, à Chervey.
(*Invent.*, p. 117.)

251. — 20 juin 1469. Jean de Ville-sur-Arce,

donne à Antoine de Chaumont aveu et dénombrement pour la seigneurie de Ville-sur-Arce.

(*Invent.*, p. 161.)

252. — 1ᵉʳ janvier 1471 (*v. st.*). Jacques de Louans, seigneur de Chacenay, obtient une commission du roi pour faire contraindre les habitants de Vitry-le-Croisé à faire guet et garde au château de Chacenay. La mort de Jacques de Louans empêcha cette commission d'avoir son effet.

(Anc. archiv. de Chacenay.)

253. — Le 26 mai 1472, dame Jeanne de Choiseul, veuve de messire Jacques de Louans, en son vivant seigneur de Chacenay, obtient une commission pour faire contraindre les habitants de Vitry-le-Croisé à faire guet et garde au château de Chacenay.

(*Invent.*, p. 2.)

254. — *Registre et déclaration des fiefz et arrière fiefz mouvans et tenus en fiefz, foi et hommaige de nostre très redoubté et souverain seigneur monseig. le duc de Bourgoigne à cause de son conté, chastel et chastellenie de Bar sur Seinne.. le 4 avril 1473 (v. st.).* « Dame Jehanne de Choiseu, dame dudit Choiseu et de Chassenay en partie, tient en fief, foi et hommaige de nostre dict très-redoubté et souverain seigneur mons. le duc, à cause de ses conté, chastel et chastellenie de Bar sur Seinne, le donjon de la maison du dit Chassenay en toute justice, où il y a prévost, ainsi comme il se comporte, ensemble la tranchée des fossez estans à l'environ ; et n'est d'aucune revenue, car le dit donjon a esté démoly par les françois puis demi an en ça. »

« Noble homme Anthoine de Chaumont, escuier, tient en fief, foy et hommaige de nostre dict très redoupté et souverain seigneur mons. le duc, à cause de ses conté, chastel et chastellenie de Bar sur Seinne, une maison en toute justice haulte, moyenne et basse, scituée et assise en la Haute Forest de Fragnines et de Bidant, qui par ci devant souloit estre fermée de palis et de fossez, ensemble d'icelle forest contenant environ six cens arpens de boys et des appartenances qui peut valoir par communes années la somme de XXVIII l. XI s. VIII d. tournois. Et tient le dit escuier party contraire à nostre dit seigneur et joyt de l'éritaige des susdict. »

« Noble seigneur mess. Jehan de Ville sur Arce, chevalier, seigneur du dit Ville sur Arce en partie, tient en fief, foi et hommaige de noble homme Anthoine de Chaumont, seigneur de Chassenay en partie, à cause de son chastel du dit Chassenay, une maison séant au dit Ville sur Arce, ensemble plusieurs hommes et femmes mainmortables, la quelle.. vault la somme de XVI l. t. »

(Archiv. de la Côte-d'Or, dans le reg. B 11724-11729, fol. V r° et XV r°.)

255. — 2 août 1476. Partage par devant notaires en la châtellenie de Chaumont de la succession de Jeanne Martel, en son vivant femme d'Antoine de Chaumont [1], seigneur de Quitry, fait entre ses deux enfants 1° Julien de Chaumont, écuyer, demeurant à Boissy-le-Bois, aîné des dits enfants, et Hélène de Fay, sa femme, 2° et Guillaume de Chaumont, écuyer, agé

1. Sont aussi compris dans ce partage des biens appartenant à Antoine de Chaumont.

de 24 ans environ, du consentement d'Antoine de Chaumont, leur père sus-nommé.

Julien de Chaumont eut les terres et seigneuries de Quitry, Forêt et Riquencourt « assises en Veulquessin (Vexin) le Normant, » de Boissy-le-Bois, Chaumont, Pissencourt, Mons, et des héritages assis à Fleury et Marquemont, enfin les terres de « Bardonville, Bellistre, Bressy et Bretheuil, » qui provenaient de l'héritage de Jeanne Martel.

Guillaume eut les seigneuries de « Boscguermer et Duplis? » en la prévôté de Chaumont, celle de Rigny-le-Ferron, le bois de Bidan, les moulins des Bordes près Lantages, et la terre et seigneurie de Chacenay, dont la jouissance devra être garantie par Julien contre les empêchements de Léger de Dinteville ou ses hoirs ; ce qui appartient à Antoine au village de Brion ; la terre et seigneurie de Monlaudran au pays de « Puiseaulz. »

(Bibliot. de Troyes, *ms.* 2687.)

256. — 18 mars 1477. Arrêt du Parlement de Paris, infirmatif de la sentence du bailli de Troyes du 8 mars 1456, contre Guillaume de Mello au sujet des rentes mentionnées plus haut n° 240.

(Bibliot. de Troyes, *ms.* 731, p. 138.)

257. — 7 mars 1478. Jean de Ville-sur-Arce, seigneur en partie dudit lieu, donne aveu et dénombrement à Guillaume de Chaumont.

(*Invent.*, p. 161.)

258. — 10 mars 1478. Jean Eudelin, seigneur de

Vaudes, reprend cette terre de Guillaume de Chaumont, seigneur des Tours Sainte-Parise.

(*Iuvent.*, p. 178.)

259. — 15 juin 1478. Guy, seigneur d'Ignaucourt, rend foi et hommage, pour la terre de Sacey, à Guillaume de Chaumont, seigneur des Tours Sainte-Parise.

(*Invent.*, p. 123.)

260. — 6 août 1480. Aveu et dénombrement de la terre de Vaudes, fourni par Simon Daniel à cause de Jeanneton Eudelin, sa femme, fille de Jean Eudelin, à Guillaume de Chaumont.

(*Invent.*, p. 173.)

261. — 1er décembre 1483. Pierre Eudelin, fils de Jean Eudelin, rend foi et hommage à Guillaume de Chaumont pour partie de la terre de Vaudes.

(*Invent.*, p. 123.)

262. — 20 mai 1486. Jean de Dinteville, seigneur de Spoy, rend sa foi et hommage pour la terre de Spoy à Galas de Salezard, seigneur de Chacenay.

(Anc. archiv. de Chacenay.)

263. — 19 mai 1491. Jeanne de La Rosière, veuve de Gui d'Ignaucourt, fait foi et hommage pour la terre de Sacey à Guillaume de Chaumont.

(*Invent.*, p. 155.)

264. — 30 septembre 1491. Jean de Ville, seigneur de Fontette et de Noé, donne à Guillaume de Chaumont aveu et dénombrement pour raison de la terre de Noé.

(*Invent.*, p. 123.)

265. — 13 juillet 1492. Transaction entre l'abbaye de Clairvaux et « messire Galaz de Salezar, chevalier, seigneur de Las, Montaigne, Chassenay » en vertu de laquelle est faite accumulation par indivis de la justice de Saint-Usage entre les parties.

(Bibliot. de Troyes, *ms* 731, p. 525.)

266. — 13 juillet 1492. « Messire Galaz de Salazar, chevalier, seigneur de Laz, de Montaigne et de Chassenay, et dame Claude d'Anglure, sa femme, » abandonnent par échange à l'abbaye de Clairvaux un gagnage sis à Saint-Usage, contre un muids de froment de rente que l'abbaye percevait sur la terre et seigneurie de Vitry-le-Croisé appartenant aux dits seigneurs de Chacenay.

(Bibliot. de Troyes, *ms.* 731, p. 527.)

267. — 16 décembre 1493. François et Nicolas de Mauroy, enfants de Nicolas de Mauroy, bailli d'Arcis-sur-Aube, seigneur de Colasverdey (Charmont), donnent à Guillaume de Chaumont leur aveu et dénombrement pour la terre de Colasverdey. Nicolas de Mauroy acheta cette terre à Gérard de Longeville, et Jean de Poitiers, seigneur d'Arcis, confirma la vente le 2 mai 1470.

(*Invent.*, p. 124.)

268. — 14 août 1494. Intervient entre le seigneur et les habitants de Chacenay, Bertignolles et Chervey une double transaction en vertu de laquelle les droits de cens sont fixés à 5 sous par chaque habitant, tous les ans, et les droits de terrage à une gerbe sur quinze. Cette transaction fut sanctionnée

par plusieurs jugements dans le cours des xvi⁰, xvii⁰ et xviii⁰ siècles.

(*Invent.*, p. 100-103.)

269. — 18 juillet 1495. Michel Gaillard, seigneur de Mâchy, rend sa foi et hommage à Guillaume de Chaumont pour la terre de Mâchy.

(Anc. archiv. de Chacenay.)

270. — 3 mars 1500 (*v. st.*). « Sentence de Jehan de Roffey, lieutenant général de noble homme Gaulchier de Dinteville, escuier, seigneur de Polisy, conseiller et maistre d'ostel ordinaire du roy nostre sire et son bailly de Troyes » en faveur « de Jehan Truchot, prieur de Viviers » contre « noble seigneur messire Galas de Sallazart, chevalier, seigneur de Chassenay.. à cause du four bannal de Chervey. » Le prieuré est maintenu dans le droit de prendre pour ce four tout le bois « qu'il convient pour chauffer icelui four.. et aussi pour réparer la maison et les édifices dudit four, 1° dans le bois appelé « Les Usaiges de Chervey, contenant mille arpens ou environ » entre Viviers, Ville-sur-Arce, Beurrey et le bois dit « La Garanne au Seigneur de Chassenay... Le mercredi troisiesme jour de mars l'an mil et cinq cens. »

(Archiv. de l'Aube, *origin.* F. Montiéramey.)

271. — Le 23 aout 1502, Messire Guillaume de Chaumont, seigneur de Chacenay, est autorisé par le bailli des Tours Sainte-Parise à saisir les terres de la dite seigneurie, faute par les propriétaires de rendre leur foi et hommage.

(*Invent.*, p. 3.)

272. — 30 août 1503. *Copie du rôle de la valeur et déclaration des fiefz et arrièrefiefz mouvant du roy nostre sire à cause de son conté, chastel et baillyage de Bar-sur-Seine.* « Noble seigneur Guillaume de Chaumont, seigneur de Chassenay en partie, et de Rigny-le-Ferron, tient en fief du roy nostre sire la forest de Bidan contenant environ quinze cents arpens, et la forest de Fragnines contenant environ cinq cents arpens, les quels peuvent valoir par communes années.. la somme de LXV l. XVI s. VIII d. par an. Et en tant qu'il touche le service il a accoustumé de servir ès ordonnances du roy nostre sire.

Noble seigneur mess. Galas de Salezar, chevalier, seigneur de Laz et de Chassenay, tient en fief du roy nostre sire, à la cause ci dessus, le donjon du chastel du dict Chassenay, le quel est de long temps et encore de présent en ruyne. Au service il ne s'est comparu au monstres du baillyage par ce qu'il estoit, comme encore est, de l'ostel du roy.

(Archiv. de la Côte-d'Or, *reg.* B. 11724-11729, dernier cahier, fol. 28 v° et 32 r°.)

273. — 24 novembre 1502. « Traictié faict et passé soubz le séel de la prévosté d'Essoix » entre noble et discrette personne maistre Nicole Dorigny, prebtre, docteur, régent à Paris en la faculté de décret, conseiller du roy nostredict seigneur en sa court de Parlement, chanoine de l'église cathédrale de Sainct Pierre de Troyes, curé de l'esglise de Sainct Jehan dudict Troyes et prieur commendataire dudict Bertignolles... et nobles personnes Galas de Salezart, chevalier, seigneur de Laas, d'Escreinnes, Chacenay et dudict Berthignolles, conseiller et chambellan du roy,

en son nom et comme soy faisant et portant fort en ceste partye de dame Claude d'Anglure, sa femme, dame desdicts lieux.. pour raison et à cause de certaines terres, pretz, terraiges, censives et aultres choses... »

(*Origin.*, que nous possédons.)

274. — 18 octobre 1503. « Frère Loys de Chatonrup, prebtre, religieux de l'église et abbaye de Molesmes, à présent prieur du prioré de Berthignolles, par résignation à luy faicte puis peu de temps *circa*, par mons. Nicole Dorigny, docteur en décret, conseiller du roy et sa court de Parlement, naguaires et derrenier possesseur dudict prioré. » Il ratifie le traité passé avec Galas de Salezart, seigneur de Chacenay, et rapporté plus haut (n° 270).

(*Origin.*, que nous possédons.)

275. — 9 février 1503 (*v. st.*). Madame de la Rozière, dame de Sacey, donne aveu et dénombrement de la dite seigneurie à Guillaume de Chaumont.
(*Invent.*, p. 155.)

276. — 14 février 1503 (*v. st.*). Jacques de Rochetaillée donne à Guillaume de Chaumont son aveu et dénombrement pour le fief de l'Islotte.
(*Invent.*, p. 117.)

277. — 25 février 1503 (*v. st.*). Robert Fontanes donne à Guillaume de Chaumont, son aveu et dénombrement pour le fief de la Motte d'Onjon.
(Anc. archiv. de Chacenay.)

278. — 27 février 1503 (*v. st.*). Henri de Ville-

sur-Arce, seigneur du dit lieu, ayant acquis (le 8 avril 1502) de Renaut de Blaincourt, seigneur de Vallière, ses droits, parts et portions en la seigneurie de Millery, située à Ville-sur-Arce d'en-Haut, il fournit aveu et dénombrement à Guillaume de Chaumont.

(*Invent.*, p. 181.)

279. — 27 mars 1503 (*v. st.*). Catherine de Landreville, dame en partie de Ville-sur-Arce, fournit aveu et dénombrement à Guillaume de Chaumont.

(*Invent.*, p. 161.)

280. — 8 octobre 1510. Bernarde de Sallezard, fille de Galas de Sallezard et de Claude d'Anglure, est mariée à Jean de Sains, seigneur de Marigny, échanson du roi, et bailli de Senlis. La baronnie de Chacenay est donnée à Bernarde par contrat de mariage.

(*Invent.*, p. 15.)

281. — 14 février 1523 (*v. st.*). Jacques Péricard fournit à Jacques de Chaumont, seigneur des Tours Sainte-Parise, aveu et dénombrement pour la terre de..

(Anc. archiv. de Chacenay.)

282. — 24 février 1525 (*v. st.*). Antoine du Fail, seigneur de Fontette et de Noé, est condamné à rendre sa foi et hommage à Jacques de Chaumont.

(Anc. archiv. de Chacenay.)

283. — 13 août 1527. Edme Barbette, bailli des Tours Sainte-Parise, donne commission à l'effet de saisir féodalement les fiefs mouvants des Tours Sainte-Parise, parce que plusieurs seigneurs feudataires ne remplissaient pas leurs devoirs.

(Anc. archiv. de Chacenay.)

284. — 18 septembre 1527. Sentence des Requêtes du Palais contre « Philippe de Merlo, escuyer, seigneur de Victry le Croisier » confirmant à la grange de Fontarce, dépendant de l'abbaye de Clairvaux, le droit d'usage dans les bois de Vitry.
(Archiv. de l'Aube, *origin.*)

285. — 25 octobre 1528. « Jacques de Chaulmont, chevalier, baron de Chassenay, seigneur d'Esguilly et de la forest de Bidan » donne sa procuration pour la reprise de la seigneurie de Bidan. Le 5 novembre 1528 « les gens des Comptes du roy à Dijon » mandent au bailli de Bar-sur-Seine que Jacques de Chaumont a fait « les foy et hommaige à cause de la seigneurie de Bidan, à lui advenue par le trespas de feu Guillaume de Chaulmont, son père.. »
(Archiv. de la Côte-d'Or, *origin.* lias. B. 10606.)

286. — 7 avril 1529, avant Pasques. Sentence de MM. des Requêtes du Palais contre « Jean de Sainctz, chevalier, seigneur de Chassenay » qui prétendait à un droit de terrage sur les fermes de Fontarce et de Sermoise appartenant à l'abbaye de Clairvaux. Cette sentence fut confirmée par le Parlement de Paris le 20 mai 1531, et exécutée le 21 juin de la même année.
(Bibliot. de Troyes, *ms.* 731, p. 249.)

287. — 6 mai 1531. François de Dinteville, évêque d'Auxerre, et ses frères et sœurs, après la mort de Gaucher de Dinteville, seigneur de Polisy et de Thennelières, rendent foi et hommage pour la terre de Thennelières à Antoine des Essarts, grand-père ma-

ternel et tuteur des enfants mineurs de Jacques de Chaumont.

(Anc. arch. de Chacenay.)

288. — 13 août 1533. Sentence de MM. des Requêtes du Palais à Paris contre « messire Jean de Saintz, chevalier, sieur de Chassenay, Vitry-le-Croisé et Saint-Usage, et Bernarde de Salezart, sa femme. » L'abbaye de Clairvaux et la grange de Fontarce sont maintenues dans le droit d'usage et de paturage dans les bois de « Fay-Galain. »

(Bibliot. de Troyes, *ms.* 731, p. 250.)

289. — 4 mai 1537. Jean de Sains gagne un procès contre Guillaume de Lestrac, seigneur de Verpillières, au sujet du Pré-la-Croix sur Essoyes et dépendant du fief de Mallet.

(*Invent.*, p. 133.)

290. — 1538. Galas de Chaumont, oncle paternel et nouveau tuteur de Léonard et d'Antoine de Chaumont, fait saisir la terre de Thennelières, faute par Gauthier de Dinteville, fils de Gaucher et seigneur dudit lieu, de payer les droits féodaux.

(*Invent.*, p. 191.)

291. — 4 avril 1539. Jean de Sains donne au roi son aveu et dénombrement de la baronnie de Chacenay et des terres et seigneuries de Bertignolles, Chervey, Mallet, Viviers.

(*Invent.*, p. 3.)

292. — 11 novembre 1539. Anne Duplessis, veuve

de Gaucher de Dinteville, donne son aveu et dénombrement de la terre de Thennelières à Galas de Chaumont, tuteur de Léonard et d'Antoine de Chaumont.

(Anc. archiv. de Chacenay.)

293. — 15 mai 1540. Dans l'église de Bar-sur-Seine on voit un vitrail représentant divers sujets bibliques : Jugement de Salomon, Sacrifice d'Abraham, Daniel dans la fosse aux lions, etc. Au bas on lit : « Nobles personnes Jehan Nassier, licencié ès loiz, lieutenant général au bailliage de Bar sur Seine, seigneur de Chassenay et de Baigneux, et Guillemette, sa femme, ont donnez cest verrière le XV° jour de mai mil cinq cens quarante, XL jours après Pasques. »

294. — 11 septembre 1541. « Jehan de Sainctz, chevalier, bailly de Senlis, et Bernarde de Salezard, sa femme » prouvent par leur terrier qu'ils ont droit à 6 livres et 2 chapons pour cours d'eau sur le moulin dit Elie *ou* Guillaume *ou* de la Fontaine Gérard, au dessous de Bertignolles, sur le finage de Chervey. Ce droit sur la rivière de l'Arce a été en vigueur jusqu'à la Révolution.

(*Invent.* XVII° carton.)

295. — 13 mai et 3 juillet 1542, les vassaux de Chacenay et des Tours Sainte-Parise sont convoqués pour rendre foi et hommage à messire Léonard de Chaumont.

(*Invent.*, p. 118.)

296. — 19 septembre 1542. Sentence du bailliage de Troyes en faveur de Jean de Sains contre le car-

dinal de Givry, évêque de Langres, qui prétendait que le donjon de Chacenay relevait de lui. Il fut dit que les donjon, fossés et tranchées étaient tenus et mouvants en plein fief du roi, à cause de son château de Bar-sur-Seine.

(*Invent.*, p. 3 et 4.)

297. — 3 novembre 1542, la dame de Rochetaillée, fille de messire de Rochetaillée, fournit aveu et dénombrement, et le 9 mai 1543 rend foi et hommage à Léonard et à Antoine de Chaumont pour le fief de l'Islotte.

(*Invent.*, p. 118.)

298. — Sans date (1510-1545). *C'est la déclaration et valleur par abrégé des fiefz et arrière fiefz mouvans et tenus en fief du roi notre sire à cause de son conté et chastel de Bar-sur-Seine.* « Messire Jehan de Sains, chevalier, tient en plein fief du roy nostre sire, à cause de son conté et chastel de Bar, le donjon du chastel de Chassenay qui peult valloir par an, toutes charges déduites, la somme de XX solz tournois seulement, pour ce que le dit donjon a esté bruslé du temps des guerres et de présent est en ruyne, broussailles et buyssons, comme apert par sa déclaration. »

(Arch. de la Côte-d'Or, *reg.* B. 11732, fol. 9 r°.)

299. — *Registre de la convocation et assemblée du ban et arrière ban du bailliage de Bar sur Seine, le lundi 27ᵉ jour de juillet mil V^C quarante cinq.* (Archiv. de la Côte-d'Or, *reg.* B. 11732.)

« Dame Bernarde de Sallezard, dame de Chassenay, à cause du donjon du dit Chassenay quel tient en fief dudit seigneur roy. » En marge : « Comparant par Jehan Pitois, dict Duboys, son procureur et recepveur, qui a offert ses services au roy et contribuer en deniers selon la nature de son fief. » — (Fol. 21 v°.)

« Lyenard de Chaulmont, escuyer, pour ce qu'il tient à cause de la forest de Bidant. » *En marge* : « Comparant par Anthoine de Chastenay, escuyer, seigneur en partie de Ville sur Arce, car le dict sieur de Chaulmont n'est au pays de bien long temps et que néantmoins il offrait faire service et contribuer en deniers selon la nature de son fief. » — (*Ibid.*, fol. 22 r°.)

« Dame Bernarde de Sallezart pour le donjon et tranchées du chastel de Chassenay, revenant à X livres, suyvant les dits adveuz et dénombremens par elle baillez, doibt à la raison que dessus XXX s. t. » — (*Ibid.*, fol. 32 v°.)

« Lyenart et Anthoine de Chaulmont, seigneurs de la forest de Bidan, revenant à XX livres tournois, suivant les adveuz et dénombremens par eulx baillez, doivent à la raison que dessus LX s. t. » — (*Ibid.*, fol. 32 v°.)

300. — 15 août 1546. Jean de Ville, seigneur de Fontette et de Noé, donne un aveu et dénombrement, qui est blâmé le 10 novembre suivant par Charles de La Haye, second mari de Mahaut des Essarts, laquelle, depuis la mort de Galas de Chaumont, était de nouveau tutrice de ses enfants Léonard et Antoine de Chaumont.

(Anc. archiv. de Chacenay.)

301. — 4 décembre 1549. Reprise de fief par « dame Bernarde de Sallezart, dame de Laz et de Chassenay, présente à Paris. Comme procuratrisse de noble homme Réné de Pocaire, escuyer, seigneur de

Myregaudon et de Préaulx, son mary, elle fait hommage au roy à cause du donjon du chastel de Chassenay.. le mercredi quatriesme jour de décembre. » Le 28 janvier 1549 (*v. st.*), « Les gens des Comptes du roy à Dijon » écrivent au bailly de Bar-sur-Seine que la dite dame doit jouir pleinement et librement de la seigneurie de Chacenay.

(Archiv. de la Côte-d'Or, *origin.*, lias. B. 10632.)

302. — 2 janvier 1549 (*v. st.*). Convocation des vassaux de Chacenay pour rendre foi et hommage et donner aveu et dénombrement à Léonard et à Antoine de Chaumont, seigneurs et barons de Chacenay.

(*Invent.*, p. 5.)

303. — 24 mars 1549 (*v. st.*). Aveu et dénombrement du fief de Sacey par demoiselle Barbe Maret et Marc Champy, son fils, seigneurs dudit lieu, à MM. de Chaumont.

(*Invent.* p. 155.)

304. — 27 novembre et 28 décembre 1550. Lettres royaux obtenues par Léonard et Antoine de Chaumont pour forcer ceux qui tiennent des fiefs mouvants de la seigneurie de Chacenay à donner leurs déclarations.

(*Invent.* p. 5.)

305. — 4 avril 1551. Bernarde de Sallezard vend la baronnie de Chacenay, pour le prix de 24,000 livres, à Guillaume de Dinteville, seigneur d'Echenay, Polisy, Thieffrain, Dammartin, Loches, bailli de Troyes, chevalier des Ordres du roi, gentilhomme ordinaire de sa chambre, capitaine de cinquante hommes

d'armes, et à Louise de Rochechouart, sa femme. Bernarde voulut ensuite prendre des lettres de rescision contre cette vente, mais elles demeurèrent sans effet.

(*Invent.*, p. 15 et 16.)

306. — 26 novembre 1551. MM. de Rochetaillée, écuyers, seigneurs de La Ville-au-Bois, fournissent aveu et dénombrement à MM. de Chaumont, seigneurs des Tours Sainte-Parise, pour le fief de l'Islotte.

(*Invent.*, p. 118.)

307. — 1553. Le cardinal de Givry, évêque de Langres, saisit la terre et seigneurie de Chacenay dépendant des Tours Sainte-Parise ; le 30 juin de la même année le roi et le seigneur de Gyé forment opposition à cette saisie pour ce qui relevait d'eux dans la terre de Chacenay.

(*Invent.*, p. 5.)

308. — 24 juillet 1553. *L'extrait et estat sommaire du bailliage de Troyes. Châtellenie de Chassenay.* — Item la châtellenie de Chassenay appartenant pour la moitié au sieur d'Eschesnetz [Guillaume de Dinteville], et pour l'autre moitié au sieur d'Esguilly [Léonard et Antoine de Chaumont], chacun desquels sieurs a bailli et prévôt en sa dite moitié d'icelle châtellenie : de laquelle prevôté de Chassenay, pour ledit sieur d'Eschesnetz, sont les villages de Bertignolles et de Chervey : auquel village de Bertignolles y a une église paroissiale, et audit village de Chervey une autre église paroissiale, et audit village de Chassenay une église qui est un secours de ladite église de Bertignolles : et de

ladite châtellenie de Chassenay, pour la moitié d'icelui sieur d'Esguilly, est le village d'Esguilly auquel y a prévôté et une église paroissiale, et le village de Noez, auquel y a mairie et une église paroissiale.

(A la suite de la *Coutume du bailliage de Troyes*, avec les comment. de M° Le Grand, t. II, p. 378, 3ᵉ édit. 1715.)

309. — 10 avril 1554. Arrêt du Parlement contre Gui Le Pelé, seigneur de Mâchy. Gui doit se purger par serment qu'il n'a aucun ancien aveu et dénombrement de la terre de Mâchy, mouvante des Tours Sainte-Parise.

(Anc. archiv. de Chacenay.)

310. — 17 avril 1554. Accord au sujet de la grange de Fontarce, passé entre les religieux de Clairvaux et « Jacques de Lentaiges, escuyer, et Jehanne de Merlo, sa femme, seigneur et dame de Belaon, et Jehan de Lentaiges, leur filz, aussi escuyer, seigneur de Vitry le Croisey. »

(Archiv. de l'Aube, *origin.*)

311. — 26 juin 1555. Guillaume de Dinteville rend foi et hommage à François de Rohan, seigneur de Gyé, à cause du fief des Grands-Essarts.

(*Invent.*, p. 123.)

312. — 7 juin 1555. Guillaume de Dinteville obtient des lettres de terrier, qui furent signifiées le 5 novembre de la même année, puis le 5 avril de l'année suivante.

(*Invent.*, p. 92.)

313. — Le 4 janvier 1555 (*v. st.*). Jean et Thibaut de Nogent, seigneurs en partie de Ville-sur-Arce, donnent aveu et dénombrement de Ville-sur-Arce à Léonard et à Antoine de Chaumont.

(*Invent.*, p. 162.)

314. — 7 novembre 1556. Michel de Mauroy donne son aveu et dénombrement de la terre de Colasverdey à Léonard de Chaumont.

(Anc. archiv. de Chacenay.)

315. — 29 octobre 1560. « Pour les estaz du bailliaige de Chassenay sont comparus : pour le clergé, messire Didier Verpy, curé dudit lieu; pour le tiers estat, Colin Robin et Jehan Doussot. Ont eslu pour le clergé : lesdicts doyens de Sainct Estienne (Ives le Tartier) et de Sainct-Urbain (Nicole Hennequin); pour la noblesse : lesdicts sieurs bailly (de Troyes, Anne de Vaudray, seigneur de Saint-Phal) et Nicey (Ferry, seigneur de Nicey et de Romilly-sur-Seine). »

(*Collect. de docum. inéd.* publiés par la Société Académ. de l'Aube, t. I, p. 52.)

316. — 2 juillet 1561. Louise de Rochechouart, veuve de Guillaume de Dinteville, donne procuration, comme tutrice de ses enfants, à l'effet de rendre la foi et hommage au seigneur des Tours Sainte-Parise pour la Côte-Jean-de-Gand, contenant sept arpents tenant aux fossés du château de Chacenay et au chemin de Loches.

(Anc. archiv. de Chacenay.)

317. — 17 mai 1568. « Damoiselle Jehanne de

Merlo, tutrisse et ayant la garde noble des enfants myneurs d'ans de feu messire Jehan de Lantages, en son vivant chevalier, seigneur de Belan et de Victry le Croisiez, » assigne le religieux de Clairvaux régisseur de Fontarce, pour avoir défriché une haie.

(Archiv. de l'Aube, *origin.*)

318. — 15 avril 1570. Jacques Le Pelé donne à Léonard de Chaumont son aveu et dénombrement de la terre de Mâchy.

(Anc. archiv. de Chacenay.)

319. — 11 juin 1574. Antoine de Chaumont, seigneur de Chacenay et des Tours Sainte-Parise, rend foi et hommage à Charles de Pérusse d'Escars, évêque de Langres, pour raison de la seigneurie de Chacenay.

(*Invent.*, p. 5.)

320. — 9 juin 1574 - 8 mars 1578. Les vassaux des Tours Sainte-Parise et d'Eguilly rendent foi et hommage à dame Antoinette de Lantages, veuve de Messire Léonard de Chaumont : Joachim de Dinteville pour Thennelières, le 9 juin 1574 ; Louise de Rochechouart, baronne de Chacenay, pour la Côte-Jean-de-Gand, sise à Chacenay, le 11 septembre 1574 ; la veuve de Marc Champy pour la terre de Sacey, le 6 mai 1575 ; Jean Petitpied pour la Motte d'Onjon, le 11 mai 1575 ; Nicolas de Balathier pour le fief Jean-de-Gand, sis à Bertignolles, le 6 octobre 1575 ; François de Mâchy pour le fief de Mâchy, le 4 septembre 1576 ; Philippe de Ville-sur-Arce pour Ville-sur-Arce, le 8 mars 1578 ;

(Anc. archiv. de Chacenay.)

321. — 18 juin 1575. Transaction entre les religieux de Clairvaux « et haute et puissante dame Louise de Rochechouard, veuve de feu haut et puissant seigneur messire Guillaume de Dinteville, en son vivant chevalier de l'Ordre du roy, gentilhomme ordinaire de sa chambre, capitaine de cinquante hommes de ses ordonnances, baron de Chassenay. » Le droit d'affouage de la grange de Fontarce est maintenu à 16 arpents de bois dans les Grands-Essarts, en propre, et au droit de paturage dans tous les bois de Vitry et de Chacenay.

(Bibliot. de Troyes, *ms* 731, p. 248.)

322. — 4 septembre 1576. *Nomination de députés du bailliage de Chacenay.* — « Chrestien Thevenin, lieutenant général au bailliage de Chassenay, pour haulte et puissante dame Loyse de Rochechouart, dame d'Echenets, Polisy, et dudit Chassenay, ayant reçu dès le 1er jour dudit mois certain mandement de la part du roy nostre sire et de mons^r le bailly de Troyes ou son lieutenant touchant la convocation et assemblée des estaz que le dit sire roy espère et a intention faire tenir en sa ville de Blois au xve jour du mois de novembre prochain, avons faict convocquer et assembler les manantz et habitantz dudit Chassenay, Charvey, Bertignolles, Malay et Le Fay, au lieu acoustumé à tenir les plaids et assemblées audict lieu de Chassenay... Lesquelz comparantz en grand nombre jusqu'à soixante et quatre vingt personnes... » Le mandement du roi ayant été communiqué aux membres de l'assemblée, ils sont invités « à eslire d'entre eulx hommes capables pour faire trouver et comparoir pour eulx par devant mondict sieur le bailly de Troyes, ou son lieutenant, au premier jour d'octobre prochain, à fin de satisfaire de leur part audict mandement, lesquelz unanimement d'une voix ont eslu et nommé Gilles Poinsot de Malay pour lesdicts Chassenay, Bertignolles, Le Fay, Les Fosses et Malay, et pour Chervey la personne de Jehan Doussot, dudict Chervey, auxquelz avons enjoinct de s'y trouver et de comparoir pour lesdiz habitanz leur donnant tout pouvoir pour l'effect que dessus... »

(*Collection de documents inéd.* publiés par la Société Académ. de l'Aube, t. I, p. 152.)

323. — 11 août 1583. Aveu et dénombrement du fief de la Cour-l'Auxerrois à Chervey par la veuve de Martin Le Mercyer, écuyer, à dame Louise de Rochechouard [1].

(*Invent.*, p. 113.)

324. — 21 novembre 1585. Dénombrement de la moitié de la seigneurie de Bidan par Léonard de Chaulmont, écuyer, gentilhomme ordinaire de la maison du roi, seigneur de Saint-Chéron en partie, fils aîné de feu messire Antoine de Chaulmont, en son vivant chevalier de l'Ordre du roi, tant en son nom qu'au nom

---

1. Daniel Le Mercyer, qui avait obtenu au mois d'octobre 1600 des lettres de terrier pour le fief de la Cour-l'Auxerrois à Chervey, vendit ce fief le 29 juin 1649 à Remy Doussot. En 1655, Henri de Lorme possédait le fief de la Cour et au mois d'avril de la même année il fournissait aveu et dénombrement au seigneur de Chacenay. Le 1er décembre 1704, Jacques de Lorme, possesseur du fief de la Cour, le vendit à Etienne Mouchey, marchand à Chacenay. Ce dernier, par transaction du 20 avril 1706, céda tous ses droits sur la Cour-l'Auxerrois à M. de Liancourt, seigneur de Chacenay.

de Jacques, Louis, François et Antoine de Chaulmont, ses frères, et damoiselle Jaqueline de Chaulmont, sa sœur, tous enfants mineurs dudit feu messire Antoine de Chaulmont.

(Archiv. de la Côte-d'Or, *Origin.*, lias. B. 10682.)

325. — 26 février 1585 (*v. st.*). « Anthoine de Chaulmont, baron de Chassenay, seigneur d'Esguilly et Bidant, demeurant audit Esguilly, les dites seigneuries à lui écheus comme fils unique et héritier de messire Léonard de Chaulmont, son père, » demande main levée de la saisie et appelle devant la chambre des Comptes de Dijon parceque la seigneurie de Chacenay a été saisie à la requête du procureur général du roi « par faute de foy et hommaige prétendus non faits et parce que jusqu'à présent à cause, de sa mignorité et bas aige, pendant lequel Anthoinette de Lantaiges, sa mère, auroit heu l'entier gouvernement de ses biens.. et luy retient ses tiltres contre sa volonté.. » Anthoine de Chaulmont fait provisoirement foi « n'étant informé signamment pour le regard de la dite seigneurie de Chassenay sy elle est mouvente du conté et chastel de Bar sur Seine ou du conté de Champaigne.. Expédié l'acte de reprinse et registré au registre du bailliage de Bar sur Seine le XXVI febvrier M V^c IIII^{xx} V. »

(Archiv. de la Côte-d'Or, *origin.*, lias. B. 10680.)

326. — 6 mars 1590. Henri de Saint-Remy, chevalier, baron de Fontette, seigneur de Noé, de Beauvoir, du Châtellier, etc., chevalier des Ordres du roi,

gentilhomme ordinaire de sa chambre, donne son aveu et dénombrement pour Fontette à Antoinette de Lantages.[1]

327. — 20 mars 1597. « Reprise de fief de la tierce partie des seigneuries de Bourguignons, Foolz, La Forest sous Fragnines et Saint Bris par messire Philibert de Choiseul, chevalier de l'Ordre du roy, capitaine de cinquante hommes d'armes de ses ordonnances, seigneur et baron d'Aigremont, Chacenay, Polisy, Bouilly et Lignères, tant en son nom qu'au nom de sa femme Jeanne de Dinteville. » Cette tierce partie provenait de la succession de feu Marguerite de Dinteville, épouse de Joachim de Dinteville.

(Archiv. de la Côte-d'Or, origin., lias. B 10687.)

328. — 17 avril 1597. Marc de Colligny, seigneur de Thennelières, donne un aveu et dénombrement de cette terre à Antoine de Chaumont.

(Invent., p. 122.)

329. — 1600. Claude de Longeville, seigneur de Ville-sur-Arce, donne aveu et dénombrement pour sa terre à Antoine de Chaumont.

(Invent., p. 162.)

---

1. Henri de Saint-Remy était fils de Henri II, roi de France, et de Nicole de Savigny, dame de la cour, baronne de Saint-Remy, qui devint dame de Fontette, de Noé, de Beauvoir, du Châtellier, etc., en épousant Jean de Ville, seigneur desdits lieux et chevalier des Ordres du roi. Le testament de Nicole de Savigny est daté du 12 janvier 1590. Henri de Saint-Remy épousa, par contrat du 31 octobre 1590, Chrétienne de Luz, veuve de Claude de Franay, seigneur de Louppi.

330. — 30 décembre 1600. Jeanne de Dinteville, comme procuratrice de Philibert de Choiseul, vend à Nicolas de Fautrey, capitaine du château de Chacenay, et à Marie Barbier, sa femme, deux petits hameaux appelés les Mallets, lesquels faisaient partie de la justice de Chacenay.
(*Invent.*, p. 134.)

331. — 1ᵉʳ juillet 1602. Jeanne de Dinteville, comme veuve de Philibert de Choiseul, ratifie la vente ci-dessus rapportée.
(*Invent.*, p. 134.)

332. — 28 septembre 1602. Claude de Bellanger, héritier et successeur de Jean Dubois, capitaine du château de Chacenay, donne son aveu et dénombrement de la terre de L'Islotte à Antoine de Chaumont.
(*Invent.*, p. 122.)

333. — 24 novembre 1602. Bernard Angenoust donne son aveu et dénombrement de la terre de Mâchy à Antoine de Chaumont.
(*Invent.*, p. 122.)

334. — 30 mai 1604. Féry de Bérey donne son aveu et dénombrement de la terre de Vaudes à Antoine de Chaumont.
(*Invent.*, p. 122.)

335. — 3 décembre 1607. Jeanne de Dinteville, dame de Chacenay, se fait autoriser du bailli de Chacenay à saisir les fiefs relevant de sa seigneurie, faute par

les propriétaires de rendre foi et hommage et de payer les redevances seigneuriales.

(*Invent.*, p. 6.)

336. — 13 juillet 1610. Par suite de mauvaises affaires de Jeanne de Dinteville, dame de Chacenay, et après une saisie réelle de la terre de Chacenay, faite par les créanciers de la dite dame, la terre de Chacenay en partie est adjugée à Charles de Lenoncourt. Un arrêt du 19 mai 1612 confirme cette adjudication contre les prétentions du président Amelot, un des créanciers de Jeanne de Dinteville.

(*Invent.*, p. 121.)

337. 28 août 1610. Antoine d'Orgemont, seigneur de Chacenay, donne déclaration à Charles de Pérusse d'Escars, évêque de Langres, des terres et seigneuries de Chacenay et villages voisins ; le sieur d'Orgemont donne aussi à M. de Lenoncourt déclaration de ce qui a été vendu, par décret, de la seigneurie de Chacenay audit sieur de Lenoncourt.

(*Invent.*, p. 2.)

338. — 19 septembre 1611. Edmée de Ville-sur-Arce, veuve de Gilbert de Longeville, donne son aveu et dénombrement de Ville-sur-Arce à Antoine de Chaumont.

(*Invent.*, p. 122.)

339. — 15 décembre 1612. Marguerite de Foissy, dame de Chacenay et des Tours de Sainte-Parise, comme veuve d'Antoine de Chaumont, fait, par procu-

ration, foi et hommage de la dite seigneurie à Charles de Pérusse d'Escars, évêque de Langres.

(*Invent.*, p. 6.)

340. — 1613. Donnent leur aveu et dénombrement à Marguerite de Foissy : le 11 juin, Claude Bellanger pour le fief de L'Islotte ; le 26 juin, Féry de Berrey pour la terre de Vaudes ; le 13 juillet, Claude de Dinteville pour une partie de Thennelières ; le 16 août, Edmée de Ville-sur-Arce pour cette terre ; le 13 novembre, Bernard Angenoust pour la terre de Mâchy.

(*Invent.*, p. 173.)

341. — 4 juillet 1620. Marie Le Mairat, veuve de Nicolas Largentier, donne son aveu et dénombrement pour Thennelières à Marguerite de Foissy.

(*Invent.*, p. 124.)

342. — 11 février 1623 — 16 mars 1633. Sentence des Requêtes du Palais (elle fut confirmée par un arrêt du Parlement de Paris du 18 mai 1624) en faveur de l'abbaye de Clairvaux contre messire Jacques de Lantages, seigneur de Vitry-le-Croisé, relativement aux droits d'affouage et de pâturage de la ferme de Fontarce dans les bois de Vitry et de Chacenay. Le procès est renouvelé en 1628 ; enfin, le 16 mars 1633, une transaction relativement à la même question est signée entre les religieux de Clairvaux et demoiselle Chrétienne de Lantages, fille unique et seule héritière de Jacques de Lantages, seigneur de Vitry-le-Croisé.

(Archiv. de l'Aube, *origin.*)

343.— 16 septembre 1626. Pierre Angenoust donne son aveu et dénombrement pour la terre de Mâchy à Marguerite de Foissy.

(*Invent.*, p. 124.)

344. — 19 août 1628. Exploit contre « haut et puissant seigneur messire Jacques de Lantages, chevallier, gentilhomme ordinaire de la chambre du roy, seigneur de Vitry, Belan, la Récompence, Villemereux, Nogent » au sujet d'empiétement de justice à Fontarce, grange de l'abbaye de Clairvaux. Ce procès était commencé dès le 11 février 1623.

(Archiv. de l'Aube, *origin.*)

345. — 12 juin 1632. Hubert de Sennevoy rend sa foi et hommage pour le fief Jean-de-Gand à Jean de Foissy, seigneur des Tours Sainte-Parise.

(*Invent.*, p. 124.)

346. — 13 aout 1633. Jaqueline de Chaumont, dame de Sacey, donne son aveu et dénombrement pour la terre de Sacey à Jean de Foissy.

(*Invent.*, p. 124.)

347. — 5 mai 1634. Etienne de Bérey, comme seigneur de Vaudes, donne aveu et dénombrement à Jean de Foissy.

(*Invent.*, p. 174.)

348. — 28 juillet 1643 - 31 mars 1644. Le roi fait remise à Philippe de Lenoncourt, abbé de Rebais, conseiller du roi en ses conseils, héritier de son frère Claude de Lenoncourt, des droits de relief, rachat et

autres, pour raison des seigneuries de Chacenay, Colombey-les-deux-Eglises, etc.

(*Invent.*, p. 6.)

349. — 10 septembre 1649. Bail du four de Chervey, donné par Philippe, marquis de Lenoncourt, seigneur de Chacenay.

(Cabinet de M. Bertherand.)

350. — 30 mai et 17 octobre 1657. Foi et hommage, aveu et dénombrement relatifs au fief de l'Islotte par Claude Nicolas Pothier, héritier du sieur Bellanger, à Jean de Foissy, seigneur des Tours Sainte-Parise.

(*Invent.*, p. 118.)

351. — 24 mars 1661. Philippe de Lenoncourt, seigneur de Chacenay, Colombey-les-deux-Eglises, etc., par testament institue son héritier François de Clermont-Tonnerre, évêque de Noyon.

(Anc. archiv. de Chacenay.)

352. — 15 octobre 1663. François de Clermont-Tonnerre, évêque-comte de Noyon, vend le tiers de la baronnie de Chacenay, moyennant 9,000 livres, à Jean de Mesgrigny, marquis de Mesgrigny et seigneur de Vendeuvre.

(*Invent.*, p. 18.)

353. — 31 janvier 1666. Daniel du Châtelet de Thons, marquis de Lenoncourt, seigneur des deux tiers de Chacenay, épouse Elisabeth de La Fontaine, comtesse de Remiremont, fille de défunt Nicolas de

La Fontaine, marquis d'Ablancourt, comte de Verton, et de dame Catherine de Rousse.

(*Invent.*, p. 16.)

354. — 26 janvier 1667. La baronnie des Tours de Sainte-Parise est adjugée pour le prix de 6,200 l. à Nicolas Dauvet, chevalier, comte des Marets, comme cessionnaire de Louis de Choiseul, baron de Beaupré, créancier de Jean de Foissy, lequel était héritier de Marguerite de Foissy.

(*Invent.*, p. 16.)

355. — 27 février 1668. Arrêt contre les seigneurs de Chacenay en faveur de François de Bigny, marquis de Préveranges, déclarant la baronnie de Chacenay affectée et hypothéquée au paiement de 36,000 livres. Cette somme avait été promise avec hypothèque sur la terre de Chacenay par Jeanne de Dinteville à sa fille Louise de Choiseul, par contrat de mariage du 13 février 1608 avec Gilbert de Bigny, seigneur de Préveranges. François de Bigny, fils de Louise de Choiseul réclamait la dot de sa mère qui n'avait pas été payée.

(Anc. archiv. de Chacenay.)

356. — 22 aout 1668. Nicolas Dauvet établit contre M. de La Grange, seigneur de Sacey, que ledit seigneur lui doit foi et hommage à cause de Sacey.

(*Invent.*, p. 156.)

357. — 9 avril 1671. Assignation donnée aux syndics d'Essoyes, Fontette, Sermoise, Chervey, Bertignolles, Chacenay, Viviers, Noé et Mallet pour repré-

senter aux jours d'assises de Chacenay leurs mesures, aunes, pesons et pintes qui doivent être ajustés et égautillés sur le marc ou étalon du greffe de Chacenay.

(*Invent.*, p. 74 et 77.)

358. — 26 mai 1673. Claude Dare, seigneur en partie de Vaudes, comme acquéreur du prince de Condé, fournit aveu et dénombrement à Nicolas Dauvet, comte des Marets et seigneur de Chacenay.

(*Invent.*, p. 174.)

359. — 2 septembre 1674. A comparu Jean de Mesgrigny, marquis de la Villeneuve-Mesgrigny, seigneur de Chervey et Chacenay en partie, à la convocation du ban et arrière-ban du bailliage de Troyes. A la même convocation comparut Daniel du Châtelet, chevalier, baron de Chacenay, seigneur de Chervey et Bertignolles.

(*Annuaire de l'Aube*, 1855, 2° part., p. 17.)

360. — 15 octobre 1674. Bail du grand four de Chacenay donné par « dame Elizabeth de La Fontaine, épouse de hault et puissant seigneur mes^{re} Daniel du Châtelet, fondée de procuration, et mes^{re} Guillaume de Choiseul d'Aigremont, seigneur usufruitier d'un tiers du revenu de la dicte terre de Chacenay. »

(Cabinet de M. Bertherand.)

361. — 26 janvier 1677. « Nicolas Dauvet, comte des Maretz, seigneur et baron de Belan, Vitry-le-Croisé, Esguilly, Chassenay et les les Tours Sainte-Parise, » donne en admodiatiou le moulin de Mallet.

(Cabinet de M. Bertherand.)

362. — 26 décembre 1677. Bail du four bannal de Chervey donné par « madame Elizabeth de La Fontaine, marquise de Lenoncourt, dame de Chacenay. »

(Cabinet de M. Bertherand.)

363. — 8 décembre 1681. Bail du même four par « dame Elizabeth de La Fontaine, marquise de Lenoncourt, dame de la terre de Chassenay. »

(Cabinet de M. Bertherand.)

364. — 18 octobre 1683. Sentence maintenant certains droits en faveur de « dame Elizabeth de La Fontaine, marquise de Lenoncourt, dame de la terre de Chassenay et autres lieux, demeurante audit Chassenay. »

(Cabinet de M. Bertherand.)

365. — 5 septembre 1686. Arrêt du Parlement de Dijon, déclarant que la terre de Chacenay appartient en propriété à Georges Périgois, joaillier de la Couronne, le marquis de Préveranges lui ayant transporté sa créance de 36,000 livres.

(Anc. archiv. de Chacenay.)

366. — 3 juillet 1687. Reprise du fief des fossés, tranchées et donjon, seulement, de la seigneurie de Chacenay, située en Champagne, par Georges Périgois, marchand bourgeois de Paris, propriétaire de ladite seigneurie, par arrêt du Parlement de Dijon.

(Arch. de la Côte-d'Or, *origin.*, lias. B. 10876.)

367. — 30 juin 1687. Claude Forcadel, seigneur de Villedieu, commissaire aux saisies réelles du Parle-

ment de Paris, rend foi et hommage au roi pour raison de la terre et seigneurie de Chacenay.

(*Invent.*, p. 7.)

368. — 26 novembre 1687. Reprise de fief et dénombrement de la seigneurie de Chauffour en totalité, et de la moitié de celle de Bidan, en ce qui est situé au comté de Bar-sur-Seine, par François Forcadel, écuyer, sieur de Blaru, commissaire général aux saisies réelles du Parlement de Paris, en qualité de commissaire établi au régime et gouvernement des terres et seigneuries délaissées par dame Marie Sidonia de Lenoncourt, et saisies réellement sur les héritiers bénéficiaires de la dite dame, dont la discussion se poursuit au Parlement de Paris.

(Archiv. de la Côte-d'Or, *origin.*, lias. B. 10877.)

369. — 29 juillet 1689. Un arrêt, déclarant l'arrêt du 5 septembre 1686 commun avec un nouveau créancier saisissant, adjuge la baronnie de Chacenay à Georges Périgois pour le prix de 34,000 livres, à la charge de rembourser les hypothèques les plus anciennes.

(*Invent.*, p. 16 et 17.)

370. — 2 août 1690. Georges Périgois et sa femme vendent la baronnie de Chacenay à Pierre Le Teissier de Montarcy, joaillier ordinaire du roi, pour le prix de 34,000 livres.

(*Invent.*, p. 16, 17.)

371. — 19 novembre 1691. Expédition sur papier marqué d'un acte de foi et hommage rendus à l'évêque

de Langres par Pierre Le Teissier de Montarcy, seigneur de Chacenay.

(*Invent.*, p. 6.)

372. — 1ᵉʳ mars 1695. Philippe de Bérey rend sa foi et hommage de la terre de Vaudes à Louis-Anne Dauvet et à la veuve d'Alexis-François Dauvet, marquis des Marets, seigneurs par indivis des Tours Sainte-Parise.

(*Invent.*, p. 175.)

373. — 4 et 5 juin 1699. Acte prouvant que François Dauvet, comte des Marets, grand fauconnier de France, est baron des Tours Sainte-Parise et seigneur d'Eguilly.

(*Invent.*, p. 17.)

374. — 15 avril 1701. « Claude Forcadel, écuyer, seigneur de Villedieu, commissaire, receveur et controleur général des deniers provenant des saisies réelles.. establi au régime et gouvernement de la terre et seigneurie de Chassenay... saisie réellement sur Georges Périgois le 7ᵉ jour de décembre 1700, fait la reprise des fossés, tranchées et donjon (qui est le château de la dite terre de Chacenay et le seul endroit qui relève du roy, le surplus étant de la mouvance de mons. l'évêque de Langres à cause de sa terre de Mussy-l'Evêque ; les quels fossés, tranchées et donjon est un château qui n'est point occupé depuis environ vingt ans et qui ne donne aucun revenu) après avoir obtenu main levée de la saisie féodale.

(Archiv. de la Côte-d'Or, *origin.*, lias. B 10912.)

375. — 14 septembre 1703. Philippe de Bérey fait

foi et hommage pour la terre de Vaudes à Françoise-Chrétienne Dauvet, comtesse d'Eguilly et dame des Tours Sainte-Parise.

(*Invent.*, p. 7.)

376. — Le 26 septembre 1704, dame Françoise-Catherine Dauvet d'Eguilly, baronne de Chacenay et des Tours Sainte-Parise, signifie à ses vassaux de lui rendre foi et hommage et de payer les droits féodaux, sous peine de saisie.

(*Invent.*, p. 7.)

377. — 29 avril 1705. Charles Chevailler rend foi et hommage à Françoise-Chrétienne Dauvet pour le fief de l'Islotte [1].

(*Invent.*, p 119.)

378. — 8 mars 1706. Par décret des Requêtes de l'Hôtel, la baronnie de Chacenay, saisie sur Georges Périgois pour 15,100 livres, est adjugée à Louis d'Escageul, marquis de Liancourt, et à son épouse Françoise-Elisabeth Poncher.

(*Invent.*, p. 7.)

379. — 20 avril 1706. Etienne Mouchey, marchand à Chacenay, qui avait acquis le fief de la Cour-l'Auxerrois à Chervey le 1er décembre 1704, cède tous ses droits sur ce fief au marquis de Liancourt.

(*Invent.*, p. 113.)

1. Le 6 juillet 1680 les héritiers de Claude-Nicolas Pothier vendirent le fief de l'Islotte à Nicolas Chevailler, écuyer, seigneur de Moynes, pour le prix de 4,780 livres.
Le 11 octobre 1697 Charles Chevailler, fils de Nicolas Chevailler, donna une partie dudit fief à Geoffroy de Coessy, seigneur de Nozai, et sous-lieutenant des Gardes françaises.

380. — 4 août 1707. Dame Marie Robert, épouse et fondée de procuration de François Dauvet, comte des Marets, grand fauconnier, vend « la baronnie des Tours Sainte-Parise de Chassenay, dont il reste d'anciens murs et vestiges, fossez, terrasses et accints, près ledit château dudit Chacenay » à Antoine-Joseph Hennequin, seigneur de Charmont : prix 11,000 livres. La décharge et reconnaissance des titres est du 29 avril 1709.

Des Tours Sainte-Parise dépendaient, d'après l'acte de vente :

1° La terre et seigneurie d'Eguilly.

2° Les terres et seigneuries de Fontette et Noers, possédées par le sieur de Vienne.

3° La terre et seigneurie de Ville-sur-Arce.

4. La terre et seigneurie de Thennelières, appartenant à M. Le Noble du Bellay.

5° La terre et seigneurie de Sacey possédées par M. de La Grange de Villedonné.

6° La terre et seigneurie de Vaudes possédées par M. de Bérey.

7° La terre et seigneurie de Mâchy.

8° La terre et seigneurie de la Motte d'Onjon possédées par M. de La Motte, prévost des marchands de Troyes.

9° Fief de Jean-de-Gand, situé à Bertignolles, possédé par les héritiers du sieur de Grignon.

10° La terre et seigneurie de Colasverdey.

11° Le fief de l'Islotte à Chervey.

Enfin plusieurs autres petits fiefs mentionnés dans un aveu des Tours Sainte-Parise du 28 février 1509, qui sont :

Un fief sis à Buxeuil.

Un fief à Bertignolles et Chacenay, qui fut Milley Le Bourguignon.

Le fief d'Argenteuil, que tenait anciennement Antoine Huyart, avocat à Troyes.

Un fief à Chassenay, Bertignolles, Bligny, que tenait Guillaume Le Breton.

Un fief à Bossancourt, que tenait Marie de Longeville ; puis trois fiefs acquis par Pierre de Jaucourt, Erard de Dinteville, et Geoffroi et Nicolas d'Arganeon.

Deux fiefs à Cepoy ; puis un autre fief qui fut à Henri Chauderon.

Un fief au finage de Lusigny.

Deux maisons à Courteranges, qui furent à Guillaume de Mauny et à Huet de Rosson.

Un fief à Troyes, près la porte du Belfroy, qui fut aux hoirs de Michel des Ursins.

Un fief à Foissy, qui fut à Séhier de Gans.

Un fief à Massy, Villemareuil, Champigny et Larrivour, qui fut à Guillaume de Mussy, à Huet de Rosson et à Jean de la Bonne-Fontaine.

L'aveu de 1509 mentionne encore plusieurs petits fiefs.

(Cabinet de M. Bertherand.)

381. — 12 septembre 1708. « Messire Louis d'Escageul, chevalier, seigneur et marquis de Liancourt, seigneur et baron de Chacenay, Bertignolles, Viviers, Grand et Petit-Mallet, Nouez, Sentuzages, Vitry-le-Croisey en partie, et autre lieux » obtient une sentence contre la veuve Cottenet de Bussières.

(Cabinet de M. Bertherand.)

382. — 24 mars 1709. Joseph Hennequin reçoit foi et hommage de Philippe de Bérey pour la terre de Vaudes.

(*Invent.*, p. 174.)

383. — 21 juillet et 14 août 1709. Antoine-Joseph Hennequin, seigneur de Charmont et des Tours de Sainte-Parise, obtient des lettres de terrier (qu'il signifie à ses vassaux le 23 août 1709). Le 14 août il rendit foi et hommage, à cause des Tours de Sainte-Parise, à François-Louis de Clermont-Tonnerre, évêque de Langres.

(*Invent.*, p. 8 et 93.)

384. — 30 janvier 1710. Antoine-Joseph Hennequin reçoit foi et hommage de madame de Vienne, dame de Fontette et de Noé, pour la terre et seigneurie desdits lieux [1].

(*Invent.*, p. 141.)

385. — 30 janvier 1710. Antoine-Joseph Hennequin reçoit foi et hommage des sieurs et demoiselles de Longeville, seigneurs de Ville-sur-Arce, pour cette terre. Cet acte est renouvelé le 30 juin 1711, le 30 janvier, le 14 juin et le 20 juillet 1713.

(*Invent.*, p. 163.)

386. — 29 septembre 1710. Antoine-Jeseph Hennequin reçoit les foi et hommage de Charles-Joachim

---

1. La dame de Vienne vendit, le 12 mars 1720, la terre et seigneurie de Fontette et de Noé à Alexandre d'Orceau, écuyer, commissaire provincial des Invalides; ce dernier revendit ladite seigneurie, le 10 avril 1737, à son frère François d'Orceau (*Ibid.*).

de La Grange, seigneur de Sacey, pour raison de ce fief.

(*Invent.*, p. 156.)

387. — 6 juillet 1712. « Madame la marquise de Liancourt, Françoise-Elisabeth Poncher, dame et baronne de Chacenay, Bertignolles, ect., demeurant en son château de Chacenay, » donne à bail le droit de rouage à Chervey.

(Cabinet de M. Bertherand.)

388. — 1er août 1713. Le seigneur de Mâchy rend foi et hommage pour cette terre à Antoine-Joseph Hennequin.

(*Invent.*, p. 164.)

389. — 1er août 1713. Charles de Vauvray, tuteur des enfants de Pierre de Longeville, rend foi et hommage de la terre de Ville-sur-Arce à Antoine-Joseph Hennequin.

(*Invent.*, p. 156.)

390. — 2 juillet 1714. MM. de La Grange, seigneurs de Sacey, donnent à Joseph Hennequin aveu et dénombrement de la terre de Sacey.

(*Invent.*, p. 156.)

391. — Le 16 mars 1718. « Louis d'Escageul, marquis de Liancourt, baron de Chassenay, Bertignolles et Chervey » demande à la Chambre des Comptes de Bourgogne à fournir les foi, hommage et serment de fidélité pour le château, donjon, fossés, tranchées, berge, cavalier, place d'armes, forteresse et dépen-

dances seulement, mouvant de sa majesté à cause de son comté de Bar-sur-Seine. Il fournit le dénombrement suivant : « ledit chasteau de Chassenay consiste en bastiments, donjon, faussés, tranchées, berge, cavailliers, et place d'armes dépendant dudit chasteau, dans le quel ledit seigneur d'Escageul a toutes justices haute, moyenne et basse, le produit ne pouvant estre que d'environ deux cents livres.. » Reçu à la chambre des Comptes le 18 juin 1718.

(Archiv. de la Côte-d'Or, *origin.*, lias. B. 10948.)

392. — 15 juin 1718. Aveu et dénombrement fourni à Antoine-Joseph Hennequin par Philippe de Bérey pour la terre de Vaudes.

(*Invent.*, p. 175.)

393. — 30 juillet 1719. Après beaucoup de résistances, Geoffroy de Coessy, seigneur de Nozai, fournit à Joseph Hennequin son aveu et dénombrement pour le fief de l'Islotte.

(*Invent.*, p. 119.)

394. — 20 février 1720. Louis d'Escageul vend la terre de Chacenay à Louis-François-Marie de Verton, chevalier de Saint-Lazare et de Notre-Dame du Mont-Carmel, ci-devant grand-maître des Eaux et Forêts de France, maître d'hôtel ordinaire du Roi, et nommé, par le roi, envoyé extraordinaire près du czar, demeurant à Paris, et à dame Françoise-Elisabeth Poncher, son épouse, pour le prix de 70,000 livres.

(Cabinet de M. Bertherand.)

395. 20 aout 1720. Louis-François-Marie de Verton,

seigneur de Chacenay, vend cette terre à Claude-François Poncher pour le prix de 100,000 livres.

(*Invent.*, p. 18.)

396. — 26 novembre 1721. François Poncher, seigneur de Chacenay, donne sa procuration à M. Michault de Larquelais pour rendre foi et hommage à François-Louis de Clermont-Tonnerre, évêque de Langres. L'acte de foi et hommage eut lieu le 28 du même mois.

(*Invent.*, p. 8, 9.)

397. — 29 novembre 1721. François Poncher rend foi et hommage à la marquise de Gyé pour le fief des Grands-Essarts et Férailles.

(*Invent.*, p. 125.)

398. — 29 janvier 1722. Thomas Charpentier, sieur de Varennes, demeurant à Bar-sur-Seine, fait foi et hommage à Joseph Hennequin pour un bois à Ville-sur-Arce, qu'il a acheté de Pierre de Longeville, seigneur dudit lieu, le 28 octobre 1721.

(*Invent.*, p. 165.)

399. — 30 septembre 1723. François Poncher rend foi et hommage au roi à cause de la seigneurie de Chacenay.

(*Invent.*, p. 9.)

400. — 29 novembre 1724. François Poncher à cause du fief des Grands-Essarts rend foi et hommage au marquis d'Entragues, seigneur de Gyé, qui avait donné à cet effet sa procuration à M. de Balzac, son frère.

(*Invent.*, p. 125.)

GÉNÉALOGIE DE MADAME PONCHER

(Communiquée par Madame Bertherand)

Noble homme Jean Arnauld,
marié le 18 février 1658
à Saint-Eustache,
† 1677.
Epouse Elisabeth Richot,
† 1716.

Jean-Louis Arnauld,
écuyer,
conseiller, secrétaire du Roy.
Epouse Marie-Thérèse Jacquet.

Marie Arnauld,
baptisée à Paris le 3 mai 1660,
mariée à Saint-Eustache le 3 mars 1690,
épouse François Martin de Pinchesne,
résident de Sa Majesté
auprès de MM. de la République de Venise.

Elisabeth-Monique,
baptisée à Saint-Nicolas-des-Champs de Paris,
le 8 août 1700.
Mariée à Claude-François Poncher.
† Baronne de Chacenay,
le 10 décembre 1779, sans postérité.

Marie-Louise Martin de Pinchesne,
épouse, le 6 mai 1726,
Pierre Henri de Plancy.

Florimonde,
épouse Béat-Placide de Zurlauben,
lieutenant général des Suisses.
† 31 octobre 1770.

Louise-Charlotte de Plancy,
née le 20 mai 1729,
épouse
Anselme-François
Domilliers.

Henri-Louis de Plancy,
né le 20 juin 1728,
marié le 16 octobre 1784
à Amélie Dismal.
† Sans postérité.

Laurent-Florimond de Plancy de Beauregard,
né le 29 août 1730.
† 15 mars 1805, sans postérité.

Marie-Elisabeth de Zurlauben,
épouse
Jean-Jacques du Portal.
† 1772, sans postérité.

Alexandrine-Eléonore Domilliers,
épouse, en 1778, Charles-François Bertheraud,
né le 21 juillet 1756. † 19 août 1818.

401. — 15 décembre 1724. Joseph-Antoine Hennequin, seigneur de Charmont et Fontaine, rend foi et hommage au roi à cause de la seigneurie des Tours Sainte-Parise, et paie 192 l. au domaine du roi.

(*Invent.*, p. 9.)

402. — 20 mars 1726. Joseph-Antoine Hennequin vend à M. Poncher les Tours Sainte-Parise pour le prix de 17,000 livres; Louise-Elisabeth de Marcillac, épouse de Joseph Hennequin, ratifie cette vente le 31 du même mois.

(*Invent.*, p. 18.)

403. — 15 mai 1726. François Poncher paie à M. de Pardaillan de Gondrin d'Antin, évêque de Langres, les droits de quint et requint pour l'acquisition des Tours Sainte-Parise.

(*Invent.*, p. 9.)

404. — 6 novembre 1728. François Poncher reçoit les foi et hommage de Thomas Charpentier, sieur de Varennes, pour les biens qu'il possède à Ville-sur-Arce.

(*Invent.*, p. 165.)

405. — 7 février 1729. François Poncher reçoit les foi et hommage de Geoffroi de Coessy pour raison du fief de l'Islotte [1].

(*Invent.*, p. 120.)

406. — 10 février 1738. Les sieurs et demoiselles de La Grange, seigneurs de Sacey, font foi et hommage à François Poncher pour le fief de Sacey.

(*Invent.*, p. 157.)

1. Geoffroi de Coessy vendit ce fief le 9 avril 1733 à François Le Noir, marchand à Bar-sur-Seine, moyennant 8,500 livres.

407. — 10 mai 1738. Charles de Bérey fait foi et hommage à François Poncher pour la terre de Vaudes.
(*Invent.*, p. 175.)

408. — 18 mai 1740. Sentence du Châtelet de Paris déclarant que Elisabeth-Monique Arnauld a été séparée quant aux biens d'avec M. Poncher, son mari, seigneur de Chacenay.
(Cabinet de M. Bertherand.)

409. — 31 décembre 1740. M. Poncher déclare par devant notaire qu'il abandonne la terre et seigneurie de Chacenay et des Tours Sainte-Parise à Elisabeth-Monique Arnauld, sa femme, pour cause d'arrangement en séparation de biens.
(Cabinet de M. Bertherand.)

410. — 31 octobre 1740. Marguerite et Charlotte de Longeville, dames en partie de Ville-sur-Arce, font foi et hommage à madame Poncher pour Ville-sur-Arce.
(*Invent.*, p. 165.)

411. — 11 avril 1742. Louis d'Escageul, marquis de Liancourt, seigneur de Ville-sur-Arce en partie, comme acquéreur des sieur et dame de Brunis, fait foi et hommage à madame Poncher, dame de Chacenay.
(*Invent.*, p. 165.)

412. — 7 septembre 1744. M. de Lecey de Changey, comme acquéreur de Spoy, paie les droits de quint et de requint à madame Poncher (ainsi qu'à l'évêque de Langres), la dame de Chacenay ayant prouvé la

mouvance de Spoy envers les seigneurs de Chacenay par des titres qui remontaient jusqu'en 1408.

(*Invent.*, p. 189.)

413. — 2 avril 1749. Charles de Bérey fournit aveu et dénombrement à la dame de Chacenay pour la terre de Vaudes.

(*Invent.*, p. 175.)

414. — 7 et 15 février 1751. Madame Poncher transige au sujet des bornes du fief des Grands-Essarts et de Férailles, avec madame Le Blanc, dame d'Eguilly, et les MM. de Saint-Remy (Nicolas-Réné de Saint-Remy de Valois, baron de Saint-Remy, seigneur de Luz et de Fontette [1], et son fils Jacques de Saint-Remy, de Valois, chevalier, baron de Saint-Remy).

(*Invent.*, p. 125.)

415. — 21 juillet 1756. Les sieurs et demoiselles de La Grange, seigneurs de Sacey, font foi et hommage à madame Poncher pour le fief de Sacey.

(*Invent.*, p. 157.)

416. — 7 décembre 1758. Jean-Louis Le Lieur, seigneur d'un tiers de Ville-sur-Arce, fait foi et hommage à la dame de Chacenay ; et le même jour Jean-Louis Le Lieur, conjointement avec Marguerite de Longeville, sa mère, veuve en secondes noces de Jean-Baptiste Le Lieur, fait foi et hommage pour les biens qu'ils ont acquis de M. de Liancourt.

(*Invent.*, p. 167.)

1. Il s'était marié à Marie-Elisabeth de Vienne, fille de Nicolas-François de Vienne, baron et seigneur de Fontette en partie, Noé et autres lieux.

417. — 14 mai 1761. Philippe de Bérey fait foi et hommage de la terre de Vaudes à la dame de Chacenay.
(*Invent.*, p. 175.)

418. — 27 mai 1761. Madame Poncher fait opérer la saisie féodale du fief de la Motte d'Onjon sur le sieur Mottet faute par lui de rendre ses devoirs féodaux.
(*Invent.*, p. 187.)

419. — 1763. Jean Paillot, seigneur de Thennelières, veuf de Marie Le Noble, rend foi et hommage à la dame de Chacenay. Les archives de Chacenay renfermaient des actes de foi et hommage pour la terre de Thennelières remontant jusqu'en 1481. Cette terre fut érigée en comté, sous la dénomination de comté de Paillot, par lettres patentes du mois de mai 1765 en faveur de Jean-Nicolas Paillot.
(*Invent.*, p. 191.)

420. — 23 août 1763. Un arrêt condamne les religieux de Montiéramey à payer à la dame de Chacenay cinq muids de vin sur les dîmes de Ville-sur-Arce. Le titre primordial de cette redevance est du mois de juillet 1211.
(*Invent.*, p. 171.)

421. — 24 mai 1764. Foi et hommage de M. Hauffroi, mari de Louise-Nicole-Charlotte du Bar, seigneur pour la moitié de Ville-sur-Arce d'en-Haut, à la dame de Chacenay.
(*Invent.*, p. 167.)

422. — 22 septembre 1764. La dame de Chacenay

donne sa procuration au procureur fiscal de Chacenay pour faire en son nom le retrait féodal du fief Jean-de-Gand sur M. Le Gendre.

(*Invent.*, p. 179.)

423. — 4 avril 1766. Madame Poncher reçoit les aveu et dénombrement de la seigneurie de Noé donnés par M. d'Orceau de Fontette, seigneur dudit Noé.

(*Invent.*, p. 142.)

424. — 13 août 1766. Reprise de fief de la terre et seigneurie de Chacenay et Tours Sainte-Parise par Elizabeth Arnaud, épouse séparée quant aux biens de Claude-François Poncher, conseiller d'État et doyen des maîtres des requêtes (par sentence du Châtelet de Paris et transaction passée entre eux le 31 décembre 1740 en suite de la dite sentence). Les dites terres acquises en 1720 et 1726 des deniers dotaux de la dite dame, sont : la terre de Chacenay pour le prix de 100,000 livres; et ladite Tour Sainte-Parise pour le prix de 17,000 livres.

(Archiv. de la Côte-d'Or, *Origin.*, lias. B. 1160.)

425. — 13 mars 1769. La dame de Chacenay achète la terre du Grand-Mallet à M. de Fontette et pour ce, le 17 juillet suivant, elle fait foi et hommage à l'évêque de Langres.

(*Invent.*, p. 136 [1].)

426. — 31 août 1770. La dame de Chacenay

1. L'*Inventaire* porte une liasse de foi et hommage rendus par les seigneurs du Grand-Mallet aux évêques de Langres, depuis 1537 jusqu'en 1769.

achète la seigneurie de Noé à François-Jean d'Orceau, seigneur de Fontette, et à Edmée-Marguerite Daumesnil de Lignières, sa femme, demeurant ordinairement en leur hôtel à Caen : prix 8,000 livres. François-Jean d'Orceau avait hérité le fief de Noé de son père François d'Orceau d'Aresnes, baron de Fontette, seigneur de Noé.

(*Invent.*, p. 142.)

427. — 6 novembre 1770. Pierre-Charles de Bérey, fils de Philippe de Bérey, fait foi et hommage de la terre de Vaudes à madame Poncher.

(*Invent.*, p. 175.)

428. — 17 janvier 1771. Partage du fief du Grand-Mallet entre la dame de Chacenay et Michel Delpech de Méréville.

(*Invent.*, p. 137.)

429. — 10 septembre 1773. La demoiselle de La Grange de Montigny de Villedonné, dame de Sacey, fait foi et hommage à madame Poncher pour le fief de Sacey.

(*Invent.*, p. 157.)

430. — 11 mai 1774. Pierre-François de Fère de Pommier, à qui le fief de Sacey avait été donné par la demoiselle de La Grange, fait foi et hommage à madame Poncher pour ce fief.

(*Invent.*, p. 157.)

431. — 23 septembre 1774. Louise Nicole Charlotte du Bar renouvelle envers la dame de Chacenay

l'acte de foi et hommage qui avait été fait le 24 mai 1764 par feu Hauffroi, son mari.

(*Invent.*, p. 167.)

432. — 10 juillet 1776. Le marquis de Créqui fournit aveu et dénombrement à la dame de Chacenay pour la terre et seigneurie de Mâchy et Pommerois-les-Longeville (Le Pommereau), dans le marquisat d'Isles.

(*Invent.*, p. 184.)

433. — 26 juillet 1784. Par acte de partage entre MM. de Plancy, héritiers des propres de Madame Poncher, la terre et baronnie de Chacenay, Bertignolles, Chervey et autres lieux, est échue à Laurent-Florimond de Plancy.

(Cabinet de M. Bertherand.)

434. — Sans date. « Police administrative de Paris. — D'un acte de naissance inscrit au registre des actes de naissance faits dans la ci-devant paroisse Roch pendant l'année 1730 au fol. 99 dudit registre a été extrait ce qui suit :

L'an mil sept cent trente, le trente août, fut nommé Laurent-Florimond, fils de Pierre-Henri de Plancy et de Marie-Louise Martin de Pinchesne, son épouse, Laurent-Florimond de Plancy, l'enfant, né hier. Témoins : Laurent Deslavayé, Marie-Elisabeth Zurlauben. — Signé : Robin. »

(Cabinet de M. Bertherand.)

435. — Le 13 août 1785. Laurent-Florimond de Plancy, seigneur de Chacenay, est autorisé à la reprise de fief de la terre et seigneurie de Chacenay, des Tours Sainte-Parise et des membres et dépendances, pour ce

qui est en fief noble seulement, consistant dans le château, le donjon, les fossés, tranchées et fortifications, avec les glacis et la place, ensemble les droits utiles et honorifiques de la justice totale et de la police, conformément au dernier dénombrement présenté à la cour des Comptes par feue dame Poncher, le 13 août 1766. Le surplus de ladite seigneurie relève en arrière-fief du seigneur évêque duc de Langres, à cause de sa terre et seigneurie de Mussy-l'Evêque, conformément à l'acte de foy et hommage fait par le sieur Poncher, le 28 novembre 1721. Le fief noble de Chacenay est estimé en valeur principale 19,500 livres et de revenu 200 livres environ.

Parmi les pièces fournies par Florimond de Plancy se trouve : 1° L'acte de partage des biens de dame Elizabeth Arnauld, du 26 juillet 1784, entre Henry-Louis de Plancy, receveur des fermes du roy à Dunkerque, ledit Florimond de Plancy, suppliant, et Anselme-François Domilliers, ancien receveur général des domaines et bois de Soissons, et dame Louise-Charlotte de Plancy, son épouse, frères et sœur, en qualité de seuls et uniques héritiers quant aux meubles, acquêts et propres paternels de ladite feue dame Arnaud-Poncher, leur cousine. La terre et seigneurie de Chacenay leur est donnée et ils peuvent en jouir et disposer en toute propriété à compter du 1er janvier 1783 ; 2° Autre acte aussi du 26 juillet 1784 entre lesdits sieurs Henri-Louis et Laurent-Florimond de Plancy par lequel ledit Henri-Louis abandonne audit Laurent-Florimond la terre et seigneurie de Chacenay, tant en fief que roture, à compter du 1er février 1783.

(Archiv. de la Côte-d'Or, *origin.*, lias. B. 11,109.)

436. — *Note sur les premiers Durnay.*

D'après ce que nous dirons plus loin en parlant de Jacques Ier de Chacenay et d'Agnès de Brienne, sa femme, Huette de Durnay, fille d'Hugues de Vendeuvre et d'Agnès de Brienne, est la première qui porta le nom de la terre de Durnay, qu'elle possédait du chef de son père. Elle dût laisser la terre de Durnay à son neveu Jacques de Chacenay qui prit le nom de cette terre. En effet, au mois de juin 1199, Garnier de Trainel, évêque de Troyes, notifie un acte relatif à certains hommes de corps de Jacques de Chacenay (*Jacobi de Cacennaio*); et au mois de juillet suivant, Jacques notifie et scelle le *même* acte en prenant le titre de Durnay (*Ego Jacobus de Durniaco* [1]).

Jacques de Chacenay, al. de Durnay, fils de Thomas II de Chacenay, et neveu d'Érard Ier de Chacenay, figure, après la mort de son père, dans deux actes, l'un du 11 décembre 1179 (n° 55), et l'autre de l'an 1189 (n° 61). Il épousa une héritière en partie du comté de Bar-sur-Seine, Agnès, qui doit être sœur de Simon de Rochefort et fille de Marguerite du Puiset, mère de Simon de Rochefort. Agnès se trouvait nièce de Milon III, dernier comte de Bar-sur-Seine.

On voit, par un acte de 1208 [2], que Gérard, fils aîné de Jacques Ier de Durnay, était déjà marié à Marguerite de Broyes, fille de Hugues IV, seigneur de Broyes, et d'Odette de Vendeuvre [3]. En 1213, Jacques Ier de

---

1. *Titres de la seigneurie de Chacenay*, n°s 69, 70. — Voir notre *Cartulaire de Montiéramey*, n°s 139, 140.
2. Dans nos *Chartes de Mores*, n° 60.
3. Duchesne, *Maison de Broyes*.

Durnay, petit-fils d'Agnès de Brienne, est procureur de Jean Ier, comte de Brienne, et roi de Jérusalem, qui était en Terre-Sainte. Le 14 mars 1224, Thibaut, comte de Champagne, promet 590 livrées de terre à Jacques de Durnay qui lui cède la part du comté de Bar-sur-Seine, échue à la femme dudit Jacques et celle qui est échue à la mère de Simon de Rochefort. Au mois de février 1225, Thibaut, en exécution de sa promesse, assigne à Jacques de Durnay des biens représentant un revenu annuel de 450 livres 8 sols, à Loches, Baroville, Gillancourt, Vaudremont, Villiers-le-Sec, Maranville, Rennepont, Laines-aux-Bois, Macey, Torvilliers, Montier-la-Celle, Sainte-Savine, Bucey-en-Othe, Messon, Rivière-de-Corps, Pont-Sainte-Marie, Lavau, Assencières, Vailly, Creney, etc. Jacques de Durnay pourra établir une forteresse en plaine, avec des fossés et un mur sans tours ni tourelles. Il tiendra tous les biens ci-dessus désignés à titre de baronnie. Le 16 février 1228, conjointement avec Geoffroy de Louppy, maréchal de Champagne, il est chargé par le comte de Champagne de faire une estimation de revenus. Il paraît encore dans un acte du 24 juin 1229 (D'Arbois de Jubainville, *Catalogue des actes des comtes de Champagne*). Au mois d'avril de la même année, il approuvait, avec Gérard, son fils, un accord entre l'abbaye de Larrivour et Geoffroi, seigneur de Cirey-sur-Blaise, son gendre ; Alix, fille de Jacques, femme de Geoffroi, ratifie cet accord (dans nos *Titres*, n° 133[1]).

---

1. Jacques de Durnay avait quitté le monde en 1240 pour se faire moine à Clairvaux (nos 153, 156). Gérard de Durnay augmenta l'héritage paternel en achetant, moyennant 4,000 livres de Provins, la terre de Vendeuvre à son beau-frère Eudes de Broyes,

437. — *Note sur les de Gand.*

Les de Gand possédaient plusieurs fiefs en Champagne et en Bourgogne dès le xiiie siècle. En 1248, Séguier de Gand doit la garde du château de Noyers (n° 159) ; au mois de mai 1249, Séguier de Ganz, écuyer, et Alix, sa femme, dame de Saint-Sépulcre (Villacerf), vendent au comte Thibaut IV les biens de ladite Alix à Bar-sur-Seine, à Villeneuve près Bar-sur-Seine, à *Sères* près Bar-sur-Seine, et à Merrey (*Catalogue des actes des comtes de Champagne*) ; en 1282, Séguier de Gand possède un fief à Lusigny (n° 187) ; nous trouvons le 3 juin 1343 « Jehans de Ganz, escuiers, demorant à Cepoy » (Archives de l'Aube, 3 H 1, *origin.*) ; nous verrons plus loin Guillaume de Gand, seigneur en partie de Fontette, de 1365 à 1383 (n° 226) ; dans le ban et l'arrière-ban de 1545 figure « Girard de Gand, gentilhomme de la venaie chez le roy, seigneur en partie d'Advirey le Bois et Villemorien, à cause de sa femme vefve de Nicolas Ballatier ; » vers le commencement du xviie siècle Étienne de Gand est seigneur de La Mothe-lès-Rumilly, marié à Claude de Richebourg, demeurant à Rumilly-les-Vaudes (Roserot, *La famille d'Argillières*, p. 30, n° 28) ; le 14 novembre 1691, l'évêque de Troyes, Denis-François Bouthillier, donne la permission de chapelle domestique à « la dame de Gand, veuve de noble homme de Balidat » pour « la maison de Maulny sur la paroisse de Piney (Archiv. de l'Aube,

---

seigneur de Vendeuvre, Soisy et Châtillon (n°s 155-157). Gérard eut quatre enfants : Jean, Milon, Jacques, Agnès. (Voir nos *Chartes de l'abbaye de Mores.*)

reg. G. 48); » les de Gand de Rumilly-les-Vaudes ont prétendu que le bienheureux Jean de Gand, dont le corps était vénéré chez les Dominicains de Troyes, appartenait à leur famille.

Le fief désigné dans les titres de Chacenay sous le nom de seigneurie Jean-de-Gand était sis, en partie, à Fontette, à Bertignolles et à Chacenay. La Côte-Jean-de-Gand contenait sept arpents, tenant aux fossés du château de Chacenay et au chemin de Loches (n°s 316 et 320).

438. — *Note sur la mesure de Chacenay.*

Un grand nombre de chartes à partir du xiie siècle font mention de la mesure de Chacenay (*mensura Cacennaii*). Il s'agit ordinairement de la mesure de capacité qui avait pour base le marc ou pinte en usage dans toute l'étendue de la baronnie de Chacenay. En 1332 (n° 222), le boisseau ras de Chacenay contenait 8 écuelles (ou picotins), l'écuelle contenait 2 pintes, et la pinte, conforme au marc de Chacenay de 1748, contenait 1 litre 500 millilitres ou 1 litre 1/2 (voir *Introd.* p. xxii); le boisseau contenait donc 24 litres [1].

Nous rappellerons pour l'intelligence d'un grand nombre de chartes constatant des donations de rentes en grains, que :

Le muid   valait 12 setiers = 4,608 litres.
La mine   id. 1/2 setier   =   192 litres.
Le bichet id. 1/4 de mine   =   48 litres.
Le boisseau id. 1/2 bichet   =   24 litres.

---

1. Le boisseau de Troyes, dont on se servit au marché depuis 1754 jusqu'à l'établissement du système décimal, contenait 1,175 pouces cubes, ou 23 litres 32 décilitres.

C'est au greffe du bailliage de Chacenay que le marc ou la pinte et l'étalon de toutes les autres mesures étaient conservés. C'est sur l'étalon du greffe que les officiers de la justice royale venaient faire marquer aux armes du seigneur de Chacenay les mesures qui leur servaient à faire la police dans plus de cent villages répandus dans les cinq prévôtés qui relevaient par appel au bailliage de Chacenay [1]. D'après l'*Inventaire des Titres* le IVe carton contient 34 pièces et liasses, depuis 1190 jusqu'au 3 octobre 1748, relatives au marc de Chacenay (voir plus haut, p. 3). On y trouve un grand nombre de pièces concernant les mesures de capacité, aunes, et pesons de Chacenay, Bertignolles, Chesley, Viviers, Noé, Mallet, Essoyes, Fontette, qui doivent être *ajustés et égautillés* sur l'étalon, c'est-à-dire sur le marc, aune, et peson du greffe de Chacenay.

Nota. — Après avoir réuni et fait imprimer les *Titres de la seigneurie de Chacenay et des Tours Sainte-Parise*, nous avons retrouvé d'autres documents que nous donnerons, à leur date, dans le cours de notre travail.

[1]. *Tableau généalogique... de la noblesse*, VIe part., p. 372. — Voir plus haut, p. 2, Lettre de dom Brincourt.

II

HISTOIRE CHRONOLOGIQUE DE LA BARONNIE DE CHACENAY

[NOTA. — Les numéros qu'on trouve dans le texte de l'*Histoire chronologique*... renvoient aux *Titres de la seigneurie de Chacenay*...]

L'origine de la première race des seigneurs de Chacenay a échappé à toutes nos recherches. Vers 1075, dans la charte de fondation de l'abbaye de Molême la dame de Chacenay, avec ses enfants, figure parmi les fondateurs ; elle donne à l'abbaye la part qui lui appartient dans l'alleu de Molême. La dame de Chacenay est sœur de Gersenne, épouse d'Hugues de Courteron (n° 2) ; mais quel est son nom, quel est son mari, quels sont ses enfants ? nous l'ignorons ; nous n'avons pu saisir les documents, qui éclaireraient cette partie de la charte de Molême. Nous voyons cependant qu'à cette date la maison de Chacenay tenait déjà des fiefs dans le comté de Tonnerre. Le premier seigneur de

Chacenay, dont nous connaissons le nom, est Anseric.

La suite de cette Histoire chronologique nous fera connaître les barons de Chacenay, leur cour, leur personnel administratif, leur domaine, leurs fiefs et leurs vassaux. Mais il est important, par rapport aux faits que nous allons exposer, de dire, dès maintenant, ce qu'étaient les barons de Chacenay au point de vue de la hiérarchie féodale.

Vers 1105, en 1107 au plus tard, Robert de Bourgogne, évêque de Langres, compagnon de conversion du Bienheureux Simon de Bar-sur-Aube, obtenait du pape Pascal II la confirmation des possessions de l'évêché de Langres ; or parmi ces possessions se trouvent désignés le château de Chacenay avec ceux de Bar-sur-Seine et de Bar-sur-Aube [1], dont la mouvance avait été donnée aux évêques de Langres. Un peu plus tard ces mêmes châteaux figurent parmi les fiefs des comtes de Champagne qui deviennent par là vassaux des évêques de Langres.

Dans les *Feoda Campanie*, registre d'Henri le Libéral (vers 1172), on lit : le seigneur de Chacenay, lige [2]. Cette mention est reproduite dans le *Livre des Vassaux* rédigé avant 1222, article *Ce sunt li fié de la chastelerie de Bar-sur-Aube* : « Li sires de Chacenai, liges [3]. » Ce texte est évidemment la traduction du texte des *Feoda* d'Henri-le-Libéral. Dans le 3ᵉ registre des *Feoda*, de

---

1. « Castrum Barrum super Albam, item castrum Barrum super Sequanam, castrum Chacennaium » *Gallia Christ.*, T. IV, *Instr.*, p. 153.
2. Longnon, *Livre des vassaux du comté de Champ.*, p. 234, n° 13 : « dominus de Chacenaio, ligius. » Dans ce même registre parmi *Li fié de la chastelerie de Villemor*, on trouve : « Erars de Chacenai. Li fiez est à Laines au Bois » *Ibid.*, p. 223, n° 2957.
3. *Ibid.*, p. 141, n° 1835.

1201, à l'article *Feodi magni* on lit : le seigneur de Chacenay est homme lige du comte de Champagne, et il tient Chacenay de lui [1]. On trouve encore dans les *Feoda Campanie*, registre d'Henri-le-Libéral : Erard de Chacenay, lige, et doit la garde toute l'année [2].

Au XIIe siècle, Chacenay (ainsi que Bar-sur-Seine) appartenait à la châtellenie et prévôté de Bar-sur-Aube ; mais au XIIIe siècle Bar-sur-Seine ayant été érigé en prévôté, Chacenay y fut naturellement rattaché. Plus tard le donjon de Chacenay, à cause du château de Bar-sur-Seine, relèvera de divers suzerains [3].

Chacenay figure parmi les *grands fiefs* de Champagne, et le sire de Chacenay était *homme-lige* du comte de Champagne et devait la garde pendant l'année. Voici en quoi consistaient ses devoirs :

Le vassal soumis à l'hommage lige, au lieu de fournir simplement, comme le vassal ordinaire, le service militaire en temps de guerre, à ses dépens, pendant quarante jours, était tenu de servir son suzerain pendant tout le temps que durait la guerre. De plus l'homme lige ne pouvait pas, comme le vassal ordinaire, envoyer à sa place un chevalier pour faire son

---

1. Longnon, *Ibid.*, p. 241, n° 57 : « dominus de Chacenaio est homo ligius domini Campanie et tenet *Chassenai* ab eo. »
2. *Ibid.*, p. 234, n° 13 : « Erardus de Chascenaio, ligius, et debet custodiam totum annum. »
3. A la mort de Milon III, comte de Bar-sur-Seine, Thibaut IV, comte de Champagne, acquit le comté de Bar-sur-Seine en rachetant les droits d'Elissende, veuve de Milon, ainsi que les droits des collatéraux (14 mars 1224-août 1225) ; et au mois de juillet 1239, il fit hommage de Bar-sur-Seine à Robert de Torote, évêque de Langres. Le comté de Bar-sur-Seine suivit le sort de la Champagne, et fut définitivement réuni à la couronne en 1361. Il passa à la Bourgogne en 1435, puis revint à la couronne en 1477 avec la Bourgogne.

service; mais il devait le service en personne, à moins toutefois que la guerre du suzerain ne fut pas en chef. La garde que le baron de Chacenay devait à Troyes était donc continuelle. Il n'est pas défini si la garde était aux dépens du suzerain ou du vassal, et nous ignorons combien de chevaliers le vassal devait fournir pour la garde [1].

Nous verrons que les barons de Chacenay étaient aussi vassaux d'autres suzerains que les comtes de Champagne, parce qu'ils possédaient des fiefs situés dans des territoires féodaux étrangers au comté de Champagne. C'est ainsi que par héritage, par mariage, et par concession ils possédaient des fiefs qui appartenaient directement à la vassalité des évêques de Langres, des ducs de Bourgogne, et des comtes de Bar-sur-Seine, de Brienne, de Tonnerre, de Nevers, etc.

I. Anséric Ier.

En 1083, Hugues-Renaud, fils d'Azeka de Bar-sur-Seine, ancien comte de Tonnerre, évêque de Langres et comte de Bar-sur-Seine, confirme la fondation de l'abbaye de Molême : Ansèric, seigneur de Chacenay, est témoin de cet acte qu'il signe (n° 4). C'est ainsi qu'il ratifie la donation faite par la dame de Chacenay vers l'an 1075 et qu'il continue des traditions de bienfaisance qui seront longtemps héréditaires parmi ses descendants. Vers la même époque, Ansèric donna aussi à Molême tout ce qu'il possédait dans l'église

---

1. Voir Longnon, *Livre des Vassaux du comté de Champagne*, p. 89.

ainsi que dans les dîmes de Stigny (Yonne). Anséric possédait ce fief avec Rocelin, fils d'Eudes de Rougemont (n° 3). On sait qu'à cette époque souvent les revenus des églises et les dîmes étaient inféodés aux mains des laïques qui n'y renonçaient pas facilement. Anséric donna encore à l'abbaye de Molême un beau fief, sis à Molême, Vertault, Bagneux-la-Fosse, et qui était tenu par Hugues de Marcenay et Milon, son fils (n° 5).

Nous ne connaissons pas la femme d'Anséric. Le seigneur de Chacenay eut pour successeur son fils *Milon*.

II. MILON.

(1084-1107.) Milon de Chacenay consentit, comme nous l'avons dit, à la donation du fief de Molême, Vertault, Bagneux-la-Fosse, par son père Anséric, à l'abbaye de Molême. Toutefois il excepta de cette ratification deux hommes de corps, Valleran et Ricard, qu'il retint, les concédant à l'abbaye, seulement la vie durant d'Anséric (n° 5).

Milon, seigneur de Chacenay, épousa Alix ou Adélaïde et il en eut deux enfants Hugues et Anséric.

Un jour de Noël, le seigneur de Chacenay vint avec sa femme Alix et son fils Hugues passer les fêtes à Molême, où il y avait un grand concours de fidèles. Le jour de la Saint-Étienne, Milon, à la prière de sa femme et du consentement de son fils, confirma l'abbaye dans la jouissance du fief de Stigny qui avait été donné à Molême par Anséric (n° 3.) En signe d'investiture, les donateurs remirent entre les mains de saint Robert, fondateur et encore abbé de Molême, le bâton sur lequel s'appuyait à ce moment Lescelin, chambrier de Molême, qui était infirme (n° 6). Puis, les autres détenteurs laïques des revenus de l'église de Stigny et des dîmes paroissiales ayant renoncé à leur fief en faveur de l'abbaye de Molême, Milon approuva et confirma cette donation (n° 7).

Enfin, Guibert de Châtel-Censoir ayant donné à Molême la terre de Nitry, Milon céda à l'abbaye les droits qu'il avait sur cette terre, et les religieux donnèrent, en reconnaissance, à Milon, neuf livres, à son fils Hugues, un cheval, et à sa femme Adélaïde, une once d'or. C'était probablement une vente déguisée (n° 8). En 1102, Milon se trouve à Troyes, à la cour du comte Hugues, dans la vieille forteresse entourée de hautes et épaisses murailles, à l'angle nord-ouest de la cité. Milon, ainsi que d'autres seigneurs Gui de Vignory, Gaucher de La Ferté, Manassès de Pleurre, etc., est témoin d'une donation faite à l'abbaye de Montiéramey par le comte Hugues et la comtesse Constance, fille du roi de France (n° 9).

Le 17 août 1103, Milon de Chacenay avec Érard Ier, comte de Brienne, et son frère Milon Ier, comte de Bar-sur-Seine, célébrait la fête de saint Mammès, à Langres. Alors Milon de Chacenay, en présence de Robert de Bourgogne, évêque de Langres, concéda aux religieux de Molême le droit d'acquérir tout ce qu'ils voudraient dans ses fiefs (n° 10).

L'année suivante, le 1er avril, Milon de Chacenay assista au concile de Troyes, présidé par Richard, évêque d'Albano, légat du pape Pascal II. Le Concile devait relever, sous certaines conditions, le roi adultère Philippe Ier, de l'excommunication portée contre lui. On comptait à ce concile les archevêques de Sens, de Tours et de Reims ; les évêques de Chartres, d'Auxerre, de Nevers, de Rennes, de Langres, d'Autun, de Châlons-sur-Marne, de Troyes, de Soissons et d'Orléans ; les abbés de Molême, de Marmoutiers, de Pothières, de Montier-la-Celle, de Montiéramey; enfin, plusieurs seigneurs parmi lesquels Hugues, comte de Troyes, Milon Ier, comte de Bar-sur-Seine, André, comte de Ramerupt, Milon de Chacenay, Gui de Vignory, Rénier de Châtillon, André de Baudement, etc.

Le 2 avril, dans la cathédrale et pendant la tenue du concile, Milon, seigneur de Chacenay, fut témoin d'une charte par laquelle le comte Hugues renouvelait toutes les donations qu'il avait faites jusques-là à l'abbaye de Molême, en y comprenant des revenus importants à Rumilly-les-Vaudes, à Bar-sur-Aube, etc. (n° 11).

Après 1104, nos documents se taisent sur Milon, Adélaïde, sa femme, et Hugues, son fils; *Anséric*, autre fils de Milon, succéda à son père.

III. Anséric II.

(1107-1137 au plus tard.) Anséric II apparaît dans les *Titres de la seigneurie de Chacenay* dès 1107. Cette année-là Hugues, comte de Troyes, déjà revenu de la Terre-Sainte[1], se rendit à Montiéramey et ayant été touché du bon accueil que lui firent les moines, il leur accorda droit d'usage dans les bois de Vendeuvre ; Anséric, qui accompagnait le comte, est témoin de cette donation (n° 13).

---

1. D'Arbois de Jubainville, *Hist. des comtes de Champ.*, t. II, p. 98-99, *note*, en contradiction avec notre diplôme de 1107.

Un peu plus tard, nous voyons Anséric à Molême, où Robert, seigneur de Ricey, faisait inhumer sa femme, Agnès. Après le service qui fut très-solennel, Robert réunit les chevaliers de Bar-sur-Seine, de Chacenay, et d'ailleurs, et en leur présence il donna aux religieux de Molême la quatrième partie de la terre de Mores qu'il tenait en fief d'Anséric II. Le seigneur de Chacenay approuva cette donation (n° 14).

En 1111, Anséric accompagne le comte Hugues à Montiéramey. Hugues, avant d'aller se faire battre à Lagny, en portant secours à son neveu Thibaut contre le roi Louis VI, venait sans doute demander des prières pour l'heureux succès de ses armes. Il signa avec l'abbaye un accord relatif au partage des enfants qui naîtraient de mariages contractés entre les serfs du comte de Troyes et ceux de l'abbaye de Montiéramey ; Anséric de Chacenay et Milon Ier, comte de Bar-sur-Seine, sont témoins de cet accord (n° 15). Ces deux seigneurs suivirent sans doute le comte Hugues dans son expédition qui devait être sans gloire, comme toutes celles qu'il a entreprises.

Deux ans plus tard, en 1113, Anséric se trouve, avec Milon Ier, comte de Bar-sur-Seine, et Érard Ier, comte de Brienne, etc., à la cour du comte de Troyes et il est témoin d'une donation faite par Hugues à l'abbaye de Montiéramey. Voici l'objet de cette donation : « Hugues, comte de Troyes, devant par une pieuse dévotion se rendre au sépulcre du Seigneur, » pour attirer la bénédiction de Dieu sur ce projet, affranchit, en faveur de Montiéramey, la maison de Vital, médecin, à Bar-sur-Aube (n° 16).

Par une autre charte, Hugues accorde à l'abbaye

des droits de justice à Daudes et aux environs [1]. A cette époque, le seigneur de Chacenay devait être marié ; sa femme s'appelait Hombeline. Sans doute elle appartenait à une des premières familles baronniales de la contrée ; car Anséric goûtait les grandes alliances. Plus tard il mariera sa fille Pétronille-Élisabeth au comte de Bar-sur-Seine, et il demandera pour son fils Jacques la main d'Agnès de Brienne.

Au mois d'octobre 1119, pendant la foire de Troyes, le seigneur de Chacenay tomba gravement malade à Troyes, dans son donjon de Saint-Nicolas, qu'il tenait du comte de Champagne [2] ; Hombeline n'était pas auprès de son mari. Pour obtenir les faveurs du Ciel sur lui, sur son épouse, et sur son fils unique Jacques *qui ne parlait pas encore*, Anséric donna à l'abbaye de Molême tout ce qu'il possédait en hommes et en biens de toute nature à Poligny et à Marolles-les-Bailly. Anséric revenu à la santé alla passer l'hiver dans son château de Chacenay ; c'est là que le 22 février 1120, il confirma, du consentement d'Hombeline, la donation qu'il avait faite à l'abbaye de Molême (n° 17).

La naissance d'Anséric, second fils du seigneur de Chacenay, suivit probablement de près celle de Jacques. Nous croyons que l'aînée des enfants d'Anséric II fut Pétronille-Élisabeth, mariée à Gui, comte de Bar-sur-Seine ; car en 1139, Pétronille-Élisabeth, comtesse de Bar-sur-Seine, avait déjà quatre enfants capables de donner leur consentement à une donation (n° 24).

1. Dans notre *Cartulaire de Montiéramey*, p. 30 : « Omnibus Xpisti fidelibus...
2. Voir plus haut, *Titres*, n° 161.

Le 1ᵉʳ mai 1133, Hombeline, avec l'agrément d'Ansérie, son mari, et de Jacques, son fils, donnait à l'abbaye de Jully-les-Nonnains tout ce qu'elle possédait dans les dîmes de Saint-Lyé (Aube), à l'exception des hommes. Henri de Carinthie, évêque de Troyes, seigneur feudataire de Saint-Lyé, approuve cette donation dans son palais épiscopal, en présence de Geoffroi, évêque de Chartres, de Burchard, évêque de Meaux, de Gui, abbé de Trois-Fontaines, de Geoffroi, prieur de Clairvaux, et de Girard, frère de saint Bernard. Parmi les témoins figurent plusieurs vassaux du seigneur de Chacenay [1]. Cette donation est rappelée

1. 1ᵉʳ mai 1133. — Cum pauperibus Christi magistri sancte Ecclesie necessaria providere, et provisa debent auctoritate ecclesiastica defendere, donum quod sanctimonialibus Iuliaci facit Hubelina, uxor Anserici de Cacennaco, laude ejusdem mariti sui, de decimis Sancti Leonis, presentibus litteris futurorum commendamus memorie ; ne oblivione, aut cujuscumque adnulletur Dei ancillarum possessio inquietudine. Prefata enim mulier, providens tam sue quam antecessorum suorum saluti, dedit Deo et Beate Marie ac sanctimonialibus Iuliaci, quicquid habebat in decimis ville illius que dicitur Sancti Leonis et in censu, sive in quibuslibet aliis rebus, nichil sibi vel successoribus suis in eadem villa, preter homines suos, retinens. Fecit itaque hoc donum per manum domini pontificis, Hatonis Trecensis, de cujus casamento erat, qui eciam laudavit et concessit quicquid de residua parte decimarum ejusdem ville sanctimoniales acquisierunt. Et ut hoc ratum maneat, sigillo suo, testibus idoneis firmatum munivit ; assistentibus et insistentibus venerandis episcopis, domino Gaufredo Carnotensi, atque Burchardo Meldensi, abbate Trium Fontium Guidone, priore quoque Clarevallis Godefrido, et Girardo, fratre abbatis Clarevallis.
Testes vero sunt Guido Rufus de Fonteto, Bencilinus de *Malai*, Rainaldus Clarellus, Arraudus de Laniis, Gauterius prepositus, Petrus *Gouins*, Guinemannus. Laudavit hoc totum Iacobus, filius ejusdem domine, coram prescriptis testibus.
Acta sunt hec anno Dominice Incarnationis Mº Cº XXXº IIIº, indictione XIª, concurrente VIº, epacta XIIª, in domo episcopali, kalendis maii (Archiv. Côte-d'Or, *Origin.* Molême.— Edid. Jobin, *Histoire du prieuré de Jully-les-Nonnains*, p. 212).

quarante-cinq ans plus tard : Pierre, cardinal-prêtre du titre de Saint-Chrysogone, légat en France, déclare, en 1178, que Mathieu, évêque de Troyes, renonce à tout droit sur la moitié des dîmes de Saint-Lyé, qui appartiennent aux religieuses de Jully-les-Nonnains, par la donation de Hombeline, dame de Chacenay ; en reconnaissance, les religieuses de Jully célébreront à perpétuité l'anniversaire de l'évêque de Troyes [1].

Vers 1135, Anséric et Hombeline donnent à l'abbaye de Clairvaux ce qu'ils possédaient à Fontarce sur Vitry-le-Croisé, et c'est à ce titre que les seigneurs de Chacenay furent toujours regardés comme fondateurs de la grange monastique de Fontarce (n° 18). Vers la même époque, Anséric approuva aussi une donation faite par Itier de Mallet, chevalier, pour la fondation de l'abbaye de Longuay (n° 19). Enfin, en 1137 au plus tard, de concert avec Hombeline, sa femme, et Jacques, son fils, il fonda sur sa terre de Mores l'abbaye connue sous le même nom (n° 21). Il faut donc reporter les premières origines de l'abbaye de Mores à 1137 au plus tard, puisqu'Anséric était mort en 1137 (n° 22). Peu de temps avant de mourir il fut témoin avec son gendre Gui, comte de Bar-sur-Seine, et Hilduin de Vendeuvre, d'une donation faite par Aganon de Bar, quand il se fit moine à Clairvaux (n° 20).

En mourant, Anséric II de Chacenay laissait quatre enfants : *Jacques*, qui continue la succession ; *Thomas*, qui prit l'habit religieux ; *Anséric* ; et *Pétronille-Élisabeth*, mariée à Gui, comte de Bar-sur-Seine [2].

1. Archiv. de la Côte-d'Or, *origin.* Jully H. 230. — Jobin, *Histoire du prieuré de Jully-les-Nonnains*, p. 231.
2. Pétronille-Elisabeth de Chacenay, de son mariage avec le

IV. Jacques Ier. — Anséric III. — Thomas Ier.

(1137-1158 au plus tard.) Nous trouvons avec Jacques Ier de Chacenay, qui continuera la lignée, trois autres seigneurs de Chacenay : *Hombeline,* veuve d'Anséric II, *Anséric III,* et *Thomas Ier.* Nous ignorons si Thomas fut marié ; il dût quitter le monde à bonheur pour entrer à Clairvaux où nous le trouvons en 1167.

En 1137, Hombeline, *dame de Chacenay,* donne à l'abbaye de Larrivour, avec l'assentiment de Jacques, son fils, le pré dit *Chevignon* (n° 22).

Vers cette époque, Jacques de Chacenay contracta une noble alliance en épousant Agnès de Brienne. Elle était fille de Gauthier II, comte de Brienne, et d'Adélaïde de Baudement ; elle avait deux frères qui seront célèbres dans l'histoire de la Champagne, Érard II, plus tard comte de Brienne, et André, tige de la se-

comte Gui eut cinq fils : Milon, Guillaume, Gui, Manassès et Thibaut, dont les quatre premiers paraissent en 1139 dans la charte de leur père en faveur du prieuré de la Trinité de Bar-sur-Seine. De plus, il est indubitable que de ce même mariage naquit une fille nommée Ermensende-Élisabeth, qui épousa en premières noces Anseau II de Traînel, bouteiller de Champagne (dans nos *Anciens seigneurs* de Traînel, n° 128) ; puis, en secondes noces Thibaut Ier, comte de Bar-le-Duc. Ce second mariage est tout à fait certain par plusieurs chartes dans lesquelles Henri II, comte de Bar-le-duc, est dit *fils* de Thibaut Ier et *fils* d'Ermensende qui est certainement Ermensende de Bar-sur-Seine, veuve d'Anseau II de Traînel et mère d'Anseau III de Traînel, et de Marie de Traînel, dame de Charmoy (Aube). — Bibliot. nat., *Latin* 5992, *Liber princip.,* fol. 235, r° et v°, 1208 novembre. *Ego Ansellus...* — Ibid., *Franç.* 11853, *Cartul. des comtes de Bar,* fol. 20, 1211 mai. *Ego Blancha... Ibid.,* fol. 20, r°, 1214 juin. *Ego Blancha...* — *Ibid.,* fol. 21, v°, 1212 mars (v. st.). *Ego Blancha...* — Voir *Revue de Champagne*, Janvier 1885.

conde maison de Ramerupt. Agnès de Brienne portait le nom de sa grand'mère maternelle, Agnès de Baudement.

L'acte le plus ancien dans lequel paraisse Agnès de Brienne, femme de Jacques de Chacenay, remonte vers l'an 1138 : Ansculf et son frère Milon, *craignant le jugement de Dieu*, abandonnèrent à l'abbaye de Molême la dîme de Mallet sur laquelle ils élevaient d'injustes prétentions ; Jacques de Chacenay et Agnès, sa femme, sont témoins de cet acte de justice (n° 23).

Les seigneurs de Chacenay, Jacques Ier et Anséric III, vont paraître sur un théâtre digne de leur valeur. De grands évènements se préparent. Édesse, une des conquêtes de la première croisade, un des boulevards du nouveau royaume de Jérusalem, est tombée aux mains des Musulmans. Le pape Eugène III, ancien moine de Clairvaux, charge saint Bernard de prêcher la seconde croisade. C'est dans la vallée de Clairvaux et dans les châteaux voisins, que retentira d'abord la voix qui va soulever toute la chrétienté d'Occident pour la lancer au-delà des mers au secours de la Terre-Sainte. Les archevêques, les évêques, les barons du royaume de France, convoqués par le roi Louis VII, se réunirent en grand nombre à Vézelay, pour la fête de Pâques, le 31 mars 1146. Vivement ému par la parole enflammée du saint abbé de Clairvaux, le roi, la reine, Robert de Dreux, frère du roi ; Henri, comte de Champagne ; Geoffroi de Rochetaillée, évêque de Langres[1] ; Anseau et Garnier de Traînel ;

---

1. Geoffroi avait été prieur de Clairvaux. Saint Bernard, qui le proposa pour l'évêché de Langres, écrivait au roi Louis VII que

Jacques et Ansério de Chacenay, et leur neveu Milon II, comte de Bar-sur-Seine ; Enguerrand de Coucy ; Archambaud de Bourbon ; Hugues de Lusignan et une foule d'autres « valeureux gens d'armes, chevaliers et hommes du petit peuple » prirent la croix.

Les seigneurs de Chacenay, afin d'attirer les grâces du ciel sur leur voyage d'outre-mer, multiplient les actes de bienfaisance. Jacques, Agnès et Ansério, qui est appelé seigneur des Fays (Aube), augmentent la dotation de l'abbaye de Longuay (n° 25). En 1146, avant le mois de septembre, Jacques se dessaisit de la dîme de Vitry-le-Croisé au profit de l'abbaye de Basse-Fontaine (nos 27, 28). Cet acte est sous le sceau du vénérable Geoffroi de Rochetaillée, évêque de Langres, parent de saint Bernard et l'un des trente jeunes gens qui l'avaient suivi à Cîteaux, puis à Clairvaux ; Geoffroi prêchait de tous côtés la croisade et sa voix éloquente venait de remuer les grandes assemblées de Bourges et de Vezelai. C'est entre ses mains que Jacques de Chacenay remit la dîme de Vitry, en présence d'Hugues de Mâcon, évêque d'Auxerre, et de saint Bernard, abbé de Clairvaux, qui partait prêcher la croisade en Allemagne [2]. La même année, sous le sceau de Geoffroi de Rochetaillée, Jacques de Chacenay donne à l'abbaye de Basse-Fontaine la part qu'il possédait en fief dans la dîme de Bligny. Il fait cette donation avec le consentement d'Agnès de Brienne, sa femme, et par

---

Geoffroi était *son bras droit, la lumière de ses yeux, le bâton de sa vieillesse*. (*Ep.* 170, n° 1.)

2. Saint Bernard partit au mois de septembre 1146, pour prêcher la croisade en Allemagne, et il laissa son fidèle ami, l'évêque de Langres, pour conseiller au roi Louis VII.

le conseil de Gauthier II, comte de Brienne, son beau-père, d'Agnés de Baudement, belle-mère de Gauthier et de sa femme Adélaïde de Baudement (n° 30).

Le 12 février 1147, Jacques de Chacenay, qui était alors à Troyes, au donjon Saint-Nicolas, abandonna à l'abbaye de Montier-la-Celle, moyennant vingt-cinq livres, les droits qu'il prétendait sur la dîme de Montsuzain. Cet abandon se fit par la main de saint Bernard et du comte Thibaut, avec le consentement d'Agnès de Brienne et d'Ansérie III, en présence d'Henri de Carinthie, évêque de Troyes ; de Geoffroi de Rochetaillée, évêque de Langres ; de Pierre, abbé de Montier-la-Celle (dit plus tard Pierre de Celle) ; d'Alard, abbé de Larrivour ; d'Évrard, abbé de Saint-Loup de Troyes. Parmi les seigneurs et les chevaliers témoins de cet acte figurent Gauthier II, comte de Brienne, Marc de Pleurre, Eustache de Châlons [1] (n°29).

Dans les premiers mois de cette même année, Jacques de Chacenay et Agnès approuvent une donation importante de Bencelin de Mallet et d'Ermengarde, sa femme, en faveur de la grange de Fontarce et des moines de Clairvaux (n° 31).

A la même époque, Jacques de Chacenay, comme suzerain, approuve la donation d'une terre, sise à Riel-la-Petite (Riel-les-Eaux), en faveur de la grange de Champigny et des religieux de Clairvaux (n° 32).

Après un an de préparatifs, les Croisés partirent au printemps de 1147. Nos seigneurs de Chacenay étaient

1. Nous plaçons cette charte de 1146 (v. st.) au 12 février 1147, parce que ce jour-là saint Bernard allant à l'assemblée d'Étampes, pour la croisade, passait à Troyes, et Geoffroi, évêque de Langres, s'y trouvait, ainsi que le seigneur de Chacenay.

en compagnie d'Henri, le jeune fils du comte Hugues leur suzerain, de Gauthier II, comte de Brienne et beau-père de Jacques de Chacenay, d'Érard II de Brienne, fils de Gauthier II, de Milon II, comte de Bar-sur-Seine et neveu de Jacques de Chacenay, de Geoffroi de Rochetaillée évêque de Langres, etc. Nous savons que le comte de Brienne partit la semaine de la Pentecôte, du 8 au 15 juin 1147 : il donna deux chartes la veille et le jour de son départ qui commencent ainsi : « A Brienne, la semaine de la Pentecôte de l'année de l'Incarnation 1147, quand la noblesse du royaume de France, de concert avec son roi Louis VII, traversant les mers, entreprit d'écraser les ennemis du nom du Christ..., [1] les Croisés prirent la route de la Palestine par l'Allemagne. Le rendez-vous de l'armée française était à Metz. C'est sous les murs de cette ville que Jacques et Ansèric de Chacenay renouvellent en général toutes les donations faites par Ansèric II, leur père, à l'abbaye de Clairvaux. Cette charte, sous le sceau de Geoffroi, évêque de Langres, est reçue par le moine Gaucher, cellérier de Clairvaux, en présence d'Hugues de Montmor, de Gui de Garlande, d'Ansèric de Montréal, et de Raoul, abbé d'Himmelrod, tous croisés (n° 33). L'histoire ne nous dit pas quels lauriers les sires de Chacenay cueillirent dans la Palestine. Cette campagne s'ouvrit par la victoire du Méandre et se termina par un sanglant échec devant Damas. Le fils

---

1. « Anno incarnati Verbi 1147, quo nobilitas regni Francorum, una cum suo rege Ludovico nomine, transmarinas adiens partes, inimicos nominis Xpisti agressa est expugnare... » Archiv. de l'Aube, *Origin*. F. Prieuré de Ramerupt. — Dans la *Bibliot. de l'Ecole des Chartes*, V® série, t. II, p. 457.

du comte de Champagne et les barons champenois étaient revenus de la croisade vers la fin de 1148 ou au commencement de 1149.

Nous ne trouvons plus de vestiges de l'existence d'Anséric III. Peut-être qu'il est le père de *Jean*, seigneur de Chacenay, que nous trouverons en 1166. En 1551 au plus tard, Herbert de Bar-sur-Seine est convaincu de mauvaise foi dans les réclamations qu'il soulève à l'égard de l'abbaye de Clairvaux : Jacques de Chacenay figure parmi les témoins, avec Hugues III de Mâcon, évêque d'Auxerre (mort le 12 octobre 1151), Gui, comte de Bar-sur-Seine, et Josbert de la Ferté-sur-Aube (n° 20).

Quelque temps avant de mourir, Jacques Ier, du consentement d'Agnès et de ses enfants, qui ne sont pas nommés, donne à l'abbaye de Longuay ses pâtures de Cour-l'Évêque (n° 35), pour réparer un tort considérable qu'il a fait à l'église de Saint-Laurent de Champigny (c^{ne} Autricourt), il accorde à cette église et au chapelain droit d'usage dans ses bois pour construire et pour brûler. Agnès approuve cette concession (n° 36). Enfin, pendant sa dernière maladie, le seigneur de Chacenay, avec l'agrément de sa femme, de ses fils et de ses filles, accorde plusieurs faveurs à l'abbaye de Larrivour (n°s 37, 38, 39).

Jacques Ier était mort en 1158 ; son anniversaire est marqué au 15 juin dans l'Obituaire de l'abbaye de Mores. Jacques laissait d'Agnès de Brienne, deux fils, *Thomas*, l'aîné, et *Érard*, le cadet, par qui la lignée des Chacenay se continue.

Nous avons vu plus haut que Jacques Ier avait plusieurs filles. Nous connaissons deux filles d'Agnès de

Brienne : 1° *Marguerite*, qui épousa Thibaut de Bar-sur-Seine, seigneur de Champlost, fils de Gui, comte de Bar-sur-Seine, et de Pétronille de Chacenay ; 2° *Huette* ou Huguette de Durnay, dont le père était Hugues, seigneur de Vendeuvre ; elle fut dame de Durnay du chef de son père (n°ˢ 44, 65, 66) [1].

ÉRARD Iᵉʳ. — THOMAS II. — JEAN.

(1158-1191.) Nous trouvons avec Érard Iᵉʳ de Chacenay, qui continuera la lignée, trois autres seigneurs de Chacenay : Agnès de Brienne, veuve de Jacques ; Thomas, son fils ainé, et Jean, probablement fils d'Anséric III.

L'an 1158, Agnès de Brienne, dame de Chacenay, veuve de Jacques Iᵉʳ, ratifiait, sous le sceau d'Henri, évêque de Troyes, et de Geoffroi, évêque de Langres, avec le consentement de ses deux fils, Thomas et Érard, et de ses filles [Marguerite et Huette ou Huguette], les donations faites par le feu seigneur de Chacenay, à l'abbaye de Larrivour (n°ˢ 37-40).

La même année, Thomas de Chacenay, déjà chevalier, et Érard, son frère, présents au chapitre de Larrivour, ratifièrent les donations faites par leur père et leur mère aux religieux de cette abbaye [2].

1. D'ailleurs, d'après la Chronique d'Albéric (an 1190), Manassès de Garlande aurait été frère utérin d'Erard Iᵉʳ de Chacenay et fils d'Agnès « Manasses... qui fuit de matre domini de *Chacenai*, frater veteris Anselmi de Possessa. » — (D. Brial, XVIII, 751 B). Anseau, frère de Manassès de Garlande, porte le surnom tantôt de Garlande et tantôt de Possesse. — Voir A. Longnon, *Livre des Vassaux...*, p. 252, 348.

2. « Item Thomas de Cachenato, filius Jacobi, jam miles, laudavit ecclesie de Ripatorio, in capitulo monachorum, quecumque

Érard Ier renouvela la même confirmation en 1167, et parmi les témoins figure Thomas, ancien seigneur de Chacenay, son oncle paternel, alors moine de Clairvaux [1].

L'an 1165, Manassès, comte de Bar-sur-Seine, sur le point d'embrasser la vie ecclésiastique, donne à l'abbaye de Mores, avec le consentement de Thibaut, son frère, tout ce qu'il possède dans le village et la paroisse de *Vilenesse* [2]. Parmi les témoins de cet acte on trouve : Agnès, dame de Chacenay ; Geoffroi de Rochetaillée, évêque démissionnaire de Langres, redevenu moine de Clairvaux ; Christophe, curé de Loches ; Hugues, curé de Villenesse, et autres.

Jean, seigneur de Chacenay, est témoin, l'an 1166, avec Agnès, sa femme, d'un arrangement relatif au Pré-au-Chêne, sur le finage de Fontarce, au bois *de Rageia* et au pré des Randons, en faveur de l'abbaye de Clairvaux (n° 45). Gauthier de Bourgogne, évêque de Langres, notifie cet arrangement.

En 1167, Henri de Carinthie, évêque de Troyes, fait savoir qu'Érard, fils de Jacques Ier de Chacenay, approuve toutes les donations qui ont été faites par son père et par sa mère à l'abbaye de Larrivour. Thomas, moine de Clairvaux, oncle paternel du seigneur de Chacenay, figure parmi les témoins de cet acte [3].

---

pater suus et mater sua eidem ecclesie contulerunt. Item Aherardus, filius Jacobi de Cachenato, laudavit... » *Charte-notice origin.* de Garnier, év. de Troyes. Archiv. de l'Aube, F. Larrivour.

1. « Testes sunt : Thomas, monachus Clarevallis, patruus ejus. Archiv. de l'Aube, *origin.* F. Larrivour.

2. Village détruit. Dans nos *Chartes de l'abbaye de Mores*, n° 9.

3. « Ego Henricus, Dei gratia Trecensis episcopus... notum facio, quod Erardus, filius Jacobi de Chacennaio, laudavit Fratribus

En 1171, Thomas et Érard, en leur propre nom et au nom de leurs héritiers, promettent à l'abbaye de Clairvaux de ne jamais construire de village soit entre la grange de Fontarce et Saint-Usage, soit entre la même grange et Vitry-le-Croisé. De plus, Thomas « touché de repentir et acquiesçant aux conseils de ses fidèles » fit détruire le nouveau village en construction entre Fontarce et Saint-Usage (n° 46).

Le premier registre des *Feoda Campaniæ*, rédigé vers 1172, rappelle les fiefs qu'Érard « li sires de Chacenay » possède dans les « chastelleries » de Troyes et d'Isles, de Bar-sur-Aube et de « Villemor. »

L'an 1173, Henri Ier, comte de Champagne, approuve les donations faites à l'abbaye de Larrivour, par Clérembaud de Chappes, Galeran de Vendeuvre et Érard, comte de Brienne. Érard Ier de Chacenay, qui se trouvait à Troyes, figure au premier rang parmi les témoins de cet acte[1].

de Ripatorio... quecumque pater suus et mater sua, » ont donné à l'abbaye de Larrivour. « Testes sunt : Thomas, monachus Clarevallensis, patruus ejus. Walterus et Petrus, frater ejus... Actum anno ab Incarnatione Domini m⁰ c⁰ sexagesimo vii⁰. » Arch. de l'Aube, *Origin*. F. Larrivour. Charte en très mauvais état.

1. 1173. Ego Henricus, Trecensis comes palatinus, notum facio quod quecumque defunctus Clarembaudus de Capis et Galerannus de Vendopera et comes Brenensis Erardus domui de Arripatorio, tam dominio quam de feodo contulerunt sive laudaverunt, ego quoque predicte domui laudo ; concedens quod pro forisfacto aliquo quod mihi fiat nichil eorum que a predictis prefate domui collata sunt sive laudata in vita mea saisiam vel accipiam in propria manu... testes : Erardus de *Chacenay*, Matheus Ruffus, Girardus Eventatus, Daimbertus de Ternantis, Milo filius ejus, Hugo Rabies, Ertaldus camerarius. Actum Trecis, anno Incarnati Verbi M⁰ C⁰ LXXIII. Data per manum Willelmi, cancellarii. Nota Guillelmi. — *Vidimus* de l'officialité, scellé, 1246, décembre. Archiv. de l'Aube, F. Larrivour.

Thomas est témoin en 1173 de la donation faite par Olivier de Fontette et sa femme Ermentrude en faveur de l'abbaye de Clairvaux (n° 48). Vers la même époque, il est témoin, avec Viard de Chappes et Viard de Larrey, d'une donation faite à la même abbaye par Olivier et Guillaume de Belan-sur-Ource (n° 52). Thomas est témoin, en 1175, de l'acte par lequel Hugues de Montigny renonce à l'héritage de sa tante Émeline de Bar, en faveur de l'abbaye de Boulancourt[1]. Enfin Thomas II disparait de la scène de ce monde en 1179. Avant de mourir ou d'entrer en religion, il approuve une donation faite à l'abbaye de Clairvaux par Payen d'Unienville, sous le sceau de Gauthier de Bourgogne, évêque de Langres. Il s'agissait de terres qui se trouvaient dans un fief du seigneur de Chacenay à Puits-Nuisement (n° 54).

Hilduin d'Éguilly, en 1178 au plus tard, ayant donné à l'abbaye de Montiéramey plusieurs pièces de terre et de pré, Érard, seigneur de Chacenay, est témoin et prend ces biens sous sa garde[2].

Peut-être depuis longtemps déjà, Érard était marié à Mathilde-Félicité. D'après le P. Vignier[3], Mathilde serait fille d'Hervé III, baron de Donzi, et de Mathilde, fille de Guillaume Goeth. Cette opinion est conforme à nos *Titres*, car plus tard, Hervé IV, comte de Nevers, et Mahaut, sa femme, appelleront Érard II leur neveu (n°s 108, 120).

1. *Cartul. de Boulancourt*, n° 82.
2. « Testes sunt : Erardus, dominus Cacennaii... Hoc manu cepit dominus Cacennaii. Sigillatum tempore Nicholai, abbatis. » Dans notre *Cartul. de Montiéramey*, n° 153.
3. Notes de l'écriture du P. Vignier, que nous possédons ; nous

Digne fils du croisé Jacques de Chacenay, Érard se préparait à voler au secours de la Terre-Sainte avec les barons français, ayant à leur tête le comte de Champagne, Henri le Libéral. Le 29 janvier 1176, le pape Alexandre III avait mandé à son légat en France, Pierre, cardinal-prêtre du titre de Saint-Chrysogone, de prêcher la croisade dans les États de Louis VII le Jeune. Henri, abbé de Clairvaux, la prêcha en Champagne. Le comte Henri le Libéral prit la croix avec plusieurs de ses barons quelques jours avant Noël 1178, et « s'offrit pour chef de la pieuse entreprise [1]. »

Les préparatifs étant terminés et le moment du départ arrivé, le 11 décembre 1179, Érard de Chacenay réunit plusieurs personnages dans son château : Gauthier de Bourgogne, évêque de Langres ; Hugues, abbé de Mores ; Thierri, abbé de Boulancourt ; puis les chevaliers Pierre de Fontette, Hugues Moriers, Léger de Baroville, et beaucoup d'autres. Ce jour-là, Érard confirme à l'abbaye de Clairvaux la grange de Fontarce et ses dépendances (n° 55) qui avait été fondée par son grand-père (Anséric II), par son père (Jacques Ier) et par son oncle (Anséric III). Érard de Chacenay fait cette confirmation avec l'approbation de Mathilde-Félicité, sa femme, et de Jacques de Chacenay (plus tard de Durnay), son neveu, fils et successeur de Thomas II de Chacenay [2].

Henri le Libéral et ses barons prenant la route du

n'avons pas les preuves de cette opinion que nous admettons sur sa vraisemblance.
1. Bouquet, XV, 966-967.
2. Cette charte importante aide à fixer 1° l'époque du départ des croisés champenois ; 2° la fin de l'épiscopat de Hugues de Bourgogne ; 3° les limites de Fontarce en 1179.

midi passèrent par Châtillon-sur-Seine et Dijon ; nous les retrouvons plus tard à Brindes où ils rencontrèrent l'archevêque Guillaume de Tyr, le célèbre chroniqueur; enfin ils débarquèrent au port d'Acre, l'ancienne Ptolémaïde.

A ce moment le terrible Saladin, qui avait succédé à Noradin, mettait le siège devant la forteresse de Tibériade. C'était au mois d'avril 1180. Baudoin IV, roi de Jérusalem, unissant ses troupes aux croisés, marcha au secours de la place ; mais Saladin avait déjà forcé les assiégés à capituler[1]. Baudoin crut devoir signer un armistice avec le vainqueur, et le généreux dévouement des barons champenois resta, au point de vue militaire, sans résultat. Nos croisés visitèrent les principaux sanctuaires de la Palestine, Jérusalem, Hébron, Sébaste (l'ancienne Samarie), Nazareth... puis Henri le Libéral donna le signal du départ.

Le comte de Champagne fut fait prisonnier par les Turcs en traversant l'Asie-Mineure[2] et il ne rentra à Troyes que vers la fin de février 1181. Nous ignorons si Érard de Chacenay partagea la captivité de son suzerain, ou si échappant au danger, il rejoignit son donjon avant l'hiver de 1180. Nous avons une charte d'Érard qui porte la date de 1180, mais selon le vieux style elle pourrait être de l'an 1181, avant Pâques. En 1180, Érard de Chacenay est témoin avec Nicolas, doyen de Vendeuvre, et Christophe, curé de Loches, d'une donation faite à l'abbaye de Mores par Haimon

---

1. Guill. de Tyr, lib. XXI, C. 30. — *Hist. occid. des Croisades*, II, 1058-1059.

2. D'Arbois de Jubainville, *Hist. des comtes de Champ.*, III, 109.

de Noé-les-Mallets, qui abandonne à l'abbaye tout ce qu'il possède sur le finage de Landreville[1].

Pendant l'année 1182 et jusqu'en 1189, de concert avec sa femme, Mathilde-Félicité, Érard continue ses bienfaits aux abbayes de Mores (n° 57), de Larrivour (n°s 58, 64 [2]), de Basse-Fontaine (n° 59) et de Clairvaux (n° 61). C'est en 1189 qu'il donne à l'abbaye de Clairvaux une belle vigne, sise à Baroville, et appelée *Le Clos*. Un des témoins est Jacques de Chacenay, fils de Thomas II et neveu d'Érard Ier. « Si je ne reviens pas de l'expédition de Jérusalem, dit le seigneur de Chacenay dans l'acte de donation, l'abbaye de Clairvaux possédera ma vigne librement, à titre d'héritage. » Érard allait retourner en Terre-Sainte où il devait attacher glorieusement son nom à la troisième croisade.

Le 4 juillet 1187, Gui de Lusignan, roi de Jérusalem, avait été fait prisonnier par Saladin devant Tibériade. Bientôt, Ascalon et enfin Jérusalem tombaient au pouvoir du vainqueur, il ne resta plus aux chrétiens que trois places fortes, Antioche, Tyr et Tripoli. Pour

---

1. Dans nos *Chartes de l'abbaye de Mores*, n° 25.
2. Nous publions la charte n° 64 d'après l'original :
Ego Erardus, dominus de Chacennaio, notum facio presentibus et futuris, quod arpentum prati et palam que sunt inter pratum Deimberti et pratum Petri *Goion* fratribus de Ripatorio ad pratum de molendino Pagani exchambiavi. Testes : Gaufridus et Thomas de Chacennaio, monachi de Ripatorio ; Galterus, prepositus de *Lusini*, et Petrus, frater ejus. (Archiv. de l'Aube, *Origin. scellé*, vitrine 11.) Peut-être que Thomas de Chacenay, témoin dans la charte qui précède est le même que Thomas II de Chacenay, qui se serait fait religieux de Larrivour, comme son oncle Thomas Ier s'était fait religieux de Clairvaux ; nous verrons aussi Jacques de Chacenay (Durnay), fils de Thomas II, se faire religieux de Clairvaux.

subvenir à une si grande détresse, le célèbre Guillaume, archevêque de Tyr, au mois de janvier 1188, prêchait en France la troisième croisade. Mais les préparatifs de cette expédition furent longs, et c'est seulement dans le cours de l'année 1189 que les premiers barons champenois prirent la route de l'Orient. Les principaux furent : Érard II, comte de Brienne ; André, son frère, seigneur de Ramerupt, tous deux oncles maternels d'Érard Ier de Chacenay ; Geoffroi de Joinville et Anséric de Montréal [1]. Gui de Lusignan, rendu à la liberté par Saladin, avait mis le siège devant Acre, sur la fin du mois d'août 1189. Les barons champenois se distinguèrent dans les premières phases du siège d'Acre ; et André de Ramerupt périt glorieusement dans une attaque, le 4 octobre 1189 [2]. Des vengeurs allaient se lever. Henri II, comte de Champagne, partit vers la fin de mai 1190 et arriva le 27 juillet sous les murs d'Acre. Il fut suivi de près par plusieurs barons parmi lesquels figuraient Érard de Chacenay et Manassès de Garlande, tous deux fils de la même mère ; Gauthier d'Arzillières, Jean de Montmirail, Jean Ier d'Arcis-sur-Aube [3]. On trouve aussi dans les rangs de ces vaillants croisés, Manassès de Bar-sur-Seine, évêque de Langres, et cousin-germain d'Érard de Chacenay. Dans cette terrible lutte qui devait aboutir à la trêve du 2 septembre 1192, Érard de Chacenay succomba sous les murs d'Acre en 1191 (n° 63), après des prodiges de valeur souvent renouvelés. Sa mort

1. Albéric dans le *Recueil des Histor. de France*, XVIII, 731 B.
2. *Historiens occid. des Croisades*, II, 129-130.
3. Vinisauf, *Itinéraire du roi Richard*, l. 1er, ch. XLII. — D'Arbois de Jubainville, *Hist. des comtes de Champ.*, IV, 22.

doit être placée au plus tard le 12 juillet, puisque la capitulation d'Acre eut lieu ce jour-là. Nous ne pouvons taire ici le témoignage rendu à la bravoure champenoise par un chroniqueur anglais : « La France tout entière brille par le goût des armes ; mais la chevalerie de Champagne l'emporte sur celle des autres parties du royaume. De cette province sort pleine de vigueur, une jeunesse guerrière, dressée de longue main aux combats par des exercices préparatoires et par des jeux où l'on simule des batailles : ces cœurs belliqueux ne désirent que la guerre [1]. »

Agnès de Brienne, mère d'Érard Ier mourut vers le même temps et fit son testament en faveur des abbayes de Montiéramey et de Basse-Fontaine et de ses deux filles, Marguerite, dame de Champlost, et Huette, dame de Durnay (n°s 60, 65, 66).

Jean, seigneur de Chacenay, figure encore comme témoin dans une charte d'Agnès de Brienne, qui se rapporte à l'an 1183 au plus tard (n° 56). Nous ne savons pas si Jean, seigneur de Chacenay, eut de la postérité d'Agnès, sa femme.

Jacques de Chacenay, fils de Thomas II et neveu d'Erard Ier, prendra désormais le nom de Jacques de Durnay [2], sans doute parce qu'Huette, sa tante, lui donna la terre de Durnay. Il épousa Agnès, une des héritières du comté de Bar-sur-Seine à la mort du comte Milon III.

Après 1191, nos *Titres* se taisent sur Mathilde-Féli-

1. Bongars, I, 1164.
2. Sur les premiers Durnay, voir *Note*, p. 179. Huette, fille d'Agnès de Brienne et de Hugues de Vendeuvre, paraît être la première qui ait porté le titre de *Dame de Durnay*.

cité de Donzi, femme d'Erard Ier. Nous ignorons l'époque de sa mort.

Erard Ier de Chacenay, en mourant, laissa deux enfants jeunes encore (n°s 65, 73), *Érard*, qui continue la succession des seigneurs de Chacenay, et *Jacques*, dont l'acte principal sera de concourir à l'Ordonnance de Champagne de 1224 (n° 125).

VI. Erard II. — Jacques II.

(1191-1236.) Erard II de Chacenay, en 1203, donne à l'abbaye de Longuay tout ce qu'il possède à Cour-l'Evêque ; mais à cette date il n'est pas encore chevalier et n'a pas de sceau (n° 73) : conséquemment, il était âgé de moins de vingt-et-un ans ; car au xiiie siècle, en règle générale, on n'était majeur et on ne pouvait être chevalier qu'après être entré dans sa vingt-et-unième année.

Mais l'année suivante, notre jeune seigneur atteint l'âge de la majorité légale et il appose à ses actes le sceau des sires de Chacenay. En effet, ayant à notifier que Pierre de Fontette a donné à l'abbaye de Clairvaux, en 1204, la dime d'Autreville, Erard, comme suzerain, approuve et scelle cette donation (n° 74).

Erard avait épousé Emeline de Broyes, fille de Hugues III, seigneur de Broyes et de Châteauvillain, et d'Isabeau de Dreux : elle était sœur 1° de Simon II, seigneur de Broyes et de Commercy, 2° de Simon Ier, seigneur de Châteauvillain, Arc-en-Barrois, Cour-l'Evêque...

L'an 1205, du consentement d'Emeline de Broyes, sa femme, il permet à l'abbaye de Mores de construire une grange ou établissement agricole entre Bussières et Chervey, lieu dit Entre-Les-Deux-Chemins ; il confirme aussi aux religieux de Mores toutes les donations qui leur ont été faites par ses ancêtres, Anséric II, son bisaïeul, Jacques Ier son aïeul, et Erard Ier, son père (n° 76).

Jusqu'en 1215, le seigneur de Chacenay vivra paisiblement dans son château, répandant les bienfaits autour de lui.

Au mois de juillet 1205, il accepte un compromis avec Thibaut, abbé de Montiéramey, au sujet de Viviers, Eguilly, Noë-les-Mallets, Chervey (n° 75).

C'est en 1205 que Maubert, doyen de Vendeuvre, fit un règlement relatif à l'église de Bertignolles et aux chapelles de Chacenay [1]. Aux termes de ce règlement : 1° l'abbé de Molême et le prieur de Bertignolles ont droit de patronage dans l'église de Bertignolles et dans la chapelle castrale de Chacenay ; 2° l'église de Bertignolles est et demeure l'église-mère, et les chapelles sur le territoire de Chacenay (la chapelle Saint-Nicolas dans le château, et la chapelle Notre-Dame, près du village), sont et demeurent filles de l'église de Bertignolles ; 3° le prieur de Bertignolles percevra dans les chapelles de Chacenay ce qu'il perçoit dans l'église-mère, mais le curé de Bertignolles percevra dans ces mêmes chapelles tout le revenu curial qui provient des

---

1. Outre la chapelle du château, il existait encore une autre chapelle, dédiée à la Sainte-Vierge, et dont la tradition a conservé le souvenir. Elle était située près de Chacenay, en face du château, lieu dit *Côte de la Chapelle*, où on retrouve quelques substructions. La chapelle castrale de Saint-Nicolas était paroissiale : le service divin ne se faisait pas ordinairement dans la chapelle Notre-Dame. Voir *Introduct.*, p. X.

relevailles (*exceptis sectis* [1]), des baptêmes d'enfants, des visites des malades, des confessions, des offrandes de pèlerins (faites de leurs propres mains), des offrandes des nouveaux mariés (à moins qu'elles ne soient rachetées). Le jour de la fête de l'Invention de Saint-Etienne, fête patronale de Bertignolles, le prieur aura les deux tiers du casuel et le curé l'autre tiers. Le curé aura la moitié des cierges dans les chapelles de Chacenay pour les frais du luminaire. Le curé n'aura aucune part dans les dîmes, à l'exception des dîmes des agneaux et de la laine, dans lesquelles il aura le tiers. Le curé prendra tous les ans dans le grenier du prieur un demi-muid [2] de froment pur, trois setiers de méteil et trois de trémois (n° 77).

Ce règlement est ratifié et confirmé en 1206 par Robert II de Châtillon, évêque de Langres (n° 79).

L'an 1205, Erard conclut un arrangement avec Thibaud, abbé, et les moines de Montiéramey, au sujet des maisons Maceline et Saveric, sises à Troyes. Milon de Chervey, chevalier et sénéchal d'Erard, est un des médiateurs de cet arrangement. Tous les ans, les religieux paieront pour chacune des deux maisons cinq sols. Erard demande que cette redevance soit payée à Troyes dans sa maison du donjon ou château de la porte Saint-Nicolas (n° 161). Il reçoit quinze livres de l'abbaye comme gratification [3].

Au mois d'avril 1206, Erard donne à l'abbaye de

---

1. Jusqu'à présent nous n'avons pu déterminer d'une façon précise la nature de ce droit-casuel dans nos contrées. Voir Ducange, *Secta, Sequela*, éd. Henschel.
2. Voir *Note sur la mesure de Chacenay*, p. 182.
3. « Erardus, dominus de *Chacenai..* » dans notre *Cartul. de Montiéramey*, n° 221.

Clairvaux les droits de terrage et de dîme qu'il a sur Saint-Usage, et il confirme toutes les donations faites à la même abbaye par ses ancêtres (n° 78). Au mois de juillet 1206, il signe un traité avec Thibaut, abbé de Montiéramey, et les hommes de l'abbaye qui habitent Montreuil et Bures, au sujet du droit d'usage et de pâturage que l'abbaye et ses hommes réclamaient dans le bois et le finage de Poligny et de Chaufour. Les religieux réclamaient les mêmes droits pour leurs granges de Bures et de Maintgère. A titre de gratification pour cet arrangement, Erard reçoit cent livres de Provins et Emeline cent sous [1]. La même année, avec le consentement d'Emeline de Broyes, il donne au prieuré de Noé-les-Mallets, dépendant de l'abbaye de Molême, plein usage dans le bois de Vitry-le-Croisé et dans le bois de Férailles (n° 80). La même année encore, Erard notifie que Milon de Chervey, chevalier, donne à l'abbaye de Montiéramey une rente de trois setiers de blé à prendre à la Vacherie, près de Clérey. Emeline, femme de Milon de Chervey, et Milon de Clérey, chevalier, approuvent cette donation [2].

Le 29 juin 1209, fête des saints Apôtres Pierre et Paul, Erard, seigneur de Chacenay, confirme les donations faites par ses prédécesseurs à l'abbaye de Larrivour (n° 83).

La même année, il confirme toutes les donations faites à l'abbaye de Basse-Fontaine par Agnès de Brienne, sa mère, dame de Chacenay (n° 84).

---

1. « Ego Erardus, dominus de *Chacenai..* » *Cartul. de Montiéramey*, n° 228. Quant au droit de couper du bois, on lit : « excepto jarrone, piro, fago, arbosserio. »

2. « Ego Erardus, dominus de Chacenaio.. » *Ibid.*, n° 229.

Au mois de juin 1211, Erard donne au prieuré de Viviers, dépendant de l'abbaye de Montiéramey, les deux tiers des dîmes de tout le finage de Ville-sur-Arce, à posséder à perpétuité après la mort du donateur, en se réservant pour lui et ses successeurs cinq muids du meilleur vin tous les ans [1]. Guillaume II de Joinville, évêque de Langres, ratifie et confirme cette donation au mois d'octobre 1218 [2]. En 1211, le seigneur de Chacenay reconnaissait aussi qu'il avait eu tort d'établir un maire à Viviers, ce droit appartenant au prieur du lieu; Erard, à la prière de Rolland, abbé de Montiéramey, retire le maire qu'il avait établi [3].

Au mois de septembre de la même année, Philippe, abbé de Saint-Loup de Troyes, déclare que la mouvance du village de *Rihé* (Riel-les-Eaux) qu'Eudes, seigneur de Grancey, tenait de Saint-Loup, il la tiendra désormais de la comtesse Blanche et des comtes de Champagne; et à la même date, Erard de Chacenay donne à Blanche la mouvance de Riel-les-Eaux dont son beau-frère, Eudes de Grancey, a fait hommage à ladite Blanche [4].

La même année encore, nous trouvons un jugement rendu par Erard et sa cour en faveur de l'abbaye de Clairvaux et contre Hugues de Fontette, fils de Pierre le Gros de Fontette. Les religieux sont réintégrés dans leurs droits qui avaient été usurpés par le seigneur Hugues (n° 85).

L'an 1215, Erard fait savoir que Milon de Chervey,

---

1. Dans notre *Cartul. de Montiéramey*, n° 266 : « Erardus, dominus de Chacenaio... »
2. *Ibid.*, n° 300. « Erardus, dominus de *Chacegnai*... »
3. *Ibid.*, n° 266. « Erardus, dominus de Chacenaio. »
4. D'Arbois de Jubainv., *Catalogue*, n°s 776, 777.

chevalier, a donné à l'abbaye de Clairvaux droit d'usage dans ses pâtures de Mallet. D'un autre côté, Gui de Noé, chevalier, fils de Pierre le Gros de Fontette, reconnaît le même droit à l'abbaye dans les pâturages de Noé (n° 87).

Nous touchons à de graves évènements.

La question de la succession de Champagne s'agitait entre la comtesse Blanche et son fils Thibaut, d'une part, et Erard de Brienne, seigneur de Venizi et de Ramerupt, et Philippine de Champagne, sa femme, d'autre part. Cette dernière prétendait être l'héritière légitime du comte Henri II, dont elle était la troisième fille. Les premières opérations militaires avaient commencé vers la fin de l'année 1215. Erard de Chacenay prit parti pour Erard de Brienne et joua un rôle important dans cette contestation.

Le pape Innocent III qui, le 22 mai 1198, avait proclamé que Henri II, comte de Champagne, était mort d'une chûte malheureuse en punition de son union adultérine, mandait, le 31 juillet 1215, aux archevêques et évêques de France d'excommunier Erard de Brienne, s'il prétendait s'emparer du comté de Champagne nonobstant la décision de Philippe-Auguste et la coutume de France. Le 3 février 1216, le pape Innocent III lance des bulles pour excommunier, après les monitions canoniques, ceux qui, dans les provinces de Sens, Lyon et Reims, prendraient le parti d'Erard de Brienne contre Blanche et Thibaut. Le lendemain, 4 février, une nouvelle bulle est dirigée contre les vassaux de Blanche et de Thibaut, qui, manquant à leur serment de fidélité envers la comtesse et son fils, adhéraient au parti d'Erard de Brienne (n° 88).

A ce moment, les barons fidèles renouvellent leurs engagements envers Blanche et Thibaut : Eudes III, duc de Bourgogne ; Milon III, comte de Bar-sur-Seine; Jean, seigneur d'Arcis ; Ansèric de Montréal ; Ponce, seigneur de Grancey-le-Château [1].

Toutefois, plusieurs barons restaient attachés au parti d'Erard de Brienne, c'est pourquoi le 12 décembre de la même année, 1216, le pape Honorius renouvelle la bulle dirigée le 4 février par Innocent III contre les vassaux infidèles de Blanche et de Thibaut ; et le lendemain, 13 décembre, il renouvelle la bulle du 3 février, qui atteignait particulièrement les vassaux compris dans la province de Lyon, à laquelle appartenaient le diocèse de Langres et le seigneur de Chacenay.

Nous ignorons quelle fut l'attitude d'Erard de Chacenay dans des circonstances aussi graves, et ce qui se passa du mois de décembre 1216 au mois de juillet 1218.

Voici des faits d'un autre ordre :

Sur la fin de l'année 1216, Erard déclare, par un jugement rendu en sa cour, que Milon de Beurrey, chevalier, doit hommage à l'abbaye de Mores pour tout ce qu'il possède à Beurrey (n° 89). Les religieux de Mores produisirent dans ce procès une charte qui émanait du fameux chroniqueur Geoffroi de Villehardouin, maréchal de Champagne. Au mois de janvier 1217, Erard prend du duc de Bourgogne en fief perpétuel le village de Vitry-le-Croisé, avec réserve des droits de Guillaume de Joinville, évêque de Langres,

1. D'Arbois de Jubainville, *Histoire des Comtes de Champ.* — *Catalogue*, n°s 942 et suiv.

de Blanche, comtesse de Champagne, et d'Hervé, comte de Nevers, son oncle (n° 90).

Au mois de février suivant, du consentement de sa femme et de ses enfants, le baron de Chacenay donne au Val-des-Ecoliers 100 sous de rente sur les foires de Bar-sur-Aube, et ses droits sur la dîme de Couvignon (n° 91). Il donne à l'abbaye de Clairvaux une rente de trente setiers d'avoine, mesure de Troyes, à prendre sur les dîmes qu'il percevait à Montsuzain ; Emeline, sa femme, Erard et Mathilde, ses enfants, approuvent cette donation (n° 93). Il confirme à l'abbaye de Mores, comme suzerain, les dîmes de Chauffour, données à l'abbaye par Jean d'Eguilly, chevalier (n° 94). Il donne à l'abbaye de Boulancourt plein usage sur sa terre de Bossancourt pour les bestiaux de la grange d'Arlette qui appartient à l'abbaye [1].

Sur la fin de cette même année 1217, le 5 décembre, une trêve ayant été conclue entre Blanche et Erard de Brienne, ce dernier désigna Erard de Chacenay pour être arbitre des contestations qui pourraient s'élever par rapport à l'exécution de cette trêve (n° 95); l'arbitre choisi par Blanche fut Henri II, comte de Bar-le-Duc, allié d'Erard de Chacenay [2].

Le 24 février 1218, une nouvelle trêve était conclue, et le baron de Chacenay figure parmi les parti-

---

1. *Cartul. de Boulancourt*, n° 185. « Erardus, dominus de Cachenaio.... » Ce Cartulaire était autrefois entre les mains de M. l'abbé Bouillevaux, curé de Cerizières (Haute-Marne).
2. Henri II était fils de Thibaut, comte de Bar-le-Duc, et d'Ermensinde de Bar-sur-Seine, veuve d'Anseau II de Trainel, et fille de Gui, comte de Bar-sur-Seine, et de Pétronille-Elisabeth de Chacenay. (Bibliot. nat., *Franç.*, 11,853, fol. 20-21.) D'ailleurs Henri II avait épousé Philippine de Dreux, cousine germaine d'Emeline de Broyes, femme d'Erard II de Chacenay.

sans d'Erard de Brienne, compris dans cette trève (n° 96).

C'est dans le cours des années 1217-1218, qu'après les monitions canoniques et de longs délais, Haymard, évêque de Soissons, Raoul, abbé de Saint-Jean-des-Vignes, et Gui, doyen de Soissons, excommunièrent définitivement Erard de Chacenay et mirent sa terre en interdit [1] (n° 98).

Le baron de Chacenay, au mois de juin 1218, entre dans la voie de la soumission ; voulant faire restitution à Montier-la-Celle, et fonder l'anniversaire d'Erard Ier, son père, il donne à cette abbaye un demi-muid d'avoine à prendre tous les ans sur les dîmes de Montsuzain, et lui permet d'acquérir librement tout le cens du finage de Montier-la-Celle qu'il a donné en fief à Haton de *Château-Blonard,* chevalier. Haton donne ce même cens en aumône à l'abbaye de Montier-la-Celle, au mois de mai 1219 [2].

Erard donne aussi, à titre de restitution, à l'abbaye de Saint-Loup de Troyes, une part dans les dîmes de Montsuzain (n° 102). Il a distribué les autres parties de ces dîmes au prieuré de Saint-Sépulcre (Villacerf), à l'abbaye de Clairvaux, à la maison-Dieu de Neuville-sur-Seine, aux Templiers de Troyes, au curé de Montsuzain, et il abandonne le reste à l'abbaye de Mores (n° 104), avec l'agrément d'Emeline, sa femme, d'Erard son fils, et de Mahaut et Jeannette, ses filles [3]. Au mois de juin et le 10 juillet, il avait donné à l'abbaye

---

1. Nous ignorons à quelle date précise Erard fut définitivement excommunié par Haimard et les autres commissaires pontificaux.
2. Dans notre *Cartul. de Montier-la-Celle,* n°s 69 et 119. « Ego Erardus, dominus Chacenaii... »
3. *Ibid.,* n° 162.

de Clairvaux de beaux pâturages sur les finages de Vitry, Fontarce, Bligny et Meurville (n°s 97, 100) ; sa générosité n'oublia pas les abbayes de Larrivour (n° 105) et de Longuay (n° 101).

Enfin Érard, voulant rentrer en grâce avec le comte de Champagne, écrit au pape Honorius III le 4 juillet 1218, jure de se mettre à sa disposition, et déclare que, s'il forfait de nouveau envers Blanche et Thibaut, il consent à retomber *ipso facto* sous les censures de l'Eglise (n° 98) ; et le même jour il notifie *à tous* la lettre qu'il a adressée au Saint-Siège (n° 99). C'est à ces conditions qu'Érard obtint la levée des censures.

Toutefois, Érard de Chacenay n'exécuta pas sa promesse, ou il retourna bientôt au parti dont il s'était détaché ; car le 30 décembre de la même année 1218, le pape mande aux trois commissaires cités plus haut d'excommunier de nouveau Érard, et de mettre sa terre en interdit, s'il ne faisait point hommage à la comtesse de Champagne et à son fils. Le doyen de Saint-Maclou de Bar-sur-Aube notifia cette bulle à Érard et lui donna pour délai extrême le 15 août 1220 (n°s 106, 111).

Érard, voulant à tout prix éviter l'excommunication, s'efforça par son mandataire de gagner à sa cause les délégués apostoliques, tandis que lui-même armait ses hommes pour la cinquième croisade et gagnait la Palestine avec l'élite des barons champenois et bourguignons[1].

En 1218 (du 15 avril 1218 au 6 avril 1219), se préparant à partir pour la croisade (*ego Jerosolymam*

1. Le pape Honorius avait lancé la bulle de croisade le 24 novembre 1217.

profecturus), il signe une transaction en faveur du prieuré et de la *commune* de Viviers et accorde une charte d'affranchissement aux hommes et aux femmes de l'abbaye de Montiéramey : il déclare qu'ils ne sont pas soumis à la taille générale dans la châtellenie de Chacenay ; toutefois, les hommes de corps qui résident à Viviers, Noé et Éguilly devront un *aide* au baron de Chacenay quand il sera armé chevalier, de même pour son fils, quand il mariera sa fille, s'il est fait prisonnier, ou s'il part pour la croisade. Tous les ans, il lèvera sur les mêmes hommes seulement deux précaires ou dons-gratuits (*rogata*) qui ne dépasseront pas la somme de cinq sols[1].

Probablement qu'Érard partit avec Milon, comte de Bar-sur-Seine : or ce dernier, avec ses troupes, n'avait pas encore quitté Bar-sur-Seine au commencement du mois de mars 1219, comme on le voit dans nos *Chartes de Mores*[2].

Au mois de juillet 1219, Érard était sous les murs de Damiette, dont le siège durait depuis le mois de mai 1218, avec son oncle Hervé IV de Donzi, comte de Nevers et ses cousins Jean, comte de Brienne, roi de Jérusalem, Milon III, comte de Bar-sur-Seine[3], Gaucher, son fils, et Guillaume, son autre fils, qui était grand-maître des Templiers. Parmi les combattants figuraient aussi Jean Ier, seigneur d'Arcis-sur-Aube,

---

1. Dans notre *Cartul. de Montiéramey*, n° 294. « Erardus, dominus Chacenaii... »
2. N°s 78, 79.
3. Milon III, par sa mère, était arrière petit-fils de Pétronille de Chacenay, femme de Gui, comte de Bar-sur-Seine ; et cette même Pétronille était sœur de Jacques de Chacenay, grand-père d'Erard II.

que Jacques de Vitry appelle *homme vénérable et très vaillant*[1], avec son gendre André d'Époisses qui était cousin issu de germain de saint Bernard, abbé de Clairvaux. C'est sous les murs de Damiette *in exercitu Damiete* qu'Érard contribua à fonder un établissement de chevaliers de l'ordre Teutonique, du consentement de son oncle Hervé (n°s 107, 108). Les revenus qu'il donne seront perçus à Saint-Sauveur-en-Puisaye et à Guerchy[2].

On voit que nos barons ne donnaient pas seulement au plaisir l'entre-temps des combats. Au mois d'août 1219, peut-être la veille de sa mort, Milon III, comte de Bar-sur-Seine, faisait une donation aux Templiers sous les murs de Damiette *in obsidione Damiete*[3]. Au mois de septembre suivant, André d'Époisses *coram Damieta* devant Damiette, donne 20 livres de revenus aux chevaliers Teutoniques[4]. Jean d'Arcis, beau-père d'André d'Époisses, donna aussi, probablement dans

---

1. Chifflet, *Diatriba de illustri genere S. Bernardi* dans Migne, *Patrol. lat.*, t. 185, col. 1543. — Jean 1er, seigneur d'Arcis-sur-Aube, était mort en 1222. Au mois de juillet de la même année, Gui, seigneur d'Arcis, frère de Jean et mari de Mathilde de Chacenay, prend des arrangements avec son frère Anséric, trésorier de Langres, au sujet de la succession de leur frère Jean 1er (n° 118). Le 5 décembre de la même année, Marie, veuve de Jean d'Arcis, prend le titre de dame de Turny et d'Arcis (dans nos *Chartes de Beauvoir*, n° 19).

2. Dans nos *Chartes de Beauvoir*, n°s 14, 15.

3. Notum sit omnibus quod ego Milo, comes Barri, dedi Deo et Beate Marie et Fratri Petro de Monte Acuto, magistro, et aliis Fratribus militie Templi XXX libratas redditus de meo dominio in castellaria Barri. Actum in obsidione Damiete, anno Incarnationis Dominice M. CC. XIX, mense augusti. Testes : Johannes de *Arcies*, Simon de Rupeforti, Hugo de *Thore* (Thors, Aube). Bibl. nation., F. Franc., 5998, fol. 127 v°).

4. Dans nos *Chartes de Beauvoir*, n° 16.

les mêmes circonstances, 20 livres de revenus aux Teutoniques[1].

Érard signala sa valeur sous les murs de Damiette et éleva bien haut l'étendard de Chacenay, plus heureux que son oncle Hervé, qui, au grand scandale des croisés, lâcha pied avant le dernier assaut et regagna honteusement ses foyers avec sa troupe. Érard vit tomber glorieusement à ses côtés Milon III et Gaucher de Bar-sur-Seine, qui moururent en héros le 17 août ; Guillaume de Bar-sur-Seine, grand-maître des Templiers, fit des merveilles à la tête de ses chevaliers qui furent décimés pendant le siège de Damiette[2]. Enfin la ville fut prise le 5 novembre 1219 et le cardinal Pélage, remplissant les fonctions de légat du Saint-Siège, y entra processionnellement le 2 février 1220.

C'est probablement au printemps de cette année qu'Érard revint en France. Alors le comté de Bar-sur-Seine était dans le trouble : les héritiers de Milon III et de Gaucher refusaient d'exécuter les testaments de ces seigneurs et de payer leurs dettes ; d'un autre côté ils étaient en difficulté au sujet du rachat et de l'hommage de leurs parts dans le comté[3].

1. *Charles de Beauvoir*, n° 19.
2. Eccard, *Corpus Hist. med. ævi*, t. II, p. 1405-1408.
3. Le 17 mars 1220 (Viterbe, an 4). Le pape Honoré III, à la prière d'Hélissende, comtesse de Bar-sur-Seine, mande à Hervé, évêque de Troyes, de forcer les héritiers de Milon, comte de Bar-sur-Seine, et de Gaucher, son fils, morts *apud Damietam*, d'exécuter les testaments de ces deux seigneurs et de payer leurs dettes. (Bibliot. nation., *Moreau* 1181, p. 93). — Le 13 janvier 1220, Gérard de Durnay, fils de Jacques, et Gui de Sennecey rachètent leurs parts du comté de Bar-sur-Seine ; et le 29 juillet, Simon de Rochefort et Ponce de Cuiseaux font hommage à Blanche et à Thibaut de leurs parts dans le même comté. (D'Arbois de Jubainv., *Catalogue*.) Voir *Note* Durnay, p. 179.

En rentrant dans son donjon, le baron retombait sous les foudres de l'Église à l'échéance du 15 août 1220 (n° 111). Le 1ᵉʳ novembre, les commissaires apostoliques mandent au doyen de Saint-Maclou de Bar-sur-Aube que l'excommunication devra être renouvelée contre Érard, parce que les exceptions dilatoires mises en avant par son procureur ne peuvent être admises (n° 111); et le 3 mars 1221, le pape Honorius III fait excommunier définitivement Érard de Chacenay (n° 112).

Cependant le baron de Chacenay continuait ses libéralités aux pauvres. Au mois de janvier 1221, il fait savoir que Manassès, seigneur de Pougy, et sa femme, ont donné aux religieuses de Jully-aux-Nonnains (Yonne) tous leurs droits sur les dîmes de Polisy (Aube), qu'ils tenaient en fief d'Érard de Chacenay. Érard approuve cette donation comme seigneur des dîmes de Polisy [1].

Mais un évènement important allait décider la soumission d'Érard de Chacenay.

Le 2 novembre de la même année 1221, Érard de Brienne et Philippine renoncèrent à toute prétention sur les comtés de Champagne et de Brie, à certaines conditions acceptées par Blanche et Thibaut. Si Érard

---

1. Ego Eraldus, dominus *Chacenai*, notum facio omnibus presentes litteras inspecturis, quod Manasserus, dominus Pogiaci, et uxor ejus, coram nobis constituti, concesserunt monialibus de Juliaco in elemosinam quicquid juris habebant in decima de *Pollisset*, quam decimam tenebant a nobis in feodo, illam vero donationem approbando concedo. Ut autem ratum et inconcussum permaneat sigilli mei caractere confirmavi. Datum anno gratie M° CC° XX°, mense januario.

(Archiv. Côte-d'Or, *orig.* Molême, 250. — Edit. Ernest Petit, *Cartulaire du prieuré de Jully-les-Nonnains*, p. 38.

de Brienne et Philippine sont infidèles à ce traité, l'évêque de Langres devra les excommunier. A la même époque Érard et Philippine déclarèrent qu'ils avaient choisi Érard de Chacenay pour estimer les terres représentant 1,200 livres de rente à eux données par Blanche et Thibaut, en vertu du traité de renonciation, signé le 2 novembre [1].

Toutefois la résistance du baron de Chacenay dura encore un an. Car c'est seulement le 7 mars 1222 qu'il fit hommage à Blanche et à Thibaut. Il jura en même temps sur les Saints Évangiles de se soumettre au jugement arbitral que rendraient Eudes de Grancey, son beau-frère, Érard de Villy (Le-Maréchal) et Lambert Bouchu à l'effet de régler les conditions de sa soumission (n° 113). Ce jugement fut rendu le 28 mars : il obligeait Érard de Chacenay 1° à prendre l'engagement de soutenir Blanche et Thibaut contre toute créature, notamment contre Alix, reine de Chypre, fille aînée d'Henri II, comte de Champagne, et sœur de Philippine ; 2° à reconnaître cette convention devant le roi, et à la faire attester par lettres de la duchesse de Bourgogne et de l'évêque de Langres, tous suzerains d'Érard ; 3° à donner des cautions de son engagement (n° 115). Le même jour 28 mars, à Isle-Aumont, où se trouvaient Blanche et Thibaut avec leur cour, Érard de Chacenay accepta les conditions qui lui étaient faites par le jugement arbitral et jura d'y être fidèle (n° 114). Au mois d'avril suivant, Alix, duchesse de Bourgogne, et Hugues de Montréal, évêque de Langres, font connaître la soumission du seigneur de Chacenay ; de plus, l'évêque de Langres déclare,

---

1. *Hist. des comtes de Champ.* — *Catal.* n°s 1339, 1345.

qu'il excommuniera Érard et frappera sa terre d'interdit, conformément au jugement arbitral du 28 mars, s'il manque à ses serments envers Blanche et Thibaut (nos 116, 117).

Érard restera fidèle jusqu'à la mort au comte Thibaut. Peut-être que cette année même, 1222, le baron de Chacenay accompagnait le jeune comte de Champagne dans son expédition infructueuse en Lorraine. Le comte Thibaut, de concert avec Waleran, comte de Luxembourg et Limbourg, et Henri II, comte de Bar-le-Duc, tenta vainement d'entrer en possession de la ville de Metz, qui faisait partie du douaire de sa femme Gertrude, comtesse de Metz et de Dabo. Nous savons que Gui, seigneur de Villiers-sous-Praslain, ne s'étant pas trouvé à cette expédition, dût faire réparation au comte de Champagne, son suzerain : Érard de Chacenay servit de caution au seigneur de Villiers-sous-Praslain (n° 119).

L'année suivante, 1223, le baron de Chacenay, par la médiation de Jean de Brienne, roi de Jérusalem et son cousin, signait un accord avec sa tante Mahaut, comtesse de Nevers, veuve d'Hervé IV. Érard abandonne la sénéchaussée du Nivernais à Mahaut, et celle-ci reçoit en homme lige, pour la terre de Guerchy (nos 107, 120, 137), Gui, seigneur d'Arcis-sur-Aube[1], qui avait épousé Mathilde, fille du sire de Chacenay (n° 120).

Érard, au commencement de 1224, ratifie la vente de la forêt de Rageuse par son cousin Érard de Brienne,

---

1. Gui, seigneur d'Arcis-sur-Aube, était frère de Jean Ier. Les petits-enfants de Gui et de Mathilde deviendront seigneurs de Chacenay, après la mort d'Erard III et d'Alix de Chacenay, le frère et la sœur de Mathilde.

seigneur de Ramerupt, à Gauthier Cornu, archevêque de Sens. Cette vente est faite sous le sceau de Jean de Brienne, roi de Jérusalem (nos 121, 122). Au mois de juillet 1224, Érard montrait sa libéralité à l'égard de l'abbaye de Larrivour (n° 124).

C'est le 25 décembre 1224 que Thibaut IV fit, avec le concours de ses barons, le célèbre règlement sur le partage des fiefs entre les enfants mâles et sur le droit d'aînesse. Érard de Chacenay, pour des raisons que nous n'osons déterminer, ne figure pas dans le nombre des vingt-trois barons qui ont concouru à cette loi; on y trouve Jacques II de Chacenay, son frère, Gui d'Arcis, son gendre, Simon de Châteauvillain, son beau-frère, Henri de Bar-le-Duc, Érard de Brienne, Clarembaud de Chappes, Gui et Philippe de Plancy, Manassès de Pougy, Garnier de Traînel..., ses alliés (n° 125).

L'usage, reconnu comme loi, le 25 décembre 1224, réduisait simplement le droit d'aînesse à un choix entre les châteaux et les maisons-fortes du père. L'effet naturel de cette loi devait être de diminuer l'influence des grandes familles féodales de Champagne. On verra plus tard l'héritage d'Alix de Chacenay partagé entre ses petits-neveux en vertu de l'établissement de 1224.

L'année 1225 est marquée par la translation du prieuré de Belroy[1], dépendant du Val-des-Ecoliers. A la prière d'Erard de Chacenay, les moines de Clairvaux consentent que le prieuré de Belroy soit transporté du

---

1. Belroi, Aube, arrondissement et canton de Bar-sur-Aube, commune de Bayel. Restes du prieuré de 1225 : Cellier qui se compose de deux nefs, chacune de deux travées de 8 mètres de longueur, 7 mètres 40 de largeur, 4 mètres 15 de hauteur. Piscine du xive siècle, seule partie conservée de la chapelle. Pièce voûtée en berceau, servant, dit-on, autrefois de sacristie : hauteur, 4 mè-

premier emplacement, connu plus tard sous le nom de *Belroy le Viez*, dans la vallée de *Junchères* qui avait été donnée par Erard à l'abbaye de Clairvaux ; mais à condition que les religieux de Belroy ne seront pas plus de seize avec leurs serviteurs et qu'ils ne pourront pas avoir plus de trente vaches ou veaux (n° 126).

En 1226, Érard, avec le consentement d'Emeline, confirme l'abbaye de Clairvaux dans la possession de tout ce qu'elle a pu et pourra acquérir dans ses fiefs ; et aussi de tout ce qu'elle a pu et pourra acquérir de ses hommes de corps, sauf certaines réserves (n° 128).

Cette même année, Raoul, abbé de Clairvaux, fait savoir que deux grandes marmites ont été faites pour l'Aumône de la porte de l'abbaye, l'une contient sept muids et l'autre quatre. La première a été faite des dons de Hélissende, comtesse douairière de Bar-sur-Seine, et d'Isabeau de Dreux, dame de Châteauvillain, la mère d'Emeline, femme d'Erard de Chacenay ; et la deuxième provient en majeure partie des libéralités d'Alix, de la dame de Jully-sur-Sarce et de la dame de Chacenay (n° 127).

Le nom d'Erard de Chacenay, d'après la *Chronique* de Philippe Mousquet, se rattache à un évènement curieux que nous ne pouvons passer sous silence. En 1225, un imposteur, nommé Bertrand de *Rains*, jetait le trouble dans la Flandre en se donnant pour Baudoin IX, père de la comtesse Jeanne [1]. Bertrand se fit

---

tres ; longueur, 5 mètres 60 ; largeur, 4 mètres 90. Seconde pièce également voûtée et attenant à la première : hauteur, 4 mètres ; longueur, 8 mètres ; largeur, 1 mètre 75 ; une portion longue de deux mètres servait, dit-on, de prison. Dans les bâtiments d'habitation d'aujourd'hui quelques baies du XIII° siècle.

1. Beaudoin IX fait prisonnier le 15 avril 1205 sous les murs d'Andrinople dont il faisait le siège, mourut l'année suivante dans les fers.

un grand parti dans la noblesse et parmi le peuple. L'an 1226, son imposture est solennellement prouvée à Péronne, en présence du roi Louis VIII. Il prend la fuite et se sauve en Bourgogne, déguisé en ménestrel; mais un jour il est reconnu par Erard de Chacenay au château de Rougemont, où il chantait des vers. Le sire de Chacenay le fit saisir et reconduire en Flandre.

> Entretant vint une nouviele
> A la comtesse forment biele,
> Que pris estoit li baretere
> Li faus quens li faus emperere.
> Messire Erars de Cassenai
> L'avoit retenu par assai
> A Rougesmont en un ostel
> Vil cantoit et d'un et del [1]...

La comtesse Jeanne fit promener l'imposteur par tout le pays, et enfin Bertrand fut pendu à Lille, par jugement des pairs de Flandre.

Au mois de septembre 1227, Erard donne aux religieux de Belroy, avec le consentement d'Emeline, sa femme, et d'Erard, son fils, tout ce qu'il possède dans les dîmes de Chauffour et d'Argançon, et le droit de pâturage pour vingt vaches sur les finages de Vitry et de Bligny, avec certaines réserves [2].

---

1. Philippe Mousquet, *Chronique*.— Geoffroy de Villehardouin, *Hist. de Constantinople*, p. 222.
2. 1227 septembre. Ego Erardus, *Chacenay* dominus, notum facio... quod ego dedi et benigne concessi ob remedium anime mee et uxoris mee Hameline... in puram et perpetuam elemosinam Deo et Fratribus de *Biauroy*... quicquid habebam in decima de *Chauffour* et quicquid habebam in decima *Dergancun* libere et absolute possidendum. Item .. usuarium ad pasturandum tantummodo viginti vaccas in finagio de Vitreio et in finagio de Bligneio, excepta foresta que sita est inter Fontarciam et Chacenaium cum suis appendiciis, excepto *Le Fay* et *la Vente* et *Tancon Larri*, foresta de Bligneio, *Bociquant*, cum appendiciis eorum ;

L'année suivante, Erard, avec le consentement d'Emeline et de ses fils Erard et Hugues ou Huet, donne à l'abbaye de Mores, au profit de la ferme appelée le Moulin-Garnier, droit d'usage dans les bois que le seigneur de Chacenay a également assignés à ses hommes de Vitry et d'Eguilly. Il donne aussi à l'abbaye la rente d'un muid d'avoine dans les coutumes du bois de Montreuil (n° 129).

En 1229, Erard signe avec l'abbaye de Molême des lettres de pariage, en vertu desquelles les serfs d'Erard qui habitent Essoyes pourront se marier librement avec les serves de l'abbaye de Molême qui habitent Essoyes, et réciproquement ; à condition que les enfants qui naîtront de ces mariages seront partagés par moitié entre Erard et l'abbaye (n° 131). Ce partage établi à Essoyes, et connu sous le nom de *communauté*, deviendra le type d'autres communautés qui seront établies à Bertignolles (n° 139), à Poligny (n° 140), etc.

Au mois de mars et au mois d'août 1230, Erard règle des conventions de même nature, au sujet des hommes de corps, avec les abbayes de Saint-Loup de Troyes et de Montiéramey (n°s 142, 134).

Au mois d'août 1231, Erard reconnaît à l'abbé de Molême et au prieur de Bertignolles le droit de présenter à l'évêque de Langres le curé qui desservira l'église paroissiale de Bertignolles et la chapelle de Chacenay ; il reconnaît en même temps que l'église de Bertignolles est l'église-mère, et que les chapelles sur

---

que appendicie dividuntur a via que tendit de Bligneio per Vallem Presbiteri ad Vitreium. Hec facta sunt laude et assensu Hameline, uxoris mee, et Herrardi, filii mei...Actum anno gratie millesimo CC° vicesimo septimo, mense septembris.

Archiv. de l'Aube, *Origin.* 3 H 1.

le territoire de Chacenay sont filles de l'église de Bertignolles, selon l'accord de 1205 (n°ˢ 77, 135). Le 17 septembre de la même année, Erard renouvelle la promesse de fidélité qu'il a faite, le 28 mars 1222, au comte Thibaut IV (n°ˢ 114, 136).

En 1231, Erard règle des intérêts avec Gui ou Guigue V, comte de Forez, devenu comte de Nevers par son mariage avec Mahaud, veuve d'Hervé IV et tante d'Erard de Chacenay (n°ˢ 120, 137). Enfin la même année, Hugues IV duc de Bourgogne [1], fait savoir que son *très cher cousin* Erard, seigneur de Chacenay, a vendu ses moulins d'Essoyes à l'abbaye de Molême (n° 138).

Erard lui-même notifie cette vente qu'il a faite avec le consentement d'Emeline et de leurs enfants Hugues et Alix. Cette vente comprend les moulins à grain, les moulins à foulon, la maison du vieux moulin, les trois chemins qui conduisent auxdits moulins et une maison voisine, tous ses droits de justice dans ces moulins ; ils sont et demeurent bannaux, c'est-à-dire destinés au ban ou district d'Essoyes, et chaque habitant est tenu d'y faire moudre son grain et de payer la redevance d'usage ; le seigneur de Chacenay ou ses successeurs ne pourront construire ou acquérir un moulin inclusivement de Loches à Verpillières. Prix de vente : sept cents livres de Provins fortes, et vingt livres données à Emeline pour son consentement (n°ˢ 140, 141).

Au mois d'octobre 1232, Erard et Emeline fondent

---

1. Hugues IV, duc de Bourgogne, épousa, en 1229, Yolande de Dreux, fille de Robert III, comte de Dreux, qui était cousin-germain d'Emeline, femme d'Erard de Chacenay.

leur anniversaire au Val-des-Vignes, sur le finage d'Ailleville.[1]

1232. Erard fait savoir que Bernard de Montcuq a vendu aux Chevaliers du Temple cent-vingt arpents de bois qu'il tenait en fief de Gauthier IV, comte de Brienne, dans la forêt dite *li Bateiz*. En qualité de lieutenant du comte de Brienne, son cousin[2], Erard de Chacenay transforme en terre censuelle ces cent-vingt arpents qui étaient auparavant terre féodale (n° 142).

En 1233, le seigneur de Chacenay, qui avait donné au prieuré de Belroy les dîmes de Chauffour et d'Argançon, au mois de septembre 1227, fait savoir que cette donation a été approuvée par Robert, curé de Viviers, qui abandonne les droits qu'il avait sur les dîmes en question[3].

Au mois de décembre 1233, Clérembaud, seigneur de Chappes, vendit à l'abbaye de Larrivour, moyennant

---

1. Octobre 1232. « Ego Erardus, dominus de *Chacenay*... ego laude et assensu Ameline, uxoris mee, dedi et benigne concessi ob remedium animarum nostrarum..., in perpetuam elemosinam monialibus de domo Matris Salvatoris juxta Barrum super Albam usuarium ad nemus jacens et mortuum ad comburendum, semel in die, ad unam bigam duorum equorum, videlicet in bosco illo qui dicitur *Bociquant*... (Bibliothèque du Grand-Séminaire de Langres, *ms. Mathieu*, xv, 617.) — Les Vigiles et anniversaires s'acquittaient encore au Val-des-Vignes par les religieux de Clairvaux en 1709. *Ibid.*, xv, 618.

2. Gauthier IV, dit le Grand, fils puîné de Gauthier III, était alors en Palestine, où il devint comte de Jaffa, et illustra son nom par de glorieux exploits.

3. Mars 1232 (*v. st*). Ego Erardus, dominus Chacenaii, notum facio... quod dominus Robertus de *Vivers* presbiter... elemosinam quam Fratribus B. Marie de *Belroi* juxta Blegneyum, jampridem feci, videlicet in decimis de *Chaufor* et *Darguencon*, laudavit et approbavit et... quicquid juris in illis habebat, sine aliqua reclamatione in posterum quitavit... Actum anno Domini M° CC° XXX° secundo, mense marcio. (Archiv. de l'Aube, *Origin.* 3 H 1.)

560 livres de Provins fortes, une rente de quatre muids de grain, mesure de Troyes, que les religieux lui devaient sur leur ferme de Beaumont ; cette rente relevait en fief de Gauthier IV, comte de Brienne [1]. Érard de Chacenay, lieutenant du comte de Brienne, promet, en mettant en gage 200 livres de Provins fortes, de faire ratifier cette vente par le comte de Brienne, dans les six mois qui suivront son retour de la croisade [2].

L'an 1234, au mois d'octobre, Érard, avec le consentement d'Émeline, affranchit le village de Vitry-le-Croisé. Mais cette charte d'affranchissement, comme celle qui fut accordée par Érard, en 1218, aux serfs du prieuré de Viviers [3], exprimait aussi des réserves qui laissaient encore les serfs taillables à volonté, en certaines circonstances : 1° quand le seigneur de Chacenay était reçu chevalier, 2° de même quand son fils était reçu chevalier, 3° « et se je marioje ma fille,

---

1. Archiv. de l'Aube, *Origin*. F. Larrivour.
2. 1233. Ego Erardus, dominus de *Chacenay*, notum facio... quod ego me debitorem constituo ecclesie et Fratribus de Ripatorio de ducentis libris pruviniensium fortium et redditorem bonorum et legalium gagiorum que poterant duci et portari, quod nobilis vir Clarembaudus, dominus de Capis, vel heredes sui facient laudare et concedere viro nobili Gualtero, comiti Brene, infra sex menses postquam redierit in terra Brene, venditionem quam fecit idem Clarembaudus eisdem Fratribus de quatuor modiis bladi qui ei debebantur ab eisdem annuatim imperpetuum. Qui etiam quatuor modii erant de feodo comitis Brene, ita quod dictus comes de concessione illa et laude litteras suas sigillo suo sigillatas faciet et dabit Fratribus de Ripatorio. Quod si contigerit dictum comitem mori antequam redirет, nichilominus teneor reddere dictis Fratribus de Ripatorio predictas ducentas libras, vel, sicut dictum est, bona gagia ; nisi illi ad quos dictum feodum deberet devenire infra sex menses post mortem dicti Gualteri dictam venditionem laudarent et concederent et inde litteras suas facerent et darent predictis Fratribus de Ripatorio. Quod ut ratum... Actum anno gratie M° CC° tricesimo tercio. (Archiv. de l'Aube, *Origin*. F. Larrivour.)
3. Voir plus haut, p. 220, 221.

4° ou se j'estoie pris de guerre, » 5° s'il fait le voyage d'outremer, « ils sont tenus à moi ayder à ma volonté raisonnablement. En l'an de grâce M. CC. et XXXIIII, ou mois d'octobre [1] ».

En 1236, Érard scelle deux chartes de donation en faveur de l'abbaye de Clairvaux (n° 146), et des Templiers de Troyes (n° 148).

Les derniers jours du seigneur de Chacenay vont se trouver mêlés à de grands évènements. L'inconstant Thibaut IV, roi de Navarre et comte de Champagne, venait de marier, le 15 août 1235, à Château-Thierry, sa fille Blanche, qu'il avait eu d'Agnès de Beaujeu, avec Jean le Roux, fils de Pierre de Dreux, dit *Mauclerc*, duc de Bretagne. La dot de Blanche comprenait une portion du comté du Perche, provenant de l'héritage de Guillaume, évêque de Châlons-sur-Marne ; et de plus, Thibaut, au mépris des droits du fils qu'il allait avoir de Marguerite de Bourbon, assurait à Blanche par contrat de mariage la succession au trône de Navarre. Jean donne en douaire à Blanche le tiers de la terre qu'il possède en Bretagne et la moitié de celle que Pierre possède en France et en Champagne, et de plus le château de la Fère. Érard de Chacenay, qui par sa femme appartenait à la famille de Dreux, figure avec Henri II, comte de Bar-le-Duc, Thomas de Coucy, Simon de Châteauvillain, Gérard de Durnay, Renaud de Choiseul... parmi les cautions fournies par Pierre de Dreux à Thibaut pour garantir l'accomplissement des clauses du contrat de mariage. Érard signe son engagement au mois d'avril 1236

---

1. N° 143. — Pithou, *Les Coutumes du bailliage de Troyes*, éd. 1628, p. 23.

(n° 147). Mais l'union célébrée le 15 août à Château-Thierry, avait été célébrée sans l'assentiment de Louis IX, roi de France, c'est-à-dire contrairement aux usages féodaux, d'après lesquels aucune femme, propriétaire ou héritière présomptive d'un fief, ne pouvait se marier sans l'assentiment du suzerain. Le roi avait donc envoyé sommer le comte de faire réparation, et, faute de réponse satisfaisante, il avait convoqué ses vassaux, à l'exemple du comte de Champagne. Car, dès le 13 avril, Thibaut faisait alliance avec le comte de la Marche et avec tous les seigneurs qui s'étaient portés caution de l'exécution du contrat de mariage signé à Château-Thierry ; de plus, il donne aux barons champenois et à tous ses vassaux, l'ordre de se trouver réunis en armes à Meaux, le 10 juin[1]. Le seigneur de Chacenay, qui faisait nécessairement partie de cette ligue, se rendit-il à l'appel de son suzerain, ou déjà était-il frappé par la maladie qui devait l'enlever quelques jours plus tard ? Nous savons seulement qu'Érard II mourut le 16 juin 1236 (n°ˢ 149,150) ; et son corps, porté à l'abbaye de Clairvaux, fut déposé dans la chapelle dite plus tard de Larrey ou des Cardinaux blancs[2]. Nous avons donné son épitaphe(n° 149).

1. D'Arbois de Jubainv., *Hist. des comtes de Champ.*, IV, 274.
2. Cette chapelle a été fondée par Renaud de Grancey, seigneur de Larrey.
Février 1262 (*v. st.*) « Ego Renaudus de Granceyo, miles, dominus de *Larré*... » il fait la notification suivante : « Ego dedi et concessi in puram et perpetuam elemosinam Deo et Beate Marie et Fratribus Clarevallis... ad opus capelle quam edificavi in dicta Clarevalle in honore beati Petri, apostoli, pro anime mee et antecessorum meorum et eorum qui ad presens in dicta capella requiescunt animarum remedio et salute, XV libras pruvinensium fortium annui et perpetui redditus, pro quibus XV libris eisdem Clarevallensibus furnum meum bannalem de *Rié la Pittitte* (voir n° 32) in qua villa ego solus habeo dominium temporale, in eo

Nous connaissons cinq enfants qui naquirent du mariage d'Érard et d'Emmeline : *Hugues* ou Huet ; *Érard*, qui continua la succession des seigneurs de Chacenay ; *Mathilde* ou Mahaut, qui fut mariée à Gui, seigneur d'Arcis-sur-Aube ; *Jeannette*, qui figure dans un acte du mois de juin 1218 ; et *Alix*, qui succédera à ses frères Hugues et Érard III, comme dame de Chacenay.

VII. Hugues ou Huet. — Érard III.

(1236. — 4 juillet 1253.) Au mois de février 1237, Hugues, seigneur de Chacenay, qui avait vendu la coupe du bois Dervet, finage de Lusigny, aux religieux de Saint-Loup de Troyes, pour le prix de 900 livres, donne quittance de cette somme aux religieux et se tient pour intégralement payé (n° 151).

En 1240, au mois d'août, sous le sceau de Robert III de Torote, évêque de Langres, Hugues, seigneur de Chacenay, avec le consentement d'Émeline, sa mère, dame de Chacenay, fonde sept chapelains pour desservir les trois chapelles Notre-Dame et Saint-Nicolas à Chacenay, et la chapelle castrale de Bligny. Il donne en rentes annuelles affectées à cette fondation : toutes les dîmes de la grange de Chauffour ; quinze livres de Provins sur le péage d'Essoyes ; soixante sols sur les cens et les abonnements de Chacenay ; de plus,

---

usu et in eisdem aisenciis in quibus hactenus tenui dictum furnum pro X libris pruvinensium fortium... Volui insuper et concessi quod quicumque fuerit dominus dicte ville de *Rié* teneatur eisdem Clarevallensibus providere, in domo et loco sufficienti in dicta villa ad manendum et reponendum, panes et ligna et omnia alia que necessaria fuerint ad opus dicti furni... Actum anno Domini M. CC. LX. secundo, mense februario. » Archiv. de l'Aube, Cart. 3 H 136. *Vidimus* de 1365.

pour le luminaire de la chapelle Notre-Dame, et de la chapelle Saint-Nicolas qui est dans le château de Chacenay, il donne les cens des prés de Vitry, un muid de grain (4 setiers de froment et 8 d'avoine) à Bligny, la troisième part des dîmes du même village ainsi que de Belroy et de *Poson*. Cinq des sept chapelains desserviront les chapelles Notre-Dame et Saint-Nicolas, et deux seront pour le service de la chapelle de Bligny. Le costume de chœur sera le simple surplis, de plus la chappe monastique de la Toussaint à Pâques. Les chapelains célébreront la messe tous les jours et réciteront les heures canoniques. Hugues et ses successeurs auront le droit de conférer les chapellenies quand elles seront vacantes. L'office sera célébré dans la chapelle Saint-Nicolas; cependant l'un des chapelains fera l'office dans la chapelle Notre-Dame... (n° 152).

Au mois d'août 1243, Émeline, dame de Chacenay, confirme à l'abbaye de Montiéramey le droit d'usage et de pâturage dans les bois et finage de Poligny et de Chauffour, droit accordé à l'abbaye au mois de juillet 1206 par Érard II, son mari (n° 154).

En 1244, Élisabeth, dame de Grancey, veuve d'Eudes, seigneur de Grancey et frère d'Émeline, renonce, en faveur de l'abbaye de Clairvaux, à certains droits qu'elle avait aux Fays [1]. Elle reçoit de l'abbaye, pour cet arrangement, cent livres de Provins, qui devront être employées dans l'intérêt de ses enfants mineurs. Hugues, seigneur de Chacenay, neveu d'Élisabeth, répond pour 100 livres, et Guillaume de Champlitte, vicomte de Dijon et frère d'Élisabeth, répond pour 50 livres... (n° 156).

1. (Commune de Saint-Usage, Aube).

1247. A cette date les documents que nous connaissons se taisent sur Hugues ou Huet, seigneur de Chacenay, et Érard III apparaît dans nos chartes, comme seul seigneur de Chacenay.

En 1247, sous le sceau d'Erard, seigneur de Chacenay, Houdouin *de Arrolis,* chevalier, amodie à l'abbaye de Larrivour, moyennant trente-deux setiers de froment, toutes les dîmes qu'il possède dans le fief d'Erard de Chacenay sur les finages de Laubressel, Champigny et Huques ; Erard, comme suzerain, approuve cette amodiation [1].

Au mois de juillet 1248, Erard reconnaît que, *pour l'âme de son père,* il doit tous les ans un muid de froment à l'abbaye de Clairvaux. Il livrera cette rente dans son grenier, à Chacenay, tant qu'Emeline, sa mère, vivra ; quand Emeline sera morte, les religieux de Clairvaux prélèveront ce muid de froment sur les rentes en grain du seigneur de Chacenay à Vitry-le-Croisé (n° 158). A la même époque (juillet 1248), Erard donne un de ses hommes de corps, Pierre *Chalier,* de Bussières, au prieuré de Viviers, à la seule condition que cet homme paiera au seigneur de Chacenay le *rogatum* selon la coutume des hommes de Viviers [2].

Emeline de Broyes, veuve d'Erard II, qui vivait encore au mois de juillet 1248 (n°ˢ 158, 159), était morte au mois d'avril 1249 (n° 160).

Erard III, héritier de la valeur guerrière des Chacenay, fut un des héros de la sixième croisade, la

---

1. Archiv. de l'Aube, F. Larrivour, *Origin.*
2. Dans notre *Cartul. de Montiéramey,* n° 384. « Erardus, dominus *Chacenai...* » Voir plus haut la charte d'affranchissement de Viviers, p. 220, 221.

première de saint Louis. Le seigneur de Chacenay quitta son donjon au mois de juillet, après avoir chargé Renaud de Grancey, seigneur de Larrey, de garder la terre de Chacenay (n° 160). Plusieurs de ses parents faisaient partie de la croisade : Hugues IV, duc de Bourgogne ; Jean Ier, comte de Dreux ; Gaucher, baron de Donzi... Érard s'embarqua avec l'armée royale à Aigues-Mortes, le 25 août. Le roi et ses troupes ayant passé l'hiver en Chypre, arrivent devant Damiette, la clef de l'Égypte, le 4 juin 1249, mettent en fuite les infidèles le lendemain, et entrent dans la place qu'ils trouvent abandonnée et livrée aux flammes. Les croisés, après un repos qui dégénéra en licence, se dirigèrent sur le Caire, au milieu d'innombrables obstacles et de victoires de tous les jours. Le 2 février 1250, l'avant-garde commandée par le comte d'Artois, taille en pièces un corps de Sarrasins, au passage du Nil ; le comte poursuit les fuyards et entre avec eux dans la Massoure, où il périt enseveli dans son triomphe. Bientôt les Musulmans prennent leur revanche, et le 5 avril suivant, ils font prisonnier le roi saint Louis à Charmasac. Le 5 mai de la même année, le roi obtint sa délivrance, celle des prisonniers croisés et la paix, au prix d'énormes sacrifices. La croisade était terminée. Le roi demeura quelque temps en Palestine avec des troupes, et le reste, en grande partie, regagna la France, sous la conduite des deux frères de Louis IX, Alfonse et Charles.

Le seigneur de Chacenay était rentré avant la fin de l'année 1251 (n° 162).

Il est probable que pendant cette même année, Gilles de Villenauxe et Jacques de Rebais achevèrent de dresser l'état général ou rôle des fiefs du comté de Champagne (n° 161). A l'article *Fiefs de Troyes*, on lit : Le seigneur de Chacenay tient *lou donjon de Chacenai* où sont ses maisons ; à Bar-sur-Aube, 12 livres sur les portes de la ville, une maison, la maison où vendent les marchands de Beauvais, un étal, le tonlieu ; à Troyes, la motte et le château avec la porte de Saint-Nicolas et le péage ; le fief de Montier-la-Celle, tenu par Haton, chevalier ; le fief de Laines-au-Bois, tenu par Manassès de Garlande ; le fief de Mâchy avec ses dépendances. On lit à la fin de l'article : les rôles disent que le seigneur de Chacenay doit la garde (ou l'estage) toute l'année ; mais il le nie (n° 161). Le seigneur de Chacenay refusait au comte de Champagne le devoir de la garde pendant toute l'année, contrairement au rôle de 1172 ; le rôle de 1251 laisse la question indécise.

Au mois d'avril 1252, Gui de Rochefort, évêque de Langres, fait savoir qu'Haymon et Thomas, fils de Gui de Saint-Usage, chevalier, possédaient en fief de l'abbaye de Clairvaux une rente de trente setiers de grain, mesure de Chacenay, à prendre sur la grange de Fontarce dépendant de Clairvaux. Cette vente qui comprenait 15 setiers de froment, 7 setiers 1/2 d'orge, 7 setiers 1/2 d'avoine, et 1 setier moitié pois et moitié fèves, ils la vendirent à Érard de Chacenay en échange de tout ce que le seigneur de Chacenay percevait sur les finages de Saint-Usage et de Fontette ; Érard reconnut qu'il tenait cette rente en fief de l'abbaye de Clairvaux (n° 164). Puis, l'abbaye ayant désiré racheter la rente des 30 setiers de grain, Érard la vendit et se dessaisit de tout droit pour lui et ses successeurs sur cette rente, moyennant la somme de 300 livres de Provins fortes, qu'il reconnut avoir reçue (n° 162). Gui de Rochefort, évêque de Langres, notifia, sous l'autorité de son sceau (n° 163), la vente du baron de Chacenay [1].

A la même époque (avril 1252), Érard, moyennant 200 livres de Provins fortes, accorde à l'abbaye de Clairvaux le droit de mettre en garde et en ban, après la fenaison et jusqu'à la Toussaint, quatre pièces de prés, sur le finage de Fontarce. Pour tous les bestiaux étrangers à la grange de Fontarce, qui seront trouvés en délit dans les prés réservés, il sera payé une amende [2] (n° 166). Henri de Chacenay, maire, et toute la communauté du village de Vitry-le-Croisé *ratifient et approuvent* le règlement précédent, et treize hommes des plus notables de Vitry, désignés nommément [3], jurent au nom de toute la communauté de l'observer inviolablement. Érard, seigneur de Chacenay, et Renaud, seigneur de Larrey, apposent leurs sceaux à cet acte (n° 167). A la même époque encore (avril 1252),

---

1. Damerons, veuve de Gui de Saint-Usage et mère des chevaliers Haymon et Thomas, avait des droits, à raison de son douaire, sur la rente des 30 setiers de grain, elle voulut conserver ses droits sa vie durant et la vie durant de Guillaume de Grésigny, son second mari (n° 163).

2. Voici le tarif des amendes :
4 deniers pour un bœuf. — 4 deniers pour une vache. — 4 deniers pour un âne. — 2 deniers pour une brebis. — 2 deniers pour une chèvre. — 1 obole pour un porc.

3. Nous croyons utile de faire connaître les noms des notables de Vitry-le-Croisé en 1252 :
Henri de Chacenay, maire de Vitry. — Girard, charpentier. — Constant, son frère. — Durand, fils de Marguerite. — Milon, fils du sieur Hérold. — Jean, fils de Beuve. — Gauthier, fils d'Arnauld. — Geoffroi le Petit. — Durand, fils de Jean Petit. — Robelin Moichet. — Milon, le fils du gravelier. — Milon, le fils de la dame Patoin. — Hugues d'Argançon,

Érard, moyennant 30 livres, remet à l'abbaye de Montiéramey le droit appelé *sauvement* qu'il percevait à Viviers, soit en deniers, en avoine, en poules ou autrement [1] (n° 168).

Dans les premiers jours de juin, le seigneur de Chacenay, qui battait monnaie pour l'expédition de Flandre, remit à ses hommes de Vitry-le-Croisé, moyennant 240 livres, les droits de ban de vin et de corvée qu'il levait à Vitry (n° 169).

Marguerite, comtesse de Flandre et de Hainaut, fille de Baudoin IX, empereur de Constantinople, et de Marie de Champagne, venait de faire appel à la bravoure des chevaliers champenois. Guillaume, roi des Romains et comte de Hollande, avait déclaré la guerre à Marguerite en même temps qu'il lui refusait l'hommage de la Zéélande, ainsi que des autres fiefs mouvant du Hainaut renfermés dans le comté de Hollande. Les enfants de Marguerite étaient divisés, les Dampierre prirent parti pour elle et les d'Avesnes contre elle. Thibaut IV, comte de Champagne, ne pût secourir la comtesse de Flandre, sa cousine-germaine, il était alors dans ses États de Navarre, où il devait mourir le 14 juillet dans le palais épiscopal de Pampelune. Toutefois plusieurs barons champenois, entre autres Érard III de Chacenay, prirent les armes. On se rappelle le service signalé qu'Érard II de Chacenay rendit à la comtesse Jeanne de Flandre, sœur de Marguerite, en arrêtant l'imposteur qui se donnait pour Beaudoin IX, l'empereur de Constantinople[2] ; le fils d'Érard II à son tour se met au service de Marguerite de Flandre, la petite-

---

1. Dans notre *Cartul. de Montiéramey*, n° 393.
2. Voir plus haut, p. 229.

fille de Henri le Libéral, comte de Champagne. Le 4 juillet 1253, il assiste à la bataille sanglante de Vestkapel, dans l'île de Walcheren, à l'ouest de l'Escaut. Les comtes Gui de Dampierre, Thibaut II de Bar-le-Duc et Arnoul III de Guines sont faits prisonniers. Quant au seigneur de Chacenay il succomba glorieusement dans cette bataille « messire Erars de Chacenai il fut mors [1]. »

Les annales glorieuses de la baronnie de Chacenay se terminent à la bataille de Vestkapel.

Nous ne savons pas si Érard III fut marié ; mais il ne laissa pas de postérité ; d'un autre côté, Huet, seigneur de Chacenay, n'avait pas été marié ou il était mort sans enfants. La seigneurie de Chacenay passa donc à Alix de Chacenay, fille d'Érard II et sœur d'Érard III.

VIII. Alix.

(1253-vers 1273. — Seigneurs de Chacenay : Alix. — Gui ou Guigues VI, comte de Forez, son premier mari. — Guillaume III, vicomte de Melun, son deuxième mari.)

I. Avant la mort de son frère Érard III, Alix, baronne de Chacenay, épousa en premières noces Gui ou Guigues VI, comte de Forez. Guigues était fils de Guigues V, comte de Forez [2]. Guigues accompagna le roi saint Louis dans son voyage d'outremer et signala

---

1. Chronique attribuée à Baudoin d'Avesnes. — *Histor. de France*, XXI, 174, E.-J.
2. Le P. Anselme (T. VI, p. 728) appelle notre Guigues, *Guigues V* (fils de Guigues IV et de Mahaut de Dampierre) ; nous l'appelons Guigues VI, avec l'*Art de vérifier les dates*.

sa bravoure dans plusieurs batailles. Il eut la jambe cassée en 1249, dans un combat près de Damiette : les Musulmans, dit Joinville, l'eussent fait prisonnier sans deux vaillants chevaliers qui l'emportèrent au milieu d'une grêle effroyable de flèches et de pierres. Ce n'est peut-être qu'au retour de la croisade que le comte de Forez épousa Alix, dame de Chacenay ; mais ce fut du vivant d'Érard III. Renaud Ier, frère de Guigues VI, par suite d'arrangements, s'engagea à donner 1,200 livres tournois pour la dot d'Alix, et de plus à payer toutes les dettes de dame Alix, à l'exception de ce qu'elle devait à son frère Érard III (n°s 176, 177).

Guigues VI accorda, l'an 1253, au mois d'octobre, de concert avec Jacques, le prieur de Marcigny (Saône-et-Loire), des lettres de franchise aux habitants de *Villereys*, dont ils partageaient la seigneurie. Renaud de Forez approuve ces lettres [1].

Le principal acte d'Alix, dame de Chacenay, et de Gui VI, comte de Forez et sire de Chacenay, daté du mois d'août 1255, est l'affranchissement du village de Chacenay, à certaines conditions spécifiées dans l'acte (n° 170). « Le seigneur de Chacenay conservera la connaissance du rapt, la garde des églises, des clercs, des gentilshommes, des juifs, des quaorsins. »

Vers le commencement de l'année 1265, Guigues et Alix vendirent à Hugues IV, duc de Bourgogne, leurs terres de Montmirey-le-Château, d'Ougney, de la vallée de Pagney (Jura) et d'autres biens qu'ils possédaient aux environs [2].

---

1. D'Achery, *Spicil.*, t. IX, p. 192.
2. André du Chesne, *Hist. généalogique des ducs de Bourgogne*, p. 75.

Guigues VI de Forez, baron de Chacenay, mourut en 1259, sans laisser de postérité. Il donna par testament le château de Bussy-la-Pêle (Côte-d'Or) avec la châtellenie et ses dépendances aux enfants de défunt Hugues de Châtillon-en-Bazois, dont l'un était chantre d'Auxerre. Henri, sire de Sully, fut l'un des exécuteurs testamentaires [1].

Pendant le cours de l'année 1260, Alix, dans les actes qu'elle scelle, prend le titre de *comtesse de Forez et dame de Chacenay*.

Au mois de mai 1260, Alix fait une donation au nouveau prieuré de Belroy, transféré sur le finage de Bayel [2]; au mois de novembre, elle exécute les dispositions testamentaires de son frère, Érard III, en faveur de l'abbaye de Clairvaux (n° 171) ; enfin, elle notifie que le même Érard a laissé au Val-des-Écoliers quarante soldées de terre pour la fondation de son anniversaire (n° 172).

II. Alix épousa, vers le commencement de l'année 1261, Guillaume III, vicomte de Melun, seigneur de Montreuil-Bellay. Guillaume était fils d'Adam III, vicomte de Melun, et de Comtesse de Sancerre, sa seconde femme [3]

Le 3 juillet 1261, Guillaume de Melun et Alix de

---

1. *Hist. ms. de Chacenay.*
2. 1260 mai. « Nos Aelidis, comitissa Forensis et domina Chacenaii, notum facimus quod... concedimus... totam escasuram Michaelis de Calido Furno, filii quondam Girardi dicti *La Farde*, scilicet domum tramine (*sic*) coopertam, cum ochia ipsi domui contigua et octo jugera terre arabilis sita in finagio, Fratribus Belli Regis juxta Barrum super Albam de ordine Vallis Scolarum... nobis reservato nostro terragio et retento... Datum anno Domini M° CC° sexagesimo, mense maio. » (Archiv. de l'Aube, *Origin.*, 3 H 1.)
3. P. Anselme, II, 848 ; V, 224 ; VI, 728.

Chacenay, son épouse, reconnaissent avoir reçu de Jean, seigneur de Châteauvillain, et de Robert, abbé de Montiéramey, 125 livres de Provins fortes sur une somme que Jean et Robert tiennent en dépôt et qui doit être employée à augmenter l'héritage d'Alix. Avec ces 125 livres, Guillaume et Alix ont racheté une rente de 14 livres que les seigneurs de Chacenay payaient à Jean Cervole [1] (n° 173).

Au mois d'août 1262, Guillaume et Alix renouvelèrent l'affranchissement des habitants de Chacenay en les exemptant des droits de main-morte, à la charge par eux de payer chacun an 3 deniers pour livre de meubles et un denier pour livre d'immeubles [2].

Cette même année 1262, parut un mandement de « Hugues, dux de Borgoigne » à tous ses vassaux pour faire reconnaître son fils Robert et lui faire rendre hommage. Parmi ces seigneurs on voit figurer celui de Chacenay, alors Guillaume III de Melun, qui possédait de nombreux fiefs dans le duché de Bourgogne [3].

Au mois de mai 1266, Alix, dame de Chacenay, notifie et ratifie la vente du moulin Caïn sur le finage d'Urville : il a été acheté par Raoul, maire d'Urville, à Étienne et à Ermengarde, sa femme, pour le prix de

---

1. Nous trouverons plus tard les Cervolle ou Servolles, seigneurs en partie de Vitry-le-Croisé, Barroville, alliés aux Mello (p. 123-128).

2. Voir plus haut, en 1255. L'original de l'acte de 1262 existait au Trésor de Chacenay. « Il y avait deux sceaux attachés à ce titre avec lacs de soie verte, il ne reste plus que celui de la baronne de Chacenay. Elle est représentée, d'un côté, vêtue d'une robe longue et d'un manteau doublé d'hermine, un oiseau sur le poing ; et de l'autre côté, sur le revers, un chien grimpant et... » *Histoire manuscr. de Chacenay.* — *Invent.*, p. 97.

3. Pérard, *Recueil de plusieurs pièces curieuses*, p. 503.

80 livres, payées comptant. Alix percevait six deniers de cens annuel sur ce moulin (n° 175).

Le 12 juin 1267, Guillaume de Melun, seigneur de Chacenay, fit condamner par arrêt du Parlement de Paris, Renaud, comte de Forez, comme héritier de son frère Guigues VI, premier mari d'Alix, à verser la somme de 1,200 livres tournois que Renaud s'était engagé à payer pour constituer la dot d'Alix de Chacenay (n° 176).

Au Parlement de la Pentecôte (12 mai) 1269, Guillaume de Melun, seigneur de Chacenay, réclamait de nouveau l'exécution d'autres conventions qui avaient été prises entre Renaud, comte de Forez, et Alix de Chacenay, épouse de Guillaume, et veuve de Guigues VI, frère de Renaud. Le comte Renaud s'était engagé à payer toutes les dettes d'Alix, à cette date, à l'exception de ce qu'elle devait à son frère Érard III, seigneur de Chacenay; Guillaume pressé par les créanciers d'Alix, dont les dettes montaient à 2,000 livres, demandait au Parlement que Renaud fut condamné à exécuter ses engagements. Renaud fut condamné à payer les 2,000 livres (n° 177).

Le 21 février 1270 (vendredi av. la Chaire St-Pierre, 1269), Guillaume fut témoin de la promesse qu'Aliénor de Soissons, veuve de Renaud, vicomte de Thouars, sa cousine, avait faite à Alfonse de France, comte de Poitiers, de lui rendre *à grande et petite force* le château de Tiffauges, quand elle en serait requise de sa part.

Le valeureux seigneur de Chacenay accompagna ensuite le roi saint Louis en son voyage d'Afrique, en 1270, avec trois bannières et douze chevaliers, *aux gages de 5,000 livres et bouche à cour en l'hôtel du roy*, ainsi qu'on l'apprend d'un état de la Chambre des

Comptes. Louis IX se mit en route le 1ᵉʳ mars 1270 et il mourait le 25 août après avoir emporté d'assaut la forteresse de Tunis. L'expédition fut arrêtée.

Le seigneur de Chacenay s'embarqua sur la flotte de Charles de France, roi de Naples et de Sicile, et rendit des services signalés à ce prince qui lui donna pour récompense le comté de Corse, comme le marquait l'épitaphe de Guillaume, conservée dans l'abbaye du Jard. Il mourut l'an 1278, sans enfants d'Alix de Chacenay [1].

Alix elle-même était morte, et en elle s'éteignit la première race des seigneurs de Chacenay. A cette date commence le démembrement et l'affaiblissement progressif de cette baronnie, qui passera successivement aux maisons et familles d'Arcis-sur-Aube, de Grancey-le-Château (Côte-d'Or), de Choiseul (Haute-Marne), d'Anglure (Marne), de Dinteville, de Lenoncourt, du Châtelet, de Liancourt, de Verton, de Poncher et de Plancy.

Les héritiers d'Alix de Chacenay étaient ses petits-neveux, les petits-fils de sa sœur, Mathilde, fille d'Érard II de Chacenay.

La Maison d'Arcis-sur-Aube, avant 1278.

Nous croyons utile de faire connaître les seigneurs d'Arcis, héritiers de la baronnie de Chacenay.

Déjà nous avons parlé des trois frères Jean Iᵉʳ d'Arcis, Gui et Ansèric. Ce dernier est dit cousin (*consanguineus*) de Guillaume de Dampierre [2].

1. P. Anselme, V, 224.
2. Voir plus haut, p. 221, 226. — Archiv. de l'Aube, G. 3244.

En 1215, au mois de juin, Jean, seigneur d'Arcis, fut caution de la promesse donnée par Pierre de Joigny d'être fidèle au roi [1].

Gui, seigneur d'Arcis, épousa *Mathilde de Chacenay*, fille d'Érard II de Chacenay et sœur d'Érard III et d'Alix [2].

En 1234, au mois de juillet, Jean de *Cruz*, seigneur d'*Annou*, emprunte le sceau de Gui, seigneur d'Arcis, qu'il appelle son oncle (*avunculus*), pour sceller un accord avec l'abbaye de Saint-Germain d'Auxerre [3].

Du mariage de Gui d'Arcis et de Mathilde de Chacenay nous connaissons un fils, *Jean II d'Arcis, marié à Isabeau de Noyers* [4].

Au mois de décembre 1272, Jean II, seigneur d'Arcis, chevalier, et Isabeau de Noyers, sa femme, vendent à Henri III, comte de Champagne, 27 livres de rente qu'Henri III leur payait tous les ans. Prix : 233 livres, qui leur ont été versées par Jacques d'Ervy et Renier Acorre, receveurs de Champagne [5].

Jean II, sire d'Arcis-sur-Aube, mourut en 1273, laissant d'Isabeau de Noyers cinq enfants : *Jean III, Érard, Guillaume, Millet et Élissende* (n° 178).

Jean III, l'aîné, épousera, sans doute en secondes noces, le 3 mai 1300, *Alix de Joinville*, fille de Jean, sire de Joinville, le célèbre chroniqueur [6].

1. *Recueil de pièces pour faire suite au Cartul. génér. de l'Yonne*, n° 165.
2. P. 55, n° 120.
3. *Recueil de pièces pour faire suite au Cartulaire génér. de l'Yonne*, n° 146.
4. P. 87, n° 174.
5. D'Arbois de Jubainville. *Catal. des Actes des comtes de Champ.*, n° 3727.
6. Ducange, *Généalogie de Joinville*, fol. 23. — P. Anselme, VI, 694.

La première femme d'Érard s'appelait *Marguerite*, comme nous l'apprenons par le testament de Guillaume, son fils (n° 219).

Guillaume épousa *Reine d'Ancy-le-Franc*.

Milet ne fut peut-être jamais marié.

Hélissende épousa *Gauthier*, seigneur de Merrey (Aube).

C'est en 1273, que Miles VIII de Noyers, père d'Isabeau, dame d'Arcis-sur-Aube, et Miles IX, frère d'Isabeau, partagent l'héritage de Jean II, seigneur d'Arcis, entre ses cinq enfants (n° 178). Ce partage, réglé par le grand-père et l'oncle des héritiers de la seigneurie d'Arcis, paraît avoir été accepté sans difficultés.

Chacun des quatre fils de Jean II d'Arcis garda le titre de seigneur d'Arcis (en partie) ; mais le principal seigneur fut Jean III, l'aîné des enfants, qui eut en partage avec le donjon du château « Arcyes et toutes les appartenances d'outre Seigne. »

IX. Jean, Érard, Guillaume, Milet d'Arcis-sur-Aube,
seigneurs de Chacenay.

(1278-1308.) Nous ignorons si Alix de Chacenay était morte en 1273, au moment du partage de la seigneurie d'Arcis ; mais en 1278, la seigneurie de Chacenay était partagée également selon la coutume de Champagne, entre les héritiers d'Alix de Chacenay, Jean, Érard, Guillaume et Milet d'Arcis, qui prennent tous le titre de sires d'Arcis et de Chacenay.

Nous n'avons pas retrouvé le premier partage général de la seigneurie de Chacenay ; nous croyons que c'est le même qui sera confirmé par jugement du Parlement, le 1er novembre 1285.

Que devint le château de Chacenay dans ce partage ? Jean, selon son droit, prit le donjon de Chacenay et une partie de l'enceinte castrale ; les Tours Sainte-Parise et l'autre partie de l'enceinte castrale firent partie du lot d'Érard.

Nous désignons les nouveaux seigneurs de Chacenay sous les noms de

Jean II, Érard IV, Guillaume Ier, Milet II d'Arcis-Chacenay.

Nota. — Jean III, seigneur d'Arcis est désigné Jean II, comme seigneur de Chacenay ; Jean Ier, seigneur de Chacenay, vivait en 1176 (p. 202-203). Huet, seigneur d'Arcis, est Huet II, comme seigneur de Chacenay ; Huet Ier, seigneur de Chacenay, vivait en 1237 (p. 236).

Après des contestations, le 13 juin 1278, Érard IV et Guillaume Ier firent entre eux un nouveau partage de ce qui leur était échu dans les seigneuries d'Arcis et de Chacenay, en sorte qu'Érard d'Arcis fut principal seigneur des Tours Sainte-Parise, et Guillaume d'Arcis principal seigneur de Pizy (Yonne). Mais tous deux ainsi que Jean et Milet d'Arcis conservèrent le titre de seigneurs de Chacenay.

Toutefois, de 1279 à la fin de 1282, dans six actes que nous avons rapportés (nos 182-187), c'est Jean, l'aîné des frères d'Arcis, qui prend expressément le titre de sire d'Arcis et de Chacenay, parce qu'il possédait le donjon de chacune des seigneuries.

Malgré tout, ce seigneur n'était pas satisfait, et en 1284, il sollicite un arrêt du Parlement de Paris contre son frère Érard d'Arcis, sire des Tours Sainte-Parise, à l'effet d'obtenir tout le château de Chacenay par droit d'aînesse. Mais le 21 décembre 1284, Mathieu de Vendôme, abbé de Saint-Denis, qui gardait le royaume pour le roi occupé à la guerre d'Aragon, déclara qu'en vertu de la coutume de Champagne, un château qui arrive par succession collatérale doit être partagé également entre les frères, sans avantage pour l'aîné (n° 188)[1]. On trouve parmi les juges : Gauthier de Chambly-de-Neuilly, évêque de Senlis ; Simon de Nesle, le comte de Ponthieu, l'évêque de Thérouanne, le doyen de Tours, le duc de Bretagne, le sire de Grancey, etc.

Ce jugement fut confirmé par arrêt du Parlement le 1er novembre 1285 (n°s 190, 191), et force de loi resta au partage primitif qui fut homologué au bailliage de Sens le 23 août 1286. Le partage avait été fait selon la coutume de Champagne, en quatre parties égales, d'après les diverses mouvances de la seigneurie de Chacenay. 1° La terre de Chacenay, mouvant de l'évêque de Langres, fut partagée en quatre parties égales, dont Jean d'Arcis eut le choix. 2° La terre de Chacenay, mouvant du comte de Champagne, du duc de Bourgogne et du seigneur de Chappes, fut divisée

---

[1]. Nous croyons que Pithou a eu sous les yeux un exemplaire de ce jugement dont la date est fautive, et qu'au lieu de 1283 il faut lire 1284, 21 décembre. Car en 1283, Philippe le Hardi était en France, et l'abbé de Saint-Denis n'avait pas la garde du royaume ; d'ailleurs en 1283, Robert III de Cressonsart était encore évêque de Senlis. Cette même pièce établit que le 21 décembre 1284, Gauthier de Chambly était déjà évêque de Senlis.

en deux parts, l'une pour Jean et Milet, son frère ; l'autre pour Érard et Guillaume, son frère (nos 192, 193). Le donjon était hors lot, le seigneur qui le prit, dut, selon la coutume de Champagne, assigner vingt-cinq livrées de terre, c'est-à-dire vingt-cinq livres de rente, en assiette de terre [1], au seigneur qui avait le lot où se trouvait le donjon.

Restait à juger le cas d'Élissende d'Arcis, femme de Gauthier de Merrey (Aube), qui prétendait avoir comme ses frères, une part dans la chatellenie de Chacenay. Le 1er juin 1287, elle fut renvoyée de sa demande par les Grands-Jours de Troyes, présidés par Jean de Joinville, l'historien de saint Louis, sénéchal de Champagne ; et il fut déclaré qu'elle n'avait droit qu'à une rente (n° 194).

La question de partage reviendra en 1308, après la mort de Jean et de Milet ; alors Érard deviendra principal seigneur d'Arcis, en conservant les Tours Sainte-Parise, et Guillaume, principal seigneur de Chacenay, en conservant Pizy.

Jetons un coup d'œil rapide sur quelques actes des seigneurs de Chacenay de 1284 à 1305.

En 1284, un jugement irréformable des Grands-Jours de Troyes, en faveur d'Érard IV, seigneur de Chacenay, condamna Henri Larmurier et Thibaut de Saint-Antoine de Troyes, qui avaient acheté, sans l'agrément d'Érard, des biens de ses hommes de corps,

---

1. La livrée de terre se définit : une livre de rente dont l'assiette est en terre. Or, d'après les coutumes du bailliage de Troyes « le sextier de froment, mesure de Troyes, à prisée et assiete de terres, vault vingt sols tournois » de rente. « Le sextier de seigle... dix sols tournois. Le sextier d'orge, sept sols six deniers tournois. Le sextier d'avoine, cinq sols tournois » (art. 182-185, édit. 1628).

dans ses fiefs de Sacey et de Thénellières (n° 189). Ce jugement fut rendu par Jean de Joinville, sénéchal et garde de Champagne [1].

Au mois de novembre 1285, Reine d'Ancy-le-Franc et son mari Guillaume d'Arcis, chevalier, seigneur de Pizi, et son frère Jean, donnent à l'abbaye de Molême le droit de prendre de la pierre à Fulvy, pour les moulins de l'Armançon [2].

Milet d'Arcis, sire de Bligny, au mois de février 1286, fonde son anniversaire au prieuré de Belroy [3].

En 1287, Érard IV, sire de Chacenay, obtient aux Grands-Jours de Troyes, un jugement contre le sire de Chappes en vertu de la coutume de Champagne sur les *asseuremens* (n° 195).

Au mois d'août de la même année, Érard IV rend foi et hommage au duc de Bourgogne pour sa part dans la seigneurie de Chacenay (n° 196).

L'an 1288, Henri, prieur de la Trinité de Bar-sur-Seine, et Hugues, doyen de la chrétienté de Bar-sur-Seine, certifient que Milet de Bourguignons, écuyer, a vendu la rente d'un muid d'avoine à Érard IV d'Arcis,

1. Une des prérogatives du sénéchal était de présider les Grands Jours de Troyes, dont les jugements étaient sans appel.
2. Archiv. de la Côte-d'Or, *Origin.* Cart. 270.
3. Février 1285 (v. st.) Je Miles, d'Arcies escuers et de Chacenai, sires de Bleigney, fais savoir à tous ces qui verront et orront ces présentes lettres que pour raison d'une grant courtoisie que li frère de Biauroy sor Aube mont otroié com de faire après mon obit chascun an en leur yglyse mon anniversaire, de la quel chose je les merci mont. En récompensation de cele je Miles, pour moi et pour mes hoirs leur ai amorti à tous jours le don que Henriz Li Clers de Couvoignon et Liébaus, ses frères, leur firent, grant tems a, de la quarte partie des terrages qui partoient avec ma dame Aalis, qui fut dame de Chacenai, et avec les hoirs le Chat d'Urville et avec Marie, qui fut fame Aymé, et avec Agnel, qui fu fame Guelin de Couvoignon, et leur ai encor amorti les censes

chevalier, seigneur en partie de Chacenay (n° 197). En 1289, Robert II, duc de Bourgogne, et Gui de Genève, évêque de Langres, obtinrent au Parlement de Paris un jugement contre Jean II (Jean III, sire d'Arcis), sire de Chacenay, et ses frères, en vertu de la coutume de Champagne sur les reprises de fiefs qui viennent d'héritage collatéral (n° 200). Au mois de juillet de la même année, Guillaume Ier d'Arcis, sire de Pizy et de Chacenay, emprunte 700 livres de petits tournois à Érard IV d'Arcis, seigneur de Vitry-le-Croisé en partie, son frère. Guillaume, en contractant cet emprunt, engage, à titre de garantie, une partie de la succession de Milet, sire de Bligny, son frère, qui était mort (199). Le château de Bligny passera en héritage à Érard IV, puis à Guillaume II d'Arcis, son fils.

Nous avons donné à la date de 1290 (n° 201) un extrait de l'ancien Cartulaire de Chacenay comprenant les fiefs d'Érard IV d'Arcis, qui mouvaient du roi, dans la chatellenie d'Arcis. Ces fiefs qu'Érard tient en totalité ou en partie sont : le château et toute la ville d'Arcis-sur-Aube, le village du Chêne et tout le finage, le village de Marcilly-sur-Seine, le village de Torcy-le-Grand et Torcy-le-Petit (n° 201).

En 1290, au mois de juin, un différend entre Érard IV d'Arcis, seigneur de Chacenay, et l'abbaye de Clairvaux, au sujet de Fontarce, est réglé par la

---

que la dite dame de Chacenay et li autre hoir devant dit avoient au partaige avec les devant dis Henri et Liébaut a paier à la Saint Jehan et à la Saint Remei. Les quex censes et liquel terraige estoient et mouvoient de mon fié. En témoignage de ceste chose j'ai mis mon scel en ces présentes et furent faites en l'an de grâce mil CC quatre vinz et cinc ou mois de feuvrier. (Archiv. de l'Aube, AI., 444).

cour de Philippe le Bel. La grange de Fontarce et ses dépendances relèveront de la justice haute et basse d'Érard et de ses successeurs. Érard et ses successeurs tiendront en fief et en hommage du duc de Bourgogne et de ses successeurs la justice haute et basse de Fontarce. Enfin la grange de Fontarce et ses dépendances demeureront en la garde du roi Philippe le Bel et de ses successeurs, à raison du comté de Champagne (n°s 202, 203 [1].)

Le 1er juin 1293, Baudoin de Laon, bailli de Troyes, fait savoir que les frères Séguier et Robert de Gand ont vendu à l'abbaye de Saint-Loup de Troyes, moyennant 500 livres de petits tournois, la rente d'un muid de froment et de deux muids d'avoine à la mesure de Troyes [2], et la coupe de deux cents quatre-vingts arpents de bois dans le Dervet, le tout sur le finage de Lusigny (Aube) et dans le terrage qui a appartenu aux seigneurs de Chacenay. La même notification est faite par l'official de Troyes et par celui de Thérouanne, parce que Séguier habitait Calonne (Pas-de-Calais). Au mois de décembre suivant, Érard IV d'Arcis, comme héritier d'Alix de Chacenay, consent à cette vente, en conservant le droit de *retrait* pendant un an et un jour selon la coutume de Champagne (n°s 204-206).

Au mois de décembre 1293, Jean, sire d'Arcis, de Chacenay et de Pizy, renouvelle et confirme l'affranchissement, selon la coutume de Montréal, accordé par Gui d'Arcis, son grand-père, aux habitants de Pizy.

---

1. Vallet de Viriville a imprimé cette charte dans les *Archives histor...*, p. 238 : il la date du mois de juillet.
2. Voir plus haut, p. 182.

Cet acte de confirmation [1] est sous le sceau de Jean d'Arcis, sire de Pizy, et sous celui de Miles X, sire de Noyers, son cousin-germain.

En 1294, au mois de février, Érard IV, seigneur d'Arcis et de Chacenay, prenant le titre de sire de Meurville, confirme et amortit une donation faite au prieuré de Belroy, par feue Élissende, dame de Bricons, le 5 octobre 1278. Élissende avait donné pour la fondation de son anniversaire une rente de dix sols à prendre sur le moulin de Spoy, qui mouvait du fief d'Érard [2].

En 1295, Guillaume Ier d'Arcis, sire de Pizy et de Chacenay, est témoin avec Érard IV, son frère, d'un acte concernant l'abbaye de Pontigny. Jean de Vergy ayant vendu à l'abbé et au couvent de Pontigny la terre que Miles de Noyers leur avait baillée à Venouse (Yonne), moyennant 1,500 livres tournois, verse cette somme en présence de Guillaume d'Arcis, sire de Pizi, et d'Érard d'Arcis, son frère [3].

La même année 1295, Guillaume Ier d'Arcis, sire de Pizy et de Chacenay, fait hommage à Miles X, sire de

---

1. Archiv. de la Côte-d'Or, B. 10, 486.
2. 1293, février (v. st). Je Erars Darcies et de Chacenay, chevaliers, sire de Murriville, faiz savoir... que comme noble dame et saige madame Elyssans, jadis dame de Brecons, eust donné... au frères de Biauroy sor Aube, de l'ordre dou Val des Ecoliers, dis sols de tournois petiz a perpetuitel à penre chaucun an sor son molin de Cepoi, qui muet et est de mon fié, pour son anniversaire faire... que je le don et l'aumône (de la dite dame) lo et conferme et amorti à touz jours... en l'an de grâce mil deus cens quatre vinz et treize, ou mois de fevrier. (La donation de la dame de Bricons est de 1278, 5 octobre « die mercurii post festum BB. Remigii et Germani » selon le calendrier de Langres.) Archives de l'Aube, Origin. 3 H 1.
3. Duchesne, Maison de Vergy, Preuv., p. 152.

Noyers, pour ses fiefs de la mouvance du seigneur de Noyers [1].

En 1298, Érard d'Arcis acquiert des biens à Éguilly. Érard d'Arcis se qualifie seigneur de Vitry-le-Croisé, et Guillaume, seigneur de Pizy, en 1299 [2].

1299. Jean II, sire d'Arcis et de Chacenay, vend à Jean, sire de Vergy (Reulle-Vergy, Côte-d'Or) la tierce partie de tout ce que Milet d'Arcis, son frère, tenait au village, maison et appartenances de *Villeregis* [3].

A cette époque vivait Jean d'Arcis, cousin-germain de Guillaume II d'Arcis, et son exécuteur testamentaire. Il était fils de Jean II d'Arcis-Chacenay ou de Guillaume Ier. D'abord archidiacre du Laçois en l'église de Langres (en 1326), il est ensuite nommé évêque de Mende (1331), puis évêque d'Autun (1331-1342), enfin Jean d'Arcis fut transféré au siège de Langres dont il prit possession le vendredi 14 novembre 1342. Il mourut en 1344, et Hugues de Pomarc, son successeur, prit possession le 23 septembre 1344 [4].

Le 3 mai 1300, Jean, seigneur d'Arcis et de Chacenay, épouse, probablement en secondes noces, Alix de Joinville, fille de Jean, sire de Joinville. Par contrat

---

1. Archiv. de la Côte-d'Or, B. 10, 486.
2. Bibliot. nat. *Franç.* 5995, fol. 180 bis r°.
3. A. Du Chesne, *Vergy, Preuv.*, p. 152.
4. Archives de l'Aube, G. 2325-2329. Outre l'exécution du testament de Jean d'Arcis (G. 2328, fol. 67), on trouve des comptes de son épiscopat à Autun et à Langres qui sont fort curieux. Dans ces comptes on voit qu'en 1342, la demi-rame de papier se vendait encore, à la foire de Chalon-sur-Saône, XXXII sols (G. 2326, fol. 16 v°), et pour se faire une idée de cette somme sans recourir aux Tables de Leber, disons qu'en 1372, le chanoine Guillaume de Creney payait Jeanne, sa domestique, « à IIII livres tourn. pour an »; et Jehançon, son clerc, recevait 10 livres de gages par an (Ib., G. 2330, fol. 7-10).

de mariage signé le même jour à Joinville, Alix reçut de son père, avec le consentement de ses deux frères, Jean, sire d'Ancerville, et Ansel, sire de Rimaucourt : 1° la somme de 3,000 livres tournois, une fois payée ; 2° la rente de 300 livres en terres, dont l'assiette devait être faite par Gauthier de Joinville, sire de Vaucouleurs, et Gui de Joinville, sire de Sailly [1]. De son côté, le seigneur d'Arcis constitua un douaire à Alix ; il était en partie sur la seigneurie de Chacenay, comme nous le verrons en 1316.

Dans le compte des baillis de France, terme de l'Ascension 1305, figure Guillaume d'Arcis, chevalier, seigneur de Pizy, garde du bailliage de Mâcon [2].

Jean, sire d'Arcis et de Chacenay, mourut au plus tard en 1307, sans laisser d'enfants d'Alix de Joinville [3].

La mort de Jean d'Arcis, seigneur de Chacenay, précédée de celle de Milet d'Arcis, seigneur de Bligny,

---

1. En 1750, l'original du contrat de mariage d'Alix de Joinville était conservé au château de Polisy. (*Hist. manuscr. de Chacenay.*)
2. *Recueil des Histor. de France*, XXII, 767 — B.
3. P. Anselme, VI, 695. Alix de Joinville, après la mort de Jean III d'Arcis, épousa Jean, comte de Lancastre et seigneur de Beaufort (Montmorency, Aube). Nous avons publié deux chartes, l'une du mois de juillet 1312 et l'autre du mois d'octobre de la même année (*Cartul. de la Chapelle-aux-Planches*, n°s 78 et 79) qui établissent incontestablement qu'à cette date Alix était mariée à *Jean* de Lancastre et non à Henri de Lancastre comme l'affirment Moréri, *l'Art de vérifier les dates, etc.* Alix est nommée avec Erard Ier d'Arcis, son beau-frère, dans le manuscrit des fiefs de Plancy : « madame Alix de Joinville qui fu femme feu Mr Jehan, sire d'Arcis. » Elle avait la moitié du fief de « Vois (Voué) en Champoigne » Bibliot. Nat., *Supplém. Fr.* 11574, fol. VIII v° et XXIX r°. Alix paraît encore le 2 juin 1323 dans les *Titres de la seigneurie de Chacenay* (plus haut, n° 217), et le 19 avril 1336 dans notre *Cartulaire de la Chapelle-aux-Planches* (n° 82).

donna lieu à un partage définitif des baronnies d'Arcis et de Chacenay.

Jean ne laissait pas d'enfant mâle. Ses héritiers commencèrent par susciter de grands embarras aux exécuteurs testamentaires, au point qu'une enquête fut ouverte un peu plus tard pour savoir si, par suite de ces difficultés, le château de Chacenay n'avait pas été acquis au roi (n° 216).

Ce nouveau partage des seigneuries d'Arcis et de Chacenay, sauf le douaire d'Alix de Joinville, eut lieu le 2 janvier 1308, nous l'avons rapporté dans les *Titres* (n°s 207-209) [1] ; il fut fait par Pierre de Jaucourt, Guillaume de Vaucouleurs, chevaliers, et par Thévenin de Fontette et Érard de Beauvoir, écuyers. Le château et la principale part de la seigneurie d'Arcis échurent à Érard ; Guillaume eut le donjon et la principale part de la seigneurie de Chacenay. Les charges furent partagées entre les deux héritiers. Nous noterons seulement une rente de cent livres sur Arcis à payer à Gauthier de Merrey, mari d'Élissende d'Arcis, et une rente de dix-huit livres en terres à payer aux chanoines de Chacenay. Avant Pâques de cette même année 1308, Robert Bouchard, garde du sceau de la prévôté de Bar-sur-Seine, homologua le partage des baronnies d'Arcis et de Chacenay.

C'est en vertu des partages de 1285 et de 1308 que les nouvelles seigneuries de Chacenay et des Tours Sainte-Parise furent constituées.

D'après le partage du 2 janvier 1308, le lot de

---

1. Le titre n° 207 doit être daté du 2 janvier 1308 (année bissextile) ; et il faut lire « Jehan, jadis seigneur d'Arcis, leur *frère* » au lieu de leur père.

Guillaume comprenait principalement : le château et le donjon avec une partie de l'enceinte castrale et la moitié de la justice, le village avec le finage et toutes les appartenances de Chacenay, entièrement ; les villages et les finages de Chervey, de Viviers, de Mallet, de Noé, de Vitry-le-Croisé, de Bertignolles, de Saint-Usage, en partie ; les fiefs que Hugues de Thouars, seigneur de Possanges, tient à Voué, Montsuzain et Aubeterre (Aube) à cause de sa femme Isabeau de Noyers, sœur de Miles X, maréchal de France (n° 208).

Guillaume eut en partage avec le donjon de Chacenay les droits honorifiques et tout le domaine utile de la seigneurie.

Le lot d'Érard IV, dans la seigneurie de Chacenay, comprenait les Tours Sainte-Parise et l'autre partie de l'enceinte castrale avec moitié de la justice, et de plus des mouvances dont les revenus ne demandaient aucune administration sur les lieux ; car Érard n'habitait pas les Tours Sainte-Parise.

La chapelle du château resta indivise.

Telle est l'origine de la seigneurie des Tours Sainte-Parise.

Alors les grands travaux qui ont transformé l'ancien château de Chacenay[1] étaient en voie d'exécution, et probablement qu'ils furent achevés peu après 1318 ; car c'est à cette date que la seigneurie des Tours Sainte-Parise a été définitivement constituée et donnée en dot par Érard IV à sa fille Marguerite, quand elle épousa Mathieu de Mello.

A partir de 1308, nous nous occuperons particu-

---

1. *Introduct.*, p. VIII-X.

lièrement de Guillaume Ier d'Arcis, seigneur du donjon de Chacenay ; dans la IIIe partie de ce travail on trouvera la *Chronologie des seigneurs des Tours Sainte-Parise*, qui commencera en 1308 avec Érard IV d'Arcis.

X. Guillaume Ier d'Arcis (*le même*), seigneur de Chacenay et de Pizy.

(1308-1328). Sur la fin du mois de janvier 1309, Guillaume Ier d'Arcis, seigneur de Chacenay, fit dresser le rôle de ses vassaux qui devaient et reconnurent la garde du château de Chacenay. Nous avons donné ce rôle (n° 210), qui est très précieux au point de vue de la géographie féodale de la nouvelle baronnie de Chacenay au commencement du xive siècle.

La même année 1309, Guillaume Ier d'Arcis est choisi comme juge d'une contestation par son frère Érard IV. Les femmes veuves de Vitry-le-Croisé prétendaient n'être pas soumises envers leur seigneur, Érard d'Arcis, au droit de jurée, c'est-à-dire à payer les droits de franchise selon la coutume de Vitry-le-Croisé [1]. Les veuves furent condamnées à payer les droits d'affranchissement en vertu de la Coutume de Champagne qui régit Vitry-le-Croisé (n° 211).

Au mois de novembre 1314, la noblesse de Bourgogne et celle du Forez, de concert avec le clergé et les communes, exposent à Philippe le Bel que depuis saint Louis de grandes atteintes avaient été portées à leurs privilèges. On trouve dans cette ligue avec

---

1. Voir plus haut, p. 233. — Nous avons publié : *C'est la jurée de la vile de Bar seur Seinnez et des villez appartenans à icelle, de l'an mil CCCXXIX.* »

« Guillaume Ier, sire de Chacenay et de Pisey » Jean, sire de Luzy ; Gérard de Châtillon ; Eudes, sire de Grancey ; Robert de Grancey, sire de Larrey ; Jean, comte de la Roche ; Philippe, sire de Chauvirey ; Hugues, sire de Montperroux ; Richard, seigneur d'Antigny ; Eudes, sire de Montaigu ; Guillaume, sire d'Époisses ; Henri de Vergy, sire de Fouvent et sénéchal de Bourgogne ; Étienne, sire de Sombernon ; Eudes de Sombernon, sire de Marigny ; Jean de Frolois, sire de Molinot, et Gaucher, son frère, sire de Rochefort (*al.* Alix, dame de Frolois) ; Guyon de Crécy et autres [1]. Ce fut Louis le Hutin qui, au mois d'avril 1315, fit droit aux représentations de la noblesse bourguignonne en rendant une Ordonnance en sa faveur [2]. Malheureusement l'article sixième porte : « Que les nobles puissent et doivent user des armes quand il leur plaira ; et que ils puissent guerroyer et contregagier. Nous leur octroions les armes et les guerres, en la manière qu'ils en ont usé et accoutumé anciennement ; et selon qu'on trouvera, nous leur en ferons

---

1. André Duchesne, *Maison de Vergy*, Preuves, p. 230-236 ; *Hist. des ducs de Bourgogne*, Preuv. Montaigu, p. 159 ; *Maison Châteauvillain*, Preuv., p. 48. A ces lettres sont jointes, en date du 14 novembre 1314, pareilles lettres de ligue des nobles de Champagne avec ceux de Vermandois, de Beauvoisis, de Ponthieu et de la terre de Corbie, pour résister aux impositions que le roi Philippe voulait lever sur eux. On trouve dans cette ligue : « Guillaume de Dampierre, sires de Saint-Dizier ; Philippe, sires de Plancy ; Aubert de Touleitte (Thorotte), sires dou Chasteley ; Guillaume, sires de Thil-en-Auxois et de Marigny ; Guyz, sires de Broyes ; Dreues, sires de Treynel ; Dreues, sires de Chappes ; Henriz de Treynel, sires de Villeneuve ; Hugues de Chappes, sires de Dyenville ; Estiennes, sires de Saint-Fale ; Guillaume, sires de Pougy... »

2. Laurière, *Ordonn. des rois de France*, I, 557. — Isambert, III, 60.

garder... » Cet article abolissait en Bourgogne l'Ordonnance que Philippe le Bel avait rendue en 1303 pour proscrire les guerres privées.

Le dimanche après la Saint-Martin d'hiver 14 novembre 1316, Alix de Joinville, *dame de Beaufort*, promet de faire hommage de sa terre de Chacenay à l'évêque de Langres, Guillaume de Durfort, si c'était la coutume de Champagne [1].

Le 21 janvier 1317, au château ducal de Villaine-en-Duesmois, Guillaume, sire de Chacenay et de Pizy, fait hommage au duc de Bourgogne Eudes IV, pour ses fiefs qui relèvent du château de Gyé-sur-Seine (n° 213).

Le 29 avril 1319, le roi Philippe le Long faisait convoquer à Troyes les barons champenois pour une expédition projetée contre Robert de Béthune, comte de Flandres. Guillaume, seigneur de Chacenay, est porté sur la liste de convocation (n° 214). Nous ignorons si une levée de troupes fut faite en conséquence de cette convocation ; Philippe signa avec Robert, le 5 mai 1320, un traité qui laissait le roi de France en possession des villes d'Orchies, Lille et Douai.

Cependant à cette date, Guillaume Ier, seigneur de Chacenay, n'était pas complètement affermi dans la possession du donjon de Chacenay. Nous avons vu que, par suite des embarras suscités aux exécuteurs testamentaires de Jean d'Arcis, seigneur de Chacenay, le Parlement avait ouvert une enquête pour savoir s'il était vrai que le château de Chacenay avait été acquis au roi. Érard IV, seigneur des Tours Sainte-Parise et d'une partie de l'ancienne seigneurie de Chacenay,

---

1. *Cartul. de Langres*, p. 189. — P. Anselme, VI, 695.

étant mort en 1322, le débat se ranima et le 13 janvier 1323 le Parlement ordonnait de parfaire l'enquête et les procédures relatives au château de Chacenay (n° 216). Les droits des héritiers de Jean d'Arcis, seigneur de Chacenay, furent pleinement reconnus.

Vers le même temps, Guillaume d'Arcis, seigneur de Chacenay et de Pizy, et Gérard de Châtillon, seigneur de la Roche-Milay, sont choisis comme arbitres d'un différend entre Jean II de Châlons, comte d'Auxerre, et Miles X, seigneur de Noyers, au sujet de la grange d'Essert (Yonne). Il fut décidé que la justice relevait du seigneur de Noyers et que la garde appartenait au comte d'Auxerre[1].

Le 28 janvier 1325, Guillaume d'Arcis, seigneur de Chacenay, fut condamné à payer à l'abbaye de Clairvaux, comme par le passé, la rente d'un muid de froment à prendre sur la grange de Vitry-le-Croisé ; le même jugement confirma aux religieux leurs droits de haute justice dans les bois et sur le four de Saint-Usage (n° 218). Trois ans plus tard, Guillaume revint à ses prétentions, et mit empêchement à l'exercice de la haute justice des religieux, sur les prisons et le four de Saint-Usage ; mais il fut de nouveau condamné par le bailli de Chaumont, le 19 mai 1328 (n° 220).

C'est le dernier fait que nous connaissions de la vie de Guillaume Ier, d'Arcis-Chacenay.

Guillaume Ier, marié à Reine d'Ancy-le-Franc, laissa un fils nommé *Érard* qui continue la succession des barons de Chacenay.

1. Archiv. de la Côte-d'Or, *Recueil de Peincédé*.

XI. Érard V d'Arcis, seigneur de Chacenay et de Pizy.

(1328 au plus tôt - 1344). A la bataille de Courtray, le 21 ou le 24 juin 1325, Louis, comte de Flandres et de Nevers, fut fait prisonnier par son oncle Robert de Cassel, et enfermé à Bruges. Le roi de France Charles le Bel écrivit le 19 septembre 1325 à son bailli d'Amiens de sommer Robert de Cassel et les Brugeois de mettre le comte Louis en liberté ; ce qui fut exécuté. Mais les Flamands n'ayant pas fait de soumission au roi de France « pour ce envoia le roy grans gens d'armes à Saint-Omer, soulz le conduit de Mgr Alphonse d'Espaigne, de Mre Mile de Noiers et du mareschal de Trye [1] ».

Érard d'Arcis-Chacenay, fils de Guillaume Ier, seigneur de Chacenay, fit partie de cette expédition. Il était en compagnie de ses parents, Miles X de Noyers, bouteiller de France, Itier de la Broce, seigneur de Polisy, Guillaume II, seigneur d'Arcis, etc. Ces valeureux guerriers étaient à Lille au mois de janvier 1326, quand Guillaume II d'Arcis, fils et successeur d'Érard IV d'Arcis-Chacenay, vint à mourir. Il fit son testament le 5 janvier 1326, en présence des seigneurs que nous venons de nommer et désigna pour ses exécuteurs testamentaires : sa femme, Cunégonde de Grancey, dame d'Arcis, fille d'Eudes IV de Grancey et d'Élisabeth de Blamont ; ses cousins-germains, Jean d'Arcis, archidiacre du Laçois en l'église de Langres,

---

[1] *Recueil des Histor. de France*, XXII, 428.

et Érard V d'Arcis, fils de Guillaume Ier, seigneur de Chacenay ; et ses autres cousins, Jaquot, Gaucher et Guillaume de Pacy-sur-l'Armançon (n° 249). Guillaume II mourait quelques jours plus tard, et son corps était rapporté en Champagne ; le dernier descendant mâle de la seconde lignée des seigneurs d'Arcis-sur-Aube fut inhumé chez les Frères Cordeliers de Troyes, avec son père Érard IV d'Arcis-Chacenay, et sa mère Marguerite [1].

Cependant les Flamands avaient demandé la paix. Le roi de France envoya à Saint-Omer André de Florence, depuis évêque de Tournay, et le célèbre Pierre de Cugnières, pour conclure le traité. Les pourparlers eurent lieu à Arques (Pas-de-Calais) et durèrent du 16 février 1326 au 23 mars, fête de Pâques. Ce jour-là « fut faitte une paix quy ne guaires de temps durer povoit, et vint messire Robert de Flandres le jour de Pasques en la ville de Saint-Omer où il disna avec messire Mile de Noyers. Si fut bonne paix criée entre le roy de France et les Flammens [2] ». Érard rentra au château de Chacenay au commencement du printemps.

Il avait épousé Blanche de Châtillon, fille de Gérard

---

1. A la mort de Guillaume II d'Arcis, qui ne laissait pas d'enfants, la seigneurie d'Arcis passa en partie à Isabeau d'Arcis, probablement fille d'Erard, et mariée à Jean de Frolois (Côte-d'Or), seigneur de Molinot (Côte-d'Or) ; puis à leurs enfants, d'abord à Gui et ensuite à Marguerite de Frolois ; enfin, Marguerite de Frolois qui avait épousé en secondes noces Jean, sire de Châtillon-en-Bazois, vendit au roi, de concert avec son mari, le 28 juillet 1366, le château et la châtellenie d'Arcis-sur-Aube (n° 227). On voit encore dans la belle église de Molinot les tombeaux défigurés des sires de Frolois.
2. Recueil des histor. de France, XXII, 428-429.

de Châtillon-en-Bazois, seigneur de la Roche-Milay (Nièvre) et de Guillemette de Couches-les-Mines (Saône-et-Loire). On se rappelle que la maison de Châtillon avait été avantagée par le testament de Guigues VI de Forez, mari d'Alix de Chacenay [1]. Les seigneurs de Châtillon-en-Bazois (Nièvre) sont issus des comtes de Champlitte, de la maison des comtes de Champagne.

Le traité de mariage entre Érard et Blanche fut signé le 26 janvier 1331 au château de la Roche-Milay. Gérard donna en dot à sa fille la maison-forte de Poix et ses dépendances, et 1,000 livres tournois. Érard assigna en douaire à sa future la seigneurie de Pizy et 500 livres de rente annuelle [2].

Le 6 décembre 1331, Jean Guérard, le jeune, garde du sceau de la prévôté d'Ervy, notifie un arrangement entre Érard, sire de Chacenay, et Blanche de Châtillon, sa femme, d'une part, et l'abbaye de Montiéramey, d'autre part, au sujet du prieuré de Viviers (n° 221). Le seigneur de Chacenay renonce à certains droits auxquels il prétendait. Cet arrangement fut scellé des sceaux d'Érard et de Blanche, en présence de Guillaume de Puiseaux (Aube), écuyer ; de Mathieu, curé de Pizy ; de Jean, curé de Courtaoult (Aube).

Gérard de Châtillon-en-Bazois, beau-père d'Érard, étant mort, il fut question de partager sa succession entre ses héritiers : Blanche, Jeanne et Béatrix, ses filles, et Marie, sa petite-fille, fille d'Henri de Châtillon. Jeanne était mariée à Richard de Montbellet, Marie avait épousé Jean de Châteauvillain.

1. Voir plus haut, p. 245.
2. Huillard-Bréholles, *Titres de la maison de Bourbon*, n° 1942.

Le dimanche après la Saint-Mathieu, 25 septembre 1334, furent arrêtés les articles d'un arbitrage entre Érard d'Arcis, seigneur de Chacenay et de Pizy, et sa femme Blanche de Châtillon ; Jean de Châteauvillain, agissant au nom de Marie de Châtillon, sa femme, et de Jeanne, sa belle-sœur, toutes deux filles de Henri de Châtillon, fils dudit Gérard ; Jeanne de Châtillon [1], dame de Montbellet (Saône-et-Loire), aussi fille de Gérard ; Béatrix, autre fille de Gérard ; et Gui de Bourbon, seigneur de la Ferté-Chauderon en Bourbonnais, agissant au nom d'Isabelle de Châtel-Perron, sa femme, concernant la saisine des biens meubles et héritages provenant de la succession dudit Gérard et de sa femme [2].

Le 7 février 1336, autre accord entre Érard d'Arcis et Blanche de Châtillon, sa femme, d'une part, et Béatrix de Châtillon, d'autre part, en vertu duquel Béatrix renonce, en faveur de Blanche, moyennant certaine rente, à la succession de son père, Gérard de Châtillon [3].

Mathieu de Mello, seigneur des Tours Sainte-Parise, étant mort en 1332, Érard fut nommé tuteur des enfants de Marguerite d'Arcis, sa cousine-germaine, le 20 décembre 1335 [4].

1. Elle épousa Richard, seigneur de Montbellet.
2. André Duchesne, *Maison de Châteauvillain*, Preuves, p. 52. Huillard-Bréholles, *Titres de la maison de Bourbon*, n° 2058.
3. Huillard-Bréholles, *Titres de la maison de Bourbon*, n° 2119. Robert de Châtillon-en-Bazois épousa Jeanne de Lézinnes, sœur de Jean Trouillard, seigneur de Lézinnes, et fut tuteur des enfants de son beau-frère. Cette tutelle passa ensuite, après la mort de Robert, à Jean de Châtillon, frère de Robert.
4. P. Anselme, VI, 67. — Nous avons vu plus haut que le même Erard avait été exécuteur testamentaire de Guillaume II d'Arcis, frère de Marguerite, en 1326. Les historiens ont confondu Erard IV d'Arcis-Chacenay, père de Marguerite, avec Erard V d'Arcis-Chacenay, cousin-germain de la même Marguerite.

Le 21 août 1337, Édouard III, roi d'Angleterre, avait déclaré la guerre à la France, et le 7 octobre il s'arrogeait même le titre de roi de France.

En 1338, le roi Philippe de Valois manda la noblesse du royaume pour se rendre à Péronne « Le vanredi devant la Nativité Nostre-Seigneur... pour aller à l'encontre du roy d'Angleterre que on disoit qui devoit venir meffaire au royaume de France. » Érard, seigneur de Chacenay, partit avec Gaucher, seigneur de Pacy-sur-l'Armançon, et huit écuyers, le mardi 15 décembre. Arrivés à Rebais en Brie ils reçurent la nouvelle du *contremand*, et ils retournèrent dans leurs foyers. Pour ces douze jours de marche, aller et retour, ils reçurent trente-sept livres deux sols parisis, des mains du maître d'hôtel de Miles X de Noyers, bouteiller de France [1].

Une trêve avait été signée avec l'Angleterre et les hostilités ne furent reprises que dans le cours de l'année 1339.

Nous ne savons pas à quelle époque est mort Érard V d'Arcis-Chacenay [2]. Il eut de Blanche de Châtillon

---

1. Ernest Petit, *Les sires de Noyers*, p. 268 : « Item, à Mgr Erart d'Arcees, chevalier, seigneur de Chacenay, pour les despens de sa venue et de Mgr Gauchier de Pacy, chevalier, et huit escuiers, dès le mardi XVe jour de décembre, que il partit de son païs jusques au dymenche ensuivant XXe jour dudit mois qu'il vint à Rebez-en-Brie, qui contiennent VI jours qu'il retourna pour ce qu'il oy nouvelles dudit mandement qui estoit contremandé et pour son retour là dont il estoit partiz, pour autres VI jours, pour tout veues les parties et passées par Mgr Guillaume d'Espiriz et Mgr Jehan de Sarrigny, maistres de l'ostel de Monseigneur, XXXVII livres II sols parisis. »

2. On lit dans *L'Hystoire et plaisante cronicque du Petit Jehan de Saintré* que le seigneur de Chacenay passa en Prusse au secours des chevaliers Teutoniques ; « il portait *de gueulles à la faisse d'or.* » — P. 185 ; éd. J. Marie Guichard. Paris 1843.

deux enfants : *Jean d'Arcis*, damoiseau, qui mourut le 10 mai 1338 et fut enterré dans le chœur de l'église de Mores [1] ; *Jeanne d'Arcis* qui fut mariée à *Guillaume de Grancey*.

XII. Jeanne d'Arcis, dame de Chacenay. — Guillaume III de Grancey, seigneur de Larrey, Rielles-Eaux et Chacenay.

Guillaume était fils de Robert de Grancey, seigneur de Larrey (Côte-d'Or), que nous avons vu figurer avec son frère Eudes IV, sire de Grancey, dans la ligue des seigneurs bourguignons en 1314.

Nous ignorons à quelle époque Guillaume de Grancey épousa Jeanne d'Arcis-Chacenay. Sa vie, comme seigneur de Chacenay, ne nous est pas connue. Nous savons seulement qu'il était mort avant le mois de juillet 1372.

Le 12 juillet 1372, Jeanne d'Arcis, dame de Larrey et de Chacenay, rend foi et hommage au duc de Bourgogne, Philippe le Hardi, pour les fiefs qui sont de sa mouvance (n° 228) [2].

Le 1ᵉʳ septembre 1379, Jeanne d'Arcis, dame de Larrey et de Chacenay, rend son aveu à Louis de Châlon, comte de Tonnerre, pour les fiefs qu'elle tient dans la châtellenie de Crusy-le-Châtel (n° 229).

Le 12 juillet 1388, Jeanne d'Arcis, dame de Larrey et de Chacenay avoue tenir en foi et hommage du roi, à cause de son château de Bar-sur-Seine, le donjon de Chacenay avec ses tranchées (n° 231).

1. *Hist. manusc. de Chacenay.*
2. Archiv. de la Côte-d'Or, B. 10, 436.

Jeanne d'Arcis mourut vers 1390.

Guillaume de Grancey, seigneur de Larrey et de Chacenay, en mourant laissa de Jeanne d'Arcis quatre enfants :

Guillaume, sire de Larrey et de Rigny-le-Ferron, qui épousa Marguerite de Plancy [1].

Robert, sire de Chacenay, qui suit.

Milet, chanoine de Langres et doyen d'Autun, seigneur de Pizy et Villy-le-Maréchal.

Mahaut, femme de Jean, seigneur de Rupt [2] et de Riel-les-Eaux.

La pièce suivante fait connaître les enfants de Guillaume de Grancey et de Jeanne d'Arcis.

[6 février 1392.] « A noble et puissant seigneur... monsr le bailli de Troyes... Guillaume de Grancey, sires de Larrey, Robert de Grancey, sires de Chacenay, et Miles de Grancey, doyan d'Ostun et seigneur de Pisey, salut. Tres chiers sires, plaise de vous savoir que par les partaiges faiz entre nous, frères dessus diz et monsr Jehan, seigneur de Rupt, chevalier, pour et en nom de dame Mahault de Grancey, sa femme, nostre suer,

---

1. Vers 1390 « Guillaume de Grancey, chevaliers, seigneur de Larrey et de Rigny-le-Ferron » tient « la mote qui fu Mr Mile de Ragie. » Archiv. de l'Aube, *Reg.* E. 152 (cote provisoire), fol. 75 ro. Guillaume et Marguerite eurent un fils, *Guillaume* de Grancey, seigneur de Larrey et de Praslain, qui épousa, le vendredi après la Saint-Jean-Baptiste 1409, *Laurette de Beauvoir-Châtelus*, fille de Guillaume de Beauvoir et de Jeanne de Saint-Vérain. Laurette était morte en 1432.

Marguerite de Grancey, fille de Guillaume de Grancey et de Laurette de Beauvoir-Châtelus, fut mariée : 1º à *Jean de Dinteville*, seigneur d'Echenay, 2º à *Erard du Châtelet III*, surnommé le Grand. (P. Anselme, VII, 4.)

2. Archiv. de l'Aube, D. 83, fol. 38 ro ; — *Reg.* E. 152 (cote provisoire), fol. 60 ro, 75 ro. D'après le registre D. 83, Mahaut, *veuve*, promet, le 9 avril 1401, de rendre foi et hommage au Roi.

pour et ou nom dicelle dame, de nos biens paternelz et maternelz, ait emporté avec autres héritages en héritage, pour notre dicte suer, la ville de Ryé et appartenances, laquelle muet du fyé du Roy nostre sire de son chastel et chastellerie de Bar-sur-Seine : si vous supplions et requerrons que ledit seigneur de Rupt, nostre frère, vous plaise recevoir en foy, à cause que dessus, de la dicte terre de Ryel... Jusques à tel temps qu'il puisse faire son devoir par devers le Roy nostre sire. Donné soubz nos seaulx, le VI° jour du mois de février l'an de grâce mil CCC IIII^{xx} et unze. »

Le 12 février suivant « Jehan de Venderesse, sire de Marfontaines, chevalier, bailli de Troyes » reçoit, pour le roi de France, à cause de la châtellenie de Bar-sur-Seine, les foi et hommage de « nobles homs mons^r Jehan, seigneur de Rupt, li quiex, tant en son nom comme ou nom et à cause de madame Mahault de Grancey, sa femme, nous a fait serment de féaulté... pour la terre de Ryé... à lui advenue à cause de sa femme par partaige fait entre li, d'une part, et nobles hommes messire Guillaume de Grancey, sire de Larrey, monsr. Robert de Grancey, sire de Chacenay, chevaliers, et messire Mile de Grancey, doyan d'Otun et seigneur de Pisey, frères d'icelle dame, enfens et hoirs de feu messire Guillaume de Grancey, jadis seigneur de Larrey et dudict lieu, leur père, d'autre part [1]...»

1. Archiv. de l'Aube, *Reg.* D. 83, fol. 38 r°.

XIII. Robert de Grancey, seigneur de Chacenay.

Dans un aveu en date du 10 juin 1372, rendu à Philippe le Hardi, duc de Bourgogne, Robert se dit chevalier, sire de Beaujeu, Courcelles-les-Semur et Sainte-Colombe-en-Auxois (n° 228) : ce qui prouve qu'à cette date il était déjà marié avec Jeanne de Beaujeu, qui lui apporta en dot ces trois seigneuries.

D'après une note de l'écriture du P. Vignier[1], Jeanne de Beaujeu serait fille de Guichard de Beaujeu, seigneur de Perreux et de Semur, et de Marguerite de Poitiers ; et elle aurait été petite-fille de Guichard le Grand, sire de Beaujeu, et de Jeanne de Châteauvillain, dame de Semur. Mais cette hypothèse est en contradiction avec deux pièces signalées par Huillard-Bréholles dans les *Titres de la maison de Bourbon* : 1° le contrat de mariage de cette même Jeanne, fille de Guichard, du 31 juillet 1371, avec Huguenin, seigneur de Saint-Trivier en Dombes ; 2° son testament du 22 avril 1415 (n°s 4998 et 3193).

Il faut placer vers 1372, au plus tard, la naissance de Claude de Grancey, fille de Robert, car nous verrons que Marguerite, fille de Claude, était déjà mariée à Jean, sire de Rougemont, en 1413.

Le 7 janvier 1390, Robert de Grancey, seigneur de Chacenay, avoue tenir en foi et hommage du roi, à cause de son château de Bar-sur-Seine, le donjon de Chacenay avec les tranchées et fossés (n° 232).

---

1. Notes manuscr. sur les seigneurs de Chacenay, entre nos mains.

Pendant longtemps les successeurs de Robert refuseront leur foi et hommage au roi de France et se jetteront dans la ligue anglo-bourguignonne. Un moment les seigneurs de Chacenay rendront légitimement l'hommage aux ducs de Bourgogne, quand le 21 septembre 1435, le roi Charles VII et Philippe II, duc de Bourgogne, signeront le traité d'Arras, et que le roi cédera au duc, entre autres comtés, celui de Bar-sur-Seine, ainsi que les aides et le grenier à sel du même comté ; à ce titre les seigneurs de Chacenay deviendront les vassaux légitimes des ducs de Bourgogne jusqu'en 1477.

Le 15 mai 1391, Robert de Grancey-Larrey renouvelle les lettres données par sa mère Jeanne d'Arcis-Chacenay le 12 juillet 1372 (n° 228).

Dans l'*Inventaire* de Chacenay [1] on trouve plusieurs acquisitions ou transactions faites par le baron de Chacenay aux dates du 23 octobre 1398, du 4 décembre 1400, du 15 janvier 1404.

Robert, seigneur de Chacenay, ayant voulu s'arroger des droits sur le four de Bertignolles, Nicole le Roux, prieur de Bertignolles, fit reconnaître le 8 juillet 1407, par jugement de Simon de Bourmont, bailli de Troyes, que tous les droits de banalité du four de Bertignolles appartenaient au prieuré (n° 236). L'année suivante, 1408, le lieutenant général de Troyes, du consentement du seigneur de Chacenay qui avait appelé de la sentence du 8 juillet 1407, confirme par jugement le prieur dans la pleine possession du four banal de Bertignolles [2].

1. P. 23, 203.
2. *Invent. des titres du prieuré de Bertignolles*, entre nos

Du mariage de Robert de Grancey, baron de Chacenay, avec Jeanne de Beaujeu, sortit une fille nommée *Claude de Grancey*, qui épousa successivement *Pierre d'Aumont*, sire de Cramoisy, *Philippe de Chauvirey*, *Aimé* ou *Edme de Choiseul*, et peut-être *Jean de Mello*, seigneur des Tours Sainte-Parise.

XIV. Claude de Grancey, dame de Chacenay.

Ses maris : Pierre d'Aumont ; — Philippe de Chauvirey ; — Aimé de Choiseul ; — (peut-être) Jean de Mello.

I. D'après une note du P. Vignier [1], et aussi d'après le P. Anselme [2], Claude de Grancey, fille de Robert de Grancey et de Jeanne de Beaujeu, aurait épousé Pierre d'Aumont (Somme), seigneur de Cramoisy (Oise). Il était fils de Pierre II Hutin, sire d'Aumont, Cramoisy, Méru (Oise), Chappes et Clérey (Aube), mort le 13 mars 1413, et de Jacqueline de Châtillon, dame de Cramoisy, morte le 17 novembre 1390.

Claude de Grancey, selon les mêmes auteurs, aurait eu de son mariage avec Pierre d'Aumont, une fille,

---

mains. — En 1419, le prieur de Bertignolles, usant de son droit seigneurial sur le four banal de Bertignolles, permet à un habitant dudit lieu de faire un four « de demy aune de large pour cuire flancs, etc., moiennant vint deniers par an paiables à la Saint-Martin. » *Ibid.*

1. Notes de l'écriture du P. Vignier sur les seigneurs de Chacenay, entre nos mains.
2. P. Anselme IV, 872. Il donne à Robert, père de Claude, le titre de seigneur de Courcelles seulement, parceque Robert n'a pris le titre de seigneur de Chacenay qu'en 1390.

Marguerite d'Aumont, qui épousa le seigneur d'Aigremont.

Par son alliance avec Pierre d'Aumont, Claude de Grancey deviendra tante du fameux Jacques d'Aumont, sire de Chappes, dont il sera question en 1441.

II. Philippe, sire de Chauvirey-le-Châtel et de Bussières (Haute-Saône) rechercha l'alliance de Claude de Grancey, héritière de la baronnie de Chacenay [1].

Philippe était mort avant 1413.

Il laissait de Claude de Grancey une fille, *Marguerite*, qui fut mariée à Jean de Rougemont (Doubs), seigneur de Bussières et en partie de Crevans (Haute-Saône). Au mois de juillet 1413, Jean de Rougemont et Marguerite de Chauvirey vendirent au roi cinq cent soixante-dix livres tournois de rente sur les entrées des vins à Troyes et à Langres. Marguerite de Chauvirey, dame de Bussières, veuve de Jean de Rougemont, épousa en secondes noces, Jean II de Choiseul, seigneur d'Aigremont. Jean de Choiseul et Marguerite de Chauvirey affranchirent, le 31 juillet 1420, les habitants de Bussières [2].

---

1. P. Anselme, IV, 822. — Famille de Chauvirey au xive siècle. Philippe de Chauvirey figure parmi les seigneurs bourguignons qui formèrent la ligue de 1314. A la date du 29 juillet 1332, nous trouvons « Philippes, sires de Chauvirey, chevaliers... et sa femme Marguerite de Maisy » qui confirment à l'abbaye de Clairvaux la rente d'un « muy de froment sur la grange de Monmartin », rente donnée à l'abbaye « grant temps a » par « Girars, sires de Durnay. » Archiv. de l'Aube, *Orig. scellé* des sceaux de Philippe et de Marguerite. — Le 14 mai 1387, « Jehan, seigneur de Chauvirey, chevaliers » possède des fiefs à « Long Pré, le Puy, Maisnil Fouchart. » Archiv. de l'Aube, *Reg.* E 152 (cote provisoire), fol. 144 r°. Vers 1390, « Jehan de Chauvirey, chevaliers, » tient en fief de la comtesse de Flandres des biens « à Lompré, Montmartin. » *Ibid.*, fol. 58 v° - 39 r°.

2. La Maison de Choiseul devant Caumartin.

D'après l'*Histoire manuscrite de Chacenay*, une seconde fille, nommée Alix, serait issue « du mariage de Philippe de Chauvirey et de Claude de Grancey. Elle épousa le 17 octobre 1440 Tanneguy, le Compasseur de Créqui-Montfort [1]. »

III. On voit dans l'acte de la vente faite au mois de juillet 1413 par Jean de Rougemont, qu'à cette date Claude de Grancey avait déjà épousé Aimé ou Edme de Choiseul.

Aimé de Choiseul était fils de Gui de Choiseul, seigneur d'Aigremont, mort en 1365, et de Jeanne de Noyers, morte le 13 octobre 1375, et il était petit-fils de Jean III de Choiseul et d'Alix de Grancey.

Aimé, sire de Choiseul et de Noyers en partie, puis de Montaiguillon, avait été fait prisonnier par les Anglais pendant les préparatifs de l'attaque de Calais, en 1406. Jean sans Peur, duc de Bourgogne, dont il était conseiller et chambellan, paya 2,000 livres pour sa rançon, et le fit capitaine de Noyers pour son service [2]. Le sire de Choiseul-Chacenay suivit naturellement le parti de Jean sans Peur contre les Armagnacs et sa vie se trouva mêlée à cette série d'évènements que l'histoire a enregistrés entre le meurtre de Louis, duc d'Orléans, assassiné en 1407, et le meurtre de Jean sans Peur, assassiné sur le pont de Montereau, le 10 septembre 1419.

Au mois de février 1415, Aimé, conjointement avec Claude de Grancey, donne quittance à Jean de Rougemont de 1,000 livres qu'ils avaient reçues de lui, à

---

1. *Mercure de France*, octobre 1752.
2. P. Anselme, IV, 822.

cause de son mariage avec Marguerite, fille de Philippe de Chauvirey et de Claude de Grancey.

En 1418, Aimé, seigneur de Choiseul, octroie la charte d'affranchissement des habitants de Choiseul [1].

Quelques semaines après l'assassinat de Montereau, le 24 octobre 1419, Aimé, seigneur de Choiseul, et Agnès de Noyers, dame de Rimaucourt, vendent à Marguerite de Bavière, duchesse de Bourgogne, ce qu'ils possèdent dans la ville, château, terre, droits et dépendance de Noyers [2]. Aimé de Choiseul possédait un tiers et Agnès de Noyers un demi-tiers [3]. Aimé et Agnès vendirent ensemble et conjointement chacun leur portion. La vente se fit à Dijon, par devant Jean Gros, notaire, par Aimé de Coiffy et Jean Lallemant, écuyers, chargés de leur procuration à cet effet. Le prix de vente était de 9,000 écus d'or à la couronne et de 200 francs en monnaie courante. De cette somme, il fut donné à Aimé de Coiffy, procureur du seigneur de Choiseul, 6,000 écus d'or et 133 livres 4 gros en monnaie courante, pour sa part.

Avant d'aliéner la part qu'il avait dans la ville et seigneurie de Noyers, du côté de sa mère, Jeanne de Noyers, Aimé de Choiseul, qui était tuteur de son petit-neveu Guillaume de Choiseul, assigna, en 1418, 80 livres sur Noyers, à Roline de Clefmont, grand'mère de Guillaume de Choiseul. A cette date, Roline de

---

1. *Le Cabinet histor.*, An. 1864, p. 124 n° 8524.
2. D. Plancher, *Hist. de Bourgogne*, III, 539. — *Trésor des Chartes*, Lay. J. 250, n°s 26-30.
3. Perrin de Montdoré et Isabelle de Rodemanche, sa femme, possédaient un demi-tiers ; Jeanne, dame de Grancey et de Châteauvillain, un demi-tiers ; un autre demi-tiers appartenait à la dame de Saint-Bris. (D. Plancher, *Ibid.*)

Clefmont, était veuve de Gérard de Choiseul, frère
d'Aimé, et elle avait épousé en secondes noces Pierre
Gallehaud de Choiseul-Aigremont. Louis de Choiseul-
Clefmont, fils de Gérard de Choiseul et de Roline de
Clefmont, marié à Isabelle de Lanques, fille de Jean
de Lanques et d'Isabeau de Baissey, était mort dès
1416 et avait laissé d'Isabelle de Lanques, un fils, Guillaume de Choiseul, qui était sous la tutelle d'Aimé de
Choiseul, son grand oncle. Le 28 février 1419, Isabelle
de Lanques, veuve de Louis de Choiseul, ayant épousé
en secondes noces Jean de Gand[1], ils reçurent cinquante
livres, qui leur furent assignées par Pierre Gallehaut
et Roline de Clefmont sur les quatre-vingts livres de
Noyers[2].

Aimé de Choiseul entra, avec son nouveau maître,
Philippe le Bon, duc de Bourgogne, dans la ligue anglo-bourguignonne contre la France. Le 21 mai 1420,
le traité de Troyes, si tristement célèbre, était signé
et promulgué solennellement dans la cathédrale ; et
immédiatement Henri V, roi d'Angleterre, contractait
mariage *per verba de presenti* avec Catherine de France.
Philippe le Bon fut l'entremetteur de toute cette affaire.
La même année 1420, le seigneur de Choiseul, de
Chacenay et de Vitry-le-Croisé en partie, mariait sa
fille Jeanne avec Étienne, sire d'Anglure, ardent parti-
san d'Henri V, roi d'Angleterre, qui le combla de bienfaits. Alors les barons, qui consentaient à trahir leur
pays en entrant dans la ligue anglo-bourguignonne,
recevaient les faveurs du roi d'Angleterre ; faveurs
qui ne leur étaient pas seulement personnelles, mais

---

1. Voir plus haut, p. 181. *Note sur les De Gand*.
2. P. Anselme, IV, 823-824.

qui s'étendaient à leurs sujets et à leurs terres. Ainsi, le 8 janvier 1424, les commissaires nommés au pays de Champagne, au nom de Henri VI, pour l'évacuation des places occupées par les partisans de Charles VII, imposèrent un subside de 5,470 livres tournois. Cet impôt pesait sur tout le diocèse de Troyes, et de plus sur les châtellenies de Saint-Florentin, d'Ervy, de Bar-sur-Seine, de Vendeuvre et de Chacenay, de Traînel, de Chaource et de Jully-le-Châtel. La châtellenie de Chacenay et celle de Vendeuvre ensemble devaient fournir pour leur part 160 livres tournois ; mais elles ne payèrent rien, parce que les seigneurs de ces châtellenies étaient du parti bourguignon [1].

Claude de Grancey mourut en 1439, et fut enterrée dans la chapelle Saint-Nicolas de l'abbaye de Morimond [2]. Son épitaphe a été plusieurs fois imprimée :

« Cy gist noble et vertueuse dame Claude de Grancey, en son vivant dame de Choiseul et de Chassenay, et femme de Mre Amé de Choiseul, seigneur desdits lieux. Laquelle trespassa l'an de grâce mil CCCC XXXIX [3]. »

Quelques copies donnent le jour de sa mort : « le dernier de novembre. »

Aimé de Choiseul, selon le P. Anselme, aurait précédé Claude de Grancey dans la tombe.

IV. Nous arrivons à un point confus. Plusieurs historiens affirment que l'année même de sa mort, 1439, Claude de Grancey aurait épousé, le 31 décembre, Jean de Mello, seigneur des Tours Sainte-Parise, fils de Louis

1. Troyes, Archiv. munic., nouv. fonds F. 36.
2. Haute-Marne, com. de Fresnoy.
3. Jongelin, *Notitia abbatiar. O. C.*, p. 33. — *Le Cabinet historique*, Année 1864, p. 234.

de Mello et de Jeanne d'Aumont[1]. On ne pourrait admettre cette opinion si l'épitaphe de Claude de Grancey porte réellement qu'elle « trespassa le dernier de novembre 1439. »

Toutes ces alliances eurent pour effet de morceler et de réduire la baronnie de Chacenay déjà si divisée. La seule héritière de cette baronnie, par suite d'arrangements de famille, fut Jeanne de Choiseul, fille de Claude de Grancey et d'Aimé de Choiseul. Jeanne étant aussi le dernier rejeton de la branche aînée de Choiseul, unissait en sa personne les baronnies de Chacenay et de Choiseul. Cependant ce double héritage lui fut contesté en partie, et ces contestations ne seront apaisées qu'en 1450 et 1453.

XV. Jeanne de Choiseul, dame de Choiseul, Montaiguillon et Chacenay. Ses maris : Étienne, seigneur d'Anglure ; — Jean, seigneur de Blaisy ; — Jacques, seigneur de Louans.

I. Jeanne de Choiseul épousa en 1420, Etienne, seigneur d'Anglure, avoué de Thérouanne. Il était fils d'Oger V, seigneur d'Anglure, avoué de Thérouanne, et d'Alix de Tocy, dame de Mont-Saint-Jean (Côte-d'Or), cousine du duc de Bar.

La seigneurie d'Anglure était peu importante.

Jusque vers 1420 cette seigneurie fut possédée en partie, à titre de douaire, par Isabeau de Châtillon, veuve d'Oger IV d'Anglure, le 23 octobre 1383. Isabeau conserva ce douaire lorsqu'elle se remaria en

---

[1]. P. Anselme, IV, 822.

1385 à Simon de Sarrebrück, chevalier, sire de Commercy, Fère-Champenoise et Etrelles ; et c'est comme douairière d'Anglure que le 4 février 1387, avec Simon de Sarrebrück, elle fit hommage de la terre d'Anglure à Pierre d'Arcis-sur-Aube, évêque de Troyes. Oger V, fils d'Oger IV d'Anglure et d'Isabeau de Châtillon, était aussi seigneur, en partie, d'Anglure. Isabeau survécut à Oger V et choisit pour exécuteurs testamentaires, Etienne d'Anglure, son petit-fils et son héritier, et Aimé de Choiseul, le beau-père d'Etienne [1].

De plus, en 1420, la seigneurie d'Anglure était fort morcelée, parce que du mariage d'Oger V et d'Alix de Tocy, étaient issus trois fils et trois filles :

Etienne d'Anglure, premier des fils, qui continua la postérité.

Jean Saladin d'Anglure, qui épousa Guye de Flavigny.

Ambroise d'Anglure dit Saladin.

Guye d'Anglure, mariée à Pierre Dio.

Anthoinette d'Anglure, mariée à Guillaume de Grancey, puis à Hébaut de Lugny.

Alix d'Anglure, qui épousa Philebert de Salins, puis Claude de Beauvoir, seigneur de Chastellus [2].

La seigneurie d'Anglure mouvait de l'évêché de Troyes, et de Sézanne. Oger V d'Anglure fit hommage de la terre d'Anglure, le 10 juin 1387, à Pierre d'Arcis-sur-Aube, évêque de Troyes ; et, en 1400, à Etienne de Givry, évêque de Troyes. Le 16 mars 1414, Etienne d'Anglure, qui était jeune encore, et sa grand'mère, Isabeau de Châtillon-sur-Marne, firent hommage de la terre d'Anglure à Etienne de Givry, évêque de Troyes.

1. Duchesne, *Maison de Châtillon*, p. 426.
2. Duchesne, *Ibid.*, p. 425-426.

Mais, en même temps, ils fournirent un dénombrement « à Mgr le duc d'Orléans de Vallois, engagiste du domaine de Sézanne [1]. » Ce dernier dénombrement donnera souvent lieu, dans les siècles suivants, à des démêlés, et enfin en 1650, au procès entre François Malier, évêque de Troyes, et Pierre-Ignace de Braux, baron d'Anglure. Celui-ci alléguera le dénombrement fourni au duc d'Orléans, en 1414, pour se soustraire à l'hommage qu'il devait à l'Evêque de Troyes, Louis de Vallois, comte d'Alais, gouverneur et lieutenant-général en Provence, seigneur engagiste de Sézanne, intervenant.

Il s'agissait de savoir quel droit de relief devait le baron d'Anglure à l'évêque de Troyes, et subsidiairement si la baronnie d'Anglure mouvait de l'évêché de Troyes ou de la châtellenie de Sézanne. Le 4 janvier 1651, François Malier, évêque de Troyes, reconnaît que le château d'Anglure est mouvant de la châtellenie de Sézanne ; mais il soutient que la justice, ainsi que l'île, dite l'Ile-du-Château, sont mouvant de l'évêché de Troyes. Et le procureur général Fouquet (plus tard le célèbre surintendant des finances), déclare dans des conclusions autographes, qu'il n'y a pas lieu « de s'arrêter à l'intervention dudit Mre Louys de Valoys. » Signé : « Foucquet[2]. »

Si la seigneurie d'Anglure était considérablement amoindrie, lorsqu'Etienne d'Anglure succéda à Oger V, son père, et encore en 1428, quand Etienne fit hommage de la terre d'Anglure à Jean Léguisé, évêque de

---

1. Duchesne, *Maison de Châtillon*. — Archiv. de l'Aube, Lias. G. 531
2. Archiv. de l'Aube, Lias. G. 531, *Autographe*.

Troyes [1], elle reprendra bientôt un peu d'importance, grâce aux libéralités de l'envahisseur anglais. A l'exemple d'Henri V, qui avait prodigué les dons de terres ou d'héritages, et les concessions d'offices pour rémunérer les auxiliaires de la conquête, le 22 mars 1431, Henri VI accorda de grandes faveurs à Etienne d'Anglure et à sa femme. Par suite de confiscations il leur donna : 1° les terres et seigneuries de Pargny (Marne), et d'Étrelles (Aube) [2], et le parc de Lachy (Marne), qui appartenaient à Jean IV de Sarrebrück, évêque de Châlons-sur-Marne ; 2° ce que le seigneur de Chaumont-Guitry possédait à Chacenay, Vitry-le-Croisé et autres villages relevant des Tours Sainte-Parise, que tenait Jean de Mello, chevalier ; 3° trente-deux livres de rente sur la terre de Corroy (Marne), qui appartenait au damoiseau de Commercy ; 4° trente-deux livres de rente sur la terre de Percey (Yonne), appartenant à Claude de Grancey, dame de Chacenay et mère de la dame d'Anglure ; 5° la terre du Pré-du-But (Marne), appartenant à Guy de Chambly, chevalier (n° 239).

Etienne d'Anglure ne jouit pas longtemps de cette fortune mendiée à l'étranger ; il était mort en 1441.

Cette même année, le château de Chacenay était occupé par Jacques d'Aumont, sire de Chappes et de Clérey, conseiller et chambellan de Philippe le Bon, duc de Bourgogne, et gouverneur de Châtillon-sur-Seine. Au siège du château de Chappes, en 1430, par René d'Anjou, roi de Jérusalem et de Sicile, duc de

---

1. Duchesne, *Maison de Châtillon*, p. 425-426.
2. La terre d'Etrelles avait été donnée en douaire à Isabeau de Châtillon, grand'mère d'Etienne d'Anglure, par Simon de Sarrebrück, en 1385.

Bar, et par *le chevalier sans reproche* Barbazan, lieutenant du roi Charles VII en Champagne. Jacques d'Aumont avait été fait prisonnier, et il avait recouvré la liberté après avoir promis de livrer son château, conformément à des conventions signées par les deux parties. Mais bientôt le sire de Chappes recommença la guerre contre René d'Anjou qui n'avait pas complètement exécuté ses promesses quand il entra dans le château de Chappes. Cette guerre privée continua pendant plus de dix ans, malgré le traité d'Arras du 21 septembre 1435, qui rapprocha Philippe le Bon, duc de Bourgogne, et le roi Charles VII; ce n'est qu'en 1441 que les agissements du parti anglo-bourguignon cessèrent complètement dans nos contrées. Le 9 février 1441, Charles VII était à Chaumont. René d'Anjou et Jacques d'Aumont se rendirent près du roi qui ordonna à chacune des deux parties de se *depporter de sa querelle*, ajoutant: « que icellui Jaques nous baillast et delivrast la forteresse de Chassenay qu'il tenoit [1]. »

---

[1]. D'Arbois de Jubainv., *Charles VII, roi de France, et Jacques d'Aumont, seigneur de Chappes*, tiré à part, p. 8. — *Mém. de la Société Académ. de l'Aube*, t. XL. — 1878. M. D'Arbois de Jubainville a publié des lettres d'abolition en faveur de Jacques d'Aumont, par Charles VII et datées de *Troyes, au mois de janvier* 1449 (n. st.).

Le P. Anselme cite des lettres d'abolition, données par le roi Charles VII à *Tours, au mois de janvier* 1449, et à Laon, en juillet 1450, en faveur de Jacques d'Aumont et ses partisans, pour avoir fait la guerre à René, roi de Sicile (t. IV, 873).

Nous croyons que la copie éditée par M. D'Arbois de Jubainville est fautive et qu'au lieu de *donné à Troyes*, il faut lire comme dans le P. Anselme, *donné à Tours*. En effet, en parcourant les *Ordonnances des rois de France*, t. XIV, p. 36-47, par de Bréquigny, on voit que Charles VII passa tout le mois de janvier 1449 à Tours. Aussi Vallet de Viriville, dans son *Histoire de Charles VII* (t. III, p. 144-147), ne mentionne pas la présence de Charles VII à Troyes au mois de janvier 1449.

Nous n'osons préciser à quel titre le sire de Chappes *tenait* le château de Chacenay en 1441.

Cette même année, et en 1442, Jacques d'Aumont « avait eu différend contre Jeanne de Choiseul, dame d'Anglure, touchant la terre de Chacenay [1]. » D'après l'*Inventaire* de Chacenay [2] un jugement intervint le 27 septembre 1450, en faveur de Jeanne de Choiseul; mais l'affaire ne fut complètement vidée que par une transaction en date du 8 janvier 1453. Il était question de la possession de la moitié par indivis du château et de la seigneurie de Chacenay : la propriété demeura pour le tout à la dame d'Anglure, « ce qui a été fait, dit cette transaction, pour l'accomplissement de la dernière volonté de feue madame Claude de Grancey, jadis mère de ladite dame d'Anglure [3]. »

Cependant, le 6 mai 1442, la veuve d'Etienne d'Anglure, Jeanne de Choiseul, dame d'Anglure, de Choiseul et de Chacenay en partie (n° 240), confirmait aux moines de Clairvaux la rente d'un muid de froment qui leur avait été donné par Erard III de Chacenay, en 1248 [4].

De son mariage avec Etienne d'Anglure, Jeanne de Choiseul eut trois enfants : *Antoine, Guillaume,* et une fille nommée *Claude,* qui continuera la lignée des seigneurs de Chacenay et dont nous parlerons plus loin. Antoine et Guillaume prendront le titre de seigneurs de Chacenay. Antoine épousa Jeanne de Roche-Baron [5].

1. P. Anselme, IV, 873.
2. *Invent.*, p. 15.
3. *Ibid.* — Original au Trésor de Chacenay, indiqué par l'*Hist. manuscr. de Chacenay.*
4. Voir plus haut, p. 238.
5. Haute-Loire, com. de Bas-en-Basset. Ruines du château de Rochebaron.

Guillaume, seigneur d'Anglure et avoué de Thérouanne, fut marié à Jeanne de Vergy, fille de Jean bâtard de Vergy, seigneur de Richecourt, et de Catherine de Haraucourt, sa femme.

II. L'an 1442, après la mort d'Etienne d'Anglure, Jeanne de Choiseul épousa en secondes noces, Jean, seigneur de Blaisy-le-Châtel (Côte-d'Or) et de Villecomte (Côte-d'Or). Alors elle abandonna la baronnie de Choiseul à ses fils Antoine et Guillaume d'Anglure à condition qu'ils la libéreraient de toutes dettes. En 1441, Antoine d'Anglure, étant encore fort jeune, fit hommage pour Anglure, dont il était seigneur en partie, à Jean Léguisé, évêque de Troyes [1].

En 1443, Jeanne de Choiseul était en difficulté avec son cousin Guillaume de Choiseul, baron de Clefmont et de Lanques (Haute-Marne), seigneur de l'Isle-en-Rigault (Meuse), qui avait été longtemps sous la tutelle d'Aimé de Choiseul, son grand-oncle, comme nous l'avons dit (p. 279). Guillaume, après avoir atteint sa majorité, eut de grands différends avec les héritiers d'Aimé de Choiseul : Jeanne de Choiseul et ses enfants ; enfin, d'après un règlement de justice, il obtint en 1450, la terre de Montaiguillon, outre ce qui lui revenait de la succession de son aïeul, Gérard de Choiseul, frère d'Aimé [2]. Guillaume mourut le 5 mai 1479.

Dans le cours de l'année 1450, Jeanne de Choiseul se trouve mêlée à un épisode qui se rattache à la présence des *Ecorcheurs* dans nos contrées. Au mois d'avril 1451, le roi Charles VII accorda des lettres de

---

1. Duchesne, *Maison de Châtillon*, p. 425, 426.
2. P. Anselme, IV, 823.

rémission au profit de plusieurs habitants de « Vitry-le-Croisé lez Chassenay. » Ils avaient dépouillé des gens de guerre revenant de l'expédition d'Allemagne, et pour cela ils avaient été saisis et incarcérés par les procureurs de Charles de Servoles, écuyer, seigneur de Vitry, et de Jeanne de Choiseul, dame de Chacenay et d'Anglure, et de Vitry en partie (n° 241).

III. A cette date, Jean de Blaisy, second mari de Jeanne de Choiseul, était mort. La baronne de Chacenay épousera en troisièmes noces Jacques, seigneur de Louans (Seine-et-Marne), bailli de Meaux et Maître d'hôtel du Roi. Il était fils de Philippe de Louans, qui fut tué dans les rangs de l'armée royale, à la bataille du *Bien public*, livrée à Montlhéry le 16 juillet 1465. Fidèle aux traditions paternelles, Jacques de Louans était attaché à la cause de Louis XI et séparé des intérêts de Charles le Téméraire, vainqueur de Montlhéry et l'un des principaux chefs de la ligue du *Bien public*.

L'an 1460, Jeanne de Choiseul rendit foi et hommage au seigneur de Gyé-sur-Seine [1], pour raison du fief des Grands-Essarts et des Férailles, sis entre Vitry-le-Croisé et Noé (n° 244). Elle-même recevait, le 4 juin 1461, de Barthélemy, de Ville-sur-Arce, l'aveu et dénombrement de la terre de Saint-Usage (n° 246).

Le 5 juin et le 24 octobre 1464, nous trouvons le second fils d'Etienne d'Anglure et de Jeanne de Choi-

---

1. Louis de Rohan, père du maréchal, était seigneur de Gyé à cette date. On trouve, à la vérité, Nicolas Rolin, seigneur d'Anthune et des Riceys, chancelier de Bourgogne, désigné seigneur de Gyé (1435-1444. Archiv. Côte-d'Or, H 11, n° 431) ; mais Nicolas Rolin, qui est mort le 18 janvier 1462, paraît n'avoir été seigneur de Gyé que par confiscation.

seul, Guillaume d'Anglure, seigneur d'Anglure, avoué de Thérouanne et qui se dit *seigneur de Chassenay*. D'accord avec Jeanne de Vergy, sa femme, il conclut plusieurs arrangements de famille avec divers membres de la maison de Vergy[1]. Le 23 juillet 1466 « Guillaume d'Anglure, chevalier, seigneur de Chassenay », est témoin du mariage de Philippe Vignier, écuyer, seigneur de Courcelles et de Villiers-sur-Suise, gentilhomme de la Chambre de Mgr le duc de Bourgogne » avec demoiselle Claude Le Gruyer, fille de feu Simon Le Gruyer (n° 248).

Nous signalerons, en date du 23 février 1470, un arrêt du Parlement, dont l'exécutoire est daté du 10 mai suivant, contre Guillaume d'Anglure, écuyer, seigneur d'Anglure, contenant au profit de Louis Raguier, évêque de Troyes, saisie de la terre d'Anglure; Guillaume venait d'acheter cette terre d'Antoine d'Anglure, son frère (« par acquest par luy naguères fait de m^{re} Anthoine d'Anglure, son frère[2] »). On lit dans l'exploit signifié à Guillaume d'Anglure : « J'ay deffendu de par le Roy nostredit seigneur, à peine de cent marcs d'or, audict seigneur à applicquer, que doresenavant il [Guillaume] ne s'entremecte de joyr, ne liève ou reçoive, ne face lieuver ou recevoir aucune chose de la revenue d'icelle terre[3] ». Guillaume d'Anglure,

---

1. Duchesne, *Maison de Vergy*, Preuves, p. 304-305.
2. Duchesne dans la *Maison de Châtillon* (p. 425, 426), imprimé en 1621, dit qu'Antoine est *père* de Guillaume, mais il faut lire *frère*. Dans la *Maison de Vergy*, imprimé en 1625, Duchesne ne dit pas que Guillaume, mari de Jeanne de Vergy, est fils d'Antoine.
3. Archiv. de l'Aube, *Lias*. G. 530.

avait succédé à son frère dans la seigneurie d'Anglure.

Enfin, le 25 septembre 1497, Guillaume d'Anglure, seigneur de Chacenay et Jeanne de Vergy vendent à Claude de Faissier, seigneur de Baissey (Haute-Marne), la troisième partie de Beaumont-sur-Vigeanne, Champagne-sur-Vigeanne, Renève-sur-Vigeanne et Dampierre-sur-Vigeanne (Côte-d'Or)[1].

Mais revenons au principal seigneur de Chacenay, car il est probable que Guillaume prenait un titre purement honorifique en se disant seigneur de Chacenay.

En 1471, Jacques de Louans, afin de prémunir son château contre les surprises des bandes armées qui désolaient le pays, sollicita du roi une commission à l'effet de contraindre les habitants de Vitry-le-Croisé, comme étant de la chatellenie de Chacenay, à faire guet et garde au château de Chacenay. Il obtint cette commission le 1er janvier 1472 ; mais elle n'eut pas son effet parce que Jacques de Louans mourut vers ce temps-là.

Jacques de Louans et Jeanne de Choiseul ne laissèrent pas d'enfants de leur mariage.

IV. Le 26 mai 1472, Jeanne de Choiseul obtint une nouvelle commission pour contraindre les habitants de Vitry à faire guet et garde au château de Chacenay (nos 252, 253) ; mais ces précautions furent inefficaces. Après la mort de Jacques de Louans, seigneur de Chacenay, le parti bourguignon de la ligue du

---

1. Duchesne, *Maison de Vergy, Preuves*, p. 305.

Bien public s'empara facilement du château de Chacenay, y mit garnison et envahit toute la châtellenie. Le château, la ville et toute la châtellenie de Vendeuvre tombèrent également au pouvoir des Bourguignons dans le cours de l'été de 1472 [1]. Enfin, le roi, le 11 novembre de la même année, conclut avec Charles le Téméraire, duc de Bourgogne, une trêve qui suspendait les hostilités.

Cependant, dès le mois de janvier 1473, Louis XI convoquait le ban et l'arrière-ban dans le bailliage de Troyes [2], parce que les hostilités recommençaient à la frontière de la Bourgogne.

Dans le cours de l'année 1473, et particulièrement sur la fin, et au commencement de l'année 1474, les pays formant la frontière de la Bourgogne, depuis le Nivernais jusqu'à l'Alsace, et particulièrement les environs de Bar-sur-Seine et de Vendeuvre étaient le théâtre de terribles représailles de la part des troupes, tantôt de Louis XI et tantôt de Charles-le-Téméraire. Vers la fin de janvier 1474, un corps de troupes, commandé par Léger de Dinteville [3], chambellan du roi,

---

1. Roserot, *Le procès-verbal de convocation du ban et arrière-ban dans le bailliage de Troyes en 1473*, au mois de janvier. Charles de Mello, chevalier, seigneur de Vendeuvre, déclare à Nicolas Mauroy que « Vendeuvre, et toute la ville d'icelle seigneurie, depuis demy an en ça, ont esté pris et occupés par les ennemis et adversaires dudit seigneur (le Roi) ; et par ce, a affirmé ne tenir à présent en l'obéissance du roy nostredit seigneur quelque revenu que ce soit. » P. 12 du tiré à part.
2. *Ibid.*
3. Léger, fils d'Erard II de Dinteville et d'Isabelle de Grancey. Depuis un siècle déjà les Dinteville sont unis aux Chacenay-Sainte-Parise par Iolande de Dinteville, mariée à Renaud de Mello.

attaque le château de Chacenay, défendu par les Bourguignons, et s'en empare, après l'avoir ruiné en grande partie, par un siège meurtrier. Cependant Léger de Dinteville, désirant conserver le château de Chacenay et en faire une place forte, utile à la cause royale, demande du secours à la ville de Troyes pour le défendre. Les lettres de Dinteville sont reçues le 6 février, et le lendemain les officiers du roi écrivent à Mgr de Chaumont, seigneur de Charenton, lieutenant-général et gouverneur pour le roi en Champagne, Sens et Langres « que hier matin receumes lettres de messire Léger de Dinteville, par les quelles il nous faisoit savoir la prinse par lui faicte de la place de Chassenay et nous requéroit que lui voulzissions ayder de artillerie et pouldre pour la dite place, et autres qu'il tient, comme il dit, en l'obéissance du roy [1]. » Voici comment dans l'aveu rendu au duc de Bourgogne par Jeanne de Choiseul (n° 254), dans le courant du mois d'août 1474, les désastres résultant de la prise du château de Chacenay sont rappelés en quelques mots : « le donjon de la maison dudit Chassenay... ou il y a prévost, ainsi comme il se comporte, ensemble la tranchée desdits fossés estans à l'environ et n'est d'aucune revenue ; car ledit donjon a esté démoly par les François puis demi an en ça [2]. » Le vieux

---

1. En marge : « Envoyées par Jehan Picquart. — le vII° février l'an LXXIII. » Troyes, *Archiv. municip.*, cart. AA 48, 4ᵉ lias.

2. Le registre des fiefs que nous citons (n° 254) a été commencé le 4 avril 1473 (v. st.). *L'Histoire manuscr. de Chacenay* place la prise et la ruine du château de Chacenay par les troupes du roi *vers le mois de juin 1465*. Dom Brincourt accepte cette date de 1465 (voir plus haut, p. 2). — Lucien Coutant dans sa *Notice*

château de Chacenay, tel qu'il se comportait en 1474, restera longtemps enseveli sous ses ruines, et jamais il ne sera complètement restauré [1].

Jeanne de Choiseul mourut peu de temps après la ruine du château de Chacenay. Elle n'avait point eu d'enfants de son mariage avec Jacques de Louans.

Des trois enfants qu'elle avait eu d'Etienne d'Anglure :

1. *Antoine*, l'aîné, était mort vers 1470 après avoir vendu sa part dans la terre d'Anglure à Guillaume, son frère, qui lui succéda.

2. *Guillaume*, baron d'Anglure, sire de Donjeux en partie, de Choiseul en partie, etc., et qui se disait seigneur de Chacenay, eut de Jeanne de Vergy deux enfants : Jean d'Anglure, sire de Donjeux et de Coublanc, et François d'Anglure, sire de Guyonvelle et de Bonnecourt.

3. *Claude* d'Anglure, dame en partie d'Anglure, héritera de la baronnie de Chacenay, qui lui fut attribuée par suite d'arrangements de famille.

---

histor. et généal... de Chacenay, 1851, p. 26 (insérée dans l'*Annuaire de l'Aube*, 1852), place la destruction du château au 12 juin 1465; et dans son *Histoire de la ville et de l'ancien comté de Bar-sur-Seine*, p. 133, il met la destruction du château au 12 juin 1475. Après avoir dit qu' « une partie des gens enfermés dans le château, furent passés au fil de l'épée. » L'historien d'imagination s'écrie : « qui le croirait, les Cordeliers de Troyes assistaient à cette épouvantable exécution ! » En effet, *Qui le croirait?* Personne.

1. *Introduct.*, p. XIII.

XVI. Claude d'Anglure. — Galas de Salazar

(Sallazart, Salezard).

Claude d'Anglure s'allia à Galas (dit aussi Galéas, Gallois) de Salazar, d'origine espagnole, fils de Jean de Salazar et de Marguerite de la Trémoille.

Jean de Salazar *le grand chevalier*, était seigneur de Saint-Just (Marne), Marcilly-sur-Seine, Montaignes, Las, Bouzonville, Lonzac, Conflans (Marne), Fontaine-Béthon (Marne), seigneur engagiste d'Issoudun en Berry et de Libourne en Guienne. Il se signala à Montlhéry, en 1465 ; dans la défense de Paris ; au siège de Beauvais, en 1469, contre le duc de Bourgogne ; dans la conquête de la Franche-Comté, après laquelle il fut nommé gouverneur de Gray ; enfin il mourut à Troyes, le 12 novembre 1479. Il avait épousé Marguerite de la Trémoille, dame de Saint-Fargeau, fille naturelle de Georges de la Trémoille, comte de Guines, de Boulogne, grand chambellan de France ; elle mourut à Saint-Just au mois de décembre 1457 [1].

---

1. Ils furent inhumés l'un et l'autre dans l'église de Macheret (com. de Saint-Just), érigé en prieuré en 1317 et en abbaye en 1650. Ces tombes ont été transportées dans l'église de Saint-Just après la destruction de la maison de Macheret. Oscar de Poli, dans *Les seigneurs et le château de Béthon*, p. 93 et 95, donne les épitaphes de Jean de Salazar et de Marguerite de la Trémoille :

« Cy gist... damoiselle Marguerite de la Trimoille, en son vivant femme d'honoré escuier Jehan de Salazar, seigneur de Sainct Just, Marcilly, et de Fonteyne-Beton, laquelle trespassa le dimanche avant Noel, l'an mil quatre cens cinquante sept. Priez Dieu pour son âme. *Amen.* »

« Cy gist Jehan de Salazar, natif du pays d'Espaigne, en son

De cette alliance sortirent : 1. Hector de Salazar, seigneur de Saint-Just qui épousa Hélène de Châtelus ; 2. Galas de Salazar, seigneur de Las, dont nous allons parler ; 3. Lancelot de Salazar, seigneur de Marcilly ; 4. Tristan de Salazar, évêque de Meaux, puis archevêque de Sens [1].

Galas de Salazar, le nouveau seigneur de Chacenay, se distingua, avec ses frères Hector et Lancelot, par son dévoûment et ses exploits militaires au service du roi Louis XI. Ils avaient été formés au métier des armes par leur père, Jean de Salazar, qui les avait incorporés à la compagnie d'ordonnance de cent lances dont il était capitaine.

Galas, à la mort de son père, devint seigneur de Las et Montaigne, et seigneur de Saint-Just, Marcilly-sur-Seine, Fontaine-Béthon, Potangis, etc, par indivis avec ses frères Hector et Lancelot ; et il fut nommé conseiller et chambellan du roi et gouverneur de Boulogne-sur-Mer.

Le 26 septembre 1481, eut lieu le partage définitif entre Hector, Lancelot, et Galas de Salazar des « seigneuries, héritages, cens, rentes et revenus situés et assis en Champagne, à eux échus par le décès de leurs défunts père et mère, messire Jean de Sallazart

---

vivant chevalier, conseiller et chambellan du Roy nostre sire, et capiteyne de cent lances de son ordonnance, et seigneur de Montaigne, Sainct-Just, Marcilly, Las, Lonzac et d'Issoldun, qui trespassa à Troyes le xiie jour de novembre, l'an de grâce mil quatre centz soixante dix neuf.

Dieu, par sa grâce,
De ses péchez pardon lui face ! *Amen !* » (Bibliot. nat., *Pièces orig.*, t. 2609, p. 49. — t. 2610, p. 91, 299, 302.)

1. Grosley, *Mémoires...*, 1813, p. 371. — Moréri, éd. 1759.

et dame Marguerite de la Trémoille. En vertu de ce partage est échu auxdits Hector et Gallois la terre et seigneurie de Saint-Just avec toute la justice haute, moyenne et basse... [1] »

Pendant la minorité de Charles VIII et la régence d'Anne de Beaujeu, sœur du jeune roi, Galas de Salazar paraît occupé au gouvernement de Boulogne-sur-Mer. Cette ville eut besoin de son gouverneur pendant la guerre que Maximilien fit à Charles VIII de 1489 à 1493, et dont le théâtre fut la Flandre française, l'Artois et le Boulonnais. Maximilien s'empare de Saint-Omer, le 11 février 1489 ; les 11 et 12 septembre 1490, il se ligue avec Henri VII, roi d'Angleterre ; en 1492, les Anglais assiègent Boulogne, et le 4 novembre les troupes de Maximilien surprennent Arras ; enfin, le 23 mai 1493, Charles VIII et Maximilien signent la paix à Senlis.

Cependant, le 20 mai 1486, Galas de Salazar, seigneur de Chacenay, recevait l'hommage de Jean de Dinteville (n° 262) pour la terre de Spoy (Aube).

En 1489, il se fit donner un compte exact des droits et revenus de la seigneurie de Chacenay ; et le 29 septembre 1490, il exigeait l'aveu et dénombrement de tous les biens compris dans cette seigneurie [2].

C'est à partir de cette date que commencent de nombreuses transactions et procédures qui continueront jusqu'à l'aliénation définitive de la terre de Cha-

---

1. Copie collat. du 30 mai 1488, Archiv. du marquis de Blanchefort. Bibliot. nat , *Pièces orig.*, t. 2610, p. 3. — Oscar de Poli, *Les seigneurs et le château de Béthon*, p. 174.

2. Trésor de Chacenay, cité dans l'*Hist. manuscr. de Chacenay*.

cenay par Bernarde de Salazar, fille de Galas. En 1491, Galas est en procès avec l'abbaye de Clairvaux [1]; le 9 juin 1492, il transige avec le prieur de Viviers pour raison de l'affranchissement de la vigne de Champermain ; le 19 juin de la même année, il reçoit les déclarations des biens situés dans ses fiefs à Saint-Usage [2]; le 13 juillet 1492 « messire Galaz de Salazar, chevalier, seigneur de Laz, de Montaigne et de Chassenay, et dame Claude d'Anglure, sa femme » réglaient par transaction ou par échange, divers intérêts relatifs 1° à la seigneurie de Vitry-le-Croisé, qui appartenait en partie, au baron de Chacenay; 2° à la justice de Saint-Usage, qui demeurera indivise entre l'abbaye de Clairvaux et le seigneur du donjon de Chacenay (n°ˢ 265, 266). Galas de Salazar signa, le 14 août 1494, une transaction importante avec les habitants de Chacenay, Bertignolles et Chervey. Cette transaction fixait les droits de cens à 5 sous par chaque habitant, et les droits de terrage à une gerbe sur quinze (n° 268). Cette transaction, maintenue par plusieurs jugements, aura son effet jusqu'à la Révolution.

Galas de Salazar fit couper et arracher une grande quantité de bois, à partir de l'an 1500 : trente arpents de bois à haute futaie en Fay-Gallain ; toute la contrée des Fosses qui contenait environ cent vingt arpents de de bois à haute futaie; une grande partie des bois situés entre le Bois-Blandin et Chacenay, et qui contenaient mille arpents. L'avantage de ces déboisements

---

1. Archiv. de l'Aube, 3 H. Cart. 98.
2. Trésor de Chacenay, cité dans l'*Hist. manuscr. de Chacenay.*

fut de livrer de grands terrains à l'agriculture ; mais les religieux de Clairvaux, qui avaient plein droit d'usage et de paturage dans ces bois, pour leur grange de Fontarce, se plaignirent d'être gravement lésés dans leurs intérêts [1].

Le 3 mars 1501, le seigneur de Chacenay était en contestation avec Jean Truchot, prieur de Viviers, au sujet du four banal de Chervey (n° 270). Jean de Roffey, lieutenant de Gaucher de Dinteville, seigneur de Polisy (Aube) et bailly de Troyes, maintient, par sentence, le prieuré de Viviers dans ses droits traditionnels de prendre tout le bois nécessaire à chauffer le four de Chervey et à entretenir la maison et toutes les constructions du four 1° dans « Les Usaiges de Chervey » qui contiennent environ mille arpents, 2° dans « La Garanne au seigneur de Chassenay. » La même année, Galas était en procès avec son neveu Guillaume de Chaumont [2], seigneur des Tours Sainte-Parise, touchant les limites de leurs seigneuries. Cette querelle fut apaisée par la médiation et l'arbitrage de Nicolas le Bacle, doyen de Saint-Pierre de Troyes, et de Philippe de Lenoncourt, seigneur de Loches, Marolles et Chaufour [3] ; et des bornes, en conséquence de

---

1. Voir dans les *Additions*, à la fin de ce travail: *La déclaration de la grange de Fontarce*, en 1541, § III. *Bois défrichés*.
2. Guillaume de Chaumont avait épousé Marguerite d'Anglure, fille de Guillaume d'Anglure qui était frère de Claude d'Anglure, femme de Galas de Salazar (voir p. 287).
3. Philippe de Lenoncourt, bailli de Bar-sur-Seine, seigneur de Loches et de Marolles-les-Bailly en partie, marié à Philippote de La Marche, déjà veuve le 5 mars 1518 (*v. st.*). Leurs enfants à la même date sont : *Jean*, seigneur de Loches, *Olivier* et *Pierre*, écuyers, et *Philippe*, protonotaire apostolique, archidiacre de

cet arbitrage, furent posées pour délimiter les deux seigneuries de Chacenay [1]. On retrouvera ces mêmes bornes en 1716 dans un procès du même genre entre les deux seigneurs de Chacenay.

En 1502, le 24 novembre, « Galas de Salezart, chevalier, seigneur de Laas, d'Escreinnes, Chacenay et Bertignolles, conseiller et chambellan du Roy » signait un traité, fait et passé sous le sceau de la prévôté d'Essoyes, avec Nicole Dorigny « prebtre, docteur, régent à Paris en la faculté de Décret, conseiller du Roy en sa court de Parlement » chanoine de la cathédrale de Troyes, curé de Saint-Jean de Troyes et prieur commendataire de Bertignolles (n° 273). Il s'agissait de régler certains intérêts communs du prieuré et du seigneur de Chacenay « se portant fort en ceste partye de dame Claude d'Anglure, sa femme, dame desdits lieux. » Le traité précédent fut ratifié, le 18 octobre 1503, par Louis de Chatonrupt, prieur de Bertignolles, après Nicole Dorigny (n° 274).

Le 30 août 1503, d'après un rôle de la « valeur et déclaration des fiefs et arrière-fiefs mouvant du Roy, à cause de son conté, chastel, et baillyage de Bar-sur-Seine » Galas de Salazar déclare qu'il tient en fief du roi « le donjon du chastel dudict Chassenay, *lequel est de long temps et encore de présent en ruyne*. Galas n'a pas comparu « aux monstres du ballyage, parce qu'il estoit, comme encore est, de l'ostel du Roy. »

Reims, tous qualifiés seigneurs en partie de Marolles-les-Bailly. (Archiv. de l'Aube, *Lias*. 4 H, 8, pièce sur Marolles.
1. Trésor de Chacenay, dans l'*Hist. manuscr. de Chacenay.*

On voit que Galas de Salazar n'habitait pas, à cette date, le château de Chacenay qui était encore en ruines ; et pour accorder ce texte avec la tradition qui attribue à Galas de Salazar la reconstruction du château [1], il faut dire que, si les travaux étaient commencés en 1503, ils étaient peu avancés, et qu'ils furent peu importants (n° 271), et bientôt interrompus, comme nous le verrons plus tard.

Galas de Salazar et Claude d'Anglure, sa femme, donnèrent le jour à une fille qui fut nommée *Bernarde de Salazar*.

Bernarde de Salazar épousa Jean de Saints, le 8 octobre 1510 ; la seigneurie de Chacenay lui fut abandonnée par contrat de mariage (n° 280).

XVII. BERNARDE DE SALAZAR. — Ses maris : JEAN DE SAINTS. — MATHIEU DE VILLAINES. — RENÉ POCAIRE.

I. Jean de Saints, d'une famille illustre, était fils de Galleran de Saints, seigneur de Marigny, échanson du roi, bailli et capitaine de Senlis, et de Jacqueline de Saint-Simon [2].

Jean de Saints, aussi seigneur de Marigny, échanson

---

1. *Introduct.*, p. XV, d'après l'*Hist. manuscr. de Chacenay*.
2. P. Anselme, IV, 407. Jacqueline de Saint-Simon était fille de Gilles de Rouvroy, seigneur de Plessier-Choisel, près Senlis, puis de Rasse, près Douai, Précy-sur-Oise, etc. et de Jeanne de Flocques. Deux nièces de Jacqueline de Saint-Simon, cousines-germaines de Jean de Sains, en ligne maternelle, Jeanne et Marie de Saint-Simon, filles de Guillaume de Saint-Simon, frère de Jacqueline de Saint-Simon, furent mariées : la première, le 1ᵉʳ mai 1520, à Jacques de Salazar, fils de Lancelot et seigneur de

du roi et bailli de Senlis, après son mariage en 1510, donna au roi Louis XII « la déclaration et valeur (n° 298) du donjon du chastel de Chassenay. » Or il est estimé « valloir par an, toutes charges déduites, la somme de XX solz tournois seulement, pour ce que ledit donjon a esté bruslé du temps des guerres, et de présent est en ruyne, broussailles et buissons. »

Alors commencèrent les procès de Jeen de Saints. Il attaqua d'abord l'abbaye de Clairvaux et formula des prétentions au droit de terrage sur les fermes de Fontarce et de Sermoise qui appartenaient aux religieux. Après de longs débats, nonobstant l'ordonnance du 13 janvier 1528, sur l'abréviation des procès, intervinrent une sentence des Requêtes du Palais le 7 avril 1530, puis un arrêt du Parlement le 20 mai 1531, qui déboutèrent le seigneur de Chacenay de ses prétentions (n° 286).

De 1510 à 1541, Jern de Saint et Bernarde de Salazar causèrent de grands dommages aux religieux de Clairvaux en réduisant presque à néant le plein droit d'usage et de pâturage de la ferme de Fontarce dans les bois des environs, qui appartenaient aux seigneurs de Chacenay. Car avant 1541, Jean de Saints, continuant les travaux de déboisements commencés par Galas de Salazar, avait « faict essarter, démolir et rédiger en agriculture » : 1° plus de sept cents arpents de bois de bois de haute futaie, dans le bois de Férailles et

---

Marcilly, Béthon et Potangis, tué à la bataille de Pavie, le 28 octobre 1524 ; la seconde, le 19 juin 1521, à François de Salazar, baron de Saint-Just. D'ailleurs Jacques et François de Salazar étaient proches parents de Bernarde de Salazar (Jacques était son cousin-germain).

dans le Bois-Brûlé ; 2° tout le reste des mille arpents de bois situés entre le Bois-Blandin et Chacenay, dont l'essartage avait été commencé par Galas de Salazar ; enfin, le Bois-Blandin qui était en haute futaie, « avoit esté mis en coppe, démolicion et tailliz. » De 1541 à 1547, d'après l'ordre de Jean de Saints et de Bernarde de Salazar « auroit esté démoly quatre cents et dix arpents en Fey Gallain [1]. »

Le 13 août 1533, sentence des Requêtes du Palais, confirmée le 2 septembre 1541 par arrêt du Parlement, contre « messire Jehan de Sainctz, chevalier, bailly de Senlis, eschanson ordinaire du roy, et sa femme. » Les religieux de Clairvaux et leurs gens demeurant en la grange de Fontarce sont maintenus dans le droit d'usage et de pâturage dans les bois « du Fey-Gallain, des Fosses, de Férailles, du Boys Bruslé[2]. » A l'occasion de cet arrêt les religieux de Clairvaux fournirent en 1541 une *Déclaration de la cense et maison de Fontarce,* comprenant : « — *1° le nombre des personnes et bestial ; 2° le nombre et quantité des édiffices et bastimens ; 3° le nombre d'arpents et quantité de boys desfrichés, et mis en labour ou en dégast par mess^re Jehan de Sainctz, dame Bernarde de Salezard, sa femme, et leurs prédécesseurs seigneurs et dames de Chacenay...* [3] »

Nous analyserons cette pièce curieuse qui donne l'état de la ferme de Fontarce en 1541 [4].

1. Voir dans les *Additions*, à la fin de ce travail : 1541. *La Déclaration de la grange de Fontarce*, § III.
2. Archiv. de l'Aube, 3 H. *Cart.* 98.
3. Ibid.
4. Dans les *Additions*, à la fin de ce travail.

Jean de Saints, plus heureux, gagnait un procès, le 4 mai 1537, contre Guillaume de Lestrac, seigneur de Verpillières, au sujet du Pré-la-Croix, sur Essoyes, qui dépendait du fief de Mallet (n° 289).

Le 4 avril 1540, Jean de Saints donne au roi François Ier son aveu et dénombrement de la baronnie de Chacenay et des terres et seigneuries de Bertignolles, Chervey, Mallet, Viviers (n° 291) [1].

Le 11 septembre 1541, Jean de Saints et Bernarde de Salazar prouvent, par voie de justice, qu'ils ont droit à la redevance annuelle de six livres et deux chapons sur la rivière de l'Arce pour le cours d'eau du moulin Élie, au-dessous de Bertignolles, sur le finage de Chervey. Ce droit leur est confirmé par sentence (n° 294).

Une autre sentence du bailliage de Troyes, du 19 septembre 1542, fut rendue par Jean de Saints, contre le cardinal de Givry, évêque de Langres, qui prétendait que le donjon de Chacenay mouvait de l'évêché de Langres. D'après cette sentence, les donjon, fossés, tranchées sont tenus et mouvant en plein fief du roi, à cause de son château de Bar-sur-Seine (n° 296).

C'est vers cette époque que Jean de Saints est mort.

II. Bernarde de Salazar, après un court veuvage, épousa Mathieu « de Villeynes » (Villaines, Côte-d'Or), seigneur de Mazinghem (Pas-de-Calais). Cette nouvelle alliance fut de très-courte durée.

D'après la tradition, Galas de Salazar aurait travaillé à relever le château de Chacenay, Bernarde de Sala-

---

[1]. Dans les *Titres* cette pièce est datée du 4 avril 1539, *vieux style.*

zar ne marcha pas sur les traces de son père, après avoir démembré la seigneurie de Chacenay, elle la vendra aux Dinteville.

Bernarde, déjà veuve de Mathieu de Villaines, vendit avec faculté de réméré, à Charles de la Haye, écuyer, et à Mahaut des Essarts, sa femme, tout ce qu'elle possédait dans la seigneurie de Vitry-le-Croisé, et notamment la justice haute, moyenne et basse ; la contrée des Grands-Essarts est exceptée dans la vente. Cette partie de seigneurie vendue par la dame de Chacenay, relevait de Gyé-sur-Seine [1].

Le 27 avril 1544, Bernarde de Salazar cède, à titre d'échange, la même partie de Vitry, à Jacques de Lantages, seigneur de Belan-sur-Ource, demeurant à Belan, et à sa femme Jeanne de Mello. La venderesse s'engage à exercer la faculté de réméré le 1er juin suivant. En contre-échange, les seigneurs de Lantages abandonnent à la dame de Chacenay le gagnage du Moulinet, au finage de Pont-Sainte-Marie, consistant en maison, grange, fossés, rivière, deux petits étangs, prés, terres labourables et divers droits ; le quart de la seigneurie de Thoires (Côte-d'Or), laquelle était indivise avec Jacques de Foissy, écuyer, seigneur de Chamesson (Côte-d'Or), et la veuve et héritiers du seigneur de « Meursyot » [2]. De plus, les nouveaux acquéreurs de Vitry donnent à la dame de Chacenay 1,000 livres tournois, dont 500 livres payées comptant ; et 500 livres seront versées, au terme de la Nativité de la Sainte Vierge, le 8 septembre 1544 [3].

1. Archiv. de l'Aube, E. *Lias.* 698.
2. Meursault ? Yonne.
3. Archiv. de l'Aube, E. *Lias.* 698.

En 1545, le 27 juillet, « dame Bernarde de Sallezard, dame de Chassenay, à cause du donjon de Chassenay qu'elle tient en fief » du roi, comparaît par son procureur à « la convocation et assemblée du ban et arrière-ban du bailliage de Bar-sur-Seine. » Le revenu du « donjon et tranchées du chastel de Chassenay » montant « à dix livres, » Bernarde de Salazar est taxée à trente sous tournois (n° 299).

III. La dame de Chacenay épousa en troisièmes noces, vers 1549, René Pocaire, écuyer, seigneur de Mirgaudon (Seine-et-Oise) et de Préaux (Seine-et-Marne). Le 4 décembre 1549 (n° 301) « Bernarde de Sallezard, dame de Laz et de Chassenay, présente à Paris, fait hommage au roy, à cause du donjon du chastel de Chassenay, comme procuratrisse de noble homme René de Pocaire, escuyer, seigneur de Myregaudon et de Préaulx, son mari. »

Le 1ᵉʳ avril 1551, Jacques de Lantages, seigneur de Belan, Thoires, Mousson, Reuillon[1] et Vitry-le-Croisé, et Jeanne de Mello, sa femme, donnent à Jean de Lantages, leur fils : 1° la terre, justice et seigneurie de la Récompense « assise lez Eguilly, » bailliage de Troyes ; 2° tout ce qui leur appartenait dans la terre et seigneurie de Vitry-le-Croisé par suite de l'échange du 27 avril 1544 avec Bernarde de Salazar, dame de Chacenay, « à présent femme de René Pocaire, seigneur de Miregodon. Faict et passé à Gyé, par le congié et consentement de noble et saige maistre Pierre Pithou, bailly dudit lieu[2]. »

---

1. Côte-d'Or, comm. Censerey. — Roserot, *Archiv. de l'Aube,* Sér. E, *Lias.* 698, p. 183.
2. Archiv. de l'Aube, E, *Lias.* 698.

Enfin, le 4 avril 1551, Bernarde de Salazar vendit la baronnie de Chacenay, pour le prix de 21,000 livres à Guillaume de Dinteville, seigneur d'Echenay [1], Polisy, etc. et à Louise de Rochechouart, sa femme (n° 305).

Bernarde de Salazar voulut prendre des lettres de récision contre cette vente, mais les débats qu'elle suscita furent inutiles, et Guillaume de Dinteville demeura tranquille possesseur de la seigneurie de Chacenay.

XVIII. Guillaume de Dinteville.

Guillaume de Dinteville, né en 1505, fut baron de Chacenay, seigneur d'Echenay et Dammartin (Haute-Marne), de Polisy, Polisot, Loches et Thieffrain (Aube), bailli de Troyes (à la mort de Jean de Dinteville, son frère), chevalier des Ordres du Roi et gentilhomme ordinaire de sa cour, gouverneur du Bassigny et capitaine de Langres.

Il était fils de Gaucher de Dinteville [2], seigneur d'Echenay et Dammartin, de Polisy, Laubressel et Tennelières (Aube), maître-d'hôtel ordinaire du Roi, premier maître-d'hôtel du Dauphin et gouverneur du

---

1. Autrefois, on a imprimé *d'Eschenetz*, *des Chenets* et *des Chanets*.
2. 1504. « Avertissemens fournis aux Requestes du Palais à Paris par mes[re] Marc de la Baume contre Gaucher de Dinteville, seigneur de Polisy, Laubressel, Tennelières, pour montrer que dame Anne de Châteauvillain [femme de Marc de la Baume] espousa en premières nopces... Jacques de Dinteville, chevalier, grand veneur de France, seigneur des Chanets et Dammartin. » André Duchesne, *Maison de Châteauvillain, Preuves*, p. 62.

Dauphiné, marié à Anne du Plessis-Savonnières en 1496 et mort en 1539 [1].

Le monument funéraire de Gaucher de Dinteville et d'Anne du Plessis, et la statue emblématique de Louise de Coligny, femme de Gaucher II de Dinteville, se trouvent dans l'église de Tennelières [2].

Quatre des enfants de Gaucher de Dinteville et d'Anne du Plessis ont exercé de hautes fonctions et se sont fait un nom dans l'histoire :

1. *François de Dinteville*, né en 1498, mort en 1554, fut chanoine d'Auxerre, aumônier de Louise de Savoie, évêque de Riez, ambassadeur à Rome, abbé de Montiérender, évêque d'Auxerre, abbé de Montiéramey et de Montier-la-Celle [3]. Ayant été impliqué par Montecuculli dans l'affaire de l'empoisonnement du Dauphin, il fut exilé pendant deux ans.

2. *Jean de Dinteville*, né en 1504, seigneur de Polisy, bailli de Troyes, gouverneur de Charles de France, duc d'Orléans, et pendant quelque temps ambassadeur en Angleterre, « personnage accomply et orné de toutes vertus et sciences autant que homme de son temps et qualité... estant devenu paralytique et impotent de tous ses membres, et s'estant retiré chez soy, se mist pour son plaisir et exercice à bastir cette belle maison (le château) de Polisy [4]. »

1. Archiv. de l'Aube, E. *Reg*. 216-218 : le 22 avril 1505, adjudication de la terre et seigneurie de Vallières (Aube) à Gaucher de Dinteville ; le 30 mai 1528, le même Gaucher donne la seigneurie de Vanlay (Aube) à son fils Gaucher.
2. Voir notre *Collection des principaux Obituaires... du diocèse de Troyes*, p. 412, n° 240.
3. Voir notre *Cartul. de Montier-la-Celle, Introduct.*, p. XXXIII. — et *L'église de l'abbaye de Montier-la-Celle*, p. 11.
4. *Mémoires militaires du sieur de Mergey, gentilhomme champ.*, p. 1, édités par Camusat, *Mélanges histor.*, Troyes 1619.

3. *Guillaume de Dinteville*, dont nous allons parler.

4. *Gaucher II de Dinteville*, seigneur de Vanlay et de Laubressel, né en 1509 et mort le 20 mars 1550, gouverneur du roi Henri II pendant sa jeunesse, fut disgracié comme son frère François, lors de l'empoisonnement du Dauphin. Il épousa, en 1544, Louise de Coligny, fille du seigneur de Crescia, dite dame de Vanlay et d'Auxon (Aube) après la mort de Gaucher. Gaucher et Louise eurent une fille, Marguerite de Dinteville, dame de Laubressel, qui épousera plus tard son cousin, Joachim de Dinteville, de la branche de Spoy (Aube).

Guillaume de Dinteville avait épousé en 1546 Louise de Rochechouart [1], qui était fille posthume de François de Pontville, dit de Rochechouart, vicomte de Rochechouart et de Breuilhez, et de Jacquette de la Rochefoucauld, sa seconde femme. Louise de Rochechouart reçut en dot la seigneurie de Brouvilliers.

Jetons un coup d'œil sur le nouveau domaine acquis en 1551 par Guillaume de Dinteville. L'*Extrait et estat sommaire du bailliage de Troyes* nous apprend ce qu'était la châtellenie de Chacenay au 24 juillet 1553. La moitié de la châtellenie appartenait à Guillaume de Dinteville, seigneur d'Echenay, et l'autre moitié appartenait aux Chaumont-Sainte-Parise, seigneurs d'Eguilly. Guillaume de Dinteville avait bailli et prévôt dans sa moitié de la châtellenie de Chacenay, qui se rattachait au donjon et comprenait les villages de Chacenay, Bertignolles et Chervey. Il y avait à Bertignolles une église paroissiale, ainsi qu'à Chervey ; l'église de Cha-

1. P. Anselme, IV, 686.

cenay était succursale de celle de Bertignolles (n° 308).

Guillaume de Dinteville partagea les campagnes du roi Henri II dans le Hainaut, le Cambrésis et l'Artois, en 1554. Jean, sieur de Mergey (Aube), qui servit Guillaume de Dinteville, en qualité de page, durant cette expédition, raconte dans ses *Mémoires militaires* les principales actions auxquelles fut mêlé le seigneur de Chacenay. Nous reproduisons la narration du sieur de Mergey. Après avoir dit qu'il fut élevé au château de Polisy par Jean de Dinteville, seigneur de Polisy et bailli de Troyes, Jean de Mergey s'exprime ainsi :

« Mr de Polizy me voulant mieux former par la fréquentation du monde et exercice des armes, me donna à M^r d'Eschenetz, son frère [Guillaume de Dinteville, seigneur d'Echenay et de Chacenay], chevalier de l'Ordre du Roy et capitaine de cinquante hommes d'armes, avec lequel je fis plusieurs voyages, mesme celuy ou le Roy Henry fit de si beaux exploicts de guerre aux pays de l'Empereur ez frontières de Hainault et du Liège, pour avoir sa revanche des cruautez, pilleriës et bruslemens exercez auparavant par la Royne de Hongrië aux frontières de France. Le Roy en ce voyage prist et saccagea la ville et le chasteau de Beyns et Marimont, maisons de plaisance de ladicte Royne de Hongrië qui estaient aussi bien et richement meublées que maisons de la chrestienté. J'euz pour ma part du butin, car tout estoit habandonné, les pantes d'un lict de velous cramoisi tout garny et enrichi de broderië, de toille d'or et d'argent qui vallaient plus de cinq cens escus, mais Mr Deschenetz, mon maître, les ayantz veuz s'en accommoda.

La ville et chasteau de Dynan furent aussi pris où commandoit Julian Romero renommé capitaine espagnol.

De Dynan le roi s'achemina quelque temps après et alla assièger le fort chasteau de Renty sur la frontière de France, que tenoit l'Empereur; mais si bien muny de bons hommes et de choses nécessaires pour la conservation de la place, qu'il nous fallut lever le siège, car l'Empereur ayant dressé son armée grosse et forte et s'estant acheminé pour secourir les assiegez, s'asseuroit que, trouvant nostre armée harassée pour le long temps qu'elle avoit tenu la campagne, qu'il en auroit bon marché s'il la pouvoit affronter ; et aiant faict advancer son advantgarde pour donner courage aux assiegez, il y eut de beaux combatz et escarmouches entre les deux armées avant que la nostre levast le siège ; où je me trouvé en l'une, estant encore page, où je fis mon premier apprentissage comme vous entendrez :

Mr de Guise estant monté à cheval environ avec 25 chevaux, capitaines et gentilzhommes pour aller recognoistre l'avantgarde impériale qui s'estoit approchée jusques près de Fouquemberge [Fouquembergues] où estoient logez noz chevaux-légers, lieu seur et advantageux. Ledict sieur de Guise estant arrivé assez près dudict Fouquemberge entendit l'escarmouche que nos chevaux-légers avaient attaquée avec les Impériaux, qui luy feirent faire halte, et envoya M. Deschenetz pour dire au seigneur Paul Baptiste, lieutenant de la cavalerie-légère soubz Mr de Nemours, qu'il eust à se retirer et ne rien attaquer et qu'il le vint trouver où il estoit sur une petite colline. Mr Deschenetz se mit en chemin pour exécuter sa charge et moy avec luy sur un petit cheval barbe, mais fort viste, ayant en ma teste son morion à bannière avec un beau pannache et un javelot de Brézil, le fer doré bien tranchant, avec belle houppe d'or et de soye, ma casaque de page belle et bien estofée de broderye, de sorte que je pensois estre quelque petit Dieu Mars. Ledict sieur Deschenetz aiant descouvert de dessus une petite montagnète noz gens et les ennemis meslez à l'escarmouche, ne voulut passer outre, voyant au vallon quatre ou cinq chevaux qui se pourmenoient, et ne sçachant s'ils estoient amis ou ennemis, demeura là, m'envoyant vers ledict Paul Baptiste pour luy dire ce que Mr de Guise luy mandoit, et me dist qu'il m'attendroit là. Je m'achemine pour exécuter ma charge, en l'esquipage que j'estois, droict ou estoit l'escarmouche, et y arrivé si à propos que nos gens s'estoient desbandez pour soustenir ceux qui avoient rembarré les nostres, et les ennemis se retirantz pour gaigner leur gros nous les chargeasmes, et moy y arrivant et estant bien monté je fus le premier à la charge. Aiant arresté un bourguignon qui avoit une cuirace a cru si courte que la moitié de l'eschine lui paraissoit, j'adresse si bien mon coup que je lui plante mon javelot en ce défaut, dedans l'eschine, qui n'eut pas faict trois pas que faisant un grand cri avec une l'aide grimace tumba mort de dessus son cheval, emportant en ses reins mon javelot lequel je ne peus retirer à cause qu'il estoit barbillonné ; et nous retirasmes à notre gros, où trouvant ledict sieur Paul Baptiste, je lui dis ce que lui mandoit Mr de Guise, lequel aussi tost fit sonner la retraicte, et le mène où Mr Deschenetz l'attendoit, je le prié par le chemin de faire en sorte avec ledit sieur Deschenetz, mon maistre, que je ne fusse point fouëté à cause du javelot que j'avois perdu, lequel se prist à rire et m'assura que je n'aurois poinct de mal, et qu'il avoit bien veu comment je l'avois perdu, et aiant trouvé ledict sieur Deschenetz, ils s'en vont tous deux trouver Mr de Guise, auquel, après avoir faict le récit de tout ce qui s'estoit passé, adressant sa parole audict sieur Deschenetz en présence dudict sieur de Guise, lui dist la peur que j'avois d'estre fouëté pour avoir perdu son javelot, et aiant récité le faict comme il l'avoit veu, dist que si tous ses chevaux-légers eussent aussi bien faict que moy, qu'il eust battu l'avantgarde de l'Empereur, voyla mon premier chef d'œuvre à la guerre.

Il y eut le lendemain un autre gros combat qui estoit bien une demie bataille, car nous eusmes huict enseignes de leurs gens de pied et quatre pièces de campagne montées sur 4 rouës que deux chevaux menoient au galop.

Le Roy doncques ayant levé le siège, ceste nuict mesme se retira à Amyens, départant son armée sur la frontière aux lieux plus seurs et commodes pour vivre, et veoir ce que deviendroit celle de l'Empereur, lequel ayant rafraischy les assiégez de tout ce qui leur estoit nécessaire, rompit aussi la sienne, y estants contraints et les uns et les autres à cause de l'hyver qui les talonnoit. Ledict sieur Deschenetz pour tousjours m'advancer m'avoit donné, moy n'en sçachant rien, à Mr le comte de la Rochefoucault qui estoit lieutenant de la compagnie de Mr de Lorreine, lequel avec ladicte compagnie estoit en garnison à Pierrepont. Ledict sieur Deschenetz estant avec le Roy à Amyens et moy avec luy, me mist hors de page, et m'envoya audict sieur comte à Pierrepont avec un bon cheval et 30 escuz, duquel je fuz receu avec plus d'honneur et bonne chère que je ne méritois [1]...

Après cette campagne le seigneur d'Echenay et de Chacenay rentra dans ses foyers.

Nous avons vu par l'*Extrait et estat sommaire du bailliage de Troyes,* au 24 juillet 1553, que la châtellenie de Chacenay, partagée par moitié avec le seigneur des Tours Sainte-Parise résidant à Eguilly, était fort restreinte dans ses limites. La pièce suivante que nous donnons en note, établit que les revenus de la seigneurie du donjon de Chacenay, en 1555, étaient peu importants [2].

1. *Mémoires milit.*, fol. 1 v°-3 r°. L'auteur, Jean, sieur de Mergey, était fils de Nicolas de Mergey, sieur de Haraumesgnil (Harromagnil, ham. de Louze, Haute-Marne) et de Catherine de Dinteville, fille naturelle, de la maison de Dinteville.

2. Archiv. de l'Aube, E. *Reg.* 219. — 1554-1555. Compte de recette et dépense de la seigneurie de Chacenay, pour un an, commençant à la Saint-Jean-Baptiste, 24 juin 1554, présenté à Guillaume de Dinteville, seigneur « d'Echenets « et dudit Chacenay.

La recette monte :

1° « *argent* VI^c I livre, XIX sols, IX deniers.
2° « *fromant* VI muids, X setiers, IIII boisseaux.
3° « *messal* III muids, I setier, VIII boisseaux.
4° « *orge* II muids, II setiers.
5° « *avoyne* VII muids, XV boisseaux.
6° « *chappons* IIII^{xx} VII.
7° « *poulles* II^c.

La dépense monte :

1° *argent* V^c IIII^{xx} XVI livres, I sol, III deniers, soit en sommes versées à M^r ou à madame de Dinteville, soit en argent avancé pour diverses causes. [On trouve la somme de « dix livres tournoys pour les gages de m^{re} Nicolle Pythou, advocat à Troyes, bailly dudit Chassenay. »]
2° *fromant* VI muids, IIII setiers, VIII boisseaux.
3° *messal* II muids, IIII setiers, XI boisseaux.
4° *orge* XXVIII setiers, XI boisseaux.
5° *avoyne* VI muids, XI setiers, VII boisseaux.

Quelques jours après avoir reçu ce compte, Guillaume de Dinteville, le 26 juin 1555, fit hommage pour les Grands-Essarts à François de Rohan, seigneur de Gyé (n° 311). On se rappelle que les Grands-Essarts avaient été exceptés dans la vente de Vitry-le-Croisé par Bernarde de Salazar, en 1544.

Le seigneur de Chacenay se mit en mesure de rentrer dans des droits, que ses vassaux, accoutumés à une longue indépendance pendant les troubles, refusaient de reconnaître. Il avait obtenu, le 7 juin 1555, des lettres de terrier qui furent signifiées le 5 novembre de la même année, puis le 5 avril 1556 (n° 312). Le 22 juillet, les habitants de Chacenay reconnurent par une déclaration générale les droits de leur seigneur. Mais quand il s'agit de payer l'ancien droit de terrage d'une gerbe sur quinze, les difficultés recommencèrent ; en sorte que Guillaume de Dinteville se vit obligé d'obtenir un arrêt du 3 octobre 1556, qui contraignait les habitants de Chacenay à payer le droit de terrage de la quinzième gerbe [1].

En 1557, le vaillant Dinteville quitta de nouveau la vie tranquille du châtelain pour reprendre les armes. Henri II faisait la guerre en Italie et il avait en France à repousser les armées de la reine d'Angleterre. Le seigneur de Chacenay se trouva à Saint-Quentin dans l'armée du connétable de Montmorency. Le 28 juillet,

6° *chappons* LXIX.
7° *poules* VIII^{xx} XVII.
Au bas de ce compte on trouve la signature autographe de G. de Dinteville. — Voir la *Note sur la mesure de Chacenay*, p. 182.

1. Anciennes archiv. de Chacenay, d'après l'*Hist. manuscr. de Chacenay*.

Emmanuel Philibert, duc de Savoie, à la tête de l'armée espagnole, mit le siège devant Saint-Quentin, où l'amiral de Coligny et d'Andelot, son frère, s'étaient enfermés. Le 10 août, le connétable de Montmorency, voulant délivrer la ville, laissa engager imprudemment une bataille qui fut un désastre pour l'armée française : il ne resta que quatre-vingts hommes, la fleur de la noblesse fut détruite, le duc d'Enghien blessé à mort, le connétable de Montmorency, le comte de Montpensier et le maréchal de Saint-André furent faits prisonniers. Le seigneur de Chacenay fut du nombre de ceux qui eurent le bonheur d'échapper à ce désastre [1].

Guillaume de Dinteville mourut le 16 août 1559. De son mariage avec Louise de Rochechouart, Guillaume de Dinteville n'eut que des filles :

1. *Claude de Dinteville*, dame d'Echenay et Polisy, mariée à François de Cazillac, seigneur de Cessac, lieutenant de M. de Guise ; elle vivait encore en 1619, d'après les *Mémoires militaires* de Jean, sieur de Mergey.

2. *Jeanne de Dinteville*, qui sera dame de Chacenay.

3. *Antoinette de Dinteville*, mariée à Chrétien de Choiseul, baron de Beaupré.

4. *Gabrielle de Dinteville*, qui épousa Philibert de Coligny, baron de Crescia et seigneur de Dammartin par sa femme, de Buenc, Bouha, Loysia, Vernouzes, Beaufort, Flacey, Saubertier, capitaine de cent lances pour le Roi catholique, et général de la cavalerie dans les Pays-Bas sous Alexandre, duc de Parme [2].

---

1. *Art de vérifier les dates.* — *Hist. manuscr. de Chacenay.*
2. P. Anselme, VII, 160.

5. *Marguerite de Dinteville*, qui épousa Mr de Dammartin, à qui elle apporta en mariage Bertignolles et Saint-Usage [3].

Un des premiers actes importants de la baronne de de Chacenay, après la mort de Guillaume de Dinteville, fut de convoquer, le 29 octobre 1560, le bailliage de Chacenay (n° 315). Il s'agissait d'obéir au mandement du roi qui ordonnait d'assembler les Trois-Etats, à cause des Etats-Généraux qui devaient être tenus à Meaux, le 10 décembre 1560 [1].

Le 2 juillet 1561, Louise de Rochechouart, comme tutrice de ses enfants, donnait procuration à l'effet de fournir l'hommage à Léonard de Chaumont, seigneur des Tours Sainte-Parise, pour le fief dit la Côte-Jean-de-Gand, situé près des fossés du château de Chacenay (n° 316). Le 11 septembre 1574, Louise de Rochechouart renouvelle ce même hommage envers Antoinette de Lantages, dame des Tours Sainte-Parise, veuve de Léonard de Chaumont (n° 320). Elle signe, le 18 juin 1575, une transaction avec les religieux de Clairvaux en faveur de la grange de Fontarce quant aux droits d'affouage et de pâturage. Le droit d'affouage est maintenu à 16 arpens de bois dans les Grands-Essarts, en propre, et le droit de pâturage est maintenu dans tous les bois de Vitry et de Chacenay (n° 321). Le 4 septembre 1576, Louise de Rochechouart, « dame d'Echenets, Polisy et dudit Chassenay » fit procéder à la nomination des députés du bailliage de Chacenay pour comparaître devant le bailli

---

3. *Hist. manuscr. de Chacenay.*
1. Les lettres du roi François II, du 31 août 1560, sont adressées à Anne de Vaudray, seigneur de Saint-Phal, bailli de Troyes et successeur de Guillaume de Dinteville.

de Troyes le premier octobre suivant : il s'agissait de satisfaire au mandement royal relatif à l'assemblée de Blois qui devait s'ouvrir le 15 novembre de la même année (n° 322).

Louise de Rochechouart, dame d'Echenay, Dammartin, Polisy, Chacenay, Bertignolles, Saint-Usage, etc., mourut le 17 décembre 1589, laissant la baronnie de Chacenay à *Jeanne de Dinteville*, la seconde de ses filles.

XIX. JEANNE DE DINTEVILLE. — Ses maris : LOUIS DE LENONCOURT, baron de Colombey-les-Deux-Eglises.— PHILIBERT DE CHOISEUL, baron d'Aigremont.

I. Jeanne de Dinteville entra en possession de la seigneurie de Chacenay à la mort de sa mère, Louise de Rochechouart ; elle avait épousé Louis de Lenoncourt, l'un des huit enfants de Henri II de Lenoncourt et de Marguerite de Broyes, dame de Pacy en Valois.

La famille de Lenoncourt, d'origine lorraine, s'établit en Champagne et dans le bailliage de Chaumont dès le milieu du xv° siècle. On trouve les Lenoncourt à Bar-sur-Seine, Loches, Marolles-les-Bailly, dès le commencement du xvi° siècle [1].

1. Voir plus haut, p. 299, note 3. *Philippe II de Lenoncourt* est seigneur de Loches en 1545 (Archiv. de la Côte-d'Or, B. 10622). *Claude de Lenoncourt* figure comme seigneur de Loches, Chauffour et Poligny, de 1558 à 1586 (Archiv. de la Côte-d'Or, B. 10661. — Archiv. de l'Aube, E. 40 et 42) ; en 1583, Claude de Lenoncourt achète à Jacques de Gand et à Antoine de Gand un huitième de la terre et seigneurie de Poligny ; au mois de juillet 1586, Claude de Lenoncourt cède moitié de la terre et seigneurie de Poligny à Claude de Chaumont qui lui abandonne en échange la terre et seigneurie de Bidan (Ibid., E. 40). *Jean de Lenoncourt*, écuyer, est seigneur de Chauffour en 1561 (Archiv.

Louis de Lenoncourt, chevalier de l'Ordre du roi, baron de Colombey-les-Deux-Eglises, était guidon d'une compagnie de 50 lances, fournies des Ordonnances du roi, sous le seigneur de Piquigny en 1562 et 1565, puis de celle du duc de Guise, en 1566 et 1567, suivant ses quittances [1].

Henri II de Lenoncourt, comte de Nanteuil, baron de Vignory et de Colombey-les-Deux-Eglises, seigneur de Soncourt, Oudincourt, Vraincourt, etc., mourut en 1559, et ses enfants partagèrent l'héritage féodal. Louis de Lenoncourt obtint la baronnie de Colombey-les-Deux-Eglises, et les seigneuries de Soncourt, Oudincourt, etc., il est dit aussi baron de Nanteuil.

Louis de Lenoncourt mourut vers 1589, peut-être avant que Jeanne de Dinteville, sa femme, ne fut en possession effective de la baronnie de Chacenay.

De son mariage avec Louis de Lenoncourt Jeanne de Dinteville eut quatre enfants, dont trois désignés dans le contrat de mariage de Gabrielle de Lenoncourt :

Charles de Lenoncourt, qui continuera la succession des seigneurs de Chacenay.

Philippe ou *Philibert de Lenoncourt*, qui sera abbé de Rebais en 1632, et de Montier-en-Argonne.

---

de la Côte-d'Or, B. 10649). En 1588, *Germain de Lenoncourt*, seigneur de Loches en partie, acquiert moitié de la terre et seigneurie de Poligny, puis rétrocède cette acquisition à *Antoine de Lenoncourt* en 1594; Antoine achète une autre partie de Poligny en 1596 (Ibid., E. 40). Germain de Lenoncourt paraît encore en 1610 comme seigneur de Loches en partie (Archiv. de la Côte-d'Or, B. 10709). *Renée de Lenoncourt*, en 1612, est qualifiée dame de Loches en partie (Ibid., B. 10711). *Joachim de Lenoncourt*, est seigneur de Loches en 1631 (Ibid., B. 10729).

1. P. Anselme, II, p. 60

Gabrielle de Lenoncourt, mariée à René du Châtelet, baron de Thons.

D'après le P. Anselme, il faudrait ajouter une seconde fille dont le nom n'est pas connu, et qui mourut sans alliance.

II. Peu de temps après la mort de Louis de Lenoncourt, Jeanne de Dinteville épousa en secondes noces Philibert II de Choiseul, baron d'Aigremont. Il était fils de Philibert Ier, baron d'Aigremont, seigneur d'Ambonville, et d'Antoinette Le Faucher de Favérieux.

En 1594, Jeanne de Dinteville, avec la procuration de Philibert de Choiseul, son mari, obtenait un relief d'appel au bailliage de Troyes [1].

Le 20 mars 1597, Philibert de Choiseul, avec la procuration de Jeanne de Dinteville, faisait reprise de fief de la tierce partie des seigneuries de Bourguignons et Foolz [2], de la Forêt sous Fralignes (Aube) et de Saint-Bris (n° 327). Ces fiefs provenaient de la succession de Marguerite de Dinteville-d'Echenay, décédée sans enfants, de son mariage avec Joachim de Dinteville, son cousin, seigneur de Dinteville, de Spoy (Aube), baron de Meurville (Aube), etc., qui mourut plus tard à Dinteville en 1607. Jeanne de Dinteville, dame de Chacenay, femme de Philibert de

---

1. *Hist. manuscr. de Chacenay.*
2. Foolz, Aube, com. de Bourguignons. Aveu et dénombrement en 1387 et en 1388 : Jean de Gray, écuyer, vicomte de Bar-sur-Seine, seigneur de Villebaron « et de *Foux* soubs ledit Bar... recognois et advoe tenir en fief du roy la justice de la ville de Foulx. » Figurent dans le dénombrement : « l'hostel dudit Foux, dit l'hostel de La Cour ; le siège du moulin à blé et folons, sur la rivière de Seyne, à présent de nulle valeur ; maison et grange sises devant l'église dudit Foux... » Bibliot. nation. *F. Franc.*, 5996, fol. 156 r° et v°.

Choiseul, était cousine-germaine de Marguerite de Dinteville, fille de Gaucher II de Dinteville et de Louise de Coligny [1].

Cependant Jeanne de Dinteville songeait à établir les enfants qu'elle avait eus de son premier mari. Le 14 janvier 1594, Charles de Lenoncourt avait épousé Antoinette de Bligny (Aube). Gabrielle de Lenoncourt, par contrat du 11 mars 1600, épousa René du Châtelet, chevalier, seigneur de Beviller, Romont, Bazemont, Chaumencey, Châtillon en Vosges, Champigneul, Margeville, baron de Thons (Vosges) et de Chauvirey, etc. Il était second fils de Jean du Châtelet II, seigneur de Thons, et de Marguerite d'Haussonville, sa première femme. Il prit l'habit ecclésiastique, sans cependant s'engager dans les Ordres. Il était en 1584, abbé commendataire de Beaulieu et fut pourvu canoniquement, en 1596, de l'abbaye de Flabémont. S'étant démis de ses abbayes, il épousa Gabrielle de Lenoncourt, fille de Louis de Lenoncourt. Les témoins du contrat de mariage sont, « pour Gabrielle de Lenoncourt : 1° Jeanne de Dinteville, sa mère, femme de messire Philibert de Choiseul, chevalier, sieur et baron d'Aigremont et de Chacenay, demeurante à Paris, rue et paroisse Saint-Christophe en la Cité, autorisée par son mari pour stipuler en cette partie en faveur de Gabrielle de Lenoncourt, fille d'elle et de deffunct... messire Louis de Lenoncourt, son mari en premières noces ; 2° dame Claude de Dinteville, dame douairière de Sessac, sa tante ; 3° Philibert de Lenoncourt, abbé de Rebais et Montier-en-Argonne, son frère ; 4° Antoinette de Bligny, femme de messire

1. Voir plus haut, p. 309.

Charles de Lenoncourt, seigneur de Colombey-les-Deux-Eglises, son frère [1] ».

Pendant le dernier quart du xviᵉ siècle, au milieu des prêches des Huguenots et des guerres qui les accompagnèrent, les seigneurs de Chacenay avaient oublié la maxime inscrite sur les murailles de leur château : *Monê Pistis* [2] une seule foi ! et en même temps le mauvais état de leurs affaires s'était aggravé.

Afin de satisfaire quelques créanciers, le 30 décembre 1600, Jeanne de Dinteville donna sa procuration à Philibert de Choiseul, pour vendre à Nicolas de Fautrey, capitaine du donjon de Chacenay, le village du Grand et Petit Mallet (n° 330) [3].

Philibert de Choiseul mourut peu de temps après ; et Jeanne de Dinteville, se qualifiant veuve de Philibert de Choiseul, ratifia le 1ᵉʳ juillet 1602 la vente des Mallets (n° 331).

Du mariage de Philibert de Choiseul et de Jeanne

---

1. D. Calmet, *Maison du Châtelet.*, *Pièces justif.*, p. CCXXXII.
2. *Introduct.*, p. xxi.
3. Dès le commencement du xviᵉ siècle, on trouve plusieurs seigneurs en partie des Mallets (Noé-les-Mallets (Aube) : Le 15 octobre 1534, Jacques de Rochetaillée, seigneur de la Ville-au-Bois, vend plusieurs biens dépendant de la motte de Mallet, à Guillaume de Lestrac, seigneur de Verpillières, et le 29 avril 1536 il vend le fief de la motte de Mallet à Bonaventure Regnier, seigneur de Bussières. Nicolas de Fautrey était mort avant le 2 octobre 1629, à cette date sa veuve donne à bail la seigneurie de Mallet à Edme Maillet de Saint-Usage (*Invent.* p. 133-134). Le 24 décembre 1649 « Philippe de Faultrey de Mallet, escuier, seigneur des Mallets » obtient du bailli de Chacenay l'autorisation de faire saisir les récoltes d'un de ses débiteurs qui habitait Vitry-le-Croisé. (Cabinet de M. Bertherand, signature autographe : *De Faultrey de Mallet.*) Richard de Fautrey, 1689 et 1690, et Charles de Fautrey, 1691, figurent comme seigneurs des Mallets dans le *Rosle des fiefs...* (Archiv. de l'Aube, *Archiv. judiciair.*, Reg. 1657.)

de Dinteville sortit une fille nommée *Louise de Choiseul*.

Profitant du désarroi financier dans lequel se trouvait Jeanne de Dinteville, les possesseurs de fiefs qui relevaient du donjon de Chacenay, négligeaient de rendre les foi et hommage et de payer les redevances féodales ; le 3 décembre 1607, la dame de Chacenay se fit autoriser à saisir les fiefs en cas de besoin (n° 335).

Le 13 février 1608, Jeanne de Dinteville donnait la main de sa fille, Louise de Choiseul, qu'elle avait eu de son second mari, Philibert de Choiseul, à Gilbert de Bigny, seigneur de Prévéranges (Cher). Elle lui promit, par contrat de mariage, 36,000 livres avec hypothèque sur la terre de Chacenay ; mais elle ne put fournir cette dot qui sera encore réclamée en 1668 (n° 355).

Enfin, par suite des mauvaises affaires de Jeanne de Dinteville, et après une saisie réelle de la terre de Chacenay, faite par les créanciers, cette terre fut adjugée, en partie, le 13 juillet 1610, à Charles de Lenoncourt, fils de Louis de Lenoncourt et de Jeanne de Dinteville. Deux ans plus tard, le 19 mai 1612, Charles de Lenoncourt fut confirmé dans son droit par un arrêt rendu contre le président Amelot, un des créanciers de Jeanne de Dinteville, qui avait interjeté appel du décret du 13 juillet 1610 (n° 336).

XX. Charles de Lenoncourt.

Charles de Lenoncourt, baron de Colombey-les-Deux-Eglises et de Chacenay, seigneur de Soncourt,

Marbéville, etc., avait épousé, en 1593, Antoinette de Bligny. Elle était fille de Pierre II Le Génevois, baron de Bligny (Aube), seigneur de Bossancourt (Aube), officier distingué et chevalier des Ordres du roi, et de Françoise d'Anglure, fille du baron de Bourlemont et veuve de Pierre de Saulx.

Lorsque Charles de Lenoncourt devint seigneur effectif de Chacenay, en 1610, cette seigneurie, à cause de saisies réelles et d'hypothèques, n'avait plus qu'une médiocre importance. D'ailleurs, deux filles de Jeanne de Dinteville, sœurs de Charles de Lenoncourt, Gabrielle de Lenoncourt et Louise de Choiseul, avaient aussi des droits sur cette terre.

Charles de Lenoncourt, de son mariage avec Antoinette de Bligny, eut quatre enfants [1] :

Claude de Lenoncourt, qui suit.

Philippe de Lenoncourt, abbé de Rebais, qui succédera à Claude.

Pierre de Lenoncourt, abbé de Montier-en-Argonne.

Charlotte de Lenoncourt, religieuse Carmélite.

XXI. Claude de Lenoncourt.

L'héritage de Charles de Lenoncourt fut recueilli par Claude de Lenoncourt, l'espoir de la branche des Lenoncourt-Vignory.

Claude de Lenoncourt, seigneur de Colombey, Chacenay, Soncourt, Marbeville, etc., dit le marquis de Lenoncourt, s'était engagé dans la carrière militaire. Maréchal de camp, gouverneur de Lorraine pour le

---

1. P. Anselme, II, 60.

roi, lieutenant général de ses armées, gouverneur particulier de Clermont en Argonne, Claude de Lenoncourt connu par sa bravoure, succomba, tué d'un coup de mousquet au siège de Thionville, le 25 juillet 1643. Il fut enterré aux Cordeliers de Toul, où son frère, Philippe, l'abbé de Rebais, lui fit mettre une épitaphe composée par Jérôme Vignier, prêtre de l'Oratoire.

Claude de Lenoncourt n'ayant pas été marié, son héritage passa à son frère Philippe, abbé de Rebais.

XXII. Philippe de Lenoncourt.

Au mois de juillet 1643, lorsqu'il succéda à son frère aîné, Philippe de Lenoncourt était aumônier du roi Louis XIII, conseiller en ses conseils, et abbé de Rebais ; il prit les titres de marquis de Lenoncourt, de baron de Colombey-les-Deux-Eglises et de Chacenay, de seigneur de Soncourt, Marbéville, etc...

Le 28 juillet 1643 et le 31 mars 1644, Louis XIV fit remise à Philippe de Lenoncourt, héritier de son frère Claude, des droits de relief et de rachat et autres, pour raison des seigneuries de Colombey, Chacenay, Soncourt, etc. (n° 348).

Le 10 septembre 1649, Philippe, marquis de Lenoncourt, seigneur de Chacenay, donne à bail le four banal de Chervey (n° 349).

Philippe, marquis de Lenoncourt, signe une union de la noblesse, faite le 4 février 1651 [1]. Deux jours après, le 6 février au soir, le cardinal Mazarin s'enfuyait de nouveau, et le 13 les Princes recouvraient la liberté.

1. P. Anselme, II, 60.

Le 24 mars 1661, Philippe de Lenoncourt fit son testament en faveur de François de Clermont-Tonnerre, évêque, comte de Noyon, et de son neveu Antoine du Châtelet. A l'évêque de Noyon, il légua un tiers de tous ses biens, y compris le tiers de ce qu'il possédait dans la seigneurie de Chacenay, et il laissa les deux autres tiers de ses biens à son héritier naturel Antoine du Châtelet.

Philippe de Lenoncourt mourut peu de temps après avoir testé. En lui s'éteignit la branche des Lenoncourt-Vignory ; les branches de Gondrecourt (Haute-Marne), de Marolles-les-Bailly et Chauffour (Aube), etc., continuèrent à exister.

XXIII. Antoine du Chatelet de Thons. — François de Clermont-Tonnerre, évêque de Noyon.

1661. Antoine du Châtelet de Thons, le second des enfants de René du Châtelet et de Gabrielle de Lenoncourt[1], était, par sa mère, neveu de Claude et de Philippe de Lenoncourt. Il épousa en premières noces Catherine de Priessac, fille de Daniel de Priessac, chevalier, seigneur de Priessac en Limousin, et de Marie de Bernay ; en 1633 Antoine du Châtelet se

---

1. *Philippe du Châtelet* fut l'aîné des trois enfants de René du Châtelet et de Gabrielle de Lenoncourt. Philippe alla servir en Allemagne et fut colonel d'un régiment de cavalerie que le duc de Lorraine envoyait au service de l'empereur ; il mourut à la fleur de l'âge, à Munich, en Bavière. Antoine du Châtelet continua la succession des du Châtelet de Thons.

Dorothée-Henriette du Châtelet fut mariée, par contrat du 28 septembre 1628, avec Claude-François de Grammont, seigneur de Conflandé, créé comte de Grammont, le 5 mai 1636. — D. Calmet, *Maison du Châtelet*, p. 96.

remaria avec Gabrielle de Mailly, dame de Remiremont, dont il n'eut pas d'enfants [1].

Antoine du Châtelet, en succédant à son oncle Philippe de Lenoncourt, prit le titre de marquis de Lenoncourt, seigneur de Colombey, Chacenay, etc. Le second seigneur de Chacenay, pour un tiers, en 1661, est François de Clermont-Tonnerre, évêque de Noyon, membre de l'Académie française, né en 1629 et mort le 15 février 1701. Il était fils de François de Clermont, comte de Tonnerre, lieutenant général des armées du roi, et de Marie Vignier [2], fille de Jacques Vignier, baron de Saint-Liébaut (Estissac, Aube).

La seigneurie de Chacenay passa bientôt en d'autres mains.

Le 15 octobre 1663, François de Clermont-Tonnerre vendit, au prix de 9,000 livres, le tiers qu'il possédait dans la seigneurie de Chacenay, à Jean de Mesgrigny, marquis de la Villeneuve-Mesgrigny et seigneur de Vendeuvre (n° 352).

D'ailleurs Antoine du Châtelet, débiteur de sommes considérables envers le marquis de Mesgrigny, lui abandonna, le 18 juin 1664, moyennant 18,000 livres, une partie des biens qu'il avait hérités de Philippe de Lenoncourt [3]. Toutefois, Antoine du Châtelet se réserva Soncourt, Marbéville et d'autres fiefs, ainsi que les

---

1. D. Calmet, *Maison du Châtelet*, p. 97.
2. Marie Vignier, mariée en 1623 à François de Clermont, avait épousé en premières noces Urbain de Créqui, seigneur des Riceys. Voir notre *Reciacus. Les Riceys*, p. 60.
3. L'acte de vente mentionne, pour Colombey-les-Deux-Eglises, un château et la basse-cour fermés de murailles, avec tours, pavillons, etc.; la justice haute, moyenne et basse ; la place de l'ancien château sur la montagne, etc. — Jolibois, *La Haute-Marne*, p. 331.

deux tiers de la seigneurie de Chacenay qu'il donna le même jour à son fils Daniel du Châtelet.

XXIV. Daniel du Chatelet. — Jean de Mesgrigny.

1664. Daniel du Châtelet, marquis du Châtelet et de Lenoncourt, baron de Chacenay, seigneur de Bazincourt en Artois, de Chervey et Bertignolles (Aube), et de Senelle en Barrois (Moselle), était fils d'Antoine du Châtelet et de Catherine de Priessac.

Par contrat du 30 janvier 1666 il épousa Elisabeth de La Fontaine, dame de Remiremont. Elle était fille de Nicolas de La Fontaine, comte de Verton (Pas-de-Calais), seigneur d'Hallencourt (Somme) et de la Mothe-Verlingthun (Pas-de-Calais), et de Catherine de Roussé d'Alembon [1].

Jean VIII de Mesgrigny, chevalier, marquis de la Villeneuve-Mesgrigny, seigneur de Montpelonne, de Montmartin et de la Haute-Maison, devint en 1663 et 1664 baron de Colombey, d'Emery, de L'Orme et seigneur de Chacenay pour un tiers. Il était fils de Jean VII de Mesgrigny et de Marie Bouguier, dame d'Echarson [2]. Il fit la foi et hommage [3] pour Chacenay le 26 août 1664.

Les nouveaux seigneurs de Chacenay ne restèrent pas longtemps tranquilles possesseurs de leur domaine. En 1668, le 27 février, François de Bigny, marquis

---

1. Pierre-Antoine du Châtelet, fils aîné d'Antoine du Châtelet, continua la succession des marquis du Châtelet de Thons. — D. Calmet, *Maison du Châtelet*, p. 98.
2. Socard, *Essai d'Hist. généal. de la famille de Mesgrigny*, Troyes, 1876, p. 10.
3. *Hist. manuscr. de Chacenay.*

de Prévéranges (Cher), obtenait un arrêt déclarant la baronnie de Chacenay hypothéquée de la somme de 36,000 livres à son profit. Ces 36,000 livres avaient été assignées en dot sur la terre de Chacenay à Louise de Choiseul, fille de Jeanne de Dinteville, dame de Chacenay, qui épousa, le 13 février 1608, Gilbert de Bigny, seigneur de Prévéranges. Or, François de Bigny[1], fils de Louise de Choiseul, dont il était héritier, réclamait la dot de sa mère qui n'avait pas été payée (n° 355). L'arrêt du 27 février 1668 était rendu contre Antoine du Châtelet et contre François de Clermont-Tonnerre, considérés comme successeurs responsables de Philippe de Lenoncourt, petit-fils de Jeanne de Dinteville. Un nouvel arrêt du 5 juin 1668 adjugeait la propriété de la terre de Chacenay au marquis de Prévéranges, faute par Antoine du Châtelet et François de Clermont-Tonnerre d'avoir opté de payer ou de déguerpir; et le 25 septembre de la même année une saisie réelle de la terre de Chacenay fut faite sous le nom de Simon Moussigot, boucher. Alors Daniel du Châtelet et Jean de Mesgrigny firent valoir leurs droits et il fut reconnu, par voie de justice, que la saisie n'était pas faite sur les véritables propriétaires. Le marquis de Prévéranges ayant échoué dans cette première tentative fit transport de sa créance de 36,000 livres à Georges Périgois, joaillier de la couronne[2].

Le 2 septembre 1674, à la convocation du ban et de l'arrière-ban du bailliage de Troyes comparurent Daniel du Châtelet, chevalier, baron de Chacenay, seigneur de Chervey et Bertignolles, et Jean de Mes-

1. Il avait épousé Anne de Crévecœur.
2. *Hist. manuscr. de Chacenay.*

grigny, marquis de la Villeneuve-Mesgrigny, seigneur de Chervey et Chacenay en partie (n° 359).

Elisabeth de La Fontaine, femme de Daniel du Châtelet, fondée de procuration, donne à bail le grand four de Chacenay, le 15 octobre 1674. Guillaume de Choiseul-Aigremont, dit « seigneur usufruitier d'un tiers du revenu de ladicte terre de Chacenay » figure dans cet acte (n° 360).

Après 1674 nous ne rencontrons plus Daniel du Châtelet.

Le 26 décembre 1677, le 8 décembre 1681 et le 18 octobre 1683, Elisabeth de La Fontaine, veuve de Daniel du Châtelet, figure dans divers titres (n°s 362-364). Elle se remaria à Balthasar de Cultz, marquis de Samboin [1], et elle quitta le château de Chacenay à la fin de 1683.

La terre de Chacenay va s'amoindrir de jour en jour sous le coup des saisies réelles. Le 5 septembre 1686, le Parlement de Dijon rend un arrêt déclarant que la terre de Chacenay appartient en propriété à Georges Périgois, joaillier de la couronne, François de Bigny, marquis de Prévéranges, lui ayant fait transport de sa créance de 36,000 livres (n° 365) [2]. En conséquence de cet arrêt Georges Périgois, le 30 juin 1687, rend foi et hommage au roi pour raison de la seigneurie de Chacenay [3], et le 3 juillet 1687, il fait reprise des fossés, tranchées et donjon de Chacenay (n° 366) [4].

1. D. Calmet, *Ibid.*, p. 98.
2. *Hist. manuscr. de Chacenay.*
3. *Invent.*, p. 6.
4. A cette date la branche des Lenoncourt-Marolles-les-Bailly était aussi en pleine décadence. Marie-Sidonia de Lenoncourt, dame de Chauffour et de Bidan (Aube), célèbre par ses désordres,

Un des créanciers ayant fait saisir de nouveau la terre de Chacenay, le 29 juillet 1689, le Parlement de Dijon confirme son arrêt du 5 septembre 1686 et adjuge la terre de Chacenay à Georges Périgois, pour le prix de 34,000 livres, à charge de rembourser les plus anciennes hypothèques (n° 369).

L'année suivante, le 28 mai 1690, Georges Périgois, se disant seigneur de Chacenay, oblige les habitants de Viviers à faire leurs déclarations de terre [1]; le 2 août suivant Georges Périgois et sa femme vendaient la terre de Chacenay, pour le prix de 34,000 livres, à Pierre le Teissier de Moutarcy, joaillier ordinaire du roi (n° 370). En conséquence, le 19 novembre 1691, Pierre Le Teissier, fit foi et hommage à Louis-Marie-Armand de Simiane de Gordes, évêque de Langres (n° 371).

Dans le *Rosle des fiefs et arrière-fiefs du bailliage de Troyes*, 1689-1691, on lit : « Périgois, seigneur de Chacenay, bourgeois de Paris, taxé à 150 livres. » En marge : « déchargé par jugement du 7 avril 1790. A présent au sieur Montarcy, bourgeois de Paris [2]. »

Mais la vente faite par Georges Périgois fut atta-

mariée vers 1667 à Charles, marquis de Courcelles dans le Maine, mourut en 1685 ; et le 26 novembre 1687, nous trouvons la reprise de fief et le dénombrement de la seigneurie de Chauffour et de celle de Bidan, en ce qui est situé au comté de Bar-sur-Seine, par François Forcadel, commissaire général aux saisies réelles du Parlement de Paris. François Forcadel agissait en qualité de commissaire établi au régime et gouvernement des terres délaissées par Sidonia de Lenoncourt, et saisies réellement sur les héritiers bénéficiaires de ladite dame, le procès étant pendant au Parlement. Sidonia de Lenoncourt a laissé des mémoires qui ont été publiés en 1808 par Chardon de la Rochette et plus complètement en 1855 par M. Pougin dans la *Bibliothèque elzévirienne*.

1. *Invent.*, p. 204.
2. Archiv. de l'Aube, *Archiv. judic.* Reg. 1657, fol. 7 v°.

quée par les créanciers, et, après de longues procédures qui concoururent avec la mort d'Elisabeth de La Fontaine[1], en 1695 ; la terre de Chacenay, saisie réellement, pour la somme de 15,100 livres, sur Georges Périgois, le 7 décembre 1700. Claude Forcadel, commissaire, receveur et contrôleur général des deniers provenant des saisies réelles, établi au régime et gouvernement de la terre et seigneurie de Chacenay, après avoir obtenu mainlevée de la saisie féodale, fit la reprise des fossés, tranchées et donjon de Chacenay, le 15 avril 1701 (n°s 374-378). On lit dans l'acte : « lesquels fossés, tranchées et donjon est un château qui n'est point occupé depuis environ vingt ans, et qui ne donne aucun revenu. »

Enfin, après dix-neuf années de procédure, le 8 mars 1706, par décret des Requêtes de l'Hôtel, la baronnie de Chacenay, saisie sur Georges Périgois, est adjugée à *Louis d'Escageul*, marquis de Liancourt, et à son épouse Françoise-Elisabeth Poncher (n° 378).

XXV. Louis d'Escageul, marquis de Liancourt.

La famille d'Escageul[2], originaire de Normandie, fut maintenue dans sa noblesse le 18 novembre 1668.

---

1. Enfants de Daniel du Châtelet et d'Elisabeth de La Fontaine :
Marie du Châtelet, qui fut alliée au comte de Duyn, dont elle n'eut point d'enfants ; sa sœur était son héritière en 1693.
Béatrix du Châtelet, dame de Chauvirey, du Gouzet, de Bazincourt en Artois et Mézinghen en Boullonois, fut mariée, à l'âge de 19 ans, par contrat du 19 février 1693, à Philippe-François, marquis d'Ambly, baron d'Ayvelles. D'Ambly : « d'argent à 3 lions de sable, lampassés de gueules. » — D. Calmet, *Maison du Châtelet*, p. 98.
2. Ou *Escajeul*, *Escayeul*, aujourd'hui Ecajeul (Calvados). On trouve sur les d'Escageul un Mémoire dressé par M. l'abbé Béziers, chanoine du Saint-Sépulcre de Caen (de La Chenaye Desbois).

Les principales branches des d'Escageul sont : les seigneurs de La Ramée, de Suilly, de Liancourt, etc.

Louis d'Escageul, chevalier, marquis de Liancourt, baron de Chacenay, était fils de Jacques d'Escageul, seigneur de la Bretonnière et de Liancourt, et de Catherine Faignier. Il épousa Françoise-Elisabeth Poncher[1].

Depuis cent ans surtout, à cause des hypothèques et des saisies réelles la baronnie de Chacenay était en pleine décadence. Pendant les quatorze années que le marquis de Liancourt possédera Chacenay nous le trouverons en contestations et en procédures incessantes pour rétablir les droits de la baronnie.

Le 3 décembre 1706, Louis d'Escageul, marquis de Liancourt, baron de Chacenay, seigneur de Bertignolles, Chervey, etc., paie 150 livres pour droits dûs au domaine du roi, et le 29 du même mois il rendit foi et hommage à l'évêque de Langres, François-Louis de Clermont-Tonnerre[2].

Le 20 novembre 1711, le baron de Chacenay soutenait contre Antoine-Joseph Hennequin, seigneur des Tours Sainte-Parise, et voisin tracassier, un long procès dont il ne devait pas voir la fin[3].

Le 6 juillet 1712, Françoise-Elisabeth Poncher, marquise de Liancourt et baronne de Chacenay « demeurant en son château de Chacenay » donne à bail le droit de rouage de Chervey (n° 387).

Le 27 mars 1713, Louis d'Escageul, obtint une sen-

---

1. Nous ferons connaître plus loin la famille Poncher. En 1720, Claude-François Poncher achètera la terre de Chacenay.
2. *Invent.*, p. 7 et 8.
3. *Ibid.*, p. 93.

tence contre les habitants de Chacenay et de Bertignolles pour les forcer à payer les redevances féodales qu'ils lui devaient [1].

Le 25 juin 1715, après beaucoup de procédures entre les seigneurs de Chacenay et des Tours Sainte-Parise, intervint un jugement de la deuxième Chambre des Enquêtes qui jugea quelques articles, prononça un interlocutoire sur les principaux et renvoya les parties par devant le lieutenant général de Chaumont à l'effet d'entendre les témoins de part et d'autre et dresser un plan des lieux en contention [2]. Nous trouvons les 18 et 25 mai 1716, une enquête relative à la justice de Chacenay, faite par devant Pierre-Guillaume de Chavaudon, lieutenant général, à la requête de Joseph-Antoine Hennequin « seigneur de Charmont, baron de Chassenay et des Tours de Sainte-Parize, seigneur pour la moitié dudit Chassenay et des Tours de Sainte-Parise, à l'encontre de messire Louis d'Escageul, seigneur de Liancour, aussi seigneur, baron de Chassenay. » Au procès-verbal est joint un plan par terre du Château, ainsi que des Tours Sainte-Parise, avec les dépendances [3]. Ce précieux document fait connaître exactement les deux seigneuries enfermées dans la grande enceinte castrale de Chacenay ; nous l'avons donné dans l'*Introduction*. Quand eut lieu le transport des juges et des arpenteurs au château de Chacenay, appelées les parties intéressées dans la cause, on retrouva les bornes qui avaient été posées en 1501, lors

---

1. *Hist. manuscr. de Chacenay.*
2. Trésor de Chacenay, cité dans l'*Hist. manuscr. de Chacenay.*
3. Archiv. de l'Aube, *Archiv. judiciaires*, Lias. 1171.

d'une pareille contestation entre Galas de Salazar et Guillaume de Chaumont [1].

Louis d'Escageul, le 16 mars 1718, fait foi et hommage au roi du château de Chacenay (n° 391) : « Ledit chasteau de Chassenay consiste en bastiments, donjon, faussés, tranchées, berge, cavailliers, et place d'armes dépendant dudit chasteau, dans lequel ledit seigneur d'Escageul a toutes justices haute, moyenne et basse, le produit ne pouvant estre que d'environ deux cents livres. »

Le marquis de Liancourt, par suite du système de Law qui allait amener l'effondrement de la fortune publique en France, se vit obligé d'aliéner la baronnie de Chacenay. Le 20 février 1720, il la vendit, tant en son nom, qu'en celui de Françoise-Elisabeth Poncher, son épouse, à *Louis-François-Marie de Verton*, pour le prix de 70,000 livres (n° 394) [2].

Pendant les quatorze ans que Louis d'Escageul posséda la baronnie de Chacenay, il avait essuyé toutes sortes d'ennuis, contestations et procès.

XXVI. Louis-François-Marie de Verton.

Louis-François-Marie de Verton, chevalier de Saint-Lazare et de Notre-Dame de Mont-Carmel, ci-devant grand-maître des Eaux et Forêts de France, maître d'hôtel ordinaire du roi, et nommé par le roi envoyé extraordinaire près du czar, demeurant à Paris, pos-

---

1. Voir plus haut, p. 299.
2. Il y a une interversion dans le texte du n° 394, p. 169 : Françoise-Elisabeth Poncher est l'épouse de Louis d'Escageul.

séda la baronnie de Chacenay pendant six mois seulement. Le 20 août 1720, il vendit la terre de Chacenay à Claude-François Poncher et à Elisabeth-Monique Arnauld, son épouse, pour le prix de 100,000 livres. Cette somme fut payée des deniers dotaux d'Elisabeth-Monique Arnauld (n° 395).

XXVII. Claude-François Poncher et Elisabeth-Monique Arnauld.

Claude-François Poncher, maître des Requêtes, seigneur de Soindres et de La Villeneuve-en-Chevrie (Seine-et-Oise), était fils de Claude-Arnould Poncher, qui avait laissé sa charge de maître des Requêtes à son fils et mourut à Soindres en 1724 [1]. Nous avons donné la généalogie d'Elisabeth-Monique Arnauld (p. 176-177), fille de Jean-Louis Arnauld, écuyer, trésorier général de l'extraordinaire des guerres, et de Marie Jacquet de La Bussière.

1. Sur la famille des Poncher, originaire de Tourraine, voir le P. Anselme, t. VIII. Un des membres les plus célèbres de cette famille est Etienne Poncher, évêque de Paris en 1503, garde des sceaux en 1512, ambassadeur en Espagne en 1517, puis en Angleterre, archevêque de Sens le 31 Juillet 1519. Cette famille a fourni des évêques, des hommes d'Etat ; on la trouve surtout dans la magistrature et les finances.

Le 31 décembre 1632, Pierre Poncher, auditeur en la Chambre des Comptes, et Sœur Marguerite Poncher, sa sœur, fondent les *Petites Cordelières* ou *Filles de la Nativité*, dans la rue des Francs-Bourgeois, au Marais, à Paris. Ces nouvelles religieuses furent tirées du couvent des Cordelières de la rue de l'Oursine, faubourg Saint-Marceau, qui elles-mêmes venaient de la Cordelière, établie en 1720 sur le finage de La Chapelle-Saint-Luc, près de Troyes, d'où elles ont été transférées en 1289, à Paris. Marguerite Poncher fut la première supérieure des *Petites Cordelières*.

Pierre Poncher épousa Henriette Hennequin : Claude Poncher, leur fille, fut mariée à Louis Pellevé, marquis de Bourris.

I. Le 28 novembre 1721, François Poncher, baron de Chacenay rend foi et hommage, par procuration, à François-Louis de Clermont-Tonnerre, évêque de Langres, pour la partie de la baronnie qui relevait du château de Mussy-l'Evêque. Le lendemain 29, il rend foi et hommage à la marquise de Gyé [1] pour le fief des Grands-Essarts et Férailles. Le 30 septembre 1723, il accomplit les mêmes devoirs envers le roi pour le donjon de Chacenay. Enfin, le 29 novembre 1729, François Poncher rend foi et hommage pour le fief des Grands-Essarts au marquis d'Entragues, Henri de Balzac d'Illiers, seigneur de Gyé (n°⁵ 396-400).

En achetant la baronnie de Chacenay, François Poncher acquit en même temps tous les procès pendants entre le marquis de Liancourt et Joseph-Antoine Hennequin, seigneur de Charmont et des Tours Sainte-Parise. C'est ainsi que le procès commencé en 1711 contre le marquis de Liancourt, baron de Chacenay, aboutit à l'arrêt du Parlement de Paris en date du 25 juin 1725. Le Parlement déclare contre M. et Mme Poncher, après les sentences du bailliage de Troyes du 7 novembre 1714, du 6 septembre 1715 et du 8 juin 1717, que Joseph-Antoine Hennequin est fondé à se dire seigneur en partie de Chacenay à cause des Tours de Sainte-Parise, et lui accorde en conséquence : 1° la justice dans le village de Noé-les-Mallets et les droits honorifiques dans l'église de ce village, du 31 juillet au 2 août, alternativement d'année en année, avec le seigneur de Chacenay ; 2° le partage de la mouvance

---

1. En 1723, on trouve Claude-Françoise de Betz de la Harteloire, veuve de Léon-Pélage de Balzac d'Illiers d'Entragues, marquise de Gyé. — Archiv. de l'Aube, A1, 57.

par rapport à Noé est réglé ; 3° un délai de trois mois est accordé aux parties qui étaient en difficultés quant aux droits honorifiques dans la chapelle castrale de Chacenay. M. de Charmont présenta bientôt un mémoire tendant à prouver qu'il devait jouir de ces droits aussi bien que M. Poncher, puisque la chapelle était commune aux seigneurs du donjon et à ceux des Tours [1].

Cette chapelle fut encore la source d'autres procès.

En 1724, M. et Mme Poncher, qui avaient fait construire un clocher sur le devant de la chapelle du château, voulurent y faire placer les deux cloches de la chapelle. Mais Joseph-Antoine Hennequin, seigneur des Tours Sainte-Parise, s'y opposa par une requête adressée au bailli de Chacenay par le procureur fiscal du lieu. Le seigneur des Tours Sainte-Parise objectait que le déplacement des cloches « pourrait préjudicier non-seulement à la charpente, couverture et muraille » de la chapelle; mais encore à son propre droit, car la chapelle servait à l'usage commun des seigneurs de Chacenay et des Tours Sainte-Parise. Cependant le 9 août 1725, M. Poncher, dit la requête, « fit clandestinement déplacer les cloches de la chapelle qui estoient au milieu de ladite chapelle, suspendues attenant des premiers pilliers qui sont en bas du chœur, près la petite porte, et on les a mis au-dessus de la grande porte de ladite chapelle, dans une espèce de clochez [2]. » M. de Charmont forma opposition le 20 août 1725.

Le 5 septembre suivant, avait lieu une autre enquête dans la chapelle du château de Chacenay, à la demande de M. de Charmont. En voici le résultat : « Découvert

1. Archiv. de l'Aube, E. *Lias.* 424.
2. Archiv. de l'Aube, E. *Lias.* 424.

vis-à-vis d'un banc nouvellement construit des couleurs rougeâtres, nouvellement et fraichement faites, qui dessinent quelqu'espèce d'armoirie où on a voulu figurer une croix ; » puis ces mêmes armoiries « auprès du ban; et en avançant vers l'autel, sur les deux pilliers à droite et à gauche, aussi nouvellement faites. »

Nous ne savons pas quelle fut l'issue de ce procès, curieux au point de vue de l'armorial des barons de Chacenay [1]. François Poncher, afin d'avoir la paix, essaya d'amener Antoine Hennequin à lui vendre la seigneurie des Tours Sainte-Parise. Mais une considération arrêtait le seigneur de Charmont : la terre de Charmont, autrefois Colasverdey, relevait des Tours Sainte-Parise, en sorte que le seigneur de Charmont devenait vassal du seigneur de Chacenay en lui vendant la seigneurie des Tours Sainte-Parise ; François Poncher leva cette difficulté en achetant la seigneurie des Tours Sainte-Parise sans la mouvance de Charmont. Cette vente fut effectuée le 20 mars 1726, pour le prix de 17,000 livres (n° 402).

Le 15 mai 1726, François Poncher paie à Pierre de Pardaillan de Gondrin, évêque de Langres, les droits de quint et requint pour l'acquisition des Tours Sainte-Parise (n°403).

Du 6 novembre 1728 au 10 mai 1738, François Poncher reçoit les foi et hommage pour les fiefs de Ville-sur-Arce, de l'Islotte du vivier à Chervey, de Sacey, de Vaudes, etc. (n°ˢ 404-407).

[1]. Archiv. de l'Aube, E. Lias. 424. — A qui appartenaient les armoiries en question « croix de gueule? » S'il est vrai qu'elles étaient *fraichement peintes*, on pourrait croire que ces armoiries étaient celles de M. Poncher ; mais la *croix* ne figure pas dans les armoiries de M. Poncher, telles qu'on les connait. Peut-être s'agit-il des armoiries des Lenoncourt qui auraient été *rafraichies*.

En 1728, le 21 décembre, François Le Blanc, seigneur du Buisson et d'Eguilly rend hommage pour la seigneurie d'Eguilly à Claude-François Poncher, « seigneur et baron de Chacenay, maistre des Requêtes ordinaires de l'Hotel du roy, seigneur des Tours Sainte-Parise, Chervey, Bertignolles, Soindres, Chasteau-Poissy, Villeneuve, Fontenay, etc.[1] »

Le 18 mai 1740, la séparation de biens entre François Poncher et Elisabeth-Monique Arnauld est prononcée par sentence du Châtelet ; et le 31 décembre suivant, François Poncher abandonne, par acte notarié, la terre et seigneurie de Chacenay et des Tours Sainte-Parise à Elisabeth-Monique Arnauld, pour cause d'arrangement en séparation de biens (nos 408, 409).

On se rappelle que la terre de Chacenay avait été acquise des deniers dotaux de Mme Poncher.

II. Elisabeth-Monique Arnauld va s'efforcer de tirer le château de Chacenay de ses ruines, et de rétablir la baronnie dans ses droits.

La baronne de Chacenay passait la mauvaise saison à Paris avec M. Poncher, dans l'hôtel qu'ils habitaient ensemble, cul-de-sac Saint-Thomas-du-Louvre. Après l'hiver, elle se rendait au château de Chacenay, où elle résidait six mois de l'année, et qu'elle transforma bientôt en un séjour des plus agréables. C'est là que, malgré la difficulté des communications, les seigneurs voisins de Chacenay, et tous les amis de la baronne aimaient à se rencontrer. On s'y livrait surtout à des distractions intellectuelles, on proposait des charades, on improvisait des vers, on jouait des rôles[2].

1. Archiv. de l'Aube, E. *Lias.* 701.
2. Introduct., p. XVI-XIX.

Cependant la baronne de Chacenay ne négligeait pas ses affaires. Elle se fit d'abord rendre un compte exact de sa terre ; puis elle examina le peu de titres qui restaient, et, après avoir rassemblé, avec beaucoup de dépenses, tous ceux qu'elle put retrouver, elle fit venir devant elle les habitants de sa terre et seigneurie et leur demanda de lui payer ses droits, en conséquence des titres dont elle leur donnait connaissance, sinon qu'elle serait forcée d'avoir recours à la justice. Les plus raisonnables se soumirent, et, en conséquence, des transactions furent passées et homologuées au Parlement ; les plus mutins furent condamnés par des arrêts. Ensuite, pour tarir la source de toutes ces contestations, Elisabeth-Monique Arnauld fit dresser et homologuer le terrier authentique de sa seigneurie, et affermit la paix avec ses voisins par un bornage général [1].

De 1741 à 1751, la baronne de Chacenay eut à défendre contre des entreprises souvent renouvelées sa propriété des Randons ; elle assigna à cet effet, le 1er décembre 1745, le sieur d'Argenteuil, seigneur de Loches, à borner ; et le 13 juin 1747, le sieur de Fontette, seigneur de Noé [2]. De 1750 à 1753, elle soutint avec gain de cause, un procès contre M. du Bar et sa femme, demoiselle de Longeville, pour les devoirs seigneuriaux de Ville-sur-Arce [3]. En 1751, elle signa une transaction avantageuse relative aux bornes des Grands-Essarts et de Férailles (n° 414) ; et en 1763, elle obtint un arrêt qui condamnait les religieux de Montiéramey à

1. *Hist. manuscr. de Chacenay.*
2. *Invent.*, p. 129.
3. *Invent.*, p. 166

payer à la dame de Chacenay cinq muids de vin sur la dîme de Ville-sur-Arce (n° 420).

En 1748, Elisabeth-Monique Arnauld fit refaire le marc de Chacenay ou l'étalon officiel des mesures de capacité dans toute la baronnie de Chacenay [1].

D'ailleurs, du 31 octobre 1740 au 10 juillet 1776, Elisabeth-Monique Arnauld reçoit la foi et hommage, l'aveu et dénombrement, à plusieurs reprises, pour les fiefs de Ville-sur-Arce, Spoy, Vaudes, Sacey, Onjon, Thennelières, Noë, Mâchy et Le Pommereau (n°⁵ 411-432).

En 1742 le 28 mars, François Le Blanc, seigneur d'Eguilly, donne le dénombrement de cette seigneurie à Elisabeth Arnault « baronne de Chacenay et des Tours Sainte-Parise. [2] »

Enfin, cent dix-sept contrats d'acquisition de biens, qui figurent dans l'*Inventaire* de Chacenay [3], prouvent l'ardeur qu'Elisabeth-Monique Arnauld mit à reconstituer et à augmenter une terre qu'elle avait trouvée en si déplorable état.

Un des premiers soins de la baronne de Chacenay avait été de pourvoir des objets nécessaires la chapelle du château qui servait alors d'église paroissiale aux habitants de Chacenay. Cette chapelle ayant été détruite en partie, pendant les sièges et les guerres de religion, le roi, après la révocation de l'Edit de Nantes, avait accordé quelque argent qui fut employé à la construction d'une nef [4].

1. *Introduct.*, p. XXII.
2. Archiv. de l'Aube, E. Lias. 702.
3. P. 25-49.
4. *Hist. manuscr. de Chacenay.* — Voir plus haut, *Introduct.*, p. X-XIII.

Elisabeth Arnauld, en 1749, fit construire un auditoire pour les deux bailliages de Chacenay et des Tours Sainte-Parise ; « il n'y manque rien pour la décence et la commodité, au-dessous duquel elle a fait mettre les prisons » [1]. En même temps elle organisait dans la basse-cour du château une *Infirmerie*, où les pauvres trouvaient, tous les samedis, une table préparée et d'autres secours pour les plus nécessiteux.

Le 7 février 1751, Elisabeth Arnault, baronne de Chacenay, autorise François Le Blanc, seigneur d'Eguilly, à prendre l'eau à la rivière d'Arce pour arroser les prés de sa seigneurie. On lit à la fin de cet acte de sa propre écriture : « Fait double au château de Chasnay, le cepts février mille cepts cents cinquantes et un » *Signé* : « Elisabeth Arnauld Poncher, baronne de Chacenay » et « Le Blanc Dengente [2] ».

En 1758, le 17 décembre, Anne de Saulx, veuve d'Armand-Marie Le Blanc, dame d'Eguilly, tant en son nom que comme tutrice de ses enfants donne le dénombrement de la terre d'Eguilly à « Elisabeth Arnaud, dame et baronne de Chacenay, Bertignolles, Chervey, du fief des Grands-Essarts, des Tours Sainte-Parise dudit Chacenay ». Signature autographe : *Arnauld Poncher* [3].

Au mois de juin 1751, la baronne de Chacenay obtint des lettres patentes portant l'établissement de foires et marchés à Chervey ; et elle fit dresser un tarif pour le droit d'étalage [3].

Le 13 août 1766, Elisabeth-Monique Arnauld, épouse

1. *Hist. manuscr. de Chacenay*.
2. Archiv. de l'Aube, E. *Lias.* 722.
3. *Invent.*, p. 107.

séparée quant aux biens de Claude-François Poncher, conseiller d'Etat et doyen des maîtres des Requêtes, faisait reprise de fief de la terre et seigneurie de Chacenay et des Tours Sainte-Parise (n° 424).

La baronne de Chacenay acheta à François-Jean d'Orceau, seigneur de Fontette, le fief du Grand-Mallet, le 13 mars 1769 ; et la seigneurie de Noé, le 31 août 1770 ; elle partagea, le 17 janvier 1771, le fief du Grand-Mallet avec Michel Delpech de Méréville [1] (n°s 425, 426, 428).

C'est le dernier acte un peu important de l'administration d'Elisabeth-Monique Arnauld, dont la vie est ainsi résumée dans l'*Histoire manuscrite de Chacenay* : « En un mot, on peut dire que, si elle n'a pas rendu à la baronnie de Chacenay l'éclat dont elle jouissait dans les premiers siècles, elle lui a rendu tous les droits dont une terre peut jouir dans un état monarchique. »

Elisabeth Arnauld fit son testament olographe le 1er avril 1760 ; nous en donnons un extrait :

« Premièrement, je recommande mon âme à Dieu,
« le suppliant d'en avoir pitié, de me pardonner mes
« péchés et de me faire la grâce de mourir de la mort
« des justes, pour l'aimer à jamais dans le ciel ; c'est
« ce que je lui demanderay tous les jours de ma vie
« par les mérittes (sic) du sang de Jésus-Christ, mon
« Sauveur, par l'intercession de la Très-Sainte Vierge,
« et de tous les saints et saintes du Paradis, et par la
« vertu des prières et mérittes de tout ce qu'il y a de

---

1. *Introduct.*, p. XII, XIII. — D'après l'*Inventaire*, p. 136, le sieur du Vautelet était seigneur du Petit-Mallet, le 19 septembre 1769.

« saintes âmes dans l'Eglise catholique, apostolique et
« romaine dans le sein de laquelle je veux mourir
« comme Dieu m'a fait la grâce d'y naître et d'y
« vivre.

« Je désire que mon corps soit porté dans ma cha-
« pelle de Chacenay, qui sert de paroisse à Chacenay ;
« à l'effet de quoy je fonde une messe à perpétuité, que
« l'on dira tous les jours de l'année dans cette église
« de Chacenay : pour ce je laisse cinq cents livres de
« rente, et souhaite que le prêtre, qu'on choisira pour
« dire ces messes et auquel on donnera ces cinq cents
« livres de rente, soit aussy chargé de faire le caté-
« chisme aux enfants du village de Chacenay, et ait
« soin de leur éducation et de les instruire. Je laisse
« quatre mille livres pour achetter (sic) une place pour
« y bâtir, avec ces quatre milles livres, une petite mai-
« son pour loger ce prêtre dans mon village de Cha-
« cenay.

« Je laisse mille écus aux pauvres de mes paroisses
« de Chacenay, Bertignolles et Chervey [1]. »

Enfin, Elisabeth-Monique Arnauld, baronne de Chacenay, Tours Sainte-Parise, Chervey, Bertignolles, Noé,
Valvinbourg, Grand et Petit-Mallet, Hautes et Basses-
Férailles, etc., mourut le 10 décembre 1779, et fut
inhumée sous le portique de la chapelle Saint-Nicolas,
dans le château de Chacenay [2].

Le 26 décembre 1771, Jacques-Joachim-Louis Le
Blanc, Charles-François Le Blanc et Alexandre-César
Le Blanc, enfants mineurs émancipés de défunts Arnaud-

---

1. Cabinet de M. Bertherand, *Copie*.
2. *Introduct.*, p. XII. — François Poncher était mort en 1768.

Marie Le Blanc et Anne de Saulx, rendent hommage pour la seigneurie d'Eguilly à Madame Poncher [1].

Elisabeth-Monique Arnaud étant décédée sans enfants, la terre de Chacenay fut dévolue, par voie de succession et d'attribution testamentaire, à ses cousins Henri-Louis de Plancy, Laurent-Florimond de Plancy et Louise-Charlotte de Plancy, enfants de Pierre-Henri de Plancy et de Marie-Louise Martin de Pinchesne, cette dernière étant cousine-germaine d'Elisabeth-Monique Arnauld (n° 435) [2].

Le 26 juillet 1784, par devant notaires, eut lieu le partage des biens d'Elisabeth-Monique Arnauld entre Henri-Louis de Plancy, receveur des fermes du roi à Dunkerque, Louis-Florimond de Plancy et Anselme-François Domilliers, ancien receveur général des domaines et bois de Soissons, avec dame Louise-Charlotte de Plancy, son épouse, en qualité de seuls et uniques héritiers, quant aux meubles, acquêts et propres paternels de la feue dame Arnauld-Poncher, leur cousine. « Le domaine de Chacenay leur appartenait indivisement et leur avait été attribué avant le partage, aux termes de la disposition de la coutume de Troyes qui excluait les femmes du partage des fiefs, et dans laquelle se trouvait ce domaine lors du partage des biens et valeurs dépendants de la succession de Mme Poncher, intervenu entre eux et Mme Domilliers, leur sœur, aux termes d'un acte reçu par Me Lhomme et son confrère, notaires au Châtelet de Paris, le 26 juillet 1784. »

« Ledit domaine de Chacenay était un propre de Mme Poncher, par suite de l'acquisition faite en rem-

1. Archiv. de l'Aube, E. *Lias.* 702
2. Voir le Tableau généal., p. 170, 171.

ploi de ses propres, aliénés antérieurement par ladite dame et son mari, moyennant cent mille livres payées comptant, de messire Louis-François-Marie de Verton, chevalier de l'Ordre de Saint-Lazare et de Notre-Dame du Mont-Carmel, ci-devant grand-maître des Eaux et Forêts de France, maître d'hôtel ordinaire du Roi, et nommé par le Roi envoyé extraordinaire près du Czar, demeurant à Paris, suivant acte reçu par M⁰ Le Maignon et M⁰ Dupont, conseillers d'Etat, notaires au Châtelet de Paris, le 20 août 1720, insinué à Bar-sur-Aube, le 29 août 1723. Mʳ de Verton en était lui-même propriétaire pour l'avoir acquis de messire Louis d'Escageul, chevalier et marquis de Liancourt, baron de Chacenay, tant en son nom personnel qu'au nom et comme mandataire par un acte authentique de dame Françoise-Elisabeth Poncher, son épouse, moyennant 70,000 livres payées comptant, suivant acte reçu par M⁰ Le Maignon et M⁰ Sainfroy, notaires au Châtelet de Paris, le 20 février 1720, insinué à Bar-sur-Aube le 29 août 1723. Mʳ le marquis de Liancourt et son épouse en étaient propriétaires par suite de l'adjudication qui en a été prononcée à leur profit par nos seigneurs des Requêtes de l'Hôtel, en date du 8 mars 1706 [1]. »

Le même jour, par acte du 26 juillet 1784, Henri-Louis de Plancy abandonne à son frère, Laurent-Florimond de Plancy, la terre et baronnie de Chacenay, Bertignolles, Chervey, etc., tant en fief noble que roture, à compter du 1ᵉʳ février 1783 (nᵒˢ 433 et 435).

---

1. Cabinet de M. Bertherand, minute sur parchemin.

XXVIII. Laurent-Florimond de Plancy.

Laurent-Florimond de Plancy naquit le 29 août 1730 (n° 434) ; il était le troisième des enfants de Pierre-Henri de Plancy et de Marie-Louise Martin de Pinchesne.

Le 13 août 1785, Laurent-Florimond de Plancy fut autorisé à la reprise de fief de la terre et seigneurie de Chacenay. Le fief noble consistait dans le château, le donjon, les fossés, tranchées et fortifications, avec les glacis et la place, ensemble les droits utiles et honorifiques de la justice totale et de la police, et relevait du roi ; le reste de la seigneurie de Chacenay relevait en arrière-fief de l'évêque, duc de Langres, à cause de sa terre et seigneurie de Mussy-l'Evêque (n° 435).

En 1786, le baron de Chacenay eut à soutenir les droits de sa seigneurie par rapport au pressoir banal de Bertignolles ; il fit dresser à ce sujet un précis explicatif par M. Séguier, avocat général au Parlement, et la contestation prit fin à son profit [1].

Le 18 mai de la même année, François-Charles Le Blanc de Vitry fit hommage pour la seigneurie d'Eguilly, dont il donna le dénombrement, à Laurent-Florimond de Plancy « seigneur de Chacenay et des Tours Sainte-Parise [2]. »

Laurent-Florimond de Plancy comparut, en 1789, à l'assemblée de la noblesse du bailliage de Troyes, pour l'élection des députés des Etats-Généraux [3].

1. Cabinet de M. Bertherand.
2. Archiv. de l'Aube, E. *Lias.* 702.
3. *Annuaire de l'Aube*, 1875, 2e Part., p. 100.

Nous sommes dans les *mauvais jours*, le trône royal et le grand édifice de la féodalité, sapés par la base, allaient s'écrouler avec un effroyable fracas.

Le baron de Chacenay reçut l'ordre de combler les fossés et d'abattre le donjon de son château ; mais il fit seulement démanteler à deux tiers le donjon, dont le périmètre est encore visible [1]. Malgré cet acte de soumission, Florimond de Plancy, déclaré suspect, fut arrêté et jeté dans les cachots de Troyes, et ses biens furent confisqués. La noblesse héréditaire et les titres nobiliaires avaient été abolis dans la nuit du 4 août 1789, puis par un décret rendu le 17 juin 1790 [2].

La baronnie de Chacenay, après plus de sept cents ans d'existence, finit ensevelie sous les décombres de cet écroulement général.

Succession de Laurent-Florimond de Plancy, dernier baron de Chacenay.

Laurent-Florimond de Plancy, grâce au dévoûment de quelques amis et de serviteurs fidèles, parvint à s'échapper des prisons de Troyes, et Thermidor 1794 ayant ramené un peu de calme en France, il épousa Marie-Catherine-Thérèse Livrezanne.

Par leur contrat de mariage, en date du 11 nivôse an III (31 décembre 1794), les deux contractants se faisaient, « pour la bonne amitié qu'ils se portaient, donation réciproque en la meilleure forme et manière que

---

1. *Introduct.*, p. XIX. Les premières assises du donjon ont été démolies dans les travaux de restauration, de 1852 à 1858.
2. D'après une statistique publiée par Lavoisier, la noblesse, en y comprenant les femmes et les enfants, formait, en 1790, une population de 83,000 âmes.

donation puisse se faire, et au survivant d'eux de la propriété pleine et entière et jouissance de tous les biens, meubles et immeubles appartenant au prémourant en quelqu'endroit qu'ils soient situés, et en quoi qu'ils consistent, pour par le survivant en jouir, faire et disposer comme de son bien et de chose lui appartenant[1]. » Cette clause n'était annulée qu'en cas d'existence d'enfant.

Laurent-Florimond de Plancy mourut le 24 ventôse an XIII (15 mars 1805), à l'âge de soixante-quinze ans, et fut inhumé dans la chapelle du château, près d'Elisabeth-Monique Arnauld[2]. Le dernier baron de Chacenay étant mort sans enfant, tous ses biens passèrent à sa veuve, en vertu de leur contrat de mariage. Mais, animée d'un grand esprit de justice, Thérèse Livrezanne laissa ces mêmes biens aux héritiers naturels de Florimond de Plancy.

Par testament olographe[3], en date du 1er juin 1806, elle institua pour son légataire universel M. Armand-François Bertherand, petit-neveu par la ligne maternelle de Florimond de Plancy et cousin de Mme Poncher[4].

Armand-François Bertherand, né le 25 février 1781, était fils de Charles-François Bertherand et d'Alexandrine-Eléonore Domilliers[5].

Thérèse Livrezanne mourut le 5 septembre 1808 et fut inhumée dans la chapelle du château de Chacenay,

1. Cabinet de M. Bertherand.
2. Reg. de l'état civ. de Chacenay.
3. Enregistré à Bar-sur-Seine le 6 dudit mois, et déposé le même jour en l'étude de Me Hanriot, notaire à Chacenay.
4. Voir le tableau général. de Mme Poncher, p. 170, 171.
5. La famille Bertherand, originaire du Soissonnais, porte : *d'azur au chevron d'argent, accompagné de trois étoiles d'or, deux en chef et une en pointe.*

près de Florimond de Plancy. Alors M. Armand-François Bertherand entra en possession du domaine de Chacenay. Tous les ans il passait quelque temps au château et se plaisait à être utile aux habitants de Chacenay, mettant à leur service son influence, ses libéralités et un dévouement sans bornes. Il mourut le 15 avril 1850.

Le domaine de Chacenay passa heureusement à MM. Edmond et Arthur Bertherand, fils d'Armand-François Bertherand. Ce sont les nouveaux propriétaires qui ont fait restaurer le château avec tant d'intelligence et de goût, de 1852 à 1858 [1].

Le 30 janvier 1862, M. Arthur Bertherand est devenu seul possesseur du domaine et château de Chacenay.

De tous les droits et privilèges dont jouissaient les anciens seigneurs de Chacenay, M. Bertherand n'a conservé et n'ambitionne que celui de faire le bien, et de mériter l'estime et la considération publiques.

1. *Introduct.*, p. xx.

III

CHRONOLOGIE DES SEIGNEURS
DES TOURS SAINTE-PARISE

I. Erard IV d'Arcis-Chacenay.

1308-1318. La seigneurie des Tours Sainte-Parise, démembrement de l'ancienne baronnie de Chacenay, commence en 1308 et comprend le lot qui échut à Erard IV d'Arcis-Chacenay[1].

Nous avons déjà parlé d'Erard IV[2]. Le 6 janvier 1312, il est témoin de l'acte d'hommage fait par Mile X de Noyers, maréchal de France, à l'abbaye de Saint-Remy de Reims (n° 212).

Marguerite, la première femme d'Erard IV, choisit par testament sa sépulture chez les Cordeliers de Troyes (n° 219). Erard, après 1314, épousa en secondes noces Marguerite de la Broce, veuve de Dreux de Chappes (n° 215).

1. Voir plus haut, p. 260-262.
2. P. 251-262.

Érard IV eut de sa première femme, Marguerite, plusieurs enfants : *Guillaume, Marguerite, Jeanne* et *Agnès* (n° 219).

Guillaume épousa Cunégonde de Grancey [1].

Marguerite fut mariée à Mathieu de Mello.

Jeanne et Agnès embrassèrent l'état religieux : la première à Avenay, et la seconde à Jouarre (n° 219).

II. Érard IV (le même). — Guillaume II. — Marguerite et Mathieu de Mello.

(1318-1326.) En 1318, Erard donna les Tours Sainte-Parise en dot à Marguerite avec plusieurs fiefs de l'ancienne seigneurie de Chacenay. Il donna à Guillaume II le château de Bligny et plusieurs fiefs, aussi détachés de l'ancienne seigneurie de Chacenay en 1308.

L'an 1320 mourut Marguerite de la Broce, seconde femme d'Erard (n° 215), et elle fut « enterrée au chœur de l'abbaye de Mores, où se voit son tombeau de pierre. »

En 1325 au plus tard, Erard IV d'Arcis-Chacenay était mort et il fut inhumé à côté de Marguerite, sa première femme, dans l'église des Cordeliers de Troyes (n° 219). Enfin, au mois de janvier 1326, Guillaume II d'Arcis-Chacenay mourait sans enfants [2] (n° 219), et

---

1. Cunégonde était fille d'Eudes IV de Grancey et d'Isabeau de Blamont (voir p. 266, 267).
2. A l'ouverture du testament de Guillaume se trouvaient : Eudes IV de Grancey et Isabeau de Blamont, son beau-père et sa belle-mère ; Jean, seigneur de Bellemont (Rhône), mari de Jeanne de Grancey, sœur de Cunégonde ; Jean de Frolois, seigneur de Molinot, mari d'Isabeau d'Arcis. Jean d'Arcis, archidiacre de Laçois, et Jaquot de Pacy, damoiseau, exécutèrent le testament

toute la part de la seigneurie de Chacenay qui était échue à Erard IV, son père, en vertu du partage de 1308, revint à Marguerite et à Mathieu de Mello, son mari [1].

III. MATHIEU DE MELLO (le même) et MARGUERITE D'ARCIS-CHACENAY.

Mathieu de Mello était fils de Dreux de Mello III, seigneur de Saint-Bris, d'Epoisses, de Lormes et de Château-Chinon, et d'Eustache de Lésignan, fille de Geoffroi de Lésignan, seigneur de Sainte-Hermine, de Jarnac et de Châteauneuf, et de Jeanne, vicomtesse de Châtelleraut [2].

Deux chartes du supplément au *Cartulaire de l'Yonne*, n°s 1137 et 1138, réforment ou complètent le P. Anselme sur la biographie du grand-père de Mathieu de Mello :

1° Décembre 1283. Accord de Dreux de Mello II, seigneur de Saint-Bris [de Lormes et Château-Chinon], et Jeanne de Trye, sa femme, d'une part, et Renaud de Trye, frère de Jeanne, au sujet de l'héritage paternel de cette dernière ; Renaud et Jeanne étaient enfants

de Guillaume II, en l'absence de Gaucher et de Guillaume de Pacy. Cunégonde de Grancey épousa en secondes noces le sire de Conflans. — Archiv. de l'Aube, 3 H, 136.

1. Voir plus haut, p. 260-262.
2. Dreux mourut le 23 avril 1310 et fut enterré dans l'église de l'abbaye de Fontenay, près Montbard, où se voyait son épitaphe. Sur le portique de la même abbaye était gravée l'épitaphe d'Eustache de Lésignan (Vienne), morte à Carthage en 1330. Elle était cousine d'Edouard Ier, roi d'Angleterre, par Isabeau d'Angoulême, qui fut grand'mère de tous deux. (P. Anselme, VI, 62. — D. Martène, *Voyage littéraire*, p. 150.)

de Philippe de Trye et d'Alyps, dame de *Monolio*.

2° 1285, le vendredi après la Saint-Barnabé, Isabelle de Mello, [sœur de Dreux de Mello qui précède, veuve de Gui de Mauvoisin III, seigneur de Rosny] dame de « *Roosny*, » ordonne aux habitants de « Sainct-Cire » d'obéir à Dreux de Mello, seigneur de Saint-Bris, son frère, comme à leur seigneur.

Le 12 novembre 1318, Mathieu de Mello eut ordre de se trouver en armes et en chevaux à Clermont en Auvergne pour aller avec le duc de Bourgogne, Eudes IV, et le comte d'Auvergne et de Boulogne, Robert VII dit le Grand. Il plaidait, le 9 mars 1326 et le 7 mai 1328, contre le comte d'Alençon, Charles II de Valois, et Jeanne, sa femme, comtesse de Joigny. Mathieu de Mello était mort le 25 mai 1332, car ce même jour Marguerite d'Arcis avait la garde de ses enfants, et faisait ajourner les parents pour assister à leur tutelle, qui fut donnée, le 20 décembre 1335, à Erard V d'Arcis, seigneur de Chacenay, cousin-germain de Marguerite d'Arcis [1].

Mathieu de Mello et Marguerite d'Arcis eurent six enfants :

1. *Mathieu de Mello*, nommé avec ses frères dans l'acte de tutelle, mort jeune.

2. *Renaud de Mello*, seigneur des Tours Sainte-Parise, qui suit.

3. *Dreux de Mello*, seigneur de Saint-Bris et Chitry en partie, provenant de l'héritage paternel (n° 223). Le P. Anselme n'a pas connu ce fils de Mathieu de Mello et de Marguerite d'Arcis ; ou peut-être il fait confusion en donnant Dreux de Mello comme troisième fils

---

1. P. Anselme, VI, 67. Voir plus haut, p. 269.

de Guillaume de Mello, seigneur d'Epoisses[1]. Dreux de Mello forma la tige des Saint-Bris-Bligny. Bligny provenait de l'héritage maternel et faisait partie de la succession de Guillaume II d'Arcis. Dreux de Mello Ier, seigneur de Saint-Bris et de Bligny, épousa Marguerite de Saint-Verain[2]. Il était mort en 1374.

4. *Gauthier de Mello.*

5 et 6. *Catherine et Isabelle de Mello.*

Le 15 juin 1348, et au mois de novembre 1349, on voit encore paraître Marguerite d'Arcis (n°s 223-224).

IV. Renaud de Mello.

Renaud de Mello, seigneur de Chacenay-Sainte-Parise servit avec Dreux de Mello, son frère, seigneur de Saint-Bris et de Bligny, dans la guerre de Gascogne, sous le comte d'Eu, connétable de France, et se trouva au siège d'Aiguillon le 10 mai 1346. En 1377, il obtint rémission de l'enlèvement d'une personne. Il est désigné dans un dénombrement du 29 juin 1378 (n° 226). Il plaide en 1381, conjointement avec Yolande de Dinteville, sa seconde femme, contre Eudes de Savoisy. Après la mort de sa première femme il épousa Yolande de Dinteville, qui était fille de Jean de Jaucourt-Dinteville, seigneur de Spoix et de Polisy, réformateur et

1. P. Anselme, VI, 66.
2. Leurs enfants : 1° *Dreux de Mello II,* seigneur de Saint-Bris et de Bligny, qui épousa Isabeau de Noyers, dame de Vendeuvre, fille de Jean de Noyers, seigneur de Rimaucourt et de Vendeuvre, et de Jeanne de Joinville — La Fauche ; 2° *Claude de Mello* ; 3° *Marguerite de Mello* ; 4° *Isabelle de Mello,* femme de Louis de Plancy, avec lequel elle vivait en 1389. (P. Anselme, VI, 67).

inquisiteur en Champagne, et de Laure de Joinville-Sailly, dame d'Echenay, etc. Renaud de Mello était mort le 20 novembre 1389; et sa veuve, se disant dame de Chacenay et de Vitry-le-Croisé, fournit au roi son aveu et dénombrement pour la Haute-Forêt de Fralignes, et le bois de Bidant, pour Chauffour, Poligny et Montreuil (n° 230).

Vers 1390 « dame Yolant de Dinteville, dame de Chacenay et de Vitry, tient en fié en la ville et finaige dudit Ville-sur-Arce... 1° une maison, ensemble le pourpris et appartenances... assise es prés du Moustier dudict lieu... » 2° environ cent soixante journaux de terres labourables et de landes ; 3° quatre-vingts hommes de vignes ; 4° « l'œuvre à seize hommes ès prez de Beauchamp ; » 5° trente-trois arpents de vignes ; 6° des censes et justices qui peuvent valoir 60 soldées de terre ; 7° « la quarte partie de toute la justice dudit Ville-sur-Arce [1]. »

Yolande de Dinteville fit demande de son douaire en 1390, et en 1391 elle était remariée à Jean d'Oiselay, (Haute-Saône), seigneur de La Villeneuve, qu'elle traduisit bientôt en justice, se plaignant des mauvais traitements qu'il lui faisait subir [2]. Yolande de Dinteville, dame de Chacenay et de Vitry-le-Croisé, figure encore en 1392 [3] et dans des actes de 1412 (n°ˢ 237, 238).

Renaud de Mello eut de sa première femme, dont nous ignorons le nom, quatre enfants :

1. *Jean de Mello,* qui suit.

---

1. Archiv. de l'Aube, E. *Reg.* 152, fol. 8 r°-12 v°. (Cote provisoire).
2. P. Anselme, VI. 68.
3. Archiv. de l'Aube, E. 703.

2. *Hector de Mello.*

3. *Dreux de Mello*, seigneur de Vitry-le-Croisé et du Saussay (Nièvre), qui épousa, le 11 octobre 1381, Isabelle de Plancy, dame de Rigny-le-Ferron, fille de Jean de Plancy et de Jeanne de Sully[1]. Il fut reçu à Troyes avec trente écuyers de sa compagnie, le 2 septembre 1386, pour accompagner le roi au passage qu'il prétendait faire en Angleterre. Le 9 février 1389, Dreux de Mello, chevalier, seigneur de « Sosoy » en Nivernais et de Rigny-le-Ferron, fait hommage à Philippe, comte de Flandres, duc de Bourgogne, à cause de son château de Villemor, pour divers biens sis à Rigny, entr'autres « le lieu que l'en dit La Mote[2] » et environ dix arpents de terre « assis derrier le monstier de ladicte ville de Rigny. » Le 1er juillet 1398, Isabelle de Plancy, dame de « Sozay » et de Rigny-le-Ferron, rend foi et hommage par procuration au même duc de Bourgogne, comte de Flandres et d'Artois pour les mêmes biens[3]. Dreux mourut au voyage de Hongrie en 1396. Dreux de Mello et Isabelle de Plancy eurent une fille, Jeanne de Mello, dame de Rigny-le-Ferron, Vitry-le-Croisé, Eguilly et Chacenay-Sainte-Parise en partie, qui épousa par contrat du 16 juin 1408, Guillaume de Chaumont II, seigneur de Guitry, fils de Guillaume de Chaumont Ier dit Lyonnel, et de Robine de Montaigu.

1. Voir dans les *Additions et correct.* à la date de 1384, l'*Alliance des Plancy, Mello-Sainte-Parise et Chaumont-Guitry.*
2. La Motte de Rigny est ainsi décrite dans un dénombrement de 1602 : « Mothe ronde et close d'un petit fossey, ayant le tout en son diamètre ou travers huict cordes, assise proche la porte de Vanne, hors la closture dudict Rigny, et jouxte le chemin de Flacy. (E. Lias. 543. — Roserot, *Invent.*, p. 150.)
3. Archiv. de l'Aube, E. Lias. 543.

4. *Marguerite de Mello*, femme de Ferry de Chardogne (Meuse), seigneur de Richecourt (Meuse), avec lequel elle vivait en 1395.

Renaud de Mello eut une fille d'Yolande de Dinteville : *Agathe de Mello* [1].

V. Jean de Mello Ier.

Jean de Mello Ier, seigneur des Tours Sainte-Parise, épousa Marguerite de l'Espinasse, dame de Grisy, fille de Philibert de l'Espinasse, seigneur de La Clayette, et de Guillemette de Vaux, qui était veuve de Jean de Châtillon, seigneur de La Palisse. Les seigneurs de l'Espinasse sortaient de la maison du Maine.

En 1390, Jean de Mello et Dreux de Mello, son frère, acquiescèrent à la fondation d'une chapelle par les seigneurs de Ville-sur-Arce, dans leur château [2]. Jean de Mello reçut, en 1399, l'aveu et dénombrement de la Motte d'Onjon (n° 233).

Jean de Mello et Marguerite de l'Espinasse eurent quatre enfants :

1. *Jean de Mello II*, seigneur des Tours Sainte-Parise, mort jeune.

2. *Louis de Mello*, qui suit.

3. *Philiberte de Mello*, mariée à Guy de Saint-Priest (Loire).

4. *Guillemette de Mello*, femme de Jean de Saint-Priest, seigneur de Saint-Chamond (Loire) [3].

1. P. Anselme, VI, 68 ; VIII, 75.
2. *Hist. manuscr. de Chacenay.*
3. P. Anselme, VI, 68.

VI. Louis de Mello.

Louis de Mello, seigneur des Tours Sainte-Parise et de Vitry en partie, succéda à Jean de Mello, son père. Il épousa Jeanne d'Aumont, fille de Pierre II d'Aumont, dit Hutin, sire d'Aumont, et de Jeanne de Mello, dame de Chappes, Clérey, Saint-Aventin, Regnault [1], Polisy (Aube), Soumaintrain et Germigny (Yonne) [2].

Louis de Mello, seigneur des Tours Sainte-Parise, figure dans des actes du 21 juin 1403 et du 4 mars 1404 (n°s 234, 235). Il était mort en 1431 (n° 239).

Louis de Mello et Jeanne d'Aumont eurent quatre enfants :

1. *Jean de Mello*, qui suit.

2. *Pierre de Mello*, dit Hutin, seigneur de Vaux et de Vitry-le-Croisé. Il épousa Catherine de Bournan. Leur fille, Jeanne de Mello, dame de Vitry-le-Croisé, épousa Jacques de Lantages, seigneur de Belan, Roussillon, Thoires et Mosson (Côte-d'Or) [3].

3. *Jeanne de Mello*, mariée à Louis Aigrin, seigneur de Poiseux près Orval, et de L'Etang ; veuve le 31 juillet 1442, elle transigea avec ses frères sur la succession de ses aïeux.

---

1. Com. de Fresnois, Aube.
2. Ces biens avaient été donnés par contrat de mariage à Jeanne de Mello en 1381 par Guillaume de Mello IV, seigneur d'Epoisses et de Givry, qui prenait aussi qualité de seigneur de Chezelles, de La Roche-Millay et de Vitry-le-Croisé.
3. En 1500, Jeanne de Mello hérita, du chef de sa mère, fille de Jean de Bournan dit Franquelance, des droits sur la maison Franquelance, sise à Troyes à l'angle de la rue des Quinze-Vingts et du Bourg-Neuf. C'est par erreur qu'on a imprimé plusieurs fois *Franquelaure* au lieu de *Franquelance*. (Archiv. de l'Aube, AI, 240.)

4. *Renaude de Mello*, qui épousa Jean de la Trémoille, seigneur de Dours et d'Engoutsen [1].

VII. Jean de Mello III.

Jean de Mello III, seigneur des Tours Sainte-Parise et de Saint-Martin en Morvand, était marié dès 1423 avec Marguerite de Ventadour, fille de Jacques, comte de Ventadour.

Au mois de mai 1430, lorsque le château de Chappes fut assiégé par Réné d'Anjou et Barbazan [2], les Mello de nos contrées prirent naturellement parti pour le sire de Chappes, Jacques d'Aumont, et pour son frère, Guillaume d'Aumont. Aussi, trouvons-nous à cette date dans les murs du château de Chappes : Jean de Mello III, seigneur des Tours Sainte-Parise; Pierre dit Hutin de Mello, seigneur de Vaux et de Vitry-le-Croisé, frère de Jean de Mello [3]; Guillaume de Mello, seigneur de Saint-Bris, Bligny, Meurville (n° 242), Pacy, Vendeuvre [4]. Parmi les défenseurs du château de

---

1. P. Anselme, VI, 68.
2. Voir plus haut, p. 285.
3. Jean de Mello et Pierre de Mello étaient cousins-germains de Jacques d'Aumont et de Guillaume d'Aumont. Jeanne de Mello, mère de Jean et de Pierre de Mello, était sœur de Jean IV d'Aumont, père de Jacques et de Guillaume d'Aumont.
4. Nous avons vu plus haut que Renaud de Mello-Sainte-Parise, bisaïeul de Jean et de Pierre de Mello, était frère de Dreux de Mello-Bligny, bisaïeul de Guillaume de Bligny. Guillaume était fils de Charles de Mello Ier, seigneur de Saint-Bris, Bligny, Vendeuvre et Vitry-le-Croisé en partie, qui épousa Isabeau Aycelin, dame de Montaigu, Listenois et de Chastel-Odon, fille de Louis Aycelin, seigneur de Listenois, et de Marguerite de Beaujeu. (Huillard-Breholles, *Titres de la Maison de Bourbon*, n° 5305). Charles de Mello 1er vivait encore en 1450.
Guillaume de Mello épousa Jaqueline de Vendôme, fille de Jean

Chappes on trouve encore : Perinet de Montceaux ; Jean de Dinteville ; Poinçart de Dinteville ; Michel, bâtard d'Aumont ; Cathelin de Ville-sur-Arce ; Jean de Ville-sur-Arce ; Cathelin de Spoy ; Jean d'Epagne ; Jean de Landreville ; Thomas de Noë ; Thibaut de Gand ; Charles de Rochefort, sire de Plancy ; Jean de Montier [1] ; Aimé de Chamigny ; Huguenin de Coucy, etc.

Jean de Mello III est désigné dans les lettres de *rémission* données à Tours au mois de janvier 1449 et renouvelées le 16 juillet 1449 par le roi Charles VII en faveur de Jacques d'Aumont et de ses partisans [2].

Le 22 mars 1431, Jean de Mello tenait la portion de Chacenay-Sainte-Parise et de Vitry-le-Croisé qui appartenait à Guillaume de Guitry du chef de sa femme, Jeanne de Mello (n° 239). Cette portion fut confisquée par Henri VI, roi d'Angleterre, et donnée à Etienne d'Anglure [3].

D'après le P. Anselme, Jean de Mello, veuf de Marguerite de Ventadour, aurait épousé, au mois de décembre 1439, Claude de Grancey, dame de Chacenay [4].

Jean de Mello laissa de Marguerite de Ventadour deux filles :

1. *Claude de Mello*, dame en partie des Tours Sainte-Parise, épousa 1° par contrat de mariage, passé à Crux-

de Vendôme, vidame de Chartres, et de Catherine de Thouars, dame de Chabanais, Confolens (Charente), Posanges (Côte-d'Or). Ils eurent un fils Charles de Mello II, seigneur de Saint-Bris, Bligny, Vendeuvre, etc.
Charles de Mello II vivait en 1473-1490, marié à Catherine de Rougemont. Ils n'eurent pas d'enfants. (P. Anselme, t. VI, p. 67.)
1. Sur les de Monstier voir notre *Etat de la paroisse de Chaource avant la Révolution*, p. 42, 47, 56.
2. Voir plus haut, p. 285, 286.
3. Ibid., p. 285.
4. Ibid. p. 281, 282.

le-Châtel (Nièvre), le 10 février 1446, Jacques de Damas, seigneur de Marcilly (Nièvre) ; 2° Erard de Digoin, seigneur de Savigny et de Saint-Gratien-Savigny (Nièvre).

2. *Jeanne de Mello*, dame en partie des Tours Sainte-Parise, épousa 1° par contrat de mariage, passé à Crux, le 10 février 1446, Jean de Damas, seigneur d'Anlezy (Nièvre), qui était frère de Jacques de Damas, mari de Claude de Mello ; 2° Emard de Lay, seigneur de Bellegarde. Jeanne vivait encore le 29 novembre 1486 [1].

Jean de Mello III, seigneur des Tours Sainte-Parise, n'ayant eu que des filles, la branche des Mello-Sainte-Parise s'éteignit en lui, et la seigneurie des Tours Sainte-Parise passa à la maison de Chaumont en la personne d'Antoine de Chaumont-Guitry, cousin et le plus proche héritier mâle de Jean de Mello III, seigneur des Tours Sainte-Parise.

VIII. Antoine de Chaumont.

Antoine de Chaumont-en-Vexin (Oise), seigneur de Guitry, Boissy-le-Bois, Rigny-le-Ferron et Chacenay, était fils de Guillaume de Chaumont II, seigneur de Guitry, Boissy-le-Bois, Bois-Garnier, Rigny-le-Ferron, chambellan du roi Charles VI, et de Jeanne de Mello, dame de Rigny-le-Ferron, Vitry-le-Croisé, Eguilly et Chacenay-Sainte-Parise en partie. Jeanne de Mello, dont nous avons parlé (p. 358), était fille de Dreux de Mello-Vitry, frère de Jean Ier de Mello-Sainte-Parise.

Antoine de Chaumont seigneur des Tours Sainte-

---

1. P. Anselme, VI, 69.

Parise reçoit aveu et dénombrement pour les fiefs 1° de Vaudes, le 6 octobre 1466 ; 2° de La Motte du vivier à Chervey [1], le 10 juin 1469 ; 3° du fief de Ville-sur-Arce, le 20 juin 1469 (n°[s] 249-251).

Antoine de Chaumont épousa Jeanne Martel, dame de Bacqueville et de Bellestre, fille de Jean Martel, dit Bureau, seigneur de Bacqueville, et de Jeanne de Jouy [2]. Jeanne Martel de Bacqueville, mourut le 12 avril 1472.

Le 4 avril 1474, Antoine donna au roi aveu et dénombrement pour « une motte ou maison fermée de palis et de fossez » sise dans la Haute-Forêt de Fralignes et de Bidan (n° 254).

Antoine eut trois enfants de Jeanne Martel :

1. *Julien de Chaumont*, l'aîné, écuyer, demeurant à Boissy-le-Bois (Oise), marié à Hélène de Fay, fut seigneur de Guitry.

2. *Guillaume de Chaumont*, qui suit (n° 255).

3. *Catherine de Chaumont*, mariée, le 6 février 1471, à Jean de Vaussine, seigneur de la Rivière-Bourdet.

---

1. Le fief de La Motte du vivier, ou de l'Islotte, s'appelle aussi Rochetaillée, du nom de ses possesseurs. Les de Rochetaillée (Haute-Marne) étaient seigneurs de La Ville-au-Bois et de Briel en partie (Aube). On voit dans l'église de La Ville-au-Bois la tombe d'un de Rochetaillée qui a tenu le fief de la Motte du vivier de Chervey. « Cy gist Nicollas de Rochetaillier, chevalier du « Sainct-Sépulcre et dame Jehanne d'Amoncourt, sa femme, sei- « gneur et dame de la Ville au Boys et en partie de Briel, Les- « quelx trespassèrent, c'est assavoir la dicte dame le xxiii[e] jour « de may l'an de grâce mil quatre[c] IIII[xx] et seze, inhumée en « cette église, et le dict seigneur ledict jour xxiii de may mil V[c], « et est à Briel inhumé. Requiescant in pace. Amen. JHS. Mar. » (Bourguignat, *Notice sur une pierre tombale conservée en l'église Notre-Dame de La Ville-au-Bois.*) Dans cette *Notice* on trouve un essai de généalogie de la branche des de Rochetaillée, seigneurs de La Ville-au-Bois, et Briel en partie.

2. P. Anselme, VIII, 887.

Le 2 août 1476, Antoine de Chaumont partagea ses enfants. Guillaume eut dans son lot : deux seigneuries dans la prévôté de Chaumont (Oise) ; la seigneurie de Rigny-le-Ferron ; le bois de Bidan ; les moulins des Bordes près Lantages (Aube) ; la terre et seigneurie de Chacenay, dont la jouissance devra être garantie contre les empêchements de Léger de Dinteville [1] ou de ses héritiers ; ce qui appartenait à Antoine de Chaumont au village de Brion ; la terre et seigneurie de Montlandon (Eure-et-Loir).

Guillaume de Chaumont pouvait craindre que Léger de Dinteville élevât quelque prétention sur le château de Chacenay-Sainte-Parise, dont il s'était emparé en 1474 pour le roi Louis XI, et dont il jouissait peut-être comme capitaine, et par confiscation [2].

IX. Guillaume de Chaumont.

Guillaume de Chaumont, seigneur de Rigny-le-Ferron, de Chacenay et d'Eguilly, épousa Marguerite d'Anglure, dame de Conantre, fille de Guillaume, seigneur d'Anglure, avoué de Thérouanne, et de Jeanne de Vergy [3]. Il était neveu de Galas de Salazar, seigneur de Chacenay.

Du 7 mars 1478 au 27 mars 1504, Guillaume de

---

1. Léger de Jaucourt-Dinteville, seigneur de Dinteville, chambellan du roi, marié à Antoinette de Lezinnes (Yonne), dame de Coole et de Chapelaines (Marne), était fils d'Erard II de Jaucourt-Dinteville et d'Isabelle de Grancey. Le 7 juin 1445, Léger de Dinteville partagea l'héritage paternel ; il était mort le 16 décembre 1476. (P. Anselme, VIII, 716.)
2. Voir plus haut, p. 292, 293.
3. Ibid., p. 287, 288. — P. Anselme, VIII, 892.

Chaumont reçoit les aveux et dénombrements des fiefs qui relèvent des Tours Sainte-Parise (nos 257-279).

En 1493, le 11 janvier, Guillaume de Chaumont, seigneur d'Eguilly, de Rigny-le-Ferron, et en partie de Chacenay, donne à bail un moulin à blé et foulon à chanvre appelé Byot, sis au finage d'Eguilly, au-dessous du village, sur le cours de l'Arce [1].

Le 15 février 1499, Guillaume de Chaumont, seigneur de Chacenay-Sainte-Parise et d'Eguilly, affranchit les habitants d'Eguilly en abolissant les droits de coutume, mainmorte, formariage et poursuite « qu'il disoit et prétendoit avoir sur et à l'encontre desdicts habitans et leurs successeurs. » Les habitants d'Eguilly 1° paieront au seigneur, tous les ans, 5 sous tournois par ménage, et 2 sous 6 deniers tournois par homme ou femme veufs; 2° quant aux charges, coutumes, rentes et redevances qu'ils avaient coutume de payer annuellement au seigneur, elles porteront lods et ventes de 3 sous 4 deniers tournois pour livre [2].

En 1501, après de vives contestations entre Galas de Salazar, seigneur du château de Chacenay, et Guillaume de Chaumont, seigneur des Tours Sainte-Parise, les deux seigneuries furent bornées, comme nous l'avons dit [3].

Guillaume de Chaumont donna au bailli de Troyes son aveu et dénombrement de la seigneurie des Tours Sainte-Parise, le 23 août 1509 [4]; ce dénombrement

---

1. Archiv. de l'Aube, E. Lias. 722.
2. Ibid., E. Lias. 722. — Roserot, Invent., p. 186.
3. P. 299.
4. Hist. manuscr. de Chacenay. On voit encore une commission de Nicolas Cheste, bailli des Tours Sainte-Parise, du 23 août 1509, pour faire saisir les fiefs mouvant des Tours, faute par les seigneurs de payer les redevances féodales.

est le même que celui que nous avons rapporté dans les *Titres* (n° 380).

Enfants de Guillaume de Chaumont et de Marguerite d'Anglure :

1. *Galas de Chaumont*, seigneur de Rigny-le-Ferron, de Coursan (Aube) et de Saint-Cyr (Yonne), qui épousa Gauchère de Bruillard. Le 14 octobre 1534[1], Galas de Chaumont, seigneur de Rigny-le-Ferron, et en partie de Coursan, donne procuration à son frère « noble homme » Guillaume, bâtard de Chaumont, pour présenter le dénombrement de la terre et fief de La Motte de Rigny à « Henry de Foix, comte de Comminges, de Rethelois et Beaufort, seigneur de Lautrec et de Villemor. »

Galas de Chaumont mourut le 24 juillet 1543[2].

2. *Jacques de Chaumont*, seigneur de Chacenay-Sainte-Parise et Eguilly, qui suit.

---

1. Archiv. de l'Aube, E. Lias. 543.
2. Archiv. de l'Aube, E. 481, 503. — La tombe en pierre de Galas de Chaumont se trouve dans l'église de Rigny-le-Ferron, dans la chapelle Sainte-Paule, ancienne chapelle seigneuriale, fondée par Paule de Chaumont, femme d'Arthur d'Assigny et fille de Galas de Chaumont.

Cy-gist Galas de Chaumont, escuier, en son vivant, seigneur de Regny, de Coursan et de Sainct Sire en partie, lequel décéda le XXIII° jour de juillet mil V^c quarente trois. Aussi gist damoiselle Gauchère de Bruillard, sa femme, laquelle décéda...

Inscription de la plus grosse cloche de Rigny-le-Ferron :

Galaise suis certainement, car ainsy premier dict mon nom
Galas de Chaulmont, le puissant seigneur de Rigny-le-Ferron.
Mil V^c et XXX.

Galas de Chaumont et Gauchère de Bruillard n'eurent que des filles : 1. *Aimée*, dame de Rigny, femme de Louis du Roux, seigneur de Sigy ; 2. *Jeanne*, femme de Claude, seigneur de Pontville (contrat du 7 mars 1540) ; 3. *Paule*, femme d'Arthur d'Assigny, seigneur du Fort ; 4. *Antoinette*, religieuse à Provins. (Papiers de M. Guyard-Delaune de Rigny-le-Ferron. — Caumartin.)

3. *Bernard de Chaumont*, seigneur de Conantre. Bernard ne fut mis en possession de cette terre que par le partage des biens de ses père et mère fait le 20 août 1518.

A cette date Guillaume de Chaumont et Marguerite d'Anglure étaient morts [1].

4. *Jacqueline de Chaumont*, mariée à Jean de Balerne, seigneur de La Queue-en-Brie (Seine-et-Oise) [2].

5. *Tristande de Chaumont*, religieuse aux Cordelières de Provins.

6. *Guillaume de Chaumont*, bâtard [3].

La verrière du chevet de la chapelle Sainte-Paule, dans l'église de Rigny-le-Ferron, montre les portraits de Guillaume de Chaumont et de Marguerite d'Anglure, avec leurs blasons [4].

X. Jacques de Chaumont.

I. Jacques de Chaumont, baron de Chacenay-Sainte-Parise, seigneur d'Eguilly, etc., avait succédé à son père, Guillaume de Chaumont, en 1518. Il épousa Mahaut des Essarts, dame de Saint-Chéron (Marne), fille d'Antoine des Essarts, seigneur de Saint-Chéron.

Le 16 juin 1523, Jacques de Chaumont, « seigneur seul et pour le tout d'Esguilly, barron et seigneur de Chassenay en partye, seigneur entier de Bidant » re-

---

1. P. Anselme, VIII, 892.
2. Papiers de M. Guyard-Delaune, de Rigny-le-Ferron. — Caumartin.
3. Ibid.
4. Fichot, *Statistique monum. du Départem. de l'Aube*, p. 321. — Voir à la fin de ce vol. *Sceaux et armoiries*.

çoit la déclaration des biens tenus par le curé d'Eguilly [1].

Jacques de Chaumont, seigneur des Tours Sainte-Parise, figure dans plusieurs des *Titres*, de 1524 au 25 octobre 1528. Il était mort en 1531, et le 6 mai de cette année, Antoine des Essarts, beau-père de Jacques de Chaumont, paraît comme tuteur des enfants mineurs que Jacques de Chaumont laissait de Mahaut des Essarts (n° 287).

II. Les enfants de Jacques de Chaumont et de Mahaut des Essarts sont : *Léonard de Chaumont* et *Antoine de Chaumont*.

En 1538, Léonard et Antoine avaient pour nouveau tuteur Galas de Chaumont, seigneur de Rigny-le-Ferron, leur oncle paternel (n°s 290, 292).

Mahaut des Essarts était remariée en 1544 à Charles de la Haye, écuyer, seigneur « de Ruelle et d'Escurey », qui était devenu tuteur de Léonard et d'Antoine de Chaumont.

Le 9 avril 1545, transaction entre « Charles de La Haye, escuyer, sieur d'Escuré, ou nom et comme tuteur de Léonard et Antoine de Chaumont, mineurs d'ans, sieurs d'Esguilly, d'une part, et noble sieur Jacques de Lantages, sieur de Belaon, Victry et de la Récompance, d'autre part » au sujet des limites de Vitry et d'Eguilly [2].

En 1550, le 2 janvier, Charles de La Haye, seigneur d' « Escurey », mari de Mahaut des Essarts, dame douairière d'Eguilly, et Léonard de Chaumont, « seigneur propriétaire dudit Esguilly » donnent quittance

---

1. Archiv. de l'Aube, E. *Lias.* 704.
2. Archiv. de l'Aube, E. *Lias.* 697.

des droits de requint dûs pour la vente de l'étang du Moulin-Rouge à Charmont[1].

Jusqu'en 1556, Léonard et Antoine de Chaumont possédèrent par indivis la seigneurie des Tours Sainte-Parise[2].

Le partage de la seigneurie des Tours Sainte-Parise eut lieu le 5 août 1556. « Nicole de Villemor, escuyer, licencié es droicts, seigneur de la Motte d'Onjon, bailly de Chassenay pour nobles seigneurs Léonard de Chaumont, escuyer, gentilhomme de la maison du roy, et Anthoine de Chaumont, escuyer, homme d'armes des ordonnances du roy soubz la charge de Mgr le duc d'Aumalle, et escuyer d'écurie dudict seigneur, seigneurs d'Eguilly et de Chassenay, frères » fait connaître le partage suivant entre Léonard et Antoine de Chaumont « enfans et héritiers pour le tout de feu noble seigneur Jaques de Chaumont, en son vivant escuyer, homme d'armes des Ordonnances du roy et seigneur d'Esguilly et de Chassenay. » Deux lots ayant été faits, à Léonard échut le 1er lot contenant les « terres, justices et seigneuries d'Esguilly et Chassenay, appartenances et déppendances; en tous droictz de justice haulte, moyenne et basse, droictz en barronnye et chastellenye, bailliage, tabellionnaige, mouvances féodalles... Avec une pièce de boys contenant neuf vingtz deux arpens assis ou finaige d'Esguilly.

Et à Antoine est escheu en touz droictz de propriété fond et justice une pièce de boys ou finaige d'Esguilly contenant neuf vingtz ung arpens trois quartiers quinze cordes. » Cette portion est séparée de celle de Léonard

1. Archiv. de l'Aube, E. *Lias.* 447.
2. *Titres,* nos 295, 297, 300, 302-304, 306-310, 313.

par une tranche. De plus est attribuée à Antoine « la cospe et despouille pour une fois seulement de la part desditz boys, escheue audit Léonard... Quant à la terre et seigneurie de Bidan n'a esté et n'est comprise es ditz lotz, pour ce que d'icelle est procès pendant en la court de Parlement contre aulcuns habitans y prétendans usaige et pasturaige¹. »

A cette date, Léonard de Chaumont devint principal seigneur des Tours Sainte-Parise.

Antoine de Chaumont fut seigneur de Saint-Chéron, des Rivières et Hanruel (Marne) ², du chef de sa mère, l'un des cent gentilhommes de la maison du roi en 1575, chevalier de l'Ordre du roi, surintendant de la maison et des affaires de la reine d'Ecosse, gouverneur de Joinville pour la maison de Guise, mourut en 1585. Il épousa Jacqueline Piédefer, fille d'Antoine Piédefer seigneur de Champlost, et d'Hilaire Raguier.

XI. Léonard de Chaumont.

1556. Léonard de Chaumont est désigné chevalier des Ordres du roi, baron de Chacenay-Sainte-Parise et d'Eguilly, demeurant à Eguilly, maître d'hôtel de la reine d'Ecosse, bailli de La Montagne. Il épousa Antoinette de Lantages ³.

Le 12 avril 1557, Léonard de Chaumont, duquel la seigneurie de Colaverdey (aujourd'hui Charmont) relevait en plein fief à cause de la Tour Sainte-Parise « as-

---

1. Archiv. de l'Aube, E. *Lias*. 697.
2. Archiv. de l'Aube, E. *Lias*. 709. — P. Anselme, VIII, 893.
3. Archiv. de l'Aube, E. *Lias*. 709. — P. Anselme, VIII, 893.

sise au chastel dudict Chassenay » permit à Jean de Mauroy, seigneur de Colaverdey, d'exécuter des lettres-patentes qui l'autorisaient à construire un pont-levis devant son château [1].

Le 8 juin 1565, Léonard de Chaumont, baron de Chacenay-Sainte-Parise, seigneur d'Eguilly, demeurant à Eguilly, et Antoinette de Lantages, sa femme, achètent le bois Remondot ou Tête-au-Lièvre, de la contenance de cent quatre-vingts arpents, sur le finage d'Eguilly. Ce bois est vendu par Pierre de Joisel, seigneur de Saint-Remy-en-Bouzemont et de Betoncourt, maître d'hôtel ordinaire de la reine d'Ecosse, douairière de France, et par Jeanne Piédefer, sa femme [2].

En 1569, le 28 novembre, Léonard de Chaumont donne quittance du droit de requint pour la vente de l'étang du Moulin-Rouge à Charmont [3].

Le 30 juin 1570, fut signée une transaction entre Léonard de Chaumont, chevalier, baron de Chacenay-Sainte-Parise et seigneur d'Eguilly, et Antoine de Chaumont, seigneur de Saint-Chéron, frères, seigneurs de la forêt de Bidan, d'une part, et les habitants de Marolles, Poligny, Bailly, Chauffour, « La Montée-Bridey et Vaulrougeulx », d'autre part, concernant les

---

1. Archiv. de l'Aube, E. *Lias.* 425. — Roserot, *Invent.*, p. 110. L'autorisation royale de construire ce pont-levis fut accordée, par lettres-patentes de septembre 1555, à Michel Mauroy, père de Jean Mauroy.
2. Archiv. de l'Aube, E. *Lias.* 709. On trouve aux Archives de l'Aube les plans et bornages des bois d'Eguilly, Vitry et Chacenay, de 1701 à 1785. (E. *Lias.* 709-721. — Roserot, *Invent.*, p. 185.)
3. Archiv. de l'Aube, E. *Lias.* 447. Signature autographe de L. de Chaumont.

droits d'usage et de partage que les habitants de ces localités prétendaient dans la forêt de Bidan [1].

Le 31 mars 1572, des lettres royaux en forme de terrier sont accordées à Léonard de Chaumont, « baron d'Esguilly et de Chassenay [2] ».

Une contestation s'éleva, en 1572, entre Louise de Rochechouard, dame de Chacenay, et Léonard de Chaumont, seigneur des Tours Sainte-Parise, au sujet du droit de fête de Noé-les-Mallets. Par sentences arbitrales, du 1er juillet et du 28 août 1572, il fut décidé que le jour de la fête patronale les officiers de la baronnie de Chacenay et ceux de la seigneurie des Tours Sainte-Parise, tiendront alternativement d'année en année la justice, au nom de chaque seigneur, depuis le premier coup de vêpres de la veille jusqu'au premier coup de vêpres du lendemain [3].

Le 16 juillet 1573, foi et hommage sont rendus à mre « Léonard de Chaulmont, bailly de La Montagne, seigneur d'Esguilly, et « baron de Chassenay à cause de sa tour de Sainct-Parise assise au chastel dudict Chassenay » par noble homme Nicolas Boitotte pour « l'estang du Moulin-Rouge [4]. »

Quelque temps après Léonard de Chaumont mourut. « Il est enterré dans l'église d'Eguilly, dans un tombeau placé au milieu de la chapelle des seigneurs. Il est représenté en bronze, au naturel, armé de pied en cap, couché sur sa tombe [5]. »

Léonard de Chaumont et Antoinette de Lantages eu-

1. Archiv. de l'Aube, E. *Lias.* 41.
2. E. *Lias.* 704.
3. *Hist. manuscr. de Chacenay.*
4. Archiv. de l'Aube, E. *Lias.* 447.
5. *Hist. manuscr. de Chacenay.*

rent trois enfants, encore jeunes à la mort de leur père :

1. *Antoine de Chaumont*, baron de Chacenay-Sainte-Parise et seigneur d'Eguilly, qui suit (n° 325).

2. *Jeanne de Chaumont*, mariée à Joachim de Chastenay, baron de Saint-Vincent.

3. *Mahaut de Chaumont*, femme de Henri de La Tour, seigneur de Jousseaux (Jura) dans le comté de Bourgogne.

Antoinette de Lantages eut « l'entier gouvernement » de la succession de Léonard de Chaumont (n° 325).

1er juin 1574 et 8 mai 1577, Antoinette de Lantages, veuve de Léonard de Chaumont, et Antoine de Chaumont, son fils, reçoivent l'aveu et dénombrement de l'étang du Moulin-Rouge [1]

Du 9 juin 1574 au 8 mars 1578, Antoinette de Lantages, veuve de Léonard de Chaumont, recevait les aveux des vassaux des Tours Sainte-Parise et d'Eguilly (n° 320). Le 26 février 1586, Antoine de Chaumont était entré en possession de la succession de son père, le douaire de sa mère réservé [2]. Il se plaint (n° 325) qu'Antoinette de Lantages « luy retient ses tiltres contre sa volonté. »

Antoinette de Lantages « est morte avant le 6 juin 1594. Elle est enterrée à côté de Léonard de Chaumont, son mari, dans l'église d'Eguilly. Elle est aussi représentée en bronze, au naturel, couchée sur sa tombe [3]. »

---

1. Archiv. de l'Aube, E. *Lias*. 447.
2. Fontette faisait partie du douaire de la veuve de Léonard de Chaumont (n° 326).
3. *Hist. manuscr. de Chacenay*.

XII. Antoine de Chaumont Ier.

Le 26 février 1586, « Anthoine de Chaulmont, baron de Chassenay [Sainte-Parise], seigneur d'Esguilly et Bidant, demeurant audit Esguilly » possède les seigneuries qui viennent d'être désignées « comme fils unique et héritier de messire Léonard de Chaulmont, son père. » Alors, Antoine de Chaumont demande et obtient mainlevée de la saisie de sa terre (n° 325). Les gens du roi avaient saisi la seigneurie de Chacenay « faute de foy et hommaige prétendus non faits » par le nouveau seigneur [1].

Antoine de Chaumont épousa Marguerite de Foissy [2].

Le 27 novembre 1592, Antoine de Chaumont est en procès avec Jacques de Lantages au sujet du randon de bois appelé « La Haye de Challemon [3]. »

En 1595 le 15 septembre, à l'encontre d'Antoine de Chaumont, Jacques de Lantages, seigneur de Vitry-le-Croisé, est maintenu dans la possession du fief de La Récompense par sentence du bailliage et présidial de Troyes [4].

De 1597 au 19 septembre 1611, Antoine de Chau-

---

1. Nous avons donné dans les *Titres* (n° 324) l'analyse d'une pièce généalogique importante se rapportant à Léonard de Chaumont-Saint-Chéron, cousin-germain d'Antoine de Chaumont.
2. Avant 1382 on trouve Jean de Foissy, seigneur de Creney (Aube), bailli de La Montagne et de Jaucourt (Archiv. de la Côte-d'Or, B. 11,285 ; B. 1539. — Archiv. de l'Aube, G. 3472 ; E. *Reg*. 152). Ces mêmes documents nous montrent les Foissy, seigneurs de Villemereuil (Aube) et Chamesson (Côte-d'Or) dès le xve siècle.
3. Archiv. de l'Aube, E. *Lias*. 698
4. Archiv. de l'Aube, E. *Lias*. 698.

mont reçoit les aveux des fiefs qui dépendent des Tours Sainte-Parise et d'Eguilly (nos 328-338).

Le 22 mars 1609, Antoine de Chaumont « baron de Chacenay [-Tours Sainte-Parise] et seigneur d'Eguilly » vendait la moitié de Poligny (Aube) à Antoine de Lenoncourt, seigneur de Marolles (Aube)[1].

Le 4 mars 1610, François Mauroy, seigneur de Colaverdey, donne aveu et dénombrement de « l'estan du Marau vulgairement l'estan Boïtotte » finage de Colaverdey, à Antoine de Chaumont, « à cause de sa grosse tour de Chassenay[2]. »

Antoine de Chaumont mourut sans enfants, vers le commencement de 1612. « Il est enterré auprès de son père, dans la chapelle des seigneurs d'Eguilly[3]. »

Antoine de Chaumont Ier et Marguerite de Foissy eurent un fils, *Antoine de Chaumont II*, qui suit.

XIII. Antoine de Chaumont II. — Marguerite de Foissy (la même).

Antoine de Chaumont II est seigneur par indivis des Tours Sainte-Parise, avec sa mère. Il mourut jeune et sans alliance. Le 15 décembre 1612, Marguerite de Foissy, dame de Chacenay-Sainte-Parise et d'Eguilly, veuve d'Antoine de Chaumont, fit, par procuration, foi et hommage pour lesdites seigneuries (n° 339).

De 1613 à 1626, elle reçut les aveux des fiefs dépendant des Tours Sainte-Parise et d'Eguilly (nos 340-343).

1. Archiv. de l'Aube, E. *Lias*. 42.
2. Archiv. de l'Aube, E. *Lias*. 446.
3. *Hist. manuscr. de Chacenay.*

En 1615, Josias d'Anglure, seigneur d'Aubricourt (Côte-d'Or), par sentence arbitrale entre Marguerite de Foissy, dame d'Eguilly et de Chacenay, et Jacques de Lantages, seigneur de Vitry, décide que les appellations des sentences du prévôt de Vitry, en ce qui concerne La Récompense, iront au bailliage de Troyes et non à Chacenay [1]. Louis de Lantages, seigneur de Bertignolles figure parmi les témoins.

Le 30 juin 1646, François Mauroy, seigneur de Colaverdey, donne aveu et dénombrement pour l'étang de La Loge à Antoine de Chaumont, baron de Chacenay, « à cause de sa grosse tour de Chassenay [2]. »

Le 28 juillet 1629, Marguerite de Foissy donne la seigneurie des Tours Sainte-Parise et d'Eguilly à son neveu Jean de Foissy, par devant notaires à Bar-sur-Seine. « Haulte et puissante dame, dame Marguerite de Foissy, dame et baronne de Chassenay et Esguilly, veufve de deffunct hault et puissant seigneur m^{re} Anthoine de Chaulmont, vivant seigneur et baron desdictes terres, demeurant audict Esguilly, laquelle... donne, cedde et transporte par donation pure, simple, perpétuelle et irrévocable, faicte entre vifz à hault et puissant seigneur m^{re} Jean de Foissy, seigneur de Chamesson, baron du Jour, Grésigny, Seigné et Thoirs, gentilhomme de la chambre de Mgr frère unique du roy, nepveu de ladite dame, demeurant audict Chamesson... les terres et seigneuries dudict Chassenay et Esguilly consistant en toutes justices... maisons seigneurialles, boys, cens, rentes, preiz, terres, vignes,

---

1. Archiv. de l'Aube, E. *Lias.* 698. — Roserot, *Invent.*, p. 183.
2. Archiv. de l'Aube, E. *Lias.* 447.

fourgs, moulins... à la réserve néantmoings de l'usuffruict, sa vie naturelle durant... Jean de Foissy devra payer : (1°) les dettes de Marguerite de Foissy ; (2°) et ung an après son décedz, scavoir, à Symon de Foissy, frère de l'Ordre de Saint-Jean de Jérusalem et frère dudit donataire, la somme de trois mille livres ; (3°) à Roger de Foissy, aussi son frère, pareille somme ; (4°) à dame Léonor de Foissy, dame de Remiremont, quinze cents livres ; (5°) à dame Anne de Foissy, sa sœur, trois mille livres.... [1]»

Un mandement du bailli des Tours Sainte-Parise, en date du 30 juin 1630, oblige les vassaux de Marguerite de Foissy à faire leurs déclarations [2].

XIV. Jean de Foissy.

1632. — Jean de Foissy est désigné seigneur de Chamesson, Jours, Grésigny, Seigny, Thoires (Côted'Or), les Tours Sainte-Parise et Eguilly.

Du 12 juin 1632 au 17 octobre 1657, il reçoit les aveux des fiefs dépendant des Tours Sainte-Parise et d'Eguilly (n°s 345-350).

Le nouveau seigneur des Tours Sainte-Parise avait contracté de lourdes dettes, ajoutées à celles de sa tante, et il était mort sans les payer. Un de ses principaux créanciers, Louis de Choiseul, baron de Beaupré [3], ayant transporté sa créance à Nicolas Dauvet,

1. Archiv. de l'Aube, E. Lias. 697.
2. Invent., p. 93.
3. Louis de Choiseul, baron de Beaupré, est fils de Louis-François de Choiseul et petit-fils de Chrétien de Choiseul et d'Antoinette de Dinteville, fille de Guillaume de Dinteville, seigneur d'Echenay et de Chacenay.

comte des Marets, ce dernier fit saisir la seigneurie des Tours Sainte-Parise, sur la dame de Chamesson, veuve de Jean de Foissy. Le 26 janvier 1667, la seigneurie des Tours Sainte-Parise fut adjugée à Nicolas Dauvet pour le prix de 6,200 livres (n° 354).

XV. Nicolas Dauvet, comte des Marets.

1667. Nicolas Dauvet [1] porte successivement les titres de vicomte, comte, marquis des Marets (Seine-et-Marne), baron de Boursault, grand Fauconnier de France, seigneur et « baron de Belan [sur-Ource], Vitry [le-Croisé], Esguilly, Chassenay et Tours Sainte-Parise », seigneur de Creney [2], Brantigny, marquis de Saint-Phal, seigneur de Crésantignes, Machy, etc.

Nicolas Dauvet des Marets était fils de Gaspard Dauvet, seigneur des Marets, Fraucourt, Ivry, etc. et d'Isabelle Brulart de Sillery, mariée par contrat du 30 juillet 1601.

Nicolas Dauvet avait épousé en 1635 Chrétienne de Lantages, dame de Vitry-le-Croisé, fille et unique héritière de Jacques de Lantages, seigneur de Vitry-le-Croisé, et d'Anne de Foissy (n° 342) [3].

Le 18 mars 1675, Nicolas Dauvet acheta les seigneurie et marquisat de Saint-Phal et prit le titre de marquis de Saint-Phal [4].

1. Les Dauvet ont pour auteur Jean Dauvet, premier président au Parlement de Paris, mort le 23 novembre 1471, fameux par le rôle qu'il joua dans le procès de Jacques Cœur. P. Anselme, VIII, 774-778.
2. *Mém. de la Soc. acad. de l'Aube*, 1868, p. 444.
3. Archiv. de l'Aube, E. *Lias*. 204. — P. Anselme, VIII, 774, 778.
4. Archiv. de l'Aube, *Archiv. judiciair. Lias*. 1158.

Il donna à bail le moulin de Mallet, le 26 janvier 1677 (n° 361).

Nicolas Dauvet était mort au mois d'octobre 1678. Il laissa huit enfants issus de son mariage avec Chrétienne de Lantages :

1. *Henri*, dit *Alexis-François Dauvet*, comte des Marets.

2. *Louis-Anne Dauvet*, comte d'Eguilly.

3. *Marie-Anne Dauvet*, mariée à Henri de Béthune, nommé le comte de Béthune [1].

4. *Louise-Diane Dauvet*, mariée le 16 juillet 1678 à Gaspard Castille-Jannin, marquis de Montjeu en Bourgogne (Saône-et-Loire), mourut le 7 décembre 1717.

5-8. *Jeanne* et *Gabrielle*, religieuses au Mont-Notre-Dame près Provins ; *Scholastique* et *Marie*, mortes jeunes [2].

Chrétienne de Lantages, comtesse des Marets, fut marraine à Villy-en-Trodes [3] le 17 avril 1684.

Le 9 septembre 1687, Alexis-François Dauvet, comte des Marets, et Louis-Anne Dauvet, son frère, étaient seigneurs des Tours Sainte-Parise par indivis [4].

XVI. Alexis-François Dauvet, comte des Marets. — Louis-Anne Dauvet, comte d'Eguilly.

1687. Alexis-François Dauvet prend les titres de comte des Marets, marquis de Saint-Phal, grand Fauconnier de France, gouverneur de Beauvais et lieute-

---

1. P. Anselme, IV, 224.
2. Ibid. VIII, 778.
3. Actes de catholicité de Villy-en-Trodes.
4. *Hist. manuscr. de Chacenay.*

nant du roi en Beauvais. Il épousa le 19 décembre 1676 Jeanne de Bouëx de Villemort (Vienne), fille de Robert de Bouëx, seigneur de Villemort, et de Marie d'Escoubleau. Jeanne de Bouex était dame d'honneur de la duchesse d'Orléans.

Alexis-François Dauvet, marquis des Marets, mourut le 25 avril 1688.

Il eut de Jeanne de Bouëx de Villemort :

1. *François Dauvet*, comte des Marets et de Saint-Phal, baron de Boursault, grand Fauconnier de France, qui suit.

2. (D'après le P. Anselme) *Françoise-Chrétienne Dauvet*, mariée en novembre 1704 à Guillaume-Alexandre, marquis de Vieuxpont.

Jeanne de Bouëx mourut à Paris, le 24 avril 1717, âgée de 68 ans, son corps fut porté en sa terre des Marets.

Louis-Anne Dauvet, chevalier, comte d'Eguilly, seigneur de Saint-Phal et des Tours Sainte-Parise, capitaine de cavalerie, épousa, le 15 octobre 1677, Marie-Madeleine de Chambes de Montsoreau [1]. Elle était fille unique de Bernard de Chambes, comte de Montsoreau, et de Geneviève Boivin.

Le 16 mai 1694, eut lieu la prisée et estimation des châteaux et seigneuries des Tours Sainte-Parise et d'Eguilly, « à la requeste de messre Louis-Anne Dauvet, chevalier, comte d'Eguilly » en exécution d'une sentence arbitrale du 23 avril 1694, et d'un compromis arrêté le 9 du même mois entre « Louis-Anne Dauvet, Mme la marquise Desmarets (veuve d'Alexis-François

---

1. Archiv. de l'Aube, E. *Lias*. 148.

Des Marets, M^r le comte de Béthune et Mlle sa sœur. » Nicolas Lécorcher « expert, priseur, arpenteur et partageur juré... » est chargé de « visiter et estimer les terres et marquisat de Sainct-Phale, Crésantigne, Mâchy, Pommerois, la Motte Philippe, la Motte Guinard, Lignières, le Petit-Nogent, Esguilly, les Tours Saincte-Parise de Chassenay et leurs dépendances...

« Lesquelles Tours de Sainte-Parise de Chassenay sont titre du nom de baronnie, dans laquelle il y a haute, moienne et basse justice soubz le titre de bailliage ; pour l'exercice de laquelle justice il y a bailly, prévost et autres officiers, droit de chastellenie, notaires et tabellionage dans l'estendue dudit Chassenay, Charvey, Esguilly et Noez...

« Lesdites Tours de Saincte-Parise de Chassenay mouvant en plein fief de Mgr l'évêque, duc et pair de Langres, à cause de son chasteau de Mussy, et relevant en arrière fief de la grosse Tour de Troyes.

« Lesquelles motte de Tours, terres de baronnie, droits seigneuriaux, mouvence, et généralement tout ce qui dépend desdites Tours de Saincte-Parise j'ay estimé valloir la somme de 15,520 livres... [1] »

Le 1er mars 1695, Louis-Anne Dauvet des Marets et Jeanne de Bouëx de Villemort, veuve d'Alexis-François Desmarets, seigneur et dame, par indivis, des Tours Sainte-Parise, reçoivent les foi et hommage pour la terre de Vaudes (n° 372).

---

1. Archiv. de l'Aube, E. *Reg.* 699, fol. 10, 13 et 88 r°. Nous avons donné l'état des Tours Sainte-Parise en 1694 d'après ce document (*Introduct.*, p. xiv). Dans ce même document on trouve la description du château d'Eguilly, fol. 22 r° et 87, 88 r°. « Les prisées et estimations du château et dépendances d'Eguilly montent ensemble à la somme totale de 30,850 livres. »

Louis-Anne Dauvet et Marie-Madeleine de Chambes de Montsoreau eurent une fille, nommée, comme sa cousine, *Françoise-Chrétienne Dauvet*, comtesse d'Eguilly. Elle fut mariée au mois de mai 1701, à Adrien, marquis d'Ahonville, guidon des gendarmes [1].

En 1699, la seigneurie des Tours Sainte-Parise appartenait indivisément aux successeurs d'Alexis-François Dauvet, et de Louis-Anne Dauvet. Mais *François Dauvet*, comte des Marets, fils d'Alexis-François Dauvet, jouira bientôt seul de la seigneurie des Tours-Sainte-Parise.

XVII. François Dauvet, comte des Marets.

1699. François Dauvet, comte des Marets, baron des Tours Sainte-Parise, seigneur d'Eguilly, etc., succéda à son père, Alexis-François Dauvet, comme seigneur des Tours Sainte-Parise.

Nous avons signalé un acte des 4 et 5 juin 1699 établissant que François Dauvet est baron des Tours Sainte-Parise et seigneur d'Eguilly (n° 373).

Le 11 septembre 1701, Françoise-Chrétienne Dauvet d'Eguilly, sœur de François Dauvet, émancipée d'âge, donne à bail la terre et seigneurie d'Eguilly [2].

François Dauvet épousa, le 22 décembre 1701, Marie Robert, fille de Louis Robert, seigneur de Fortelle, président en la Chambre des Comptes, et d'Anne Maudet.

Françoise-Chrétienne Dauvet, fille de Louis-Anne

---

1. Archiv. de l'Aube, E. *Lias.* 148. — P. Anselme, VIII, 778.
2. Archiv. de l'Aube, E. *Lias.* 700.

Dauvet, désignée comtesse d'Eguilly et baronne de Chacenay et des Tours Sainte-Parise, paraît dans divers actes du 14 septembre 1703 au 29 avril 1705 (nos 375-377).

Le 17 octobre 1704, Marie-Madeleine de Chambes de Montsoreau, veuve de Louis-Anne Dauvet des Marets, comtesse d'Eguilly, comme tutrice de demoiselle Françoise-Chrétienne Dauvet, comtesse d'Eguilly, sa fille mineure, achète à M. Jacques-Antoine d'Hénin-Liétard la terre et seigneurie de Saint-Phal et les fiefs qui en dépendent, moyennant 174,000 livres « quitte de droits seigneuriaux [1]. »

En 1707, François Dauvet était seul seigneur des Tours Sainte-Parise. Cette même année, le 4 août, Marie Robert, épouse et fondée de procuration de François Dauvet, vendit la baronnie des Tours Sainte-Parise et les fiefs qui en dépendaient à Joseph-Antoine Hennequin, seigneur de Charmont, pour le prix de 11,000 livres. Il est dit dans l'acte de vente (n° 380) que de « la baronnie des Tours Sainte-Parise de Chassenay... il reste d'anciens murs et vestiges, fossés, terrasses et accints, près ledit château dudit Chacenay... » Nous avons donné, d'après l'acte de vente, la nomenclature des fiefs qui relevaient des Tours Sainte-Parise (n° 380 [2]).

François Dauvet mourut le 24 février 1718, âgé de 37 ans [3].

1. Archiv. de l'Aube, E. Lias. 148. Marie-Madeleine de Chambes de Montsoreau mourut le 15 mai 1720, à l'âge de 75 ans.
2. Archiv. de l'Aube, E. Lias. 424. — Copie du contrat de vente. Ibid., E. Lias. 731.
3. P. Anselme, Loc. cit.

XIX. Joseph-Antoine Hennequin.

Joseph-Antoine Hennequin, est désigné seigneur de Charmont, Fontaine-Luyères, les Tours Sainte-Parise, Eguilly, conseiller au Grand-Conseil et grand rapporteur en la chancellerie de France, puis procureur général au Grand-Conseil, secrétaire du Cabinet du roi, conseiller d'Etat et privé, ambassadeur du roi à Venise [1].

Joseph-Antoine Hennequin était fils de Louis-François Hennequin, secrétaire du roi, intendant de la maison du prince de Conti, et d'Anne Pingré [2].

Il épousa, par contrat du 29 avril 1693, Louise-Elisabeth de Marsillac, fille de Claude de Marsillac, seigneur de Charasse, secrétaire du roi, et de Catherine Obriot [3].

Nous avons rapporté divers actes de Joseph-Antoine Hennequin, comme seigneur des Tours Sainte-Parise (nos 380-401). Le 9 août 1709, Joseph-Antoine Hennequin obtient des lettres qui l'autorisent à faire dresser le terrier de sa seigneurie des Tours Sainte-Parise et Chacenay [4].

Du 24 mars 1709 au 29 janvier 1722, Joseph-Antoine Hennequin reçut les aveux des fiefs dépendant des Tours Sainte-Parise.

Il rendit foi et hommage, à cause des Tours Sainte-

---

1. Archiv. de l'Aube, Roserot, *Invent.*, p. 112. Ambassadeur à Venise en 1702 - 31 juillet 1704 (E. *Lias.* 449).
2. Archiv. de l'Aube, E. *Lias.* 416.
3. Archiv. de l'Aube, E. *Lias.* 416.
4. Archiv. de l'Aube, E. *Lias.* 461.

Parise, à François-Louis de Clermont-Tonnerre, évêque de Langres, le 14 août 1709 ; et au roi, le 15 décembre 1724, en versant 192 livres au domaine (nᵒˢ 383, 401).

Pendant dix-neuf ans, que Joseph-Antoine Hennequin posséda la terre des Tours Sainte-Parise, il ne cessa, comme nous l'avons dit [1], d'être en procès avec ses voisins les seigneurs du donjon de Chacenay.

Le 12 février 1711, M. de Charmont faisait opérer une enquête tendant à prouver que les bornes qui limitaient les deux seigneuries du château de Chacenay et des Tours Sainte-Parise, au dedans et en dehors de l'enceinte castrale, avaient été enlevées par M. de Liancourt. Un témoin dépose « que le fief et seigneurie des Tours Sainte-Parise, quy appartenoit cy-devant au sieur compte des Marest, et à présent audit seigneur de Charmont » consiste « en un vieux chasteau ou donjon qui est depuis plusieurs années inhabité et scitué sur la hauteur d'une montagne, assez près du chasteau de Chacenay quy appartient au sieur marquis de Liancourt depuis peu de temps ; qu'il n'y a qu'un fossé secq et fort profond qui en fait la séparation... » D'après un autre témoin la seigneurie et baronnie des Tours Sainte-Parise appartient au seigneur de Charmont, pour l'avoir acquise du seigneur compte Desmarets » et « lesdites Tours consistent en deux tours de pierres, basties sur le bord d'un grand et profond fossé secq [2]..., »

Joseph-Antoine Hennequin fit faire une nouvelle en-

---

1. P. 333, 334.
2. Archiv. de l'Aube, E. *Lias.* 424. — Roserot, *Invent.*, p. 109.

quête et dresser le plan des deux seigneuries de Chacenay en 1716, comme nous l'avons dit [1].

M. de Charmont est en procès de 1711 à 1717 avec les de La Grange de Villedonné, seigneurs de Sacey [2]; et de 1712 à 1723 avec Le Noble du Bellay, seigneur de Thennelières [3].

Le 20 septembre 1714, Michel Boutet, « chevalier, seigneur d'Esguilly et de Vitry, conseiller du roy, trésorier général des venerye et fauconnerie de sa Majesté, demeurant à Paris », qui avait acheté, le 22 juin 1714, la seigneurie de Vitry à M. le comte des Marets, fait hommage, par procuration, à Joseph-Antoine Hennequin, seigneur des Tours Sainte-Parise [4].

Enfin, le 20 mars 1726, Joseph-Antoine Hennequin vendit à Claude-François Poncher, baron de Chacenay, la seigneurie des Tours Sainte-Parise et des fiefs qui en dépendaient, pour le prix de 17,000 livres (n° 402). Par cette vente la terre et seigneurie des Tours Sainte-Parise était réunie à la terre et seigneurie du château de Chacenay, dont elle avait été séparée en vertu du partage de 1308. A partir de cette époque la *Chronologie historique* des seigneurs des Tours Sainte-Parise, se confond avec l'*Histoire chronologique* de la baronnie de Chacenay. (Voir p. 337.)

1. P. 334.
2. Archiv. de l'Aube, E. *Lias*. 461.
3. *Invent.*, p. 191.
4. Archiv. de l'Aube, E. *Lias*. 700.

SCEAUX ET ARMOIRIES

DES SEIGNEURS DE CHACENAY ET DES TOURS SAINTE-PARISE

Tout le mérite de cet article, au point de vue de la science héraldique, revient à MM. Le Clert et Roserot, qui nous ont prêté avec la plus entière obligeance le concours de leur talent, si justement apprécié.

§ 1ᵉʳ. SCEAUX.

PLANCHE Iʳᵉ.

N° 1. *Chacenay (Erard de)*. Sans date.

Sceau rond de 0,05'. Equestre. Les armes de l'écu indéchiffrable. — Légende : ✝ SIGILL.. ...DI DOMINI DE CHACENAI. — Cire brune ; pendant par double queue de parchemin.

(Archiv. de l'Aube, F. Larivour, Vitrine 11. Dans les *Titres*, n° 64.)

N° 2. *Chacenay (Erard de)*. 1209, juillet.

Sceau rond de 0,075. Equestre. — Légende : SIGILLVM ERARDI DE CHACENAI. — Cire verte ; pendant par double queue en parchemin.

(Archiv. de l'Aube, F. Larivour, Vitrine 11. Dans les *Titres*, n° 83.)

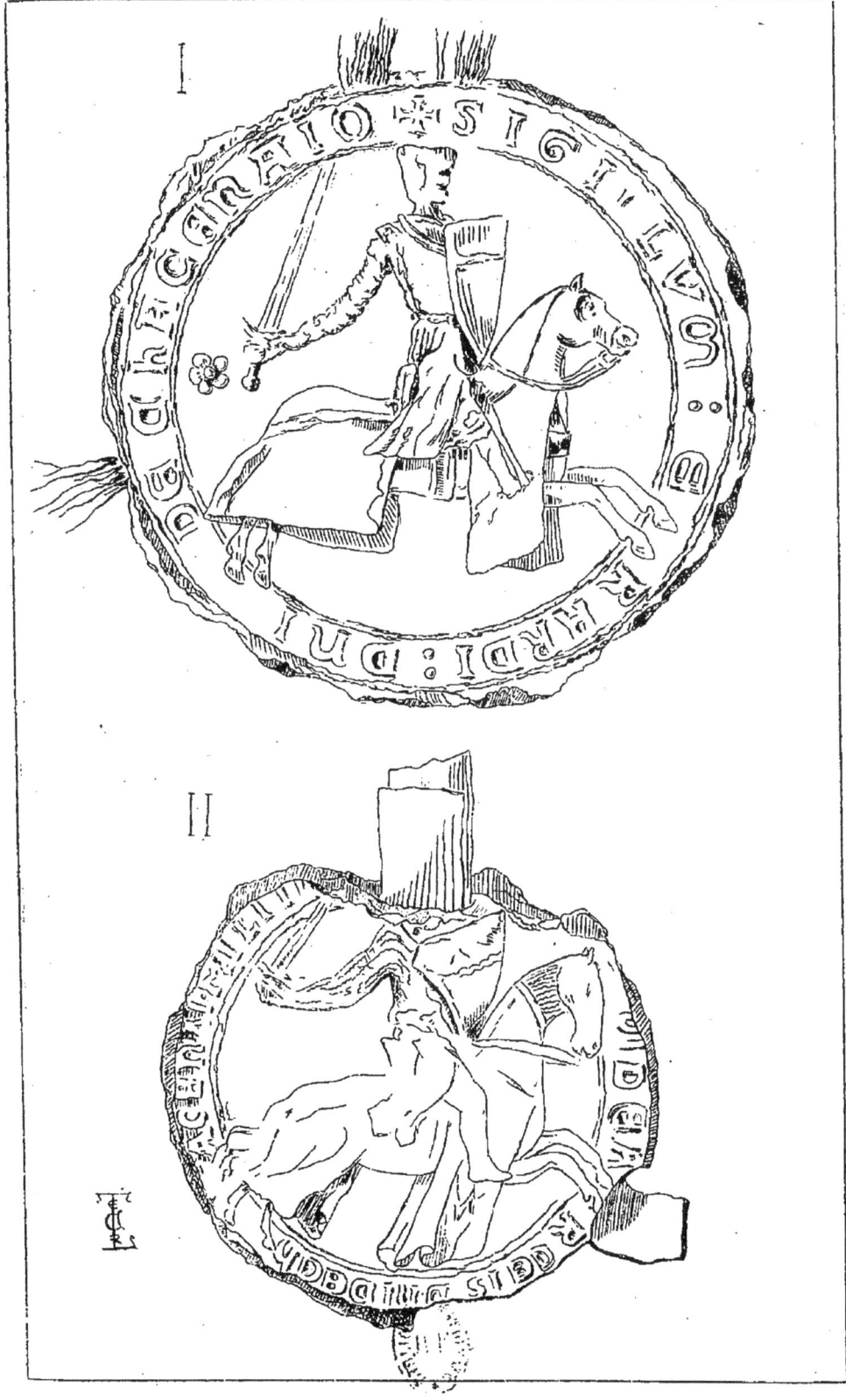

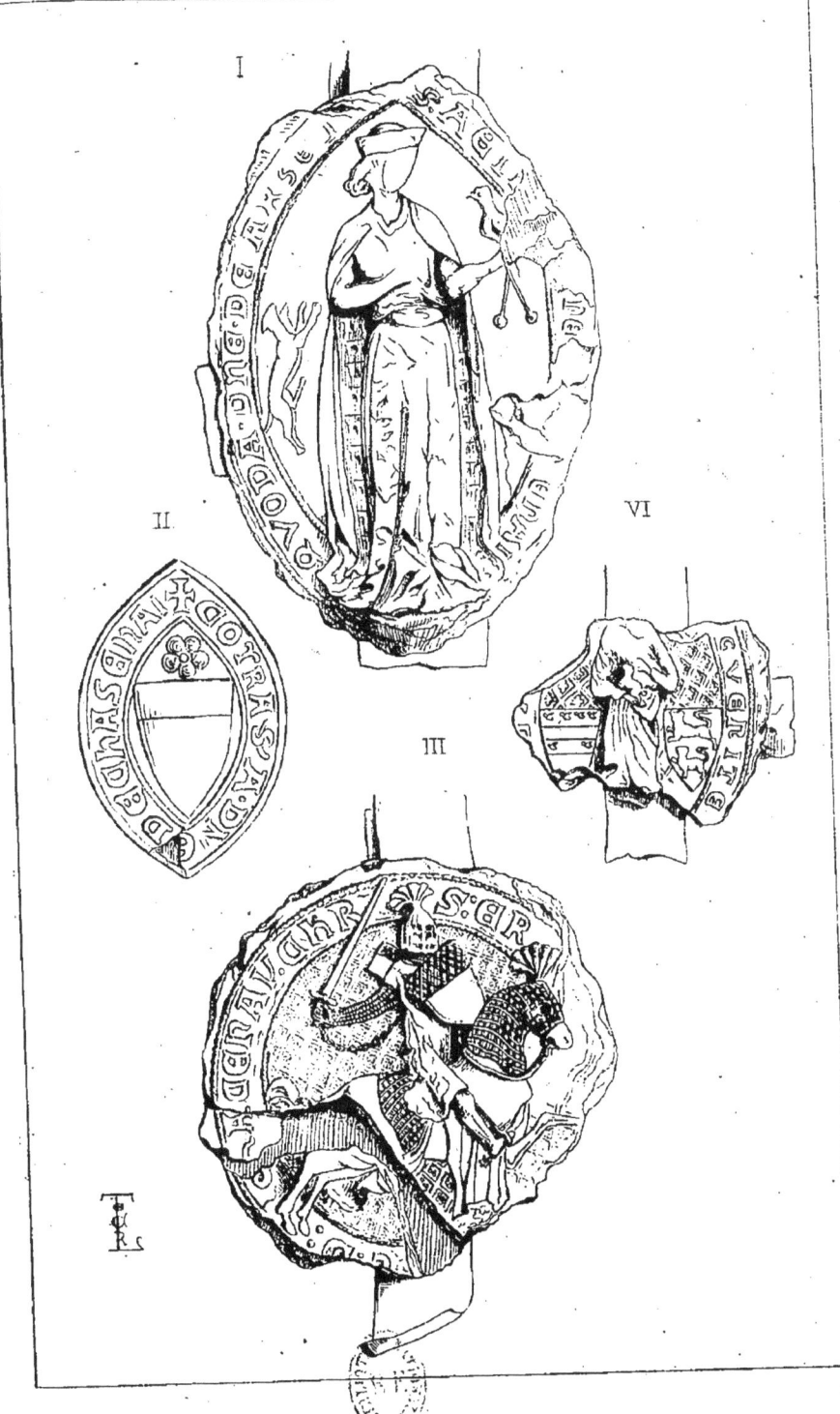

PL. IV.

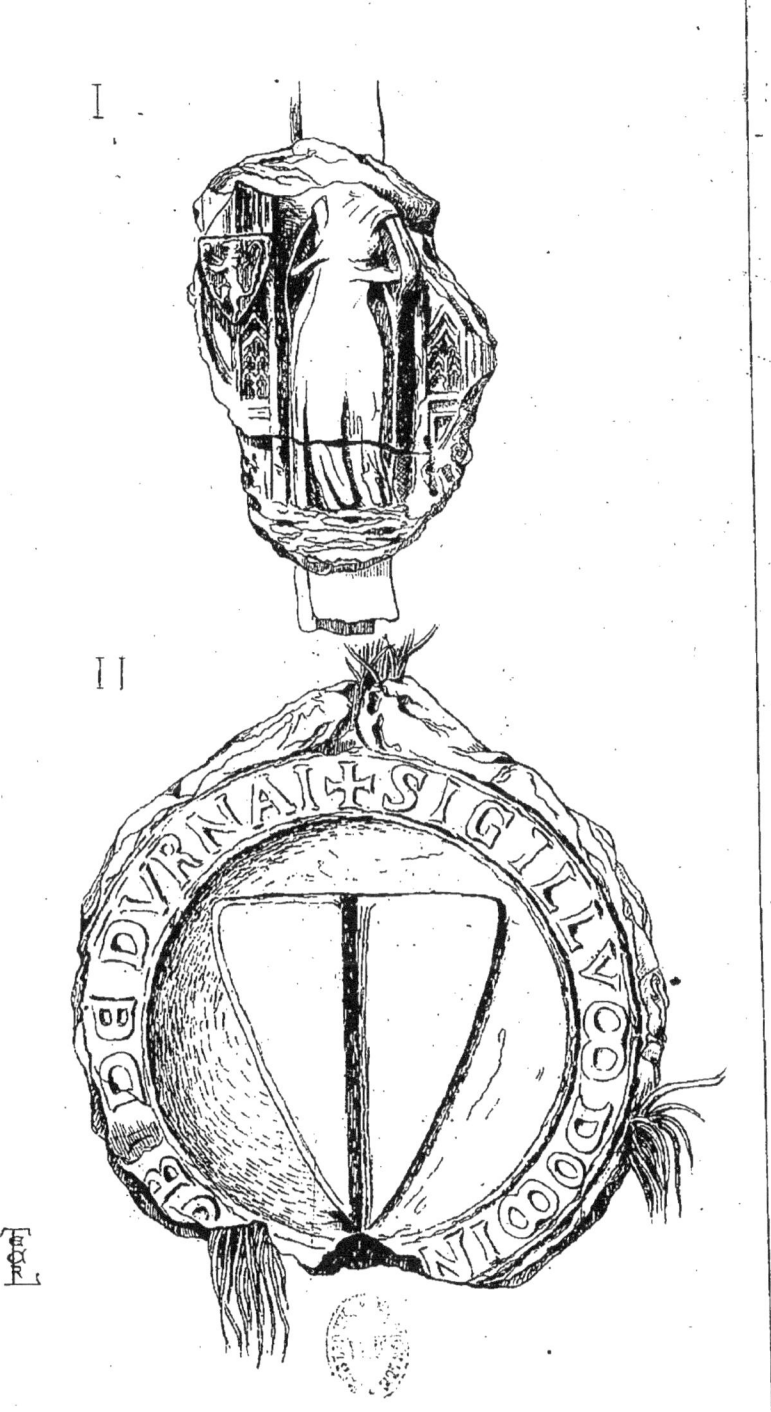

I.

II.

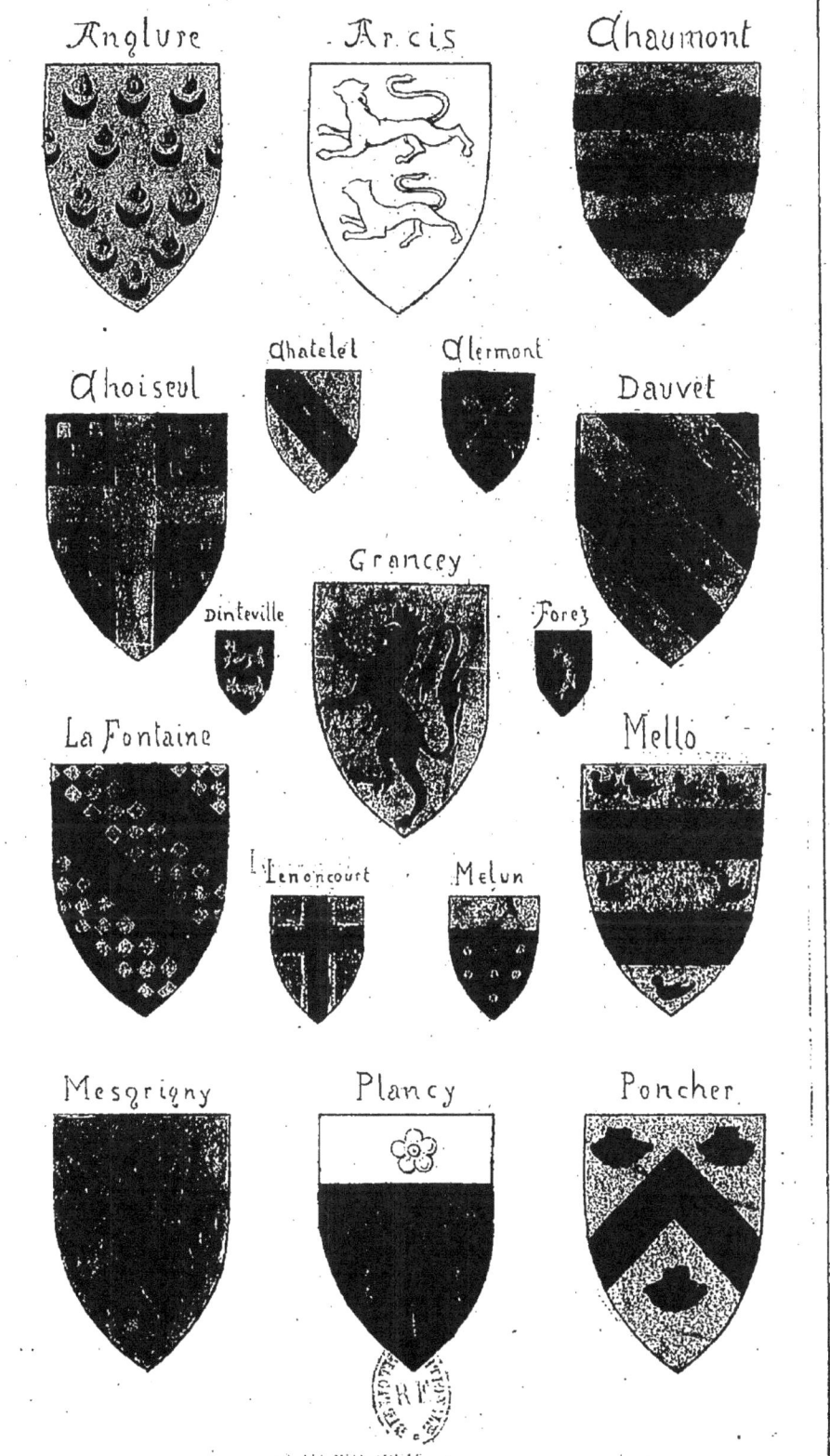

PLANCHE II.

N° 1. *Chacenay (Erard de)*. 1252.

Sceau rond de 0,075. Equestre. L'écu du chevalier chargé d'un chef. Près de la main droite, qui tient l'épée, se trouve une quintefeuille. — Légende : † SIGILLVM : ERARDI : DNI : DE CHACENAIO. — Cire verte ; pendant par lacs de soie jaune et verte.

Contre-sceau de 0,018, reproduisant exactement le sceau. — Légende : SECRETVM ERARDI DE CHACENAIO.

(Archiv. de l'Aube, F. de Clairvaux, Vitrine 11. Dans les *Titres*, n° 166.)

N° 2. *Arcis (Erard d')*. 1290.

Sceau rond de 0,055. Equestre. L'écu du chevalier chargé d'un chef et de figurines indéchiffrables. — Légende : ....DI DE ARCEIS : DNI : DE CHACENAI : MILI.... — Cire verte ; pendant par double queue de parchemin.

Contre-sceau de 0,019. Un écu chargé d'un chef. Légende : † S. ERARDI DE CHACENAI.

(Archiv. de l'Aube, F. Clairvaux, Vitrine 11. Dans les *Titres*, n° 202.)

PLANCHE III.

N° 1. *Chacenay (Alix de)*. 1266.

Sceau ogival de 0,065. Dame debout, en robe serrée à la taille par une ceinture, portant un manteau doublé de vair et tenant sur le poing un faucon. Près d'elle un levrier lissant. — Légende : S. AELI .....NE ...ENAI QVŌDA DNE DE ARSEI. — Cire blanche ; pendant par double queue de parchemin.

N° 2. *Chatenay (Alix de)*.

Contre-sceau du précédent, ogival, de 0,037. Un écu chargé d'un chef ; le tout surmonté d'une rose. — Légende : † CŌTRA. S. A. DNE. DE CHASENAI.

(Cabinet de M. Bertherand. Dans les *Titres*, n° 175.)

N° 3. *Chacenay (Erard de)*. 1331.

Sceau rond de 0,05. Equestre. L'écu du chevalier chargé d'un chef fretté, ainsi que la housse du cheval. — Légende : s : er... de chacenay chr. — Cire verte ; pendant par double queue.

(Archiv. de l'Aube, F. Montiéramey. Dans les *Titres*, n° 221.)

N° 6. *Arcis (Marguerite d')*. 1349.

Sceau ogival de 0,045. Dame debout, caressant un chien-lion, drapée dans un manteau, ayant à sa droite un écu aux armes de la famille de Mello, et à sa gauche un autre écu aux armes de la famille d'Arcis. — Légende : .... gverite.......... — Cire brune ; pendant par double queue de parchemin.

(Archiv. de l'Aube, Cart. 3 H 137. Dans les *Titres*, n° 224.)

§ II. Armoiries.

Nous ajoutons les armoiries de quelques familles alliées aux seigneurs de Chacenay et des Tours Sainte-Parise.

1. *Anglure*.

« D'or, semé de sonnettes ou grelots d'argent, soutenus de croissants de gueules. » — Roserot, n° 19.

L. Coutant (*Annuaire de l'Aube*, 1852) donne pour armes aux Anglure, seigneurs de Chacenay : « d'or à la croix de sable ancrée. » Ces armoiries sont celles des anciens Anglure, de la maison de Saint-Chéron. Nous donnons ici celles des Saladins d'Anglure qui étaient seigneurs d'Anglure au xv° s., c'est-à-dire à l'époque où nous voyons la terre de Chacenay possédée par cette famille.

2. *Arcis-sur-Aube*.

Les anciens seigneurs d'Arcis-sur-Aube portaient : « D'... à deux léopards d'... courants l'un sur l'autre, » d'après les sceaux de Jean, seigneur d'Arcis, en 1263, et de

Marguerite d'Arcis, dame de Chacenay, en 1349. (Voir les planches de sceaux.)

3. *Arnauld.*

« De gueules, au chevron d'or accompagné de quatre lys d'or tigés et feuillés du même, posés en sautoir deux en chef et deux en pointe ; parti d'azur au lion d'or. » (D'après un dessin en la possession de M. Bertherand.)

4. *Blaisy*

(anciennement Blaisey au duché de Bourgogne).

« D'or à la fasce de sable accompagnée de six coquilles du même. » Certains membres de cette famille « frettaient d'argent la fasce, et les coquilles d'azur. » (Paillot, p. 187.)

5. *Brienne* (anciens comtes).

« D'azur, semé de billettes d'or ; au lion du même brochant. » (Roserot, n° 144.)

6. *Broyes.*

« D'azur, à trois broyes d'or mises en fasce. » — (Duchesne, Hist. de la maison de Broyes.)

7. *Chacenay.*

L. Coutant (*Annuaire de l'Aube*, 1852) donne pour armoiries aux anciens seigneurs de Chacenay : « d'azur, semé de billettes d'or ; au lion du même brochant. » Ce sont les armes des comtes de Brienne et aussi des comtes de Bar-sur-Seine issus de cette famille. Mais il n'est pas prouvé que les anciens Chacenay appartenaient à la famille des comtes de Bar-sur-Seine de la maison de Brienne. Voir aussi p. 70, *note* 2. Les sceaux que nous avons donnés plus haut fournissent les seuls documents authentiques relatifs aux armoiries des anciens seigneurs de Chacenay (voir les planches de sceaux).

8. *Châtelet.*

« D'or à une bande de gueules chargée de trois fleurs de

lys d'argent dans le sens de la bande. » (D. Calmet, *Maison du Châtelet*.)

9. *Chaumont*.

« Fascé d'argent et de gueules de huit pièces. » — P. Anselme. »

La tombe de Galas, dans l'église de Rigny-le-Ferron, porte un écu fascé de onze pièces et la fasce du chef est chargée d'un lambel de trois pendants. — (Roserot, n° 199.)

10. *Chauvirey*.

« D'azur, à une bande d'or accompagnée de sept billettes du même, 4 en chef, et 3 en pointe. » — (La Chesnaye.)

Sur le sceau de Philippe de Chauvirey (1332) figure une bande accompagnée de 8 billettes, 4 en chef, et 4 en pointe. (Archiv. de l'Aube, F. Clairvaux.)

11. *Choiseul*.

« D'azur, à une croix d'or cantonnée de dix-huit billettes du même, cinq à chaque canton du chef mises en sautoir, et quatre à chaque canton de la pointe, posées une à chaque angle. » — (Caumartin.)

12. *Clermont*.

« De gueules, à deux clefs d'argent adossées et mises en sautoir. » — (Roserot, n° 222.)

13. *Dauvet des Marets*.

« Bandé de gueules et d'argent de six pièces ; la seconde bande, qui est d'argent, chargée d'un lion de sable. » — (La Chesnaye. — Bénitier dans l'église de Payns.)

14. *Dinteville*.

Branche de la famille des anciens seigneurs de Jaucourt.

« De sable à deux léopards d'or courants, l'un sur l'autre, armés et lampassés de gueules. » — (Gilles Le Bouvier, dit Berry. — Roserot, n° 280.)

15. *Dreux.*

« Echiqueté d'or et d'azur. » — (Berry, — Roserot, n° 292.)

16. *Escajeul*, marquis de Liancourt.

« D'argent à cinq cotices d'azur » ou plutôt : « d'azur à cinq bandes d'argent. » — (La Chesnaye.)

17. *Foissy.*

« D'azur, au cygne d'argent, membré et becqué de sable. » — (La Chesnaye. — Vitrail dans l'église de Créney.)

18. *Forez.*

Guigues, comte de Forez : « De gueules, au dauphin pâmé d'or. » — (P. Anselme.)

19. *Grancey.*

« D'or, au lion d'azur, armé, lampassé et couronné de gueules. » — (Berry, — Roserot, n° 379.)

20. *Hennequin.*

« Vairé d'or et d'azur ; au chef de gueules chargé d'un lion léopardé d'argent. » — (Roserot, n° 419.)

21. *Joinville.*

« D'azur à trois broyes d'or mises en fasces ; au chef d'argent. » — (P. Anselme.) — « Chargé d'un lion naissant de gueules. » — (La Chesnaye.)

22. *La Fontaine.*

La Fontaine, comte de Verton : « Bandé d'or et d'azur de six pièces, les bandes d'or échiquetées de gueules de trois traits. » — (La Chesnaye.)

23. *Lenoncourt.*

« D'argent, à une croix engrêlée de gueules. » — (P. Anselme. — Roserot, n°s 469 et 470.)

24. *Louan.*

« D'azur au chevron d'or accompagné de trois croissants du même posés 2 et 1. » — (D'Hozier.)

25. *Mello.*

« D'or, à deux fasces de gueules et un orle de neuf merlettes posées 4, 2 et 3. » — (P. Anselme, VI, 62.)

Dreux de Mello III avait pour armes sur son sceau : « Deux fasces, trois merlettes en chef, avec un franc quartier qui paraît chargé d'un lion sur une fasce, deux merlettes entre les deux fasces, et 3 en pointe 2 et 1. » — (P. Anselme, *Ibid.*)

26. *Melun.*

Guillaume, vicomte de Melun : « D'azur à sept besants d'or posés 3, 3 et 1 ; au chef du même. » — (*P. Anselme*, — Roserot, n° 535.)

27. *Mesgrigny.*

« D'argent au lion de sable. » — (D'Hozier, — Roserot, n° 544.)

28. *Noyers.*

« D'azur, à l'aigle d'or. » — (Berry, — Ernest Petit.)

29. *Plancy.*

« D'azur à trois lys d.....; au chef d..... chargé d'une rose ou quintefeuille d... » — (Empreinte sur cire, cabinet de M. Bertherand.)

30. *Poncher.*

« D'or, à un chevron de gueules chargé au sommet d'une tête de maure de sable, tortillée d'argent, accompagnée de trois coquilles du même. » — (Rouget, — Roserot, n° 660.)

31. *Sains.*

« De gueules, semé de croissans d'argent, au lion de sable. » — (Paillot, p. 587.)

32. *Sallezard*.

« Ecartelé aux 1 et 4, de gueules, à 13 étoiles d'argent, rangées en 3 pals, 4-5-4 ; aux 2 et 3, d'or, à 5 panelles de sable. » (O. de Poli, *Les Seigneurs de Fontaine-Bethon*.)

Sur l'écusson en pierre sculptée, récemment déposé au Musée de Troyes, l'ordre de l'écartelé n'est pas le même que celui qui est mentionné par M. de Poli, les panelles, ou feuilles de panais, ou de nénuphar, sont au 1er et les étoiles au 3e canton. Leur nombre, qu'il est difficile de déterminer, vu l'état de dégradation de l'écusson, semble avoir été de 13, disposées 4-5-4 dans chaque quartier.

M. Anatole de Montaiglon, séance du 12 juin 1872 de la Société des *Antiquaires de France* (Bullet. 1872, p. 115-116), présente un estampage de l'autel élevé dans la cathédrale de Sens par l'archevêque Tristand de Salazar. Dans la décoration de cet autel, style renaissance, se trouvent « les étoiles et les feuilles de panais qui figurent dans les armes écartelées des Salazar. »

Planche IV

N° 1. *Arcis (Jeanne d')*. 1er septembre 1379. Fragment de sceau ogival, brisé dans la partie supérieure ; femme debout, à sa droite un écusson sur lequel est un lion rampant. La légende manque.

(Archiv. de la Côte-d'Or, lias. B. 10, 527. Dans les *Titres*, n° 229.)

N° 2. Durnay (Jacques de). Avril 1229. Sceau rond de 0,06. Armorial : un écu chargé d'un pal. — Légende : † Sigillum domin. ... obi de Durnai. — Cire brune ; lacs de soie bleue.

(Archiv. de l'Aube, F. de Larivour. Vitrine 11. Dans les *Titres*, n° 133.)

ADDITIONS ET CORRECTIONS

Nous ajoutons aux *Titres...*, que nous avons donnés dans la *Première Partie,* quelques *Additions* qui les complètent ; nous noterons ensuite les principales *Corrections* typographiques qu'il faut faire à notre texte.

§ Ier. Additions.

I. — 7 février 1208. Bulle du pape Innocent III qui mentionne les *casamenta* que le seigneur de Chacenay tient « apud Molendinum Leonis » Molinons, dans l'Yonne.

(Dans notre *Cartul. de Saint-Pierre de Troyes,* n° 121. Cette bulle contient la charte de Philippe-Auguste indiquée dans les *Titres...,* n° 81.)

II. — Mercredi 4 juillet 1218. *Lettre d'Erard de Chacenay au pape Honorius.* (Voir p. 45, n° 98 ; — p. 220.)

Sanctissimo patri ac domino Honorio, divina electione summo pontifici, devotus ejus filius Erardus de Chacenaio, salutem ac debitam obedientiam. Noverit vestra paternitas quod, cum fuissem admonitus authoritate vestra a reverendo patre Suessionensi episcopo et viris venerabilibus abbate Sancti Joannis et decano Suessionensi ut redirem ad fidelitatem et homagium quod praestiteram dominae comitissae Trecensi et Theobaldo, nato ejus, comiti Campaniae, a qua fidelitate et homagio resilieram, et propter hoc a dictis judicibus authoritate vestra fueram excommunicatus et terra mea interdicta, tandem me et terram meam solverunt, juramento prius a me recepto super sancta Dei Evangelia, quod super hoc starem dispositioni vestrae, et iidem judices, de consensu meo, tunc statim post absolutionem praedictam sententiaverunt quod ego et terra mea sumus eisdem excommunicationis et interdicti vinculis iterum involuti, quibus eramus ligati ante praedictam absolutionem, si ego, vel mei, ab hac die in antea forisfaciamus comitissae vel filio suo, vel terrae suae, ante dispositionem vestram vel etiam post dispositionem vestram, antequam impleverim dispositionem vestram ; si vero implevero dispositionem vestram et postmodum ab ea resiliero, non erimus ego et terra mea ipso facto praefatis sententiis involuti, nisi vos hoc ipsum in dispositione vestra exprimeritis, salva dictis judicibus potestate in me ac terram meam, quam habebant per litteras vestras ante absolutionem, nisi vos eandem potestatem revocaretis. Actum anno gratiae M° CC° XVIII° mense julio, die mercurii post festum apostolorum Petri et Pauli.

(Bibliot. nation., *Regist. principum*, t. III, Colbert V°, vol. 58, f° 12 v°.)

III. — 1252. D'après la *Chronique de Molême*, Erard III de Chacenay aurait été fait prisonnier avec Thibaut II, comte de Bar-le-Duc, dans la guerre de la comtesse de Flandre contre le comte de Hollande. (Voir p. 242, 243.) Cette *Chronique* est citée par Duchesne, *Maison de Bar-le-Duc*, *Preuv.*, p. 34.

IV. — *Second mariage d'Alix de Chacenay*. (Voir p. 245.)

1° Le 10 août 1260, à Sury-aux-Bois (Loiret). Guillaume, vicomte de Melun, et Alix de Chacenay, sa femme, dame de Chacenay, jadis comtesse de Forez, vendent à Renaud, comte de Forez, moyennant une rente viagère à servir à Alix, tout ce qu'elle avait en Forez et qui lui avait été donné à raison de douaire et au moment de son mariage avec Guigues, jadis comte de Forez.

2° Le 22 août 1265. Guillaume, vicomte de Melun, donne quittance à Renaud pour un paiement fait en reste de la vente du 10 août 1260.

La première de ces chartes aidera à préciser l'époque du second mariage d'Alix de Chacenay.

(Huillard-Bréholles, *Titres de la Maison de Bourbon*, n⁰ˢ 374, 423.)

3° 1270. Parlement de la Saint-Martin d'hiver. Arrêt portant qu'Alix de Chacenay, vicomtesse de Melun, autrefois mariée à Guigues, comte de Forez, a le droit de prélever le douaire à elle constitué par ledit Guigues sur toute la terre du comte de Forez, même sur la partie que le comte Renaud avait engagée à des bourgeois de Lyon.

(Huillard-Bréholles, *Titres de la Maison de Bourbon*, n° 511.)

V. — 1381. *Alliance des maisons de Plancy, Rigny, Chaumont et Chacenay.*

1° 1315, 15 décembre. « Pierres d'Orliens, garde dou scel de la prévosté de Troies, » notifie que « Pierres de Fontainnes, escuiers, et damoiselle Jehanne de Roncenay, sa femme, » vendent « à noble homme monseingneur Jehan de Plancy, chevalier, seigneur de Rigny le Ferron, et à noble dame madame Jehanne de Plancy, sa femme, » tout ce qu'ils ont « en la ville de Rigni, ou finaige et es appartenances... pour la somme de quatrevinz et sis livres tournois petiz, bonne et fort monnoie... Ce fut fait l'an de grâce mil trois cenz et quinze le lundi après la sainte Luce. » — *Parchem. origin.*

2° 1316, mai. Lettres d'échange. Louis X le Hutin notifie

qu'il a cédé à Jean de Plancy « dominus de Regniaco *le Ferron*... ex causa permutationis » tout ce qui appartient au roi « in villa de Regniaco *le Ferron*, (1°) tam in burgesiis hominum in dicta villa manentium, quorum quilibet homo burgensis noster annis singulis in festo B. Remigii in capite octobris preposito nostro de Maleyo pro Nobis XII denarios turonen. solvere tenebatur, (2°) quam in clamoribus, responsionibus, defectibus et emendis, » le tout pouvant valoir « IX vel X libras turonen. annui et perpetui redditus, et nichil aliud ultra. » Jean de Plancy cède au roi tout ce qu'il possède « in villa de Droco Sancti Basoli, prepositure de Meriaco, et in ejus pertinentiis, tam in XXVIII jornalibus seu arpentis terre arabilis et in II cum dimidia falcatis prati, quam in minutis censibus super diversas terre pecias assignatis, laudes, ventas et emendas portantibus ; duabus gallinis et dimidia costumarum, laudes similiter ventas et emendas portantibus... » le tout pouvant valoir « X libras turonen. annui et perpetui redditus... Actum Vicenis, mense maii, anno Dom. M° CCC° decimo sexto. » — *Parchem., vidimus* du 12 août 1369.

3° 30 novembre 1333. Lettres d'un arbitrage entre « Jehanne de Sainct Verain, dame de Plancy et de Regni le Ferron, et Jehanz de Callepont, maistre et commandeur de l'ospital de Coulours » au sujet des bois et buissons dits la Grande et Petite Broussie et le moulin Gerboyau. Les débats avaient commencé « ou temps de mon seign^r Jehan de Plancy qu'il vivoit jadis, mari de ladite dame... » L'arbitrage sera approuvé par « Philippes de Planci, einné filz de ladite dame... « Frater Guillelmus de Citeriaco, » prieur en France de l'Hôpital de Saint-Jean de Jérusalem, donne procuration au commandeur de Coulours « datum Corboliis in nostro generali capitulo die mercurii post octabas S. Barnabe, apostoli (23 juin), anno Dom. 1333. » — *Copie, papier*.

4° 1340 (1er mai), lundi avant l'Invention de la Sainte-Croix. Lettres de la prévôté de Sens notifiant que « Méline, fille Gilaut le Charron, de Regni le Ferron, fame de Jehan Le Caounat », de l'autorité de son mari « recognut estre fame de corps de condition et de main-morte... de Jehanne de Saint Verain, dame de Plancy et de Regni le Ferron, tailliable et exploitable de doze deniers tournois chascun an tant que ladicte Meline vivra... » — *Parchem. origin.*

5° 1344 (9 juillet), vendredi après la Saint-Martin d'été. « Jehans, sire de Plancy, et Gauchier de Plancy, ses frères, sire de Viaspre, » partagent l'héritage « de noble homme notre très chier frère feu mons^r Phelippes de Plancy, chevalier. » 1° A Jean sont attribués « le chastel et chastellerie de Plancy, comme seigneur de Plancy ; 2° à Gaucher sont départies les villes, terres et rentes de Charny et dou Bachaut avec leurs appartenances, le molin de Longueville » et divers autres biens et censives audit Longueville ; 3° enfin les deux frères possèderont chacun « la moitié de la valeur de la terre des villes de Reigny, de Saint Remy sous Barbuise, de Champigny (Aube), de Maricorne (Malicorne, Yonne), de Brion, de Pons sur Yonne, de Fonteinnes (Aube), et du conquest de Jeanne de Saint Verain à Saint Mesmin. » Mais après la mort de Jeanne de Saint-Verain, mère des deux frères, tel sera le partage définitif : Jean possédera le château de Plancy et les biens ci-dessus désignés (2°), comme étant attribués à Gaucher ; Gaucher aura « les maisons de Reigny, de Saint Remy et de Champigny. » Et si Jeanne de Saint-Verain, à sa mort, ne possédait plus les susdites maisons, Gaucher aurait en compensation « la maison de Praalain ». Les deux frères exerceront alternativement « le patronage dou présentation et collation des prevendes et chapellenies de l'église Sainct Laurent séant ou chastel de Plancy et la maison Dieu et maladrerie de ladite ville de Plancy ». — *Parchemin*, signé : « Jehans de Villebon, garde dou séel de la prévosté de Troies. » 20 juillet 1345.

6° 1345, 4 juillet. « Jehans et Gauchiers de Plancy, es-

cuiers, frères... par le conseil et en présence de mons' de Noyers, boutillier de France ; nostre chère dame et mère ; Mile de Noyers, seigneur de Montcornet ; mons' Jehan de Joinville, seigneur de Méry ; mons' Jehan de Saint-Verain, seigneur de Bleneau (Yonne) ; mons' Jehan dou Plaisie, seigneur de Vertron (Yonne, com. Montacher) ; mons' Gaucher de Pacy, seigneur de Jauges (Jaulges, Yonne), » modifient l'acte de partage de 1344 et les gages donnés à Gaucher de Plancy qui obtient en plus « Praalein et Reigny ».
— *Parchemin*, signé : « Jehans de Villebon, garde dou séel de la prévosté de Troies, XX juillet 1345. »

7° 1381, 25 juillet. Gaucher de Plancy étant mort, et n'ayant laissé de sa femme, Laure de Sarrebruck, qu'un fils nommé Jean qui mourut bientôt, tous les biens désignés dans les partages des 4 juillet 1344 et 1345 retournèrent à Jean de Plancy, frère de Gaucher, et à Jeanne de Suilly, femme dudit Jean. Le 25 juillet 1381, « Loys, Marguerite, Jehanne et Isabelle de Plancy, » enfants de Jean de Plancy et de Jeanne de Suilly, partagèrent les biens déjà partagés en 1344 et en 1345. — *Parchem.* — Dans une note à cette pièce le testament de Jeanne de Sully est dit daté « de Praaslain environ la Saint-Georges 1381. »

8° 1401, 22 avril. « Noble dame madame Isabels de Plancy, dame de Sosay et de Regny le Ferron, » achète divers héritages sis à Rigny-le-Ferron. — *Parchem.*, *origin.*

9° 1448, 4 juin. « Noble dame Jehanne de Merlo », veuve de Guillaume de Chaumont, vend une rente de six écus d'or à prendre sur la seigneurie de Rigny-le-Ferron, moyennant « soixante escuz d'or du coing du Roy. » — *Parchem.*, *origin.*

10° 1476, 2 août. Antoine de Chaumont, veuf de Jeanne Martel, donne en partage à ses enfants Julien de Chaumont et Guillaume de Chaumont divers biens (*Titres*, n° 255 et p. 365). Julien de Chaumont, marié à Hélène de Fay « demeure de présent à Boissy-le-Bois, proche de Chaumont au Véxin François ; » ; Guillaume de Chaumont, âgé de vingt-quatre ans environ « de présent. » Julien a prêté à Antoine de Chaumont, son père, 1200 livres pour le mariage de Catherine de Chaumont, sœur de Julien et de Guillaume. — *Parchem., origin.*

11° 1484, 30 décembre. Traité entre Guillaume de Chaumont, seigneur de Rigny-le-Ferron, Chacenay, etc., et Jean Hanoteau, abbé de Vauluisant, au sujet de Cérilly. — *Parchem., origin.*

12° 1492 (*v. style*), 19 février. Partage entre « nobles et puissants seigneurs mes^{rs} Julien de Chaumont et Guillaume de Chaumont, frères germains..., filz d'Anthoine de Chaumont, seigneur de Quictry, encore vivant et après le décez de feue noble damoiselle Jeanne Martel, sa femme, leur mère, fille de mes^{re} Bureau Martel, filz puîsné de feu mes^{re} Guillaume Martel... » — *Parchem., origin.*

13° 1498 (*v. style*), 29 janvier. — Lettres de sauvegarde royale adressées à frère Étienne Robert, commandeur de Cerisiers et fermier de la commanderie de Coulours, « au sujet de certains excès, voyes de fait et autres delictz et maléfices commis et perpétrés par Guillaume de Chaulmont, escuier, seigneur de Regny le Ferron, Henri de Milly, aussi escuier, Petit Jean de La Fosse et aultres alliéz et complices. » Ces lettres furent notifiées plusieurs fois et encore au mois d'avril 1505 à « noble seigneur Guillaume de Chaumont, escuier, seigneur de Chassenay et dudit Regny le Ferron. » — *6 feuilles de papier.*

14° 1539 (*v. style*), 7 mars. Contrat de mariage entre Claude de Pontville, seigneur de Flacy, et Jeanne de Chaumont, fille de Galas de Chaumont, seigneur de Rigny. Sont présents d'un côté : Claude de Pontville et Marthe le Rey, sa mère, Guillaume le Rey, écuyer, seigneur de la « Grange-aux-Reys », et Jacques le Rey, seigneur de La Motte, ses oncles ; et d'un autre côté : Galas de Chaumont, seigneur de Rigny-le-Ferron, et Gauchère de Bruillard, sa femme, dame en partie de Coursan, et Jeanne de Chaumont, leur fille ; Louis du Roux, seigneur de Sigy en Montois, mari d'Edmée de Chaumont ; Jacques de Nozay (Aube), seigneur de Courmonclé.

Galas de Chaumont et Gauchère de Bruillard donnent en dot à leur fille Jeanne de Chaumont une rente de 150 livres tournois, qui peut être rachetée moyennant 1,800 livres tournois. Claude de Pontville donne, de son côté, à Jeanne de Chaumont, « la somme de 150 l. t. de rente annuelle de douaire. » De plus Galas et Gauchère s'engagent à « vestir et habiller leur fille bien et honnestement. » — *Papier, origin.*

15° 1540, peu après le 7 mars. « Déclaration baillée par Galas de Chaumont, seigneur de Rigny le Ferron » devant le bailli de Sens, de la terre de Rigny-le-Ferron, mouvant de Foissy, et du fief de la Motte de Rigny, « qui est mouvant du seigneur de Lautrec, à cause de son chastel de Villemaur » à l'effet d'obtenir décharge du service des ban et arrière-ban. Sont désignés dans cette pièce : 1° Tristande de Chaumont, sœur dudit [Galas] seigneur de Rigny ; 2° demoiselle Jeanne de Chaumont, sa fille ; 3° Anthoinette de Chaumont, aussi sa fille ; 4° plus une troisième fille « preste à marier » ; 5° Guillaume de Chaumont, frère de Galas « frère bastard » qui a servi pour lui au ban et arrière-ban. Tristande et Antoinette, sa nièce, sont religieuses Cordelières à Provins.

Cette pièce renferme des détails intéressants :

.....« Et sur les revenu et prouffict de ladicte chastellenie terre et seignourie dudict Regny, fault deduire deux molins cy dessus nommez, l'un appelé le molin Brannion et l'aultre le molin des Saulces, que ledict seigneur de Regny a baillé à demoiselle Jehanne de Chaulmont, sa fille, qui valent par chacune année XL livres. Item, autres XL livres de rente viagère que ledict seigneur de Regny est tenu de payer par chacun an aux religieuses Cordelières de Provins pour les pantions de sœur Tristande de Chaulmont, sœur dudict seigneur de Regny, et sœur Anthoinette de Chaulmont, sa fille. Item, est encore demoré chargé d'une fille, preste à maryer, qu'il fault entretenir et marier, qu'il ne peut marier à moins de CL livres tournois de rente, la vestir et subvenir selon son estat de noblesse[1]. Item, au ban et arrière-ban est chargé d'un archer à deux chevaulx, et pour ayde avoit Guillaume de Chaumont, son frère bastard, qui servoit en personne pour ce qu'il estoit nourry aux armées, et lequel ne tenait en fief sinon VII ou VIII livres tournois; et de présent pour ce que ledict Guillaume ne peut plus servir, luy fauldroit du moing pour ayde L livres pour fournir ledict archer.

Item, luy est expédient pour faire valloir son domaine, pour le servir trois chevaulx, pour sa personne deux varletz; pour sa femme, trois chevaux, deux damoiselles et une chamberière avec deux varletz; pour la despence de tous lesquels ensemble pour leur sallaire fault du moings troys cent cinquante livres, tellement que son revenu compté, les frais rabbatus, si les années ne sont fertiles et entières de fruitz, il ne peult autre chose que entretenir son estat... »
— *Papier, copie.*

16° 1559, 13 et 14 mai. Partage de la seigneurie de Rigny-le-Ferron en trois lots, signé par les parties.

Après un procès commencé à la suite d'un premier partage, Louis du Roux et sa femme Edmée de Chaumont, plaignants, Artus d'Assigny et sa femme Paule de Chaumont, Claude de Pontville et sa femme Jeanne de Chaumont convinrent, après sentence du 24 mai 1550, de remettre

---

1. Il s'agit de Paule de Chaumont, qui sera mariée à Arthus d'Assigny. On voit que le seigneur de Rigny constituait une dot de 150 livres de rente à chacune de ses filles; et une dot de 20 livres de rente à sa sœur, et pareille dot à sa fille, toutes deux religieuses Cordelières à Provins.

leurs lots et de les rendre égaux. Les arbitres choisis pour cela furent: Richard de Saint-Phal, écuyer, seigneur de Cudot (Yonne), arbitre de Louis du Roux ; Galas de Bérulles (Aube), écuyer, seigneur du « Vieil Verger, » arbitre d'Artus d'Assigny ; Guillaume Le Rey, écuyer, seigneur de « la Grange au Retz. » Le nouveau partage fut fait les 13 et 14 mai 1559.

Le 1ᵉʳ lot, comprenant d'abord « la basse court du chastel » estimé 7,261 l. 5 s., échut à Claude de Pontville.

Le 2ᵉ lot, comprenant d'abord « le donjon, bastimens en icelluy, les fousseys comprins, avec l'une des granches de la métairie... » estimé 6,404 l. 6 s., échut à Louis du Roux.

Le 3ᵉ lot, comprenant d'abord « la Mothe de Regny fermée d'eaue, avec trois quartiers de terre à faire chenevière et les bastiments et accinct de la métaierie avec une des deux granches... » estimé 6,495 l. 17 s., échut à Artus d'Assigny.

Les lots sont égalisés par l'attribution supplémentaire de certains revenus. Chaque héritier pourra exercer la justice haute, moyenne et basse dans son lot. Mais la justice de l'enclos de la ville de Rigny demeurera indivise, le prévôt et le bailli seront nommés en commun par les trois seigneurs. Une rente de 40 livres sera payée sur les trois lots pour les pensions de Tristande de Chaumont et d'Antoinette de Chaumont, religieuses. Les parties pourront poursuivre la réparation en dommages et intérêts contre « les héritiers du feu seigneur de La Maison Neufve pour le regards des desgatz et démolitions faites et advenues aux bâtiments qui leur appartiennent, et dont ledit défunt jouissoit par fruict de douaire, à cause de feu demoiselle Gauchère de Bruillard, douairière dudit Rigny, et mère des femmes desdits seigneurs partageant. » Dans cette pièce est nommée « la vefve de feu Guillaume de Chaulmont, bastard. »

17° 1611, 3 mai. C'est d'après les documents qui précèdent que « Juvénal du Roux, Rigny et Signy » a dressé la généalogie de sa famille. Juvénal du Roux « demeurant audit Rigny, » était fils cadet de Louis du Roux et d'Edmée de Chaumont ; il avait un frère aîné, Jean du Roux. — En marge de la pièce n° 15.

On trouve encore la famille de Chaumont sur divers points des départements actuels de l'Aube et de la Marne.

Antoine de Chaumont, dont nous avons parlé p. 371, seigneur de Saint-Chéron, gouverneur de Joinville, mourut en 1585. Il eut plusieurs enfants : *François*, chevalier de Malte ; *Léonard*, qui fut seigneur de Saint-Chéron, et épousa, le 15 novembre 1585, Claude du Mesnil, fille de François du Mesnil et d'Hilaire Piedefer ; *Jacques*; *Louis*; *Antoine*; *Jacqueline*; *Edmée*, qui épousa Jean-Baptiste de Précy. (Le Laboureur, Caumartin.)

Dès 1583, Jean-Baptiste de Précy, mari d'Edmée de Chaumont, fournit à M. de Dampierre aveu et dénombrement pour la terre du Mothé et de Sainte-Suzanne-les-Poivre (Aube) [1].

Le 17 septembre 1584, Antoine de Chaumont, père d'Edmée de Chaumont, est parrain avec Diane de Lorraine, duchesse de Piney, de François de Précy, fils de Jean-Baptiste de Précy et d'Edmée de Chaumont [2].

Louis de Chaumont, fils d'Antoine de Chaumont-Saint-Chéron, seigneur de Roinvilliers (Seine-et-Oise), et en partie de Courmononcle, où il habitait en 1600-1619, est père d'*Edme-Amaury de Chaumont*.

Edme-Amaury de Chaumont, seigneur de Courmononcle, reçoit en contrat de mariage (1630) les deux tiers de la Motte de Rigny à cause de sa femme qui était fille de Guillaume de Chambon, seigneur de « Maigneville al. Mon-

---

1. *Mém. de la Soc. Acad. de l'Aube*, t. XXV, p. 327.
2. *Actes de catholic. de Précy-Notre-Dame*.

neville » (Oise), et de Marguerite du Roux, fille de Juvénal du Roux [1].

VI. — *XVe-XVIe siècles. La grange de Fontarce dépendant de l'abbaye de Clairvaux.*

La grange de Fontarce, sur le finage de Vitry-le-Croisé, fut donnée à l'abbaye de Clairvaux par Ansério II, seigneur de Chacenay (p. 195). Depuis, les religieux de Clairvaux se trouvèrent souvent en difficultés avec les successeurs d'Ansério.

1º Nous avons déjà signalé, dans les *Titres*, des procès qui furent suscités à l'abbaye, au xve siècle, par Yolande de Dinteville et Charles de Servolles (Cervolles, Sarvolles, Çarvolles), fils de Philippe de Servolles, bailli de Vitry-le-Croisé, et petit-fils d'Arnaud de Servolles, dit l'Archiprêtre, chambellan de Charles V.

2º Dès 1511, l'abbaye est en démêlés avec Pierre de Fervasques dit le Hutin de Mello, seigneur de Vaux et de Vitry-le-Croisé en partie (voir plus haut, p. 360).

En 1523, Philippe et Henri de Mello, frères, et Jeanne de Mello, fille de Pierre le Hutin, mariée à Jacques de Lantages, continuent ces mêmes démêlés.

Le 18 septembre 1527. — Sentence des Requêtes du Palais à Paris faisant défense à Philippe de Mello, écuyer, seigneur de Vitry-le-Croisé, de couper les bois de haute futaie de la forêt de Vitry, jusqu'à ce qu'il ait été statué sur le droit de paturage que les religieux de Clairvaux prétendaient y avoir, à cause de leur grange de Fontarce [2].

3º De 1538 à 1554, Jacques de Lantages et Jeanne de Mello suscitent de nouveaux embarras à l'abbaye de Clairvaux.

1. Archiv. de l'Aube, E. *Lias.* 482, 483, 504, 543.
2. Archiv. de l'Aube, E. *Lias.* 698. — Voir *Titres*, nº 284.

Puis Jean de Lantages, fils de Jacques de Lantages et de Jeanne de Mello, continue les procès. Dans un dossier de procès (30 avril 1620-19 août 1628), on lit : « Mes^re Jehan de Lentages, sieur de Belaon et Victry..., mourut en l'an 1562 en la bataille de Dreux, après avoir jouy lui et ses prédécesseurs par un très long temps de la terre de Vitry paisiblement... »

Plus tard, en 1574 et le 9 janvier 1577 (*v. style*) les quatre enfants de Jean de Lantages « Gaspard de Lentages, l'aisné ; Aimé de Lentages, puisné, tous deux seigneurs de Belan et de Roussillon ; Charlotte de Lentages, mariée au sieur de Nicey ; Jacques de Lentages, seigneur de Victry, » plaident contre l'abbaye de Clairvaux. Ces quatre enfants mineurs demeuraient à Belan en 1574 et héritaient de leur oncle maternel Jean du Montier, seigneur de Chesley.

La même année 1574, Clairvaux était en difficultés avec Antoinette de Lantages.

Du 30 avril 1620 au 19 août 1628, Jacques de Lantages, fils de Jean de Lantages, est en procès avec Clairvaux.

Mais la principale pièce de procès que nous tenons à faire connaître est la déclaration suivante. Elle renferme d'utiles renseignements sur la grange de Fontarce et son exploitation au XVI° siècle.

(Archiv. de l'Aube, 3 H. *Cart.* 98 et E. *Lias.* 661 et 698.)

4° 1541. — *Déclaration relative à la grange de Fontarce* [1].

[Le but de cette *Déclaration* est d'établir à quelles nécessités répond le plein droit d'usage et d'affouage que les anciens seigneurs de Chacenay ont accordé à la ferme de Fontarce dans leurs bois voisins de cette ferme.]

« C'est la déclaration et nombre de personnes et bestial que les religieux, abbé et couvent de Clerevaulx... ont accoustumé entretenir et avoir en leur cense et maison de

---

1. Archiv. de l'Aube, 3 H., *Cart.* 98.

Fontarce ; le nombre et quantité des édiffices et bastimens à eulx nécessaires pour le hébergement d'icelle cense et maison de Fontarce ; et aussi le nombre d'arpents et quantité de boys desfrichez et mise en labour ou en degast par messire Jehan de Sainctz, dame Bernarde de Salezart, sa femme, et leurs prédécesseurs seigneurs et dames de Chacenay, ou autres, de leur commandement et adveu en la pièce de boys du Fey Gallain, des Fosses, de Férailles, du boys dict Bois-Bruslé.. es quelz lesditz de Clervaux joissent et sont en possession d'avoir usaige et pasturaige et signament à cause de ladite cense et maison de Fontarce, par protestation d'augmenter ou diminuer à la présente déclaration.

§ I. — [*Nombre de personnes.*]

1° Et premièrement pour l'administration et gouvernement de ladite maison et cense de Fontarce lesditz de Clerevaulx ont accoustumé et leur est nécessaire entretenir et avoir audit Fontarce ung religieux ou ung oblat marié ou non marié, ou autre homme de labour marié ou non marié qu'on appelle le maistre ou administrateur dudit Fontarce.

2° Item... ung homme d'église pour célébrer messes en la chapelle dudit Fontarce mesmement par chacun jour de dimenche, de festes solennelles et autre jours festez, pour la famille dudict Fontarce,

3° Item... soubz la charge dudit administrateur et ministre de Fontarce pour la conduite de six à sept cherrues pour le labouraige et cultivement des terres labourables dudit Fontarce quatorze personnes mariées ou non mariées.

4° Item... pour la conduite de deux harnois ou cherriotz de chevaulx pour faire cherroys des gerbes, grains, vins, foins, pierre, boys, tant pour bastimens, chauffaige et affouaige des fours, cuisines et chambres que pour cherroyer les fiens et amendemens, et cloisons des terres emblaivées et ensemencées, et des pretz, jardins, chenevières et autres héritaiges, deux serviteurs cherretiers mariez ou non mariez, et deux garçons serviteurs cherretiers et pour penser et conduire lesdictz chevaulx de harnoys.

5° Item... ung homme serviteur maryé ou non marié pour semer les terres, vacquer à conduire le molin à cheval, l'ulerye...

6° Item... pour la garde, conduicte et champoy de leur harat de juments et poulains, ung serviteur maryé ou non marié qu'on appelle le haretier et un soubharetier pour soulaigement et ayde dudit haretier.

7° Item... pour la conduite, garde et champoy des vaches et bestes armailles, ung serviteur vachier marié ou non marié, avec un garçon serviteur et ayde audit vachier.

8° Item... pour conduicte, garde et champoy des porcs tant gras que maigres, deux serviteurs porchers, mariez ou non mariez.

9° Item... cinq servantes pour le traictement du gros bestial et bestes armailles, cuyre le pain, faire les fromaiges et autres ouvraiges... personnes résidentes.

10° Item... à journées, gaiges et despens pour les ouvraiges, royers, charpentiers, maçons, mareschaulx, cousturiers, bourreliers ; et femmes pour cuyllir, roiser, tiller, ferreter et ceriser le chainvre et vacquer à autres ouvraiges... au nombre de douze ou quinze personnes.

11° Item... pour faire les ouvraiges de sacloisons, fenoisons, moissons et cueillette des bledz, seigles, orges, avoines, navettes, pois, febves, vendanges et autres fruictz venans et croissans au bouverot et territoire de Fontarce, durant l'année, le nombre de personnes que sensuit :

Durant la saison des sacloisons, le nombre de quarante ou cinquante personnes ;

Durant la saison des faulchaisons et fenoison de foins seize personnes tant hommes que femmes ;

Pour charger, cherroyer et descharger lesditz foins quatre hommes ;

Pour moissonner, cueillir, charger et descharger, et entasser ledites graines durant les moissons, le nombre de quarante ou cinquante personnes tant hommes que femmes ;

Pour mectre en ayre, battre, vanner et mectre en greniers lesditz grains, quasi durant l'année six manouvriers qu'on appelle batteurs.

12° Item... pour la superintendance et administracion de leur anciene bergerye, ung frère convers, ou un oblat lay, marié ou non marié, ou autre personnaige marié ou non marié qu'on appelle le maistre de la bergerie.

13° Item... soubz la charge de l'administrateur de la bergerie pour mener, conduire, garder et champoyer le bestial blanc de ladicte bergerie et lever les aygneaulx et norisson que en provient, six serviteurs, bergers, aigneliers et autres, ordinairement ; et pour ayder à lever ladicte norisson et jeunes aygneaulx durant les mois de febvrier, mars, apvril et my-may, ung autre berger à ce congnaissant.

14° Item... pour traitement et service tant du maitre de ladicte bergerie que des serviteurs bergiers, et pour conduyre le laictage, faire les fromaiges des brebis, trois servantes mariées ou non mariées.

15° Item... est nécessaire pour la visitacion, entretenement du domaine, labouraige, nourrisson et mesnaige de Fontarce, tuition et defence des droits d'icelle maison que l'abbé de Clerevaulx avec son train, le cellerier, procureurs, rentier, maistre bergier et autres officiers de Clerevaulx voisent, fréquentent et logent souvent audict Fontarce.

§ II. — *S'ensuyt la déclaration du bestial.*

16° Premièrement... pour fourniture des deux harnois, cherriotz de chevaulx, onze chevaulx.

17° Item... pour continuer et entretenir lesditz chevaulx de harnois, ung harat où quel présentement y a seize bestes chevalines.

18° Item... pour fourniture et garniture des six à sept cherrues à labourer les terres, quarante-deux beufz trayant,

19° Item... pour provision et despence de la famille de Fontarce, quarente vaches et bestes armailles.

20° Item... la quantité de cent soixante porcs tant gras que maigres, avec la norriture [nourrissons] que en provient.

21° Item... dans la bergerie deux trouppeaulx de bestes blanches. En l'ung, quatre cents brebiz mères portans et vingt béliers, avec la norriture que en provient; et en l'autre trouppeau, cinq cens grands aigneaulx.

§ III. — *Nombre et quantité des édifices et bastimens dudict Fontarce, et boys necessaires.*

22° Premièrement... le grand corps d'hostel et maison mainiable de la maîtrise dudict Fontarce qui contient CXL et trois piedz de roy en longueur, en largeur CXXXII piedz, et en haulteur de freste XXXV piedz, au dedans duquel sont les lieux que s'ensuyvent :

La chapelle et cloîstres, la cuisine commune, la chambre dudict administrateur, les chambres des charretiers, manouvriers, pastres, serviteurs et servantes et aultres dessus nommez. Les fours, l'uylerie, les caves et celliers et les estables desdictz chevaulx et vaiches, le tout par dessoubz et bas d'icelluy corps de maison. Et au second estaige les trois chambres à loger ledict abbé, son train, officiers, gens et serviteurs dudict Clerevaulx. Les garde-robes et les grands et petits greniers. Cinq cheminées de cuysine et chambres et deux fours à cuyre paste et sècher fruitz.

23° Item... la bergerye et hébergement en icelle pour ledit bestial blanc est ung grand corps de grange contenant en longueur CCLX piedz de roy, en largeur CX piedz et en haulteur de freste XLV piedz de roy, XVII postées et rains de grosse charpenterye avec les appendises et rabaissées pertinentes.

24° Item... ung aultre corps de maison appelé la fromaigerie de la bergerie de Fontarce, contenant d'extendue en longueur LXVI piedz de roy, en largeur XLIVI piedz et en haulteur de frestes XXXIII piedz de roy.

25° Item... la maison mainiable de ladicte bergerie et adjacences d'icelle pour résidence et logement du maistre de ladicte bergerie, des serviteurs bergiers, aigneliers aydes et desdites servantes est ung corps de maison à quatre cheminées, l'une est la commune cuisine, l'autre de la chambre dudict maistre de bergerie, et deux autres es demeurances des autres bergiers, et contient en longueur LX et dix piedz de roy, en largeur cinquante-cinq, et en haulteur de frestes XXIII piedz.

26° Item... la grange pour héberger et serrer les grains et feins de la maistrise dudict Fontarce, et ung autre grand corps de maison contenant CLXXX et tois piedz de longueur, CX piedz de largeur, XXX piedz de haulteur de freste, XI rains et les rabaissées et appendises pertinentes de grosse charpenterye.

27° Le tect à pourceaulx contre le pignon hors de la dicte grange, contenant XIIII piedz de largeur et huit piedz de longueur et XV piedz de roy en haulteur de freste a été ruyné cette présente année mil V^{c}XLI, et pour le rebastir a faillu deux cherriotées de gros bois de chesnes.

28° Item, ung autre tect à pourceaulx, layes et fumelles pourtans et norrissans les petitz cochons, et contient ledict tect XVII piedz de roy en largeur et XXXIII piedz en longueur et XII piedz en haulteur de freste.

29° Item, ung autre bastiment servant à tect de poullaillerye, oies, cannes, et pour mettre à l'abry les cherryotz et cherrues, et besoigner de rouerie et charpenterie et contient deux reins de moyenne charpenterie : XXXV piedz de largeur et XXXII de longueur et en haulteur de freste XXII pieds de roy.

30° Ung autre bastiment d'extendue de LV piedz de longueur, de XXXIII piedz de largeur et V rains de grosse charpenterie, compris l'appendise. Au dedans duquel bastiment y a molin à cheval pour mouldre et faire les farines, tant pour ladite famille de Fontarce que pour les poltures des porcs gras et bestes armailles dudict Fontarce.

31° Item, pour affouaige de la cuysine, pour cuisson de viandes et chauffaige de la dite famille de Fontarce, fault plus de trois cents soixante et douze cordes de bois de chauffaiges par chacun an.

32° Item, pour fourniture desdites autres quatre chéminées fault par chacun an plus de soixante cordes de boys.

33° Item, pour affouaige et chauffaige des deux fours fault par chacune sepmaine l'une pourtant l'aultre deux cordes de boys, montant à cent quatre cordes de boys.

34° Item, pour l'entretenement des mangeoires, rateliers et planchers des establements à chevaulx ou dict corps de maison, et cresches des estables des bestes armailles, fault par communes années quatre grandes cherriottées de bois à ce commode et propice.

35° Item, pour entretenir les planchers et parois des chambres, chapelle et greniers du corps de maison et pour réparations communes et aultres nécessaires ouvraiges audict corps de maison fault par communes années cinq cents aiz ou trappans de boys de chesne, faing, arable et autre propice.

36° Item, pour la fourniture et chauffaige de la bergerie, tant en la cuisine que chambres d'icelle fault pour cuyre viande et chauffaige de la famille d'icelle par chacun an cent soixante six cordes de boys.

37° Item, pour entretenement des gistes, cresches et clayes necessaires et accoustumées estre en ladicte bergerie fault chacun an quatre cherriottées de boys commode et propice à ce pour les solives à mectre les feins et pailles. Pour l'affourraigement dudict bestial blanc fault par chacun an quatre cherriottées de grosses perches rondes de bois de faing, charme, arable, chesne ou autre bois... et ung millier ou environ de planchetz pour les entredeux desdicts gistes.

38° Item, pour entretenement des solives, mangeoires, cresches, rateliers, clayes et autres utenciles de boys nécessaires et accoustumez en la grange et hebergement d'icelle tant es lieux à mectre les grains et feins, que es estables des bœufs trayans, que harat de bestes chevalines, fault par communes années huict cherriotées de boys à ce commode... et deux milliers de plainchetz pour cloison des postées de ladicte grange.

39° Item, pour entretenement et forniture du molin à cheval tant en roes, roetz, arbres, lainternes, menuelles, lymon, trémoire, planchiers, et degretz à monter au moslaiges dudict molin, que autre réparacions nécessaires... fault chacun an par communes années deux cherriotées de boys à ce nécessaire.

40° Item, faut pour paisselaige des vignes de Fontarce par chacun an vingt milliers de paisseaulx eschalatz. Item, pour faire tonneaulx et fustailles pour les vins desdites vignes et entretenement de cuves, balonges et branquartz... et autres utencilles pour mectre et enfunser les hùyles de la maison de Fontarce, fault chacun an... deux milliers d'enfunsure et douves.

41° Item, pour entretenement de harnois, cheriotz, cherrettes, cherues, tumbereaux, barrecins, roes, roelles, berouettes, syvières, forches, raiteaux, peles de boys pour remuer grains, charger amendemens, vuyder conduictz, fossez, et faire autres ouvraiges, manches de congnées, de crochetz, de besches, de sarpes, de faulx, de faucilles et d'autres instrumens à main ; perches à foin et à serrer et cherrier graines, chanvres, fagotz et autres choses amassées, faut chacun an quatre cheriotées de boys à faire chantres (jantes), raiz, oreilles et haye de cherrues, harces, joux à bœufz, jattes, bastons à faire coliers de chevaulx, taillars et batz, fault troys cheriotées de boys à ce commode.

42° Item, pour entretenement de tables, bancs, selles, escabelles, armaires, dressoirs, portes, venteletz, chassiz de fenestre, rateliers à mectre utenciles de mesnaige, margelles de puys et fontaines, chanlattes, gouthières, chalictz, coffres, huges et metz à pestrire pain, fault par chacun an... six chers de boys.

43° Item, pour les lyens à lyer les gerbes de bled, orge, avoyne et d'autre fruictz venans, croissans et provenans de labour de ladite maison de Fontarce faut chacun an par bonnes années plus de six cheriotées de charmeaulx, feyteaulx, corres et autre brosaille de boys.

44° Item, pour les fagotz et foillées que les religieux ont accoustumé cuyllir et prendre pour nourriture du bestial blanc, quand les feins faillent audict Fontarce, fault vingt milliers de fagotz et foillées de boys mort non pourtant fruict, ou d'autre en fault de tel ; et d'autant fault moins de boys pour chauffaige des ministres et serviteurs de la bergerie de Fontarce. »

§ III. *Bois défriché, mis en labour ou en dégast ès boys de Fey Gallain, Les Fosses, Férailles et Boys Bruslé, Bois Blandin*, 1541.

« Premièrement ou dit boys Fey Gallain qui contient la quantité de sept cents arpents de boys blanc quasi pour le tout et non plus, y a environ trente arpents en dégast, coppe et démolicion. [D'après une lettre du 15 mars 1547, il ne restait plus, à cette date, « que environ deux cents arpents de boys à Fey Gallain » et « en auroit esté desmoly quatre cens soixante et dix arpents, » depuis la déclaration de 1541.]

Item la contrée des Fosses joignante et contigue audict boys de Fey Gallain, laquelle souloit estre en boys de haute fustaye comme ledict Fey Gallain et contenoit environ six vingtz arpants, a esté demolye, deffrichée, et est la totalité d'icelle en nature de labour par l'adveu et permission de m^{re} Galas de Salezar, père de ladicte dame Bernarde, dame de Chassenay, au grand préjudice du droict d'usaige et pasturaige desditz de Clerevaulx.

Item es boys de Férailles et du Boys Bruslé jusque contre le Boys Blandin, lesditz de Seinctz et sa femme ont faict essarter, démolir et rédiger en agriculture et labour la quantité de plus de sept cents arpents de boys de haulte fustaye et ne reste es dit boys des Férailles en tout que environ deux cents arpents...

Item ledict Boys Blandin, qui naguères estoit en nature de haulte fustaye, a esté naguères mis en coppe, démolicion et tailliz par l'adveu et commandement dudict de Seinctz et sadicte femme.

Item le surplus des boys usaigiers aus dictz religieux dès ledict Boys Blandin jusques audict Chassenay, qui contenoient plus de mille arpents de boys de haulte fustaye est démoly et rédigé en agriculture et labour puys quarante ans en ça. A moyen de quoy, la commodité du droict d'usaige et pasturaige d'iceulx religieux est énormément détériorée et en terme d'estre enervée et annichilée et par succession de temps la dicte maison de Fontarce et mesnaige d'icelle leur demeurera illusoire et tombera en ruyne et décadence. »

VII. 4 avril 1540 (*n. style*). *Aveu et dénombrement de la terre de Chacenay.* (Voir p. 141, n° 291 et p. 304.)

4 avril 1540, Compiègne. Aveu et dénombrement donné au Roy en la personne du bailly de Troyes par Jehan de Sains, chevalier, baron de Chassenay et de Courcy, eschanson du Roy, son bailly et capitaine de Senlis... à cause de son château de Bar-sur-Seine, pour le donjon du château de Chassenay et fossés d'iceluy, et qu'il tenoit de M. l'Evesque et duc de Langres à cause de son château de Mussy.

(Bibliot. nat., cab. des Titres, *Pièces originales*, 2608, doss. *de Sains*, p. 32. Nous devons à l'obligeance de M. O. de Poli la communication de cette pièce.)

VIII. *Inventaire des titres du prieuré de Bertignolles.*
(Nous possédons cet inventaire, rédigé au xviiie siècle : il fait connaître le prieuré de Bertignolles dont il est souvent question dans notre travail.)

1° [1075 au plus tôt — 1089 au plus tard. Premières origines du prieuré de Bertignolles]. Le prieuré de Bertignolles fut fondé par Adeline, Gosbert de Bar et Bocard, ses fils, et Humberge, sa fille ; Haganon de Bar et ses enfants ; Robert de Bertignolles et Anséric, etc. On ignore la date précise de cette fondation. (Voir Socard, *Chartes inédites..*, p. 66, d'après le 1er *cartul. de Molême*, fol. 30 v°.

2° 1101. Robert, évêque de Langres, confirme l'abbaye de Molême dans la possession du prieuré Saint-Robert de Bertignolles (*indict. VIIII, epacta XVIII, concurrente vero cyclo lunari XVI*). Cette charte réforme celle qui a été donnée par M. Socard, *Chartes inéd.*, p. 81.

3° 1205. Sentence du doyen de Vendeuvre par laquelle il déclare que l'abbé de Molême et le prieur de Bertignolles ont le droit de patronage de l'église de Bertignolles et de la chapelle de Chacenay... (Voir *titres*, n° 77.)

4° 1206. Robert de Châtillon, évêque de Langres, confirme, en la modifiant, la sentence précédente, rendue par Maubert, doyen de Vendeuvre, relativement aux droits du prieur de Bertignolles et à ceux du chapelain de Chacenay. L'évêque décide que le chapelain de Chacenay aura le tiers dans toutes les dîmes, et le prieur de Bertignolles les deux autres tiers ; de plus, le chapelain de Chacenay ne prendra rien au grenier du prieur. — Archiv. de la Côte-d'Or, 2° *cartul. de Molême*, fol. 78 v°. — Cette pièce a été collationnée en 1526. Elle modifie ce que nous avons dit p. 212 et 230.

5° 1211. Milon, chevalier, seigneur de Chervey, donne pour le luminaire de Saint-Etienne de Bertignolles 11 sols de rente, du consentement d'Ameline, sa femme, et de Milon, son fils.

6° 1213. Milon, chevalier, seigneur de Chervey, s'accorde avec l'abbaye de Molême et le prieuré de Bertignolles, au sujet de certains hommes de corps de Bertignolles. Marguerite, femme de Milon, et Milon, fils de Milon, ratifient cet accord. (Cette charte se trouve dans Socard, *Chartes inéd..*, p. 142.

7° 1223. La veille de Saint-André, Michel, abbé de Mores, notifie que Milon, seigneur de Chervey, devenu novice de l'abbaye de Mores, a fait remise au prieuré de Bertignolles de tout ce que le prieuré lui devait. (Voir nos *Chartes de l'abbaye de Mores*, n° 82.)

8° 1231. Erard II de Chacenay confirme la sentence épiscopale de 1206, rapportée plus haut. (Dans les *Titres*, n° 135.)

9° 1231, mars (*v. style*) Erard II de Chacenay notifie la charte de commune ou communauté (que nous avons rapportée dans les *Titres*, n° 139.)

10° 1233. Echange du four de Bertignolles. (Dans les *Titres*, n° 144.)

11° 1242. Donation faite par Hugues de Bertignolles et ses enfants à l'abbaye de Molême pour le prieuré de Bertignolles de tout ce qui appartenait audit Hugues dans un moulin sis près du prieuré.

12° 1259. Compromis entre l'abbé de Molême et le prieur de Bertignolles, d'une part, et le prieur et les religieux du Val-des-Ecoliers, d'autre part, pour la dîme de deux pièces de vigne.

13° 1320. Le prieur de Bertignolles, avec le consentement de l'abbé de Molême, acquiert la moitié du four de « Berthennelles », assis devant le prieuré dudit « Berthennelles », moyennant 20 livres tournois, ladite moitié mouvant dudit prieuré ; et paraît que l'autre moitié appartenait au prieuré.

14° 1401. Amodiation faite par le prieur de Bertignolles au chapelain de Chassenay de la moitié des oblations de la chapelle paroissiale de Chassenay et de la chapelle dite du donjon, à la réserve de la moitié des mortuaires et du luminaire que le prieur garde pour luy. Le présent bail moïennant xxxv sols tourn. par an, païables en trois termes.

1403. Sentence arbitrale qui adjuge au prieur de Bertignolles quatre portions de cinq des dîmes de Chassenay, et la cinquième portion au chapelain dudit Chassenay. Lesquelles portions chaque partie pourra amodier séparément, à condition de les mettre dans la grange dudit prieur, et contribuer aux frais de levée et battage au prorata de sa portion.

15° 1407, 8 juillet. Sentence, rapportée dans les *Titres*, n° 236.

16° 1408. Sentence du lieutenant général du bailliage de Troyes qui, du consentement de Robert de Grancey, seigneur de Chassenay, confirme le prieur de Bertignolles dans la possession de la bannalité du four de Chacenay.

17° 1419. Le prieur de Bertignolles donne à un habitant dudit lieu la permission de faire un four de demy-aune de large pour cuire flans, etc. moïennant 20 deniers par an, païable à la Saint-Martin.

18° 1420 (*v. style*), 5 janvier. « Frère Nicole de Troyes, prieur du prioré de Bertignelles » transige au sujet d'une vigne de 4 ouvrées qu'il laisse à un habitant dudit lieu moïennant 2 s. 6 d. par an, païables à la Saint-Remy.

19° 1502, 24 novembre, et 1503, 18 octobre. Pièces analysées dans les *Titres*, nos 273 et 274.

20° 1504. Sentence qui adjuge à l'archidiacre de Langres la moitiée d'un moulin à Boudreville (Côte-d'Or) que l'abbé de Molême et le prieur de Bertignolles avaient retiré des mains de Pierre de Mimeure (Côte-d'Or), seigneur du lieu.

21° 1512, 18 juin. « Michel Figey, curé de Bretainalles et de Chassenay » fait en faveur de « frère Perceval de Montarvis, prieur du prieurté de Bretainalles » nouvellement nommé, la déclaration suivante, enregistrée par un notaire de la cour épiscopale de Langres :

« Vous avés une grande quantité de prés et terres, mès je ne sais combien... et si avés comme l'on dit censes qui portent loz et ventes à cause de votre prieurté de Saint-Robert. Aussi vous avés les deux parts de tous gros dismes en le finage de Bretainalles et es celuy de Chassenay qui n'est que une parroiche, as savoir de tous blefz que fromans, sagles, orges et avoines ; et moy, comme curé, le tiers.

Et quant aulx menus dismes comme vins, pois, fèves, lantilles, millet, navette, chanve femelle seulement, lin, laine, et aigneaux et aultres menus dismes vous, ny avez que la moitié, comme prieur ; et moi l'autre, comme curé.

Et si avés la moitié des offerandes en l'esglise parrochial Saint-Etienne de Bretainalles et la moitié des gros mortuaires en la dite parroche ; et, moy l'autre, comme curé.

Au regard de votre esglise de Saint-Robert je ny prans riens. Et si ainsin est que vous labourés vos terres, ou faictes labourer en vottre nom je n'y prans rien aussi. Et aussi de toutes choses dessusdites l'on ne paye seullement que de vingt ung. Il y a long temps que je suis curé, mès je ne l'ay point vu faire aultrement...» Cabinet de M. Bertherand, *Pièces origin.* — Voir le *règlement* de 1206.

22° 1524. Le prieur de Bertignolles donne à bail de 15 ans, au curé de Bertignolles et de Chassenay les revenus du prieuré moïennant 25 livres par an, à charge de dire chaque semaine une messe basse au prieuré et quatre grandes messes aux quatre grandes festes de l'année en l'église paroissiale dudit Bertignolles, pour et au nom dudit prieur.. paiera le dit curé : à l'abbé de Molesme, 20 s.; à l'évêque de Langres, 5 s. ; au doïen, 10 s. ; au thrésorier 3 s. ; à la lampe, 2 s.; au cellerier, 7 s. ; à l'infirmier, 5 s. ; le tout faisant 52 s., à déduire sur lesdites 25 livres.

23° 1526. Le prieur de Bertignolles Pierre de Verloing;

et le curé donnent à bail les dîmes de Bertignolles à Pierre Perdouin, comme au plus offrant, moïennant 21 septiers de grain dont 10 septiers par moitié froment et seigle.

24° 1527. Pierre de Verloing, prieur de Bertignolles, obtient une commission en complainte contre le sieur Verpy, curé de Bertignolles. Le prieur prétend qu'il a droit aux deux tiers des menues dîmes aussy bien que des grosses.

25° 1533. Transaction entre le prieur et le curé de Bertignolles, d'une part, et le curé de Chervey, d'autre part, pour la délimitation des finages de Chervey, Chassenay et Bertignolles pour le partage des dîmes.

26° 1609. Louis Chrétien, prieur commendataire de Bertignolles, promet ; 1° de payer tous les ans 60 sols tourn. pour le droit de visite ; 2° d'assister au chapitre général le 30 avril de chaque année.

27° 1612. Louis Chrétien donne procuration pour se faire représenter au chapitre général de Molême.

28° Vers la même époque les habitants de Bertignolles adressent une requête à l'abbé de Molême, tendant à obliger Louis Chrétien à faire dire une messe chaque semaine en son prieuré, suivant l'ancien usage.

29° 1709. Bail sous seing-privé des préz du prieuré de Bertignolles, fait au sieur Joly de Pommereuil, pour le temps de 6 ans, moïennant 70 livres par an, païables à la Saint-Martin.

30° 1715, 12 juin. Dom Vasselet prend possession par procuration du prieuré de Bertignolles.

31° 1715, 28 octobre. Bail sous seing-privé des préz du prieuré de Bertignolles, fait au sieur Joly de Pommereuil, pour le temps de six ou neuf ans, moïennant 80 livres par an, païables à la Saint-Martin.

IX. *Pendant l'invasion des Reîtres en France et l'invasion du comté de Montbéliard par les Lorrains, 1587-1588.*

Charles de Lenoncourt, seigneur de Chacenay (p. 323), Joachim de Dinteville, seigneur de Dammartin (p. 317), et François de Cazillac, seigneur de Cessac (p. 316), qui tous deux épousèrent des filles de la maison de Chacenay, figurent dans cet épisode.

A la fin du mois de septembre 1587 les reîtres occupaient toute la région entre Chaumont, Bar-sur-Aube et Châteauvillain ; c'est alors qu'eut lieu le siège de l'abbaye de Clairvaux. Ce siège est fort diversement raconté dans des relations écrites par les Ligueurs et les Huguenots. Quoiqu'il en soit l'abbaye de Clairvaux fut préservée.

Dès les premiers jours d'octobre, Claude La Châtre, lieutenant d'Henri de Lorraine, duc de Guise, était dans les murs de Châtillon-sur-Seine ; le duc avait son camp à Polisy le 5 octobre, et une partie de ses troupes à Mussy.

Joachim de Dinteville, seigneur de Dammartim, Spoy etc. qui épousa Marguerite de Dinteville, sa cousine, reçut du roi, après la convention de Marcigny-les-Nonnains, le 8 décembre 1587, la commission de protéger la retraite des Suisses de Bâle, Zurich et Berne incorporés aux Reîtres. Des trois régiments, qui au début de la campagne formaient un effectif d'environ 16,000 hommes, à peine 3,000 hommes valides parvinrent à regagner leur pays, dans les premiers jours de janvier 1588.

Joachim de Dinteville, mort sans enfants, eut pour successeur son neveu, le marquis de Coligny-d'Andelot.

François de Cazillac, seigneur de Cessac, mari de Claude de Dinteville, après la convention de Marcigny-les-Nonnains fut chargé par le roi Henri III, avec Michel de Castelnau, du commandement de l'escorte destinée à conduire les Reîtres hors de France. D'après les instructions du roi François de Cazillac devait conduire les Allemands à Mâcon, leur faire franchir la Saône et les diriger par la Bresse sur Genève, où ils recevraient le meilleur accueil du duc de Savoie.

Charles de Lenoncourt, fils de Louis de Lenoncourt et de Jeanne de Dinteville, figure dans l'invasion du comté de Montbéliard par les Lorrains sous la conduite d'Henri de Lorraine, duc de Guise. Lorsque les Lorrains entrèrent à Pierrefontaine-les-Varans, le 7 janvier 1588, Charles de Lenoncourt était lieutenant de la cavalerie italienne servant d'escorte au marquis de Pont. Alors, selon certains récits, les Lorrains ne se gênaient pas pour dire qu'aussitôt entrés dans le comté de Montbéliard « ilz feroient ripaille et du pis qu'ils pourroient ». Charles de Lenoncourt offrit même, selon les récits en question, à Pierre de Maizières, seigneur de Pierrefontaine, de venir à sa suite et de le dédommager largement du tort qu'on pourrait lui faire, en lui donnant sa part du butin [1].

Nous donnons la liste des principaux huguenots de nos contrées réfugiés à Montbéliard.

Bazin (Claude) de Troyes, receveur des tailles ;

Cochin (Nicolas), peintre, originaire de Troyes ;

Dauvet (Jacques), seigneur d'Aresnes, fut un des seigneurs huguenots qui signèrent l'engagement, par suite de la convention de Marcigny-les-Nonnains, le 8 décembre 1587, de ne porter les armes que pour le service du roi Henri III.

Hervold, capitaine, aventurier, originaire de Beurey ;

Jacques du Bar, de Bourguignons, archer du marquis de Pont ;

De Menisson (Antoine), seigneur de Saint-Pouange, veuf d'Elizabeth de Marisy, avec ses trois enfants ;

Nevelet (Pierre), seigneur de Dosches ;

Pithou (François) ;

Pithou (Jeanne), veuve de Jean Nevelet ;

---

1. Alexandre Tuetey, *Les Allemands en France et l'invasion du comté de Montbéliard par les Lorrains*, 1587-1588, p. 137, 149 et 168.

Pithou (Martin), seigneur de Champgobert;
Pithou (Pierre), jurisconsulte;
Raguier (Salomon), chambellan du roi de Navarre, seigneur d'Esternay, La Motte-Tilly, Soligny, Villeneuve-aux-Riches-Hommes, Châtillon-sur-Morin, Villevenard.

Venel (Louise), femme de Nicolas Vignier, médecin, né à Bar-sur-Seine [1].

§ II. Corrections.

P. x. C'est seulement dans le moyen-âge avancé que la chapelle Saint-Nicolas du château de Chacenay est devenue chapelle paroissiale de Chacenay ; car, en 1401, la chapelle Notre-Dame était encore appelée chapelle paroissiale (p. 419, 14°); on la retrouve même en 1553 (p. 146).

P. xvi. La Font de Saint-Yon, *lisez* : La Font de Saint-Yenne.

P. 16, n° 30, rétablir la ponctuation : *et matris uxoris ejus,... et domine mee A.*,

P. 36, n° 77. La sentence de 1205 a été modifiée en 1206. (Voir p. 418, 4°.)

P. 45, n° 96, André de Brienne, *lisez* : Erard de Brienne.

P. 62, n° 135. Erard ratifie la sentence épiscopale de 1206, rapportée p. 418, 4°, sentence qui modifiait celle de 1205.

P. 75, n° 156 et p. 198, *au lieu de* Les Fays, Aube, *lisez* : Feins, Haute-Marne.

P. 95, n° 188, *lisez* : 21 décembre 1284... L'an M. CC. IIII^{xx} IIII. (Voir p. 252.)

P. 95, n° 189, *lisez* : 1284.

P. 102, n° 199, l. 4, *lisez* : l'an de grace mil deus cens quatre vins *et deix* et neuf...

---

1. Raag, *France protestante*. — Alexandre Tuetey, *Op. cit.*

P. 102, n° 200, *lisez :* 1299.

P. 106, n° 207, *lisez :* 2 janvier 1307 ; *et plus loin :* Jehan, jadis seigneur d'Arcies, *leur frère*...

P. 123, n° 235, *lisez :* Gaucher de *Chamigny.*

P. 124, n° 239, *lisez :* Henri VI, roi d'Angleterre.

P. 133, Boscguermer, *lisez :* Boscguernier (Bois-Garnier).

P. 136, n° 270, *lisez :* 2° et le bois dit La Garanne...

P. 140, n° 286. Cette pièce se trouve aussi Archiv. de l'Aube, 3 H, *Cart.* 98.

P. 141, n° 289. Les de Lestrac ou d'Estrac qu'on trouve seigneurs de Verpillières, et d'Essoyes en partie, dès 1465, devinrent seigneurs de Latrecey (Haute-Marne), Ville-sur-Arce, Bergères, Billefeurre (ferme de Bellefleur, sur les finages de Longpré, Bligny et Meurville) et Ligny (Yonne).
— Voir Caumartin. Les d'Estrac portaient : « écartelé d'or et de gueules. »

P. 141, n° 291 : 4 avril 1539, *ajoutez :* (v. style).

P. 159, n° 353, Nicolas de La Fontaine, marquis d'Ablancourt, *lisez :* marquis d'Hallencourt.

P. 164, n° 376, *au lieu de* Françoise-Catherine *lisez :* Françoise-Chrétienne.

P. 166, aux fiefs des Tours Sainte-Parise *ajouter :* La Motte-Bligny à Argançon.

P. 169, n° 394, interversion : Françoise-Elisabeth Poncher est épouse *de Louis d'Escageul* et non de Louis-François-Marie de Verton.

P. 202, *lisez :* Erard Ier. — Thomas II. — *Jean Ier.*

P. 212, *C'est en 1205 que Maubert...* (Voir 418, 4°.)

P. 230, *Au mois d'août 1231, Erard...* (Voir p. 418, 4°.)

P. 251, *Nota.* Au lieu de Huet *lisez :* Milet, seigneur d'Arcis, est Milon ou Milet II, comme seigneur de Chacenay ; Milon Ier vivait en 1084-1107 (p. 189).

P. 255. Les deux pièces, datées de 1289, d'après les

nos 199, 200, *sont de 1299.* A cette date Jean de Rochefort était évêque de Langres.

P. 263, Hugues de Montperroux, *lisez :* Montperreux.

P. 282. Oger IV d'Anglure, mort le 23 octobre 1383, fut inhumé dans l'église des Jacobins ou Dominicains de Troyes, sous une tombe de cuivre devant le grand-autel. (Voir notre *Collect. des principaux Obituaires...*, p. 171.)

P. 285, *lisez :* XVIII. Joseph-Antoine Hennequin.

P. 302. *Jeen* et *Jern* de Saints, *Lisez :* Jean.

P. 304. Sentence... rendue *par* Jean de Saints, lisez : rendue *pour* Jean de Saints.

P. 316. Marc de Coligny (voir n° 308), seigneur de Dammartin, était fils de Philibert de Coligny II, baron de Cressia et de Dammartin, et de Gabrielle de Dinteville ; il épousa en 1598 Catherine Le Genevois, fille de Pierre Le Genevois, seigneur de Bligny, et de Françoise d'Anglure.

P. 317. *Marguerite de Dinteville*, qui épousa Mr de Dammartin *Joachim de Dinteville*, n'est pas fille de Guillaume de Dinteville, comme nous l'avons dit d'après l'*Histoire manuscrite de Chacenay;* mais elle est fille de *Gauthier II de Dinteville.* (Voir plus haut, p. 309 et 320.)

P. 345-346, *lisez :* Armand-Marie Le Blanc.

P. 384. La note relative à Marie-Madeleine de Chambes de Monsoreau (qui se trouve E. lias. 148 n° 5) est fautive : la dame des Tours-Sainte-Parise *n'achète* pas, elle *vend* la terre de Saint-Phal. — Cette note, tirée d'une analyse de pièces, est corrigée par la pièce suivante (Archiv. de l'Aube, anc. cote AI, 343) : 1704, 17 octobre, contrat de vente de la terre, marquisat et seigneurie de Saint-Phal, du fief de la Motte Philippe, de la terre et seigneurie de Lignières, et du fief de la Motte Guinard « scis en la paroisse de Chessy-sous-Ervy » par dame Marie-Madeleine de Chambes de Montsoreau, veuve de Louis-Anne Dauvet, chevalier, comte d'Eguilly, et demoiselle Françoise-Catherine Dauvet, comtesse d'Eguilly, leur fille, à Jacques-Antoine de

Hénin-Liétard, chevalier, marquis de Blaincourt, sous-lieutenant des gendarmes bourguignons, moyennant la somme de 57,000 livres.

P. 389, planche III, n° 2, *lire :* Chacenay (Alix de).

P. 395. *Armoiries de Sallezard ou Salazar*, l. 10, quant au nombre des panelles (dites aussi feuilles de peuplier) leur nombre semble *avoir* été de 10 disposées en pals 3-4-3 dans chaque quartier. On trouve, relativement aux exemplaires si variés des armes de Salazar, de précieux renseignements dans le *Voyage* manuscrit de Du Buisson-Aubenay, p. 89, 90, à la Bibliothèque Mazarine, 2694-A.

TABLE

(M. Le Clert nous a prêté son concours aussi intelligent que dévoué pour dresser cette table.)

Aalis. Voy. Alix.
Ablancourt, *lisez* Hallencourt.
Abonville (Adrien, marquis d'), 383.
Abraham, prieur de Belroy, 35.
Abraham (Sacrifice d'), 142.
Acorre (Renier), 249.
Acre, Turquie d'Asie, 31, 207, 209, 210.
Aculeium. Voy. Eguilly.
Adam. Voy. Melun, Servigny.
Adélaïde, *uxor Milonis de Cacenniaco*, 7, 8.
Adélaïde. Voy. Baudement, Chacenay.
Adelina, filia Fulcheri Reboursin, 62.
Adelina, uxor Iteri de Malai, 12.
Adeline, 418.
Advirey. Voy. Avirey.
Aelis, filia Erardi II de Chacenayo, 64.
Aeliz (domina), 57.
Afrique (voyage d'), 247.
Aganon. Voy. Bar.
Agathe. Voy. Mello.
Agnès, fem. de Jacques de Chacenay, 13, 16, 17, 19, 20, 21, 23, 29, 30, 32, 40.
Agnès, fem. de Jacques de Durnay, 39, 41.
Agnès, fem. de Jean de Chacenay, 24, 210.
Agnès, fem. de Robert de Ricey, 10, 192.
Agnès, fem. de Wèdes de Broyes, 75.
Agnès. Voy. Arcis, Baudement, Beaujeu, Brienne, Durnay, Noyers, Rochefort, St-Sépulcre.
Aguileium. Voy. Eguilly.
Aguillei. Voy. Eguilly.
Aguilly. Voy. Eguilly.
Aigremont, H^{te}-Marne. Baron, 321 ; baronnie, 153 ; seigneur, 277, 278.
Aigrin (Louis), 360.
Aigues-Mortes, Gard, 239.
Aiguillon, Lot-et-Garonne (siège d'), 356.
Ailleville, Aube, 232.
Aimbertus. Voy. Luyères.
Aimé. Voy. Chamigny, Choiseul, Coiffy.
Aimée. Voy. Chaumont.
Aimon. Voy. Briel.
Airardus, Briniæ comes. Voy. Brienne.
Alais, Gard, (comte d'), 284.
Alanus, episcopus Antissiodorensis, 20. Voy. Auxerre.
Alard. Voy. La Rivour.

Albéric, 209.
Albericus, filius Roscelini, 24.
— Voy. Vitry-le-Croisé.
Alemannium (fratres hospit.), 49. — Voy. Teutoniques.
Alembon (d'), 328.
Alençon (comte d'), Charles II de Valois, 355.
Alexander. Voy. Mores, Papes, Parme.
Alfonse, frère de Louis IX, 239; comte de Poitiers, 247.
Aliénor. Voy. Soissons.
Alips. Voy. Alix.
Alix, duchesse de Bourgogne, 52.
Alix, dame de Chacenay, 85, 86, 87, 89, 91, 94, 96, 97, 99, 189.
Alix. Voy. Anglure, Beaufort, Chauvirey, Durnay, Frolois, Joinville, *Monolio (de)*, Tocy.
Allemagne, 200; (expédition), 124, 288; (armée), 125; (monnaie), 126.
Allemands (invasion de 1587), 423.
Alphonse. Voy. Espagne.
Amalricus. Voy. Chervey.
Amance, Aube, 75.
Ambly (Philippe-François, marquis d'), 332.
Ambonvilla, Ambonville, H^{te}-Marne, *(Gualterius de)*, 28.
Amelina, Ameline. Voy. Emeline.
Amelot (Le président), 155, 323.
Amiens et Amyens (Somme), 313; bailli d', 266.
Amieta, uxor Milonis Bruno, 67.
Amoncourt (Jehanne d'), 364.
Ancel. Voy. Drosnay, Joinville.
Ancy-le-Franc, Yonne, (Reine d'), 118, 250, 254, 265; finage d', 118.
Andecées. Voy. Andecy.
Andecy, Marne, com. Baye, (l'abbesse d'), 98.

Andelot (d'), frère de l'amir. de Coligny, 316.
André de Florence, év. de Tournay, 267.
André de Nogent, 45.
André. Voy. Baudement, Brienne, Epoisses, Ramerupt.
Andreas, capellanus, 33.
Andreas, decanus. Voy. Bar-sur-Aube.
Angenoust (Bernard), 154, 156.
Angenoust (Pierre), 157.
Anglais (les), 278, 297.
Angleterre : ambassadeur en, 308; passage en, 358; reine d', 315; roi d', 101, 270, 280; Edouard I, 354; Edouard III, 270; Henri III, 101; Henri VI, 124.
Anglure, Marne : armes des Anglure, 390; barons, 124, 248, 284, 285, 294; Alix, 283; Ambroise, 283; Antoine, 287, 288, 290, 294; Anthoinette, 283; Claude dame d', 135, 138, 139, 287, 294, 295, 298, 299, 300, 301; Etienne, 124, 280, 282, 283, 284, 285, 287, 288, 289, 362; François, 294; Françoise, 324, 427; Guillaume, 130, 287, 290, 291, 299, 365; Guye, 283; Jean, 294; Jean-Saladin, 283; Josias, 377; Marguerite, 299, 365, 367, 368; Oger IV, 282, 283, 427; Oger V, 282, 283, 284.
Angoulême (Isabeau d'), 354.
Anguleio (Hilduinus de), 26, 35. Voy. Eguilly.
Anjou (René d'), 285, 286, 361.
Anlezy, seigneurie, 363.
Anne. Voy. Vaudrey.
Anne. Voy. Beaujeu, Châteuvillain, Crevecœur, Du Plessis, Foissy, Maudet, Pingré, Saulx.
Annou, seigneurie, 249.
Annus. Voy. Clairvaux.
Ansculf, frère de Milon, 13, 197

Anseau. Voy. Traînel.
Anséric. Voy. Arcis, Bertignolles, *Jacenna*, Montréal.
Anthune, seigneurie, 289.
Antigny (Richard d'), 263.
Antioche, Turquie d'Asie, 208.
Aqua (Hugo de), 40.
Aragon (guerre d'), 252.
Arambertus, filius Crispinœ, 33.
Aramburgis, ancilla, 10.
Arbresello (de). Voy. Laubreselles.
Arce (l'), rivière, 5, 142, 304, 343, 366.
Arc-en-Barrois, Haute-Marne, 211.
Archambaud. Voy. Bourbon.
Archiprêtre (l'). Voy. Cervolles.
Arcis-sur-Aube,103,111; armoiries des Arcis, 390; bailli,135; château et châtellenie, 103, 106, 112, 117, 250; église St Etienne, 112; maison-Dieu, 112; maladrerie, 112; prieur et frères du prieuré,112; sceau des Arcis,390, pl. III; li sires, 92; seigneurs : Agnès, 112, 353; Anséric, 53, 222, 248; Elissende,249,250,253,260; Erard IV d'Arcis-Chacenay, 90, 91, 95-107, 109, 110, 253-260, 262, 264, 352-354, sceau, 389, pl. II; Erard V d'Arcis-Chacenay, 114, 115, 265, 267-270, 355; Erard, chevalier, 113; Gui, 53, 54, 55, 222, 226, 227, 248, 249, 256; Guillaume I d'Arcis-Chacenay, 90, 91, 97, 98, 102, 106, 107, 109, 110-112, 249-251, 253-255, 257, 259-267; Guillaume II, fils d'Erard IV, 112, 255, 258, 266, 267, 353, 354, 356; Huet pour Milon ou Milet II, 251; Isabeau, 267, 353; Jean I, 111, 209, 217, 221, 222, 248, 249; Jean II, 87, 90, 249, 250, 258, 390; Jean III,92-99,106, 249-260,264,426; Jean, évêque de Mende, puis d'Autun, 113,258, 353; Jean, religieux, 266; Jean, fils d'ErardV,271; Jeanne, 112, 117, 118, 121, 271, 272, 275, 353; Marguerite,115, 116, 261, 267, 269, 353-356,391, son sceau,pl.III; Marie (dame d'), 222; Milet ou Milon II, 90, 91, 94, 97, 98, 102, 106, 251, 253, 254, 259.
Arcis (Pierre d'), évêque de Troyes, 283.
Argançon, Aube,118, 229, 232; Joffroy, 108, 166; Hugo, d', 85; Nicolas, 166; la Motte-Bligny, 426.
Argenteuil, fief, 166; sieur d', 341.
Argilliers. Voy. Arzillières.
Argonne (l'), 325.
Arlette, Aube, com. Arsonval, (grange d'), 218.
Armagnacs (les), 278.
Armançon (l'), 254.
Arnaud. Voy. Cervolles.
Arnauld : armoiries, 391; Elisabeth-Monique, XII,XIII,172, 175, 336, 340-343, 345, 346, 350; Jean-Louis, 336.
Arnulfus, major Hospitalariorum, 88.
Arques, Pas-de-Calais, 267.
Arras, Pas-de-Calais, (traité d'), 275, 286; ville, 297.
Arraudus de Laniis, 194.
Arrolis (Houdouin de), 238.
Arthur, Arthus. Voy. Assigny.
Artois (comte d'),239; Artois (l') 297, 310, 328, 332.
Arzillières,Marne,(Gauthier d'), 99, 209.
Ascalon, ville de Syrie, 208.
Asie-Mineure (l'), 207.
Assencières, Aube, 180.

Assigny (Arthur et Arthus d'), 367, 404, 405.
Auberive, H^{te}-Marne, (Etienne, abbé d'), 51.
Aubert. Voy. Torote.
Aubeterre, Aube, 107, 261.
Aubricourt, Côte-d'Or, 377.
Augier. Voy. Eguilly.
Aumalle (Mgr le duc d'), 370.
Aumont, Somme, (famille d'), 360; Guillaume, 361; Jacques, 277, 285, 286, 287, 361, 362; Jeanne, 282, 360; Marguerite, 277; Michel (bâtard), 362; Pierre, 276; Pierre II dit Hutin, 276, 360. Voy. Chappes.
Autreville, Haute-Marne, 211.
Autricourt, Côte-d'Or, 201.
Autun, Saône-et-Loire, 258, 372; L'évêque d', 191.
Auvergne (Robert VII, dit le Grand, comte d'), 355.
Auxerre, Yonne : évêque d', 14, 20, 191, 198, 308; comte d'Auxerre, 265; chanoine, 308.
Auxon, Aube, 309.
Avalleur, Aube, com. Bar-sur-Seine. *Helebaudus de Avaloria, miles*, 33.
Avaloria (de). Voy. Avalleur.
Avenay, Marne, 112, 353.
Avesnes (d'), 242; Baudoin (chroniqueur), 242.
Avirey-le-Bois, Aube, 181.
Aycelin : Isabeau, 361; Louis, 361.
Ayricort, 43.
Ayvelles, Ardennes, (le baron d'), 332.
Azéea. Voy. Bar-sur-Seine.

Baalon. Voy. Belan.
Bachot (lou), Aube, 400.
Bâcle (Le) Nicolas, 299.
Bacqueville, seigneurie, 364.
Bagneux-la-Fosse, Aube, 7, 142, 189.

Baigneux. Voy. Bagneux.
Bailly, Aube, com. Chauffour, 98, 372.
Baissey, Haute-Marne, 291; Isabeau, 280.
Balathier (Nicolas de), 149, 181.
Balduinus, abbas de Castellione, 17. Voy. Châtillon-sur-Seine.
Bâle, Suisse, 423.
Balerne (Jean de), 368.
Balidart *al.* Balidat (de), 181.
Balthasar. Voy. Cult.
Balzac (de), 170; Emeline, 205; Henri, 337; Léon-Pélage, 337.
Bancelin. Voy. Mallet.
Bar (Aganon de), 12, 195, 418.
Bar-le-Duc, Meuse, (le duc de), 282; Henri II (comte de), 42, 196, 218, 226, 227; René (duc de), 286; Thibaud I, 196, 216; Thibaud II (comte de Bar), 243, 297.
Bar (M^r du), 341; Jacques, 424; Louise-Nicole-Charlotte, 174, 176.
Baratellus Haimo, 33.
Barbazan (le chevalier), 286, 361.
Barbeilli. Voy. Barbez.
Barbette (Edme), 139.
Barbez (Regnaut), 92, 103.
Barbier (Marie), 154.
Barbot (Nicolas), 125, 127.
Bardonville, 133.
Barenvilla. Voy. Baroville.
Barrum super Albam. Voy. Bar-sur-Aube.
Barrum super Secanam. Voy. Bar-sur-Seine.
Barrois (le), 328.
Baroville, Aube, 28, 30, 128, 180, 208, 246; Léger de, 28, 206.
Barse (rivière), 55.
Bar-sur-Aube : saint Simon, comte, 186; chapitre, 113; château, 186; châtellenie, 25,

187, 204 ; Dames de St-Nicolas, 113 ; doyen de la chrétienté, 90 ; foires, 43, 72, 218 ; médecin, Vital, 192 ; prévôté, 187 ; St-Maclou (église), 50, 220, 224 ; ville, 109, 191, 240, 347, 423.
Bar-sur-Seine (Aube) : bailli, 140, 145 ; bailliage, 306 ; chapelain, *Andreas*, 33 ; château, 186, 271, 300, 304, 417 ; châtellenie, 119, 122, 131, 132, 137, 143, 152, 169, 222, 273, 274, 281 ; comté, xiv, 179, 180, 228, 331 ; curé, Milon, 33 ; doyen de la chrétienté, 90, 101, 254 ; garde du sceau, 107, 260 ; lieutenant-général, 142 ; marché, 60 ; prévôt, Gossin, 33 ; prieuré de la Trinité, 14, 196, 254 ; ville, vi, 170, 187, 192, 221, 292, 318, 350 ; vitrail dans l'église, 142 ; armoiries des comtes, 391 ; comtes, 188, 193 ; comtesses, 22 ; Azeka, 188 ; Ermesende-Elisabeth, 196, 218 ; Gaucher, 221, 223 ; Gui, 12-14, 19, 193, 195, 196, 201, 218, 221 ; Guillaume, 14, 19, 196, 221, 224 ; Hélissende, 57, 223, 228 ; Hugues, 33 ; Manassès, 14, 23, 196, 203, 209 ; Milon I, 9, 190, 191, 192, 196 ; Milon II, 14, 19, 31, 198, 200, 221 ; Milon III, 33, 179, 187, 217, 221, 222, 223 ; Thibaut, 23, 32, 202 ; vicomte, 33, 320.
Bassa (aqua). Voy. Barse.
Basse-Fontaine, abbaye, Aube, com. Brienne-la-Vieille, 14, 16, 29, 30, 32, 40, 198, 208, 210, 214 ; *Renaudus, abbas*, 32.
Bassigny (gouverneur du), 307.
Bateiz (*nemus dictus li*), Aube, com. Radonvilliers, 65, 66, 232.

Baucencourt. Voy. Bossancourt.
Baudement (de), Adélaïde, 196, 199 ; Agnès, 16, 197, 199 ; André, 191.
Baudoin IX de Flandre, 228 ; empereur de Constantinople, 242.
Baudoin. Voy. Avesne, Flandre, Jérusalem, Laon.
Baume (Marc de la), 307.
Bavière (la), 326.
Bayel, Aube, 227, 245.
Baynolum. Voy. Bagneux-la-Fosse.
Bazemont (seigneurie), 321.
Bazin (Claude), 424.
Bazincourt, Somme, com. Biaches, 328, 332.
Beatrix. Voy. Châtelet, Châtillon.
Beauchamp, à Ville-sur-Arce, 357.
Beaufort, aujourd'hui Montmorency, Aube, 259, 316, 367 ; Alix, 111, 264.
Beaujeu (Anne de), sœur de Charles VIII, 297.
Beaujeu, Rhône. Agnès. fem. de Thibaut IV, 234 ; Guichard, 274.
Beaujeu (Jehanne), 274, 276 ; Robert de Grancey, 118, 274, 276.
Baujeu (Marguerite), 361.
Beaulieu, Aube, com. Trannes, (abbé de), 321.
Beaumont, Aube, com. de Lusigny, (ferme), 233.
Beaumont-sur-Vigeanne, Côte-d'Or, 291.
Beaupré, 159 ; baron, 316, 378.
Beauroi. Voy. Belroy.
Beauvais, Oise : gouverneur, 380 ; marchands, 78, 240 ; siège, 295.
Beauvoir, Aube, com. Fontette, 152, 153.
Beauvoir (Erars de), 107, 260.
Beauvoir-Châtelus (de) : Claude,

28

283 ; Guillaume, 272 ; Laurette, 272.
Beauvoir-les-Allemands (Aube, com. de Chaumesgnil), chef-lieu de l'Ordre Teutonique en France. Voy. Teutoniques.
Belan-sur-Ource, Côte-d'Or, seigneurie, 118, 147, 149, 157, 160, 305, 306, 360, 369, 379, 408 ; Guillaume, Olivier, 26, 205.
Belaon. Voy. Belan.
Belfroy (porte du) à Troyes, 166.
Belgeu. Voy. Beaujeu.(Jeanne, Robert).
Bellanger (Claude de), 154, 156, 158.
Bellegarde, seigneurie, 363.
Bellemont. Voy. Belmont.
Belleroy. Voy. Belroy.
Bellistre, 133.
Belmont, Rhône, (Jean de), 113, 353.
Belon. Voy. Belan.
Belroy, Aube, com. de Bayel, ancien prieuré, 55, 72, 77, 227-229, 232, 237 ; Belroy-le-Viez, 116, 228 ; Belroy-le Nouveau, 245, 254, 257 - translation du prieuré, 55 ; village, 107, 108 ; prieurs ; Abraham, 55 ; Nicolas, 77:
Bencelinus de Malai, 17, 22., 194.
Bencelina, filia Bencelini de Malai, 17.
Bencelina, filia Hugonis de Juvencurt, 17.
Bequacière (bois), Aube, com. Villy-en-Trodes, 74.
Bérey (Mr de), 165 ; Charles, 172, 173 ; Etienne, 157 ; Féry, 154, 156 ; Philippe, 163, 167, 169, 174, 176 ; Pierre-Charles, 176.
Bergères, Aube, (la dîme de), 78, 426.
Bergeriis (de). Voy. Bergères.

Bernard (saint), abbé de Clairvaux, 15, 16, 194, 197-199, 222.
Bernard. Voy. Chambes, Champignol, Chaumont, Montcuq.
Bernarde. Voy. Salazar.
Bernay (Marie de), 326.
Berne, Suisse, 423.
Berry (le), 295.
Berthennelles. Voy. Bertignolles.
Bertherand : Armand-François, 350, 351 ; Arthur, 351 ; Charles-François, 350 ; Edmond, 351 ; armoiries, 350, note 5.
Bertignolles, Aube, x, xiii, 36, 62, 64, 67, 98, 107, 123, 135, 137, 138, 141, 142, 146, 149-151, 159, 160, 165, 166, 168, 177, 182, 183, 212, 213, 230, 331, 261, 275, 298, 300, 304, 309, 310, 317, 318, 328, 329, 333, 334, 340, 343, 345, 347, 348, 377, 418, 419-422 ; curés : Michel Figey, 420 ; Verpy, 422 ; église paroiss. St-Etienne, 421 ; inventaire du prieuré St-Robert, 418 ; prieurs : Chrétien-Louis, 422 ; Guillaume, 36 ; Nicole le Roux, 123 ; Nicole de Troyes, 420 ; Perceval de Montarvis, 421 ; Pierre de Verloing, 421 ; Vasselet (dom), 422 ; Anséric, 418 ; Hugues, 419 ; Robert, 418.
Bertrand. Voy. Rains.
Bertrannus. Voy. Fontettes.
Bethon, Marne, 302.
Béthune (Henri dit comte de), 380, 382.
Betoncourt (seigneurie), 372.
Betz (Claude-Françoise de), 337.
Bérulles (autrefois Séant-en-Othe), Aube, Galas, écuyer, 405.
Beullars (*Albertus*), 43.
Beurey, Aube, 4, 72, 74, 75, 136, 424 ; *Hildebertus miles,*

42; Milon, *filius Hildeberti*, 42, 43, 217.
Beviller (seigneurie), 321.
Beveronis. Voy. Brevonne.
Beyns (château de), 310.
Biauvoir. Voy. Beauvoir.
Bidan et Bidant, Aube, com. Chauffour, (la haute forest de), 152; la forêt, 119, 120, 133, 137, 140, 144, 152, 318, 357, 364, 365, 372; seigneurie, 162, 165, 330, 331, 368, 371, 373, 375.
Bien-Public (bataille du), 289.
Bierrey, Bierry, Yonne, com. Sauvigny-le-Bois, (Marie de), 118.
Bigny (de) François, 159, 228, 329 330; Gilbert, 159, 323, 329.
Billefeurre, (finages de Longpré, Bligny et Meurville, Aube), 41, 426.
Billery. Voy. Ferté (de la).
Bissey-la-Pierre, Côte-d'Or, 118.
Blagné. Voy. Bligny.
Blaincourt, Aube, Renaut, 139; marquis de, 428.
Blainni. Voy. Bligny.
Blaisy-le-Châtel, Blaisy-Bas, Côte-d'Or, (Jean, seig. de), 288, 289; armoiries, 391.
Blamont (Elisabeth de), dame de Grancey, 75, 76, 113, 226, 353.
Blanc (Le), seign. du Buisson, Eguilly, Engente, Vitry, etc., (dame Le), 173; Alexandre-César, 345; Armand-Marie, 343, 346; Charles-François, 345; François, 340, 342, 343; Jacques-Joachin-Louis, 345.
Blanche. Voy. Champagne, Châtillon.
Blanchefort (neveu de Gui de), 125, 126.
Blaru, Seine-et-Oise, 162.
Bleneau, Yonne, 401.

Bligny, Aube, 16, 45, 46, 70, 71, 72, 86, 89, 106, 112, 113, 116, 129, 166, 198, 220, 229, 237, 259, 324, 356, 361, 362, 426, 427; château, 255, 355; chapelle castrale, 72, 112, 236; dîme, 16; monseign. de, 108; sire de, 106, 254, 251; Antoinette de, 321, 324; *Henricus, major de Blainni*, 16; *Robertus de Bligneio*, 38.
Blois, 150, 318.
Bocard, fils d'Adeline, 418.
Bociquant, *aujourd'hui* Bossican, bois sur Montmartin, Spoix, Meurville, Bligny, Vitry-le-Croisé et Longpré, 112, 229, 232.
Bois-Blandin, 298, 303, 416, 417.
Bois-Brulé, 303, 409, 416, 417.
Bois-Garnier, 133, 363.
Boissy-le-Bois, Oise, 132, 133, 363, 402.
Boitotte (Nicolas), 373.
Boitotte (étang). Voy. Marau (étang du).
Boivin (Geneviève), 381.
Bonelli (prata), 22.
Bonmarchis, près Reclancourt, réuni à Chaumont, Haute-Marne, 67.
Bonnecourt, Haute-Marne, (sire de), 294.
Bonne-Fontaine (de la), *Girardus*, 76; Jean, 166; *Reynaudus*, 76.
Bonlieu, *Bonus locus (domus Templi)*, Aube, com. Piney, 66.
Bordes de Lantages (les), Aube, com. Lantages, (moulins des), 363.
Bossancourt, Aube: fief, 108, 167, 218; seigneur, 324; Helissanz, 108; Marie, 108; Méline, 108.
Bouchard (Robert), 107, 260.

Boucherat (Jean Le), 123.
Bouchu (Lambert), 51, 52, 225.
Bouciquant. Voy. Bociquant.
Boudreville, Côte-d'Or, (moulin de), 420.
Bouex (de) de Villemort, Jeanne, 381, 382 ; Robert, 381.
Bouguier (Marie), 328.
Bouha (seigneurie), 316.
Bouilly, Aube, 153.
Boulancourt (abbaye de), Haute-Marne, com. Longeville, 205, 218 ; *abbas Theodoricus*, Thierri, 28, 206.
Boullongne (Louis de), peintre, XVIII, XXII.
Boulogne et Bouloigne, Pas-de-Calais, 295, 296, 297 ; comte, 355 ; Jacques, 92, 100, 102 ; Jean, 100.
Boulonnais (le), 297, 332.
Bourbon (de) Archambaud, 198 ; Gui, 269 ; Marguerite, 234.
Bourbonnais (le), 269.
Bourges, Cher, 198.
Bourges (Gérard de), 50.
Bourgogne (la), 229 ; chambre des comptes, 168 ; comté, 374 ; duché, 246 ; familles baronniales, 34 ; noblesse, 262 ; ducs, XIII, 43, 52, 92, 97, 98, 102, 103, 110, 130, 188, 217, 252, 254, 290, 295 ; Alix, 52, 225 ; Charles-le-Téméraire, XIII, 289, 292 ; Eudes III, 41, 217 ; Eudes IV, 264, 265 ; Gauthier, 203, 205, 206 ; Hugues IV, 63, 231, 239, 244, 246 ; Jean-sans-peur, 278 ; Marguerite, 279 ; Robert II, 103, 255 ; Philippe II le Hardi, 275, 358 ; Philippe-le-Bon, 2, 280, 286 ; Hugues de, 206.
Bourguignons (les), 292, 293.
Bourguignon (Le). Voy. Milley.
Bourguignons, Aube, 153, 320 ; Milet, 101, 254 ; Jacques du Bar, 424.

Bourils (Les), Eure, com. Routot, (le marquis), 336.
Bourlemont, Vosges, com. Frébécourt, (baron de), 324.
Bourmont, Haute-Marne, (Simon de), bailli de Troyes, 123, 275.
Bournan (Catherine de), 360 ; Jean dit Flanquelance, 360.
Bourris. Voy. Bourils (Les).
Boursault, Marne, baronnie, 379, 381.
Boutet (Michel), 387.
Bouthiller (Denis-François), 181.
Bouzonville (seigneurie), 295.
Bovo, pater Johannis, 85.
Brannion (moulin), 403.
Brantigny, Aube, 379.
Braux (Pierre-Ignace de), 284.
Brecons. Voy. Bricons.
Bresse (la), 423.
Bressy, 133.
Bretagne (duc de), 95, 234, 252 ; Pierre, duc de, 69 ; Jean, fils de Pierre, 69.
Breteinnielles. Voy. Bertignolles.
Bretegnuelle. Voy. Bertignolles.
Breteuil et Bretheuil, 133.
Brétigny, Eure-et-Loir, (traité de), 116.
Bretigni. Voy. Bertignolles.
Bretegnole. Voy. Bertignolles.
Breton (Guillaume le), 166.
Bretonnière (la), seigneurie, 333.
Breuilhez, 309.
Brevonne (la), ruisseau, 66.
Bricons, H^{te}-Marne, (Elissende de), 257 ; Rogier, 98 ; *Wiardus*, 24.
Bricot (Jean), de Courteron, 116.
Brié. Voy. Briel.
Brie (comté de), 224.
Briel, Aube, 75, 364 ; *Aimo*, 11 ; *Estordus*, 94 ; *Gaufredus*, 13, 18 ; *Guillelmus*, 18 ; *Gunterus*, 11 ; *Petrus*, 23 ; Symon, 17.
Brienne (de) armoiries, 391 ;

TABLE 437

comtes, 188, 232, 233; comté, 66; famille: Agnès, 179, 180, 193, 196-199, 201, 202, 210, 214; André (de Ramerupt), 25, 196, 209; Erard I, 9, 190, 192; Erard II, 25, 196, 200, 209; Erard (de Ramerupt), 42, 44, 45, 51, 54, 216, 217, 218, 219, 224, 225, 227, 228; Gauthier II, 16, 196, 198, 199, 200; Gauthier III, 232; Gauthier IV, 232, 233; Jean I, 180; Jean, roi de Jérusalem, 53, 54, 221, 226, 227.
Brier et *Brierio (de)*. Voy. Briel.
Brindes, 207.
Brion-sur-Ource, Côte-d'Or, 133, 365, 400.
Broce (de la), Itier, 113, 266; Marguerite, 110, 352, 353.
Broussie (la Grande et la Petite), 399.
Broyes (de), Marne, 99, 211; armoiries, 391; Emeline, xi, 36, 38, 43, 44, 46-49, 57, 60, 62, 64, 67, 71, 74, 77, 78, 211, 214, 218, 229, 231, 233, 236, 237, 238; Eudes, 180; Guyz, 263; Hugues III, 74, 211; Hugues IV, 170; Marguerite, 179, 318; Simon I, 211; Simon II, 211; Wedes (ou Eudes), 74, 76.
Bruges (Belgique), 266.
Bruillard (Gauchère de), 367, 403, 405.
Brûlart de Sillery (Isabelle), 379.
Brunis (de), 172.
Buchardus, dominus, 32.
Bucey-en-Othe, Aube, 180; Clarins, 22.
Buenc (seigneurie), 316.
Buissures, 75.
Buisson (du). Voy. Le Blanc (François).
Bures, Aube, com. Montreuil, 214.
Burlencurtis. Voy. Boulancourt.

Busloco (de) finagium, 27.
Bussey. Voy. Bucey.
Busseriacum. Voy. Bussières.
Bussière (de la), Jacquet, 336; Marie, 336.
Busseriis (de). Voy. Buxières.
Bussières, Aube. Voy. Buxières.
Bussières, Haute-Saône, 277. Voy. Jean de Rougemont, Marguerite de Chauvirey.
Bussuil. Voy. Buxeuil.
Bussuy (de). *Balduinus, miles*, 31.
Bussy-la-Pêle (château de), 245.
Buxeria (de). Voy. Buxières.
Buxeuil, Aube, 166; *Guillelmus, miles*, 33.
Buxières, Aube, 4, 10, 35, 212, 238; seign., 322; *Thomas, miles*, 33; Gauffridus, 13; Guntherius, 13, 16; Pierre Chalier, 238.
Byot (moulin). Voy. Moulins.

Caen, Calvados, 176.
Caire, Égypte, 239.
Campigniacum. Voy. Champigny.
Calais (attaque de), 278.
Callepont (Jehan zde), command. de Coulours, 399.
Calonne, Pas-de-Calais, 104, 256.
Cambrésis (le), 310.
Campania. Voy. Champagne.
Campannola. Voy. Champignol.
Campestre (pratum de), 22.
Campiniacum. Voy. Champigny.
Campiniola. Voy. Champignol.
Caounat (Jehan le), 400.
Capis (de). Voy. Chappes.
Capella (de) pasturas, 26.
Cardinaux-Blancs (les) ou chapelle de Larrey, à Clairvaulx, 70.
Carinthie (Henri de), évêq. de

Troyes, 15, 20, 21, 194, 199, 202, 203.
Carthage, Afrique, 354.
Cassel (Robert de), 266.
Castelneau Michel (de), 423.
Cathelin. Voy. Spoix, Ville-sur-Arce.
Castille-Jannin, marq. de Montjeu, 380.
Catherine de France, 280.
Catherine. Voy. Bournan, Chaumont, Dinteville, etc.
Cauchade (*Gaufridus* de la), 66.
Cazillac (François de), seign. de Cessac. Voy. Cessac.
Celle ou Montier-la-Celle, près Troyes, (Pierre de), 199.
Cepoix. Voy. Spoix.
Cérilly, Yonne, 402.
Cerisiers, Yonne, Etienne Robert, commandeur, 402.
Cervolles (de) Arnaud, 407 ; Charles, 125, 127. 130, 289, 407 ; Jean, 87, 246 ; Philippe, 407.
Cessac, Gironde, seigneurs, 316, 321, 423. Voy. Cazillac (François de).
Chaalunz, *Menardus*, 33.
Chabanais, Charente, 362.
Chablis (le chapitre de), 25.
Chacenay, Aube. Formes : Cacenai (vers 1157), 20 ; Cacenaium (vers 1191), 32 ; Caceniacum (1156), 21 ; Cacennacum (1084), 8 ; Cacennaium (1102), 8 ; Cacennay (1203), 34 ; Cacenniacum (1084), 71 ; Cachenai (1158), 21 ; Cachenaium (1146), 16 ; Cacheniacum (vers 1158), 21 ; Cachennaium (1146), 15 ; Cachenniacum (1158), 19 ; Cachynniacum (1107), 9 ; Cacynniacum (1107), 9 ; Cancenniacum (1083), 6 ; Chacegnaium (1219), 49 ; Chacegnay (1231), 62 ; Chacenai (1137), 13 ; Chacenaium (1137), 13 ; Chacenay (vers 1180), 33 ; Chacenayum (xiies.), 34 ; Chacenetum (1198), 33 ; Chaceniacum (1187), 30 ; Chacennacum ; Chacennaicum (1137), 13 ; Chacennaium castrum (1105), 9 ; Chacenneium (1205), 35 ; Chacenniacum (1179), 26 ; Chacethniacum (1135), 11 ; Chacetniacum (1135), 11 ; Chachennaium (1158), 21 ; Chascenai (1204), 35 ; Chascenay (1278), 91 ; Chascenaium (1172), 25 ; Chasnetum (1198), 33 ; Chassenai (1201), 34 ; Chassenay (1209), 40 ; Chassennaicum (1137), 12. Famille : armoiries, 391 ; Alix, 226-228, 231, 236, 243-250, 256, 397, 398 ; sceau, 389, pl. III ; Anséric I, 67, 186, 188, 189 ; Anséric II, 9-13, 27, 35, 189, 191-195, 206, 407 ; Anséric III, 14, 18, 193, 196-199, 200, 201, 206, 212 ; Erard I, 21, 24-27, 29, 32, 279, 185, 187, 202-205, 208, 209-212, 219 ; Erard II, XI, 34, 35, 37-70, 74, 77, 201, 205-235, 237, 241, 243, 248, 249, 396, 419, sceau, 388, pl. I ; Erard III, 44, 47, 48, 59, 60, 62, 76, 78, 81-86, 218, 219, 236, 240-245, 249, 287, 397, sceau, 389, pl. II ; Hugues ou Huet, 7, 59, 60, 71, 73, 74, 76, 189-191, 230, 231, 236, 237, 238, 243 ; Huguette ou Huette, 202, 210 ; Jacques I[er], 11, 21, 29, 30, 35, 179, 193-201, 203, 208, 212, 221 ; Jacques II, 27, 32, 35, 211, 227 ; Jeanette, 219, 336 ; Jean Ier, 24, 29, 201, 202, 203, 210 ; Mahaut ou Mathilde, 47, 48, 211, 219, 222, 226, 236, 248, 249 ;

Marguerite, 202, 210; Milon Ier, 7, 89, 189, 190, 191; Milet ou Milon II au lieu de Huet II, 249-251, 253, 254, 259; Pétronille-Elisabeth, 13, 19, 22, 193, 202, 218, 221; Thomas I, 21, 24-27, 195, 196, 201; Thomas II, 179, 202-205, 206, 208; auditoire, 343; bailli, 322, 370; bailliage, 183, 317, 377; baronnie et terre, 3, 139, 159, 185, 243, 260, 282, 294, 304, 307, 319, 329, 335-337, 347, 349, 352, 387, partages de la terre, 95, 98, 248, 250, 251-253, 259-261; compte de la seigneurie, 314; bois, 129, plans des bois, 372; chanoines, 98, 108; chapelains et curés : Lambert, Pierre, x, xi, 23, 33, 36, 37, 345, 419, 420; chapelle (St-Nicolas) du château, x, xi, xiii, 36, 72, 73, 113, 212, 230, 236, 237, 261, 338, 342, 345, 350, 420, erratum, 425; chapelle nouvelle, x, xi, xii; chapelle (N.-D.) du village, 72, 73, 212, 236, 237, 418, 420, erratum, 425; château, vii, viii, ix, x, xiv, xix, 2, 3, 11, 78, 95, 98, 99, 106, 111, 112, 117, 121, 131, 143, 148, 154, 161, 169, 178, 186, 193, 224, 237, 240, 251, 252, 253, 260, 261, 262, 267, 271, 274, 285, 286, 287, 291-294, 300-306, 309, 314, 317, 322, 323, 330, 332, 335, 337, 338, 345, 348, 349, 351, 372, 376, 377, 384, 386, 417, meubles, xvii; siège du château, xiii, 2, 293, châtellenie, 116, 146, 221, 281, 291, 309, 314; cimetière, 3; four bannal, 420; garde (la) du château, 108; greffe, 183; infirmerie, 343; jurée (la), 113; maire, *Drogo*, 26; marc et mesure, 78, 81, 111, 115, 182, 342; notaire, 350; parnasse de Chacenay, xix; prévôté, prévôts, 86, *Gaufridus*, 31, 33; *Milo*, 82; *Stephanus de Sezannia*, 82; sceau (garde du), Nicolas de Buxières, 121. Personnages divers : *Bernardus Forestarius*, 82; *Bovo*, 65; *Colinus*, 63; *Crispina, filia Pinelli*, 33; *Falco*, 17; *Gerardus, filius Evrardi*, 81; Guillaume, clerc tabellion en la cour de Langres, 114; *Guillelmus*, 63, 82; *Henricus de Chacenniaco*, 13; *Henricus de Chacennaio, major Vilriaci*, 84; *Johannes, filius Henrici*, 23; *Josbertus, miles*, 50, 67; *Milo*, 63, 82; *Milo Bruno*, 67; *Pinellus*, 33; *Richardus*, 13; *Robeletus, filius Milonis*, 82; *Robertus*, 63; *Stephanus de Chasneto, miles*, 31, 33; *Wiricus* de Chacennay, 13.

Chaigne. Voy. Le Chêne.

Challemon (Haye de), 375.

Châlon (de) Eustache, 199; Jean, ii, 265; Louis, 118, 271.

Châlons-sur-Marne, 234, 285.

Chambéri (Gauthier de), 92, 96, 103.

Chambes (de) de Montsoreau, Bernard, 381; Marie-Madeleine, 381, 383, 384, 427.

Chambly-de-Neuilly (Gauthier de), 100, 252.

Chambly, Oise, (Gui de), 285.

Chambon (Guillaume de), 406.

Chameçon, Chamesson, Côte-d'Or, 90, 305, 375, 377, 378, 379.

Chamigny, Seine-et-Marne, Aimé, 362; Gaucher, 122, 123.

Chamlita, Guillelmus, vicecom. Divion., frater Elisabeth, do-

mine de Granceio, 76. Voy. Champlitte.
Champagne (la), 2, 34, 91, 101, 102, 210 ; comtes et famille, 43, 94, 97, 98, 186-188, 201, 215, 226, 235, 240, 281, 318; Blanche, 42, 44, 46, 48, 50-52, 215, 216-218, 220, 223-226, 234; Blanche, fem. d'Edmond d'Angleterre,101; Blanche, fille de Thibaud IV, 69 ; Henri I, 24, 186, 187, 197, 20, 204, 206, 207, 243; Henri II, 209, 216, 225; Henri III, 249 ; Hugues, 190, 191, 192, 200 ; Philippine, 216, 224, 226 ; Thibaud II, 199 ; Thibaud IV, 42, 44, 46, 47, 51, 52, 53, 55, 59, 63, 69, 78, 180, 181, 187, 192, 216, 217, 220-223, 227, 231, 234, 235, 242 ; comté, 152, 224, 240, 256; coutume, 91, 95, 97, 99, 100, 102, 109, 252, 254, 264 ; gouverneur, 293 ; lieutenant du Roi, 286 ; réformateur et inquisiteur, 357.
Champagne-sur-Vigeanne, Côte-d'Or, 291.
Champermain (seigne), 298.
Champigneul, Champignol, Aube, 27, 59, 70, 71, 321 ; *Bernardus, major*, 38 ; Joffroy, 116 ; Phelippe, fille de Geoffroy, 116.
Champigny, Aube, 400.
Champigny, Côte-d'Or, com. Autricourt, 18, 31, 199, 201, 238; église St-Laurent, 20, 201.
Champlitte, Haute-Saône, (Guillaume de), 237 ; comtes, 268. Voy. *Chamlita*.
Champlost, Yonne, 32, 202, 371; seigneurs : Marguerite, 32 ; Thibaut de Bar-sur-Seine, 32 ; Piédefer, 371.
Champy (Marc), 145 ; sa veuve, 149.

Chanlotis (*Margareta domina*), 32. Voy. Champlost.
Chaource, Aube, 281, 362.
Chapelaines, Marne, com. Vassimont, 365.
Chapelle-St-Luc (la), Aube, 336.
Chappes, Aube, seign., 97, 100, 252, 254, 276, 277, 285, 286, 286, 360 ; Clarembaud et Clérembaud, 204, 227, 232 ; Dreues et Dreux, 110, 263, 352 ; *Guiardus, vicecomes*, 29 ; Hugues, 263 ; Jean, 99 ; Viard, 26, 205 ; siège, 361. Voy. Aumont.
Charasse, seigneurie, 385.
Chardogne, Meuse, (Ferry de), 359.
Charenton (seign. de), 293.
Charles (de France). Charles IV, 265 ; Charles V, 407 ; Charles VI, 363 ; Charles VII, 124, 275, 281, 286, 288, 363 ; Charles VIII, 297 ; Charles, comte d'Anjou, frère de Louis IX, 239, 248 ; Charles, duc d'Orléans, 308.
Charles Le Téméraire. Voy. Bourgogne.
Charmasac, Egypte, 239.
Charmont, Aube, jadis Colaverdey, 135, 148, 165, 167, 171, 334; 337, 339, 370, 371, 372, 376, 377, 384, 385 ; seigneur, 338, 339, 386, 387 ; étang du Moulin rouge, 370 ; étang du Marau ou Boitotte, 376; étang de la Loge, 377.
Charmoy, Aube, (dame de), 196.
Charny, Aube, 400.
Charpentier (Thomas), 170, 171.
Charron (Gilaut et Méline), 400.
Chartres (l'évêque de), 191 ; Geoffroy, 194 ; vidame, 362.
Charvey. Voy. Chervey.
Chastelet (*pratum de*), 22.
Chastelet (du). Voy. Châtelet.
Chasteley (Le Châtelier), 263.

Chastellus, Yonne, Claude de Beauvoir, 283 ; Hélène, 295.
Chastel-Odon, 361.
Chastenay, Yonne, Anthoine, 144 ; Joachin, 374.
Château-Blonard (Hatton de), 219.
Châteauneuf, Charente, 354.
Château-Poissy, 340.
Château-Thierry, Aisne, 69, 234, 235.
Châteauvillain, Haute-Marne, 49, 57, 87, 211, 228, 279, 423 ; Anne, 307 ; Gui, 101 ; Isabelle, 57 ; Jean, 87, 246, 268 ; Jeanne, 274 ; Simon, 45, 49, 227, 234 ; Thomas, 98.
Châtel-Censoir, Yonne, Guibert (de), 8.
Châtelet (du). Armoiries, 391 ; famille, 248 ; Antoine, 325, 327-329 ; Beatrix, 332 ; Daniel, xv, 158, 160, 328, 329, 330; Dorothée-Henriette, 326 ; Erard III, 272 ; Guillaume, 98, 99 ; Jean II, 108, 321 ; Marie, 332 ; Philippe, 326 ; Pierre-Antoine, 328 ; René, 320, 321, 325, 326.
Châtelier (le), 152, 153.
Châtellerault, Vienne, (vicomt.), 354.
Châtel-Perron, Allier, (Isabelle), 269.
Châtelus. Voy. Chastellus.
Châtillon-sur-Seine, 207, 285, 423 ; Baudoin, abbé, 17.
Châtillon (de), Isabeau, 282, 283, 285 ; Jacqueline, 276 ; Jean, 359 ; Rénier, 191 ; Robert, 213.
Châtillon-en-Bazois, Nièvre. Béatrix, 268, 269 ; Blanche, 114, 115, 267, 268, 269, 270 ; Gérard, 263, 265, 268, 269 ; Henri, 268, 269 ; Hugues, 345 ; Jean, 117, 267, 269 ;

Jeanne, 268, 269 ; Marie, 268, 269 ; Robert, 269.
Châtillon-en-Vosges, Châtillon-sur-Saône, Vosges, 321.
Chatonrup, Haute-Marne, (Loys de), 138, 300.
Châtre (la) Claude, 423.
Chauderon, Chaudron. Gui, 98 ; Henri, 109, 166.
Chauffour, Aube, 72, 74, 98, 120, 162, 229, 232, 237, 299, 318, 330, 331, 372 ; dîmes, 44, 218 ; fief, 98 ; grange, 236 ; mesure, 120.
Chaumencey, seigneurie, 321.
Chaumont, Haute-Marne, bailli, bailliage, III, 123, 265, 286, 318, 334, 423 ; châtellenie, 132 ; prévôté, 133.
Chaumont-en-Vexin, Oise, 363, 402 ; prévôté, 365.
Chaumont Guitry (de). Voy. Chaumont-en-Vexin. Armoiries, 392 ; famille, 146, 309, 363 ; Aimée, 377, ou Edmée, 403, 404, 406 ; Antoine I, XIV, 130, 132, 133, 141-146, 148, 149, 151-155, 363, 364, 369-372, 374-376, 401, 402 ; Antoine II, 376, 377, 406 ; Antoinette, 367, 403, 404, 405 ; Bernard, 368 ; Catherine, 364, 402 ; Claude, 318 ; Edme-Amaury, 406 ; François, 152, 406 ; Galas, 141, 142, 144, 367, 369, 392, 402, 403 ; Guillaume Ier dit Lionel, 358 ; Guillaume I, 132-140, 299, 335 ; Guillaume II, 358, 368, 401 ; Guillaume III, 364, 365, 366, 367, 368, 401, 402. Guillaume (bâtard), 367, 368, 403, 404 ; Jacques, 139, 140, 141, 152, 367-370, 406 ; Jacqueline, 152, 157, 368, 406 ; Jeanne, 367, 374, 402, 403 ; Julien, 132, 133, 364, 401, 402, 403 ; Léonard, 141-

146, 148, 149, 152, 317, 369-375, 406 ; Louis, 151, 406 ; Mahaut, 374 ; Paule, 367, 404; Tristan de, 368, 403, 405.
Chauvirey-le-Châtel (de), Haute-Saône, 277. Armoiries, 392 ; seign., 321, 332 ; Alix, 278 ; Jean, 277 ; Marguerite, 277, 279 ; Philippe, 263, 276-278 ; sceau, 392.
Chavaudon (de). Voy. Guillaume.
Cheminel, 72.
Chêne (Le), Aube, 103, 255.
Chêne (grange du), Aube, com., Villeneuve-au-Chêne, 41 74.
Chervey, Aube, XIII, 13, 19, 35, 36, 54, 107, 135, 141, 142, 146, 150, 151, 158-160, 164, 168, 177, 212, 261, 298, 299, 304, 309, 328, 329, 330, 333, 339, 340, 343, 345, 347, 382, 418, 422 ; chapelle St-Nicolas, 130 ; foires, 4 ; four bannal, 136 ; les Usages, 136 ; La Motte du Vivier, ou l'Islotte, ou Rochetaillée, fief, 130, 164 ; *Amalricus, capellan.*, 23 ; *Evrardus, miles*, 24, 60 ; *Michael, presbit.*; *Milo, miles*, 13, 16, 34, 41, 213-215, 418, 419; Milon, fils de Milon, 418, 419; *Simon, frater Evrardi*, 60.
Chesley, Aube, 183, 408.
Chessy-sous-Ervy, Chessy, Aube, 427.
Chevailler (Charles et Nicolas), 164.
Chevignon (pré), 196.
Chézelles (seign. de), 360.
Chierrevi. Voy. Chervey.
Chitry, Yonne, 115 ; seigneur, 355.
Choiseul (de), Haute-Marne. Armoiries, 392 ; famille, 2, 124, 248, 279 ; Aimé ou Edme, 276, 278-283, 288 ; Chrétien, 316, 378 ; Gérard, 280, 288 ; Guillaume, 160, 279, 280, 288, 330 ; Guy, 278 ; Jean II, 277; Jean III, 278; Jeanne XIII, 124, 129, 131, 282, 287-289, 293, 294 ; Louis, 159, 280, 378 ; Louis-François, 378 ; Louise, 159, 323, 324, 329 ; Philibert I, 153, 154 ; Philibert II, 320-323 ; Pierre Galehaut, 280 ; Renard, 45 ; Renaud, 234.
Chrétien (Louis), prieur de Bertignolles, 422.
Christophe, curé de Loches, 203, 207.
Chypre, île, 239 ; Alix, reine, 51, 52, 63, 225.
Cirey-sur-Blaise ou Cirey-le-Château, Haute-Marne, 61, 180.
Citeaux, Côte-d'Or, abbaye, 81, 198.
Citeriaco (de) Guillelmus, prieur en France de l'Hôpital de St-Jean de Jérusalem, 399.
Clairvaux, Aube, com. Ville-sous-Laferté, 11, 12, 17-19, 23, 24, 26-28, 30, 31, 33-35, 38, 40-42, 44, 45, 47, 56-59, 67, 68, 70, 75, 77, 78-84, 86, 90, 103, 111, 112, 114, 116, 117, 123, 124, 128, 129, 130, 135, 140, 141, 147, 149, 150, 156, 157, 180, 195, 196, 197, 198-200, 203, 205, 206, 208, 211, 214, 215, 216, 218-220, 227, 234, 235, 237, 238, 240, 241, 245, 255, 265, 287, 298, 299, 302, 303, 317, 407, 408, 409, 411, 412, 416, 423 ; abbés : St-Bernard, 15, 16 ; Gérard, 24 ; *Guido*, 38 ; *Radulfus*, 57, 228 ; cellériers : Gaucher, 18, 200 ; *Jacobus*, 38; *Johannes*, 24 ; *Rainaldus*, 21, 24 ; *Walcherius*, 24 ; convers, *Lecelinus* ; moines : *Annus*, 38 ; *Jacobus*, 75 ; *Magnel-*

tus, 38 ; prieurs : Geoffroy, 194 ; Philippe, 20 ; sous-prieur, Robert, 38.
Clarellus (Reinaldus), 18, 194.
Clarembaud. Voy. Chappes.
Clarer (*Odo*), 7 ; *Rainaudus*, 7 ; *Milo*, 7.
Clarinus, de Monsterello, 62.
Claromonte (de). Voy. Clefmont.
Claustro (de) Himmelrod, dioc. de Trèves, *Radulfus, abbas*, 19.
Clayette (la), Saône-et-Loire, 359.
Clefmont, Haute-Marne, 288 ; Guillaume, 108 ; Oudin, 74 ; Roline, 279 ; Simon, 45, 74.
Clémont. Voy. Clefmont.
Clérembaud. Voy. Chappes.
Clérey, Aube, seign., 214, 276, 285, 360 ; Milon, 214.
Clermont-en-Argonne, Meuse, 325.
Clermont-Ferrand, Puy-de-Dôme, 355.
Clermont-Tonnerre (de) François, 158, 326, 327, 329 ; François-Louis, 167, 170, 333, 337, 386.
Clos (le), vigne à Baroville, 208.
Cloyes, seign., 118.
Cochin (Nicolas), 424.
Coessy (Geoffroy de), 164, 169, 171.
Cœur (Jacques), 379.
Coiffy [le Haut], Haute-Marne, (Aimé de), 279.
Colasverdey. Voy. Charmont.
Coligny (de), l'amiral, 316 ; Louise, 308, 309, 321 ; Marc, 153, 427 ; Philibert, 316, 427.
Coligny-d'Andelot (le marq. de), 423.
Colombey-les-Deux-Eglises, H^{te}-Marne, 50, 158, 319, 322-325, 327-328.
Columberoil. Voy. Colombey-les-Deux-Eglises.

Commercy, Meuse, 211, 283 ; damoiseau, 285.
Comminges, dans l'anc. Guyenne (comte), 367.
Compiègne (Gille de), 96, 100.
Connantre, Marne, seign., 365, 368.
Condé (le prince de), 160.
Condeio frater Petrus (de), 19.
Conflandey, Haute-Saône, seign., 326.
Conflans, Marne, seign., 295.
Confolens, Charente, seign., 362.
Constance, comtesse de Troyes, 8, 190.
Constantius, balistarius, 43.
Constantius, frater Girardi, 85.
Conti (le prince de), 385.
Coole, Marne, seign., 365.
Cordelière (la), Aube, com. La Chapelle-St-Luc, 336.
Cordelières (les Petites), 336.
Cordeliers de Troyes (les), 267, 352, 353.
Cornu (Gauthier), 54, 227.
Correio (vallis de). Voy. Corroy.
Corroy (la terre de), 28, 285.
Corse (comté de), 248.
Côte-Jean-de-Gand (la), 148.
Cottenet (veuve), 166.
Coublanc, Haute-Marne, sire, 294.
Couches-les-Mines, Saône-et-Loire, Guillemette, 268.
Coucy-le-Château, Aisne, Enguerrand, 198 ; Thomas, 234 ; Huguenin, 362.
Coulours, Yonne, commanderie, 402 ; l'ospital, 399.
Courcelles, 130, 290.
Courcelles-lès-Semur, seign., 118, 274.
Courcelles, dans le Maine, 331.
Courcy-aux-Loges, Loiret, bar., 417.
Cour-l'Auxerrois (la), à Chervey, 4, 151, 164.

Cour-l'Evêque, Haute-Marne, 19, 34, 46, 47, 201, 211.
Courmononcle, Aube, com. St-Benoit-sur-Vanne, 403, 406.
Coursan, Aube, seign., 367, 403.
Courtaoult, Aube, (Jean, curé de), 115, 268.
Courteranges, Aube, 166.
Courteron, Aube, 6; *Hugo de Curtirono*, 6 ; Jean Bricot, 116.
Courtray (bataille de), 266.
Couvignon, Aube, *decima*, 43; *domus*, 32 ; *vinea Ruffe*, 29, 30, 32.
Covegnon. Voy. Couvignon.
Cramoisy, Oise, le sire, 276.
Crécy (Guyon de), 263.
Cremenart *(foresta de)*, 74.
Creney, Aube, 180, 375, 379, 393 ; Guillaume, 258.
Créqui, Pas-de-Calais, marquis, 177 ; Urbain, 327.
Créqui-Monfort (Tanneguy Le Compasseur de), 278.
Crésantignes, Aube, seign., 379, 382.
Crescia. Voy. Cressia.
Cressia, Jura, (baron de), 308, 316, 427.
Crevans, Haute-Saône, seign., 277.
Crévecœur (Le-Grand), Oise, (Anne de), 329.
Croix (pré-la-), 141.
Crussilles *(foresta de)*, 74.
Crucy-le-Châtel, Yonne, 118, 271.
Crux-le-Châtel, Nièvre, 249, 363.
Cruz. Voy. Crux.
Cudot, Yonne, 405.
Cugnières (Pierre de), 267.
Cuiseaux, Saône-et-Loire, (Ponce de), 223.
Cult, Haute-Saône, (Balthasar de), 330.

Curte Episcopi (de). Voy. Cour-l'Evêque.
Cyris(Gaufridus de). Voy. Cirey-sur-Blaise ou Cirey-le-Château.

Dabo, Meurthe, (comté), 226.
Daimbertus, presbiter, 20, 22.
Daimberti (pratum), 31.
Damas, 200 ; Jacques (de), 363 ; Jean, 363.
Damerons, *uxor Guillelmi*, 82, 241.
Damerons, *uxor Pagani*, 27.
Damiette, Basse-Egypte, 48, 49, 221-223, 239, 244.
Dammartin, Haute-Marne, seigneurs, 145, 307, 316-318, 423, 427.
Dampierre, Aube, 242 ; Gui, 243 ; Guillaume, 248, 263 ; Mr de, 406.
Dampierre (Mahaut de), 243.
Dampierre-sur-Vigeanne, Côte-d'Or, 291.
Dancevoir, Haute-Marne, 49.
Dancevoyium uterque. Voy. Dancevoir.
Daniel (dans la fosse aux lions), 142.
Daniel (Simon), 134.
Dare (Claude), 160.
Darmagne, aujourd'hui Darmannes, Haute-Marne, 67.
Daudes, Aube, com. Montaulin, 193.
Daumesnil de Lignières (Edmée-Marguerite), 176.
Dauphin (empoisonnement du), 308, 309.
Dauphin de Viennoys (le), 125.
Dauphiné, 308.
Dauvet, comte des Marets. Armoiries, 392 ; M. des Marets, 386, 387 ; François, 163, 380, 381-384 ; Françoise-Chrétienne (deux cousines-germoines du même nom), 164,

381, 383, 384, 427; Gabrielle, 380; Gaspard, 379; Henri, dit Alexis-François, 163, 381, 382, 383; Jacques, seign. d'Aresnes, 424; Jeanne, 380; Louis-Anne, 163, 380-384, 427; Louise-Diane, 380; Marie, 380; Marie-Anne, 380; Nicolas, 159, 160, 378, 379.
Delpech de Méréville (Jean-Michel), XI, XII, XIII, 176, 344.
Derf, *Dervus (nemus)*, finage la Villeneuve-au-Chêne, Aube, 74.
Dervet (bois), finage Lusigny, Aube, 71, 105, 236, 256.
Deschenetz. Voy. Echenay.
Deslavayé (Martin), 177.
Diane. Voy. Lorraine.
Dienville, Aube, 263; Jehan, 98; Milon, 11; Ponce, *Pontius*, 11.
Digoin, Saône-et-Loire, (Erard de), 363.
Dijon, Côte-d'Or, 207, 279; chambre des Comptes, 152; parlement, 330, 331; vicomte, 76, 237.
Dinan, Côtes-du-Nord, 311.
Dinteville, Haute-Marne, famille (de), 2, 248, 305; armoiries, 392; Anthoinette, 316, 378; Catherine, 314; Claude, 156, 316, 321, 423; Erard Ier, 166; Erard II, 292, 365; François, 140, 308, 309; Gabrielle, 316, 427; Gaucher Ier, 136, 140-142, 299, 306, 308; Gaucher II, 308, 309, 321; Gauthier Ier, 144; Gauthier II, 427; Guillaume, 145, 146-148, 150, 306, 309, 310, 314, 315-317, 378, 427; Iolande, 292; Jacques, 306; Jehan, 134, 272, 297, 306, 308, 310, 362; Jehanne, 153, 154, 155, 159, 316, 318-324, 329, 423; Joachin, 149, 153, 309, 317, 423, 427; Léger, XIII, 133, 292, 293, 365; Marguerite, 153, 309, 317, 320, 321, 423, 427; Poinçart, 362; Yolande, 119, 121, 123, 356, 357, 359, 407.
Dio (Pierre), 283.
Doeta. Voy. Pinel.
Domanginus, 43.
Domilliers (Anselme-François), 178, 346, 350.
Dominicains (les) de Troyes, 181, 427.
Donjeux, Haute-Marne, (sire de), 294.
Donzi, Loiret, (barons de), Gaucher, 239; Hervé III, 205; Hervé IV, 221; Mathilde-Félicité, 205-206, 208, 211.
Dorigny (Nicole), 137, 138, 300.
Douai, Nord, 264.
Dours, seign., 361.
Doussot (Jehan et Remy), 148, 151.
Dreux, Eure-et-Loir. Armoiries des Dreux, 393; Emeline, 228; Guillaume, 234; Isabelle, 211, 228; Jean Ier, 239; Jean le Roux, 234; Philippine, 218; Pierre dit Mauclerc, 234; Robert III, 231; Yolande, 231.
Drogo. Voy. Fontettes.
Drosnay, Marne, (Ancel de), 108.
Drocum Sancti Basoli. Voy. Droupt-Saint-Bâle.
Droupt-Saint-Bâle, Aube, 399.
Dubois (Jean), 154.
Du Buisson-Aubenay, 427.
Duinvilla. Voy. Dienville.
Dunkerque, Nord, 178, 346.
Duplessis (Anne), 141.
Duplis, seign., 133.
Dupont, cons. d'Etat, 347.
Durandus, 85.
Durfort (Guillaume de), 264.
Durnay (de), Agnès, 181; Alix,

180; Gérard ou *Girardus*, 39, 41, 61, 74, 75, 179, 223, 234, 277 ; Hugues, 39 ; Huguette ou Huette, 32, 179, 202, 210 ; Jacques, 181 ; Jacques, fils de Gérard, 74 ; Jean, 181 ; Jehan, fils de Gérard, 74 ; Milon, fils de Gérard, 74.
Duyn (comte de), 332.
Dyenville. Voy. Dienville.

Eadmundus. Voy. Edmond.
Ecajeul (d'), Calvados, armoiries, 393 ; Liancourt, La Ramée, Silly, 333 ; Jacques, 333 ; Louis, 164, 166, 168, 169, 172, 332-335, 347, 426.
Echarson, Echarcon, Seine-et-Oise, 328
Echenay, Haute-Marne, 145, 146, 150, 272, 306, 309, 311-314, 316-318, 357, 378.
Ecorcheurs (les), 288.
Ecosse (reine d'), 371, 372.
Edesse, 197.
Edit de Nantes (l'), 342.
Edmond, fils du roi d'Angleterre, 101.
Edouard. Voy. Angleterre.
Eguilly, Aube, 4, 5, 57, 98, 108, 113, 140, 146, 147, 149, 152, 160, 163-165, 173, 212, 221, 230, 259, 306, 309, 314, 340, 342, 343, 346, 348, 358, 363, 365-387 ; Augier, 108 ; Etienne, 87 ; Hilduin et Ilduin, 29, 205 ; Huon, 98 ; Jean, 44, 218 ; Ulric, 21 ; Vuirric, 20. Voy. de Chaumont, Dauvet, de Foissy.
Elie (le moulin), 304.
Emery (baron d'), 328.
Emmanuel. Voy. Savoie.
Engente (d'), Aube. Voy. Le Blanc.
Enghien (duc d'), 316.
Engoudsen, Pas-de-Calais, com. Beussent, seign., 364.

Enguerrand. Voy. Coucy.
Entragues (d'), 170, 337.
Epagne, Aube, (Jean d'), 362.
Epiry, Nièvre, (Guillaume d'), 270.
Epoisses, Côte-d'Or, 354, 360 ; *foresta*, 74 ; André, 222 ; Guillaume, 263.
Ergançon. Voy. Argançon.
Ermengarde, fem. de Bancelin de Mallet, 199.
Ermengarde, fem. d'Etienne d'Eguilly, 87.
Ermengarde, fem. de Pinel de Chacenay, 23.
Ermengarde, fem. de Raoul, maire d'Urville, 246.
Ermeniardys, 62.
Ermentrude, fem. d'Olivier de Fontette, 25, 205.
Ermesende. Voy. Bar-sur-Seine.
Ernaldus, pater *Walterii*, 85.
Ervy, Aube, châtellenie, 281 ; garde du scel de la prévôté, 114, 268 ; Jacques, 249.
Escajeul. Voy. Ecajeul.
Escars (Charles de Perusse d'), 149.
Escaut (l'), fleuve, 243.
Eschenetz. Voy. Echenay.
Escorchés (*Guillelmus dictus*), 54.
Escoubleau (Marie d'), 381.
Escrennes, Loiret, 137, 300.
Escuré, Escurey, 369.
Esguilly. Voy. Eguilly.
Esmangardis, de Malai, 17.
Esmenardus, 74.
Espagne (Alphonse d'), 266.
Espinasse (de l'), Marguerite, 359 ; Philibert, 359.
Espiriz. Voy. Epiry.
Essarts (des), Antoine, 140, 368, 369 ; Mahaut, 144, 305, 368, 369.
Essartum d. Bernardi de Montecuco, 66.
Essert, Yonne, 265.

TABLE 447

Essoyes, Aube, XI, 31, 60, 63-65, 72, 137, 141, 159, 183, 230, 231, 236, 300, 304, 426.
Essoix. Voy. Essoyes.
Estachevra, 64.
Estevan. Voy. Rouvroy.
Esternay, Marne, 425.
Estordus de Briello, 94.
Estrac (d'). Voy. Lestrac (de).
Etang (l'), seign., 360.
Etats-Généraux (les), 317, 348.
Etienne, abbé d'Auberive, 51.
Etrelles, Aube, seign., 124, 283, 285.
Etrepy, Marne, seign., 128.
Eu (le comte d'), 356.
Eudelin, Jean, 130, 133; Jeanneton, 134; Pierre, 134.
Eudes. Voy. Bourgogne, Broyes, Grancey, Montaigu, Rougemont, Savoisy, Sombernon.
Eugène. Voy. Papes.
Eustache. Voy. Lésignan.
Eustachius Catalaunensis, 16.
Everardus de Cherrevé, 41.
Evrard. Voy. St-Loup, abbaye.

Faiens. Voy. Feins.
Faignier (Catherine), 333.
Fail (Antoine du), 139.
Faissier (Claude de), 291.
Falco (terra de), 28.
Falconarius (Johannes), 28.
Fasco (terra de), 28.
Faucher de Faverieux (le) Antoinette, 320.
Fautrey (de), Charles, 322; Nicolas, 154, 322; Philippe, 322; Richard, 322.
Fay (Hélène de), 132, 364. 401.
Fay-Gallain, bois sur St-Usage, 6, 141, 298, 303, 409, 416. Voy. Les Fays.
Fayns. Voy. Feins.
Fays (les), com. St-Usage, 75, 150, 151, 198, 237.
Feins, Haute-Marne, com. Silvarouvre, 14, 75, 198, 237.

Feoda Campaniæ, 24, 34, 78.
Férailles (les), *de Ferallis*, bois, 4, 27, 38, 46, 129, 170, 173, 214, 289, 302, 303, 337, 341, 409, 416, 417; basses, hautes Férailles, XIII, 345.
Fère, Aisne, (château de la), 234.
Fère-Champenoise, seign., 283.
Fère (de) de Pommier (Pierre-François), 176.
Ferre, dans la châtellen. de Vendeuvre, 76.
Ferry. Voy. Bérey, Chardogne, Nicey.
Ferté-Chauderon (la) ou Haute-Rive, Allier, 269.
Ferté-sur-Aube, Haute-Marne, (Billery de la), 116; Gaucher, 190; Josbert. 12, 201; *Rainerus, miles*, 17; *Stephanus, clericus*, 70.
Fervasques. Voy. Mello.
Fesca (terra de), 17.
Firmitate (de). Voy. Ferté-sur-Aube (La).
Flabémont, Vosges, com. Tignecourt, (abbaye), 321.
Flacey, seign., 316.
Flacy, Yonne, 402.
Flamands (expédit. contre les), 110.
Flandre (la), 228, 297; expédition, 242; guerre, 397; comtes, Baudoin IX, 242; Jeanne, 228, 229, 242; Louis, 266; Marguerite, 242; Robert, 264, 267.
Flavigny (Guye de), 283.
Fleury, Oise, seign., 133.
Flocques, Seine-Inférieure, (Jeanne de), 301.
Florence. Voy. André.
Florens. Voy. Roye.
Foissy, Aube, com. St-Parre-aux-Tertres, 166.
Foissy, Yonne, 403.
Foissy (de), armoiries, 393;

Anne, 378, 379; Jacques, 305; Jean, 157-159, 375, 377-379; Léonor, 378; Marguerite, 155-157, 159, 375-378; Roger, 378; Symon, 378.
Foix (Henri de), 367.
Fontaine-Béthon, mainten. Béthon, Marne, 295, 395.
Fontaine-Luyères, Aube, 171, 385.
Fontaine-Saint-Georges, ou Les Grès, Aube, 398, 400.
Fontainnes. Voy. Fontaine-St-Georges (Pierre de).
Fontanes (Robert), 138.
Fontarce, Aube, com. Vitry-le-Croisé, 11, 17, 24, 26-28, 46, 68, 79, 81-83, 98, 103, 104, 124, 129, 140, 141, 147, 149, 150, 156, 157, 195, 199, 203, 204, 206, 220, 240, 241, 255, 256, 299, 302, 303, 317, 407-416.
Fontarcium. Voy. Fontarce.
Fonteinnes. Voy. Fontaine-St-Georges.
Fonteit. Voy. Fontette.
Fontenay, Côte-d'Or, com. Marmagne, (abbaye), 354.
Fontenay, Seine-et-Oise, seign., 340.
Fontette, Aube, 5, 25, 40, 98, 108, 117, 134, 139, 144, 152, 153, 159, 165, 167, 173, 175, 176, 181-183, 240, 341, 344, 374; *Bertranus,* 27, 40; *Drogo, presbiter,* 24; Etienne, 108, 110; *Guido,* 17; *Guido Rufus,* 194; Hugo, 17; Hugues, 20-23, 70, 215; Olivier, 25, 205; Perron, 101; Pierre, 27, 28, 34, 206, 211; Pierre le Gros, 29, 30, 215, 216; Pierre, 29; Regnauz, 101; Robert, 70; Thevenin, 107, 260.
Fontoites. Voy. Fontette.

Foolz, Aube, com. de Bourguignons, 153, 320.
Forcadel (Claude), 161, 163, 332; François, 162, 331.
Forêt-La Folie, Eure, seign., 133.
Forêt-sous-Fralignes (la), 320.
Forez (le). Noblesse, 262; comtes, 89, 93, 398; Gui, ou Guigues V, 231, 243; Guigues VI, 85, 89, 243-245, 247, 268, 398; armoiries, 393; Renaud Ier, 89, 244, 247, 398.
Forois. Voy. Forez.
Fort (le), Yonne, com. Mezille, seign., 367.
Fortelle (la), Seine-et-Marne, seign., 383.
Fosse (Petit Jean de la), 402.
Fosses (les), Aube, com. St-Usage, 5, 151, 298, 303, 409, 416.
Fouquembergues, Fauquembergue, Pas-de-Calais, 311.
Fouquet, le procur. gén., 284.
Fouvent-le-Châtel, Hte-Saône, seign., 263.
Foux. Voy. Foolz.
Fragne (le), Aube, com. Landreville, 29.
Fragnines et Fraignines. Voy. Fralignes.
Fralignes, Aube, (la Haute-Forest de), 119, 132, 137, 153, 357; la motte de la Haute-Forêt, 364.
Franay ou Frasnay (Claude de), 153.
Franchevault, Yonne, com. Beugnon, 22.
François Ier, roi de France, 304.
François II, roi de France, 317.
Franquelance. Voy. Bournan.
Fraucourt, Hte-Marne, seign., 379.
Fraxino (de). Voy. Fragne (le).
Froidmanteau, plus tard Franchevault, 22.

Frolois (de), Côte-d'Or, seign., 114; Alix, 263; Gaucher, 263; Gui, 116, 267; Jean, 263, 267, 353; Marguerite, 117, 267.
Fructueuse (sainte), reliquaire, XII.
Fulcheri molendinum, 39, 55.
Fulcherus, prepositus, 22.
Fulco, archidiaconus, 18.
Fulvy, Yonne, carrière, 254.

Gacheium, Gachy. Voy. Guerchy.
Gaillard (Michel), 136.
Galas. Voy. Chaumont, Salazar.
Gallande (de). Voy. Garlande.
Galeran. Voy. Saints (de).
Gallerus. Voy. Gauthier.
Gan, Gand, Gans, Ganz (de), seign., 77; Antoine, 318; Etienne, 181; Girard, 181; Guillaume, 117, 181; Jacques, 318; Jehan, 181, 280; Jehan (le Bienheureux), 181; Robert, 104, 105, 256; Sehier, Seiers, Séguier et *Siguerus*, 77, 93, 94, 104, 105, 166, 181, 256; Thibaud, 362.
Gand. Voy. Jean de Gand (le Bienheureux).
Garanne (bois de la), 426.
Garembertus, 17.
Garlande (de). Gui, 19, 200; Manassès, 78, 202, 209, 240.
Garnier. Voy. Trainel.
Garnier (moulin), 59.
Gascogne (guerre de), 356.
Gaucher. Voy. Bar-sur-Seine, Chamigny, Dinteville, etc.
Gauchère. Voy. Bruillard.
Gaucherius. Voy. Clairvaux.
Gaufredus. *Gaufridus, preposit.* de Chacenay, 33.
Gaufridus dominus de Cyris, (Cirey-sur-Blaise), 61, 180.
Gaufridus de Brierio, 18.

Gaufridus parvus, 85. Voy. Geoffroy, *Godefridus*.
Gaulars (Jehans), 108.
Gauterius, prepositus, 194.
Gauthier. Voy. Arzillières, Bourgogne, Brienne, etc.
Gautiers, évêque de Senlis, 95.
Genève, Suisse, 423.
Genève (Gui de), 255.
Génevois (Le), Catherine, 427; Pierre II, 324.
Geoffroy. Voy. Argançon, Chartres, Coessy, Joinville, etc.
Geoffroy, év. de Langres. Voy. Rochetaillée.
Gérard, *Gerardus*. Girard, *Girardus*. Voy. Chatillon, Choiseul, Durnay, etc.
Gerboyau (moulin). Voy. Moulins.
Germigny, Yonne, seign., 360.
Gersennis de Curtiruno (Courteron), 6.
Gertrude. Voy. Metz.
Gié. Voy. Gyé.
Gillancourt, Haute-Marne, 180.
Gilles. Voy. Compiègne, Vendôme, Villenauxe.
Girard, frère de saint Bernard, 194.
Girardus carpentarius, 83.
Girardus, filius Warberti, 19.
Girard de Bourges, 50.
Givry, seign., 360.
Givry (le card. de), év. de Langres, 143, 146, 304.
Givry (de) Etienne, évêque de Troyes, 283.
Godefridus. Voy. *Gaufredus*, *Gaufridus*.
Godefridus, episc. Lingonen. Voy. Rochetaillée.
Goeth (Guillaume), 205.
Goion (*pratum Petri*), 31, 208.
Gosbert de Bar. Voy. Bar.
Gossinus, prepos. Barri, 33.
Gouins (*Petrus*), 194.
Gouzet (le), seign., 332.

29

Grammont (Claude-François de), 326.
Grancey-le-Château, Côte-d'Or (et peut-être Grancey-sur-Ource), seign., 95, 217, 252, 279 ; armoiries, 393 ; Alix, 278 ; Claude, 274-279, 281, 282, 285, 287, 362; Cunégonde, 113, 266, 353 ; Elisabeth, 75, 237 ; Eudes, 51, 52, 75, 215, 225, 237, 263 ; Eudes IV, 113, 266, 271, 353; Guillaume, 118, 271, 272, 273, 283 ; Isabelle, 365 ; Jeanne, 353 ; Mahaut, 272, 273 ; Mile ou Milet, 272, 273 ; Ponce, 217 ; Renaud, 78, 235, 239 (voy. Larrey) ; Robert, 118, 122, 123, 263, 271-276, 420.
Grands-Essarts (les), fief, 4, 129, 147, 150, 170, 173, 289, 305, 315, 317, 337, 341, 343.
Grange-aux-Reys (la), Aube, com. de Montgueux, 402, 405.
Grange (de la), sieur, 159 ; Charles-Joachim, 168.
Grange (de la) de Villedonné, 165, 387 ; sieurs et demoiselles, 171, 173 ; demois. de la Grange de Montigny de Villedonné, 176.
Gray, Haute-Saône, 295 ; Jehan, 320.
Grenet, Seine-et-Marne. Voy. Gronai.
Grésigny, Côte-d'Or, 82, 241, 377, 378. Guillaume.
Grignon (le sieur de), 165.
Grillot, secrét. de l'abbé de Clairvaux, XVII.
Griselin, 77.
Grisemal (Ernoul de), 100.
Grisy, seign., 359.
Gronai, Seine-et-Marne, com. St-Barthélemy, mainten. Grenet, (Pierre de), 30.
Gruyer (le), Claude et Simon, 130, 290.

Guérard (Jean), 114. 266.
Guerchy, Yonne, 49, 53, 54, 222, 226.
Gui et Guy. Voy. Arcis, Bar-sur-Seine, Bourbon, etc.
Guye. Voy. Anglure, Blanchefort, Flavigny.
Guiard, Viard, Wiard. *Guiardus, Viardus, Wiardus*, archidiac., 18.
Guiardus, Solteins, alias *Sultanus*, 20.
Guiardus, decanus xristianit. Barri super albam, 70.
Guiardus. Voy. Chappes, Larrey.
Guibert de Châtel-Censoir, 190.
Guichard. Voy. Beaujeu.
Guido. Voy. Gui.
Guido. filius Rigaudi, 18.
Guido, filius Petri de Fonteites, 35.
Guido, domin. Arceiarum, 53.
Guido de Vilers, 35.
Guido, episc. Lingonen., 80, 81, 91, 92.
Guienne (la), 295.
Guignes. Voy. Forez, Nevers.
Guillaume, *Guillelmus*. Voy. Anglure, Arcis, Aumont, etc.
Guillaume de Chavaudon (Pierre) 334.
Guillaume, arch. de Tyr, 207, 209.
Guillelmus de Brierio (Briel), 18.
Guillelmus Escorchés, 54.
Guillemette, fem. de Nassier, 142.
Guinemanus, 194.
Guines, Pas-de-Calais (Arnoul), 243 ; comte, 295.
Guise (de), 311, 312, 313, 316, 319, 371, 423.
Guitry, Eure, seign., XIV, 124, 132, 133, 358, 362, 363, 402.
Guiz. Voy. Gui.
Gunterius. Voy. Buxières.
Gunterus. Voy. Briel.

Guyonvelle, H^{te}-Marne, seign., 294.
Gyé-sur-Seine, Aube : bailli, 306; château, 264; châtellenie, 305, 306; marquis, 337; marquise, 170; seign., 110, 129, 146, 147, 289, 337.

Haganon. Voy. Bar.
Haimard, év. de Soissons, 42, 219.
Haimo, Haimon. Voy. *Baratellus*, Noë, *Porta*, St-Usage.
Hainaut (le), 310.
Hallencourt, Somme, seign., 328, 426.
Hanoteau (Jean), abbé de Vauluisant, 402.
Hanruel. Voy. Henruel.
Haraumesgnil, Harromagnil, Haute-Marne, com. Louze, 314.
Haraucourt (Catherine de), 288.
Harteloire (de la). Voy. Betz.
Hato. Voy. *Moneta (de)*.
Haton, chevalier, 78, 240.
Hatton, év. de Troyes, 15.
Hatton. Voy. Château-Blonard.
Hauffroy (M^r), 174, 177.
Haussonville, Meurthe, (Marguerite d'), 321.
Haute-maison, seign., 328.
Haye (Charles de La), 144, 305, 369.
Haye de Challemont, bois, 375.
Hébron, Palestine, 207.
Hector. Voy. Mello, Salazar.
Hei (vallis de), 46.
Helebaudus. Voy. Avalleur.
Hélène. Voy. Chastellus, Fay.
Hélie. Voy. Montsuzain.
Hélissant. Voy. Elissende.
Helyssendis. Voy. Elissende.
Hénin-Liétart (Jacques-Antoine d'), 384, 427.
Hennequin. Armoiries, 393; Joseph-Antoine ou Antoine-Joseph, 165, 167-171, 333, 334, 337, 338, 339, 384-387; Henriette, 336; Louis-François, 385; Nicole, 148.
Henri. Voy. Balzac, Bar, etc.
Henri II, roi de France, 153, 309, 310, 315; Henri III, roi de France, 423, 424.
Henri V, roi d'Angleterre, 280, 285; Henri VI, roi d'Angleterre, 124, 281, 285, 362; Henri VII, roi d'Angleterre, 297. Voy. Angleterre.
Henri II, comte de Bar, 44.
Henri l'armurier, 96.
Henricus, faber, 20.
Henruel. Voy, Rivières-et-Henruel (les).
Herbert de Bar-sur-Seine, 201.
Herbertus, frater Pagani, 27.
Herbertus. Turpis moneta, 30.
Heroldus, 85.
Hervé, comte de Nevers, 49.
Hervé, év. de Troyes, 47, 223.
Hervold, aventurier, 424.
Hildebertus. Voy. Beurrey.
Hildierus Voy. Beurrey.
Hilduin, év. de Langres, 34.
Himmelrod ou Hemmenrode, abbaye, dioc. Trèves, Raoul, abbé, 19, 200.
Hispania, 88. Voy. Epagne.
Hollande (comte de), 242, 397.
Hombeline, fem. d'Ansèric de Chacenay, 10-13, 15, 27, 193-196.
Hongrie (reine de), 310; voyage, 358.
Honorius III, pape, 42, 45, 46, 48, 50, 220, 223, 396.
Horriz. Voy. Noé.
Hospitalarii, Frères de St-Jean de l'Hopital, 46, 88.
Hubeline. Voy. Hombeline.
Huet. Voy. Chacenay.
Huette, dame de Durnay, 32, 179, 202, 210.
Hugo. Voy. Hugues,

Hugo de aqua, 40.
Hugo de Marolio, 53. Voy. Mareuil.
Hugo, filius Petri de Fonteites, 35, 40, 41.
Huguenin, seign. de St-Trivier, 274.
Huguenin, filliastre Billery, 116.
Huguenots (les), 423, 424.
Hugues. Voy. Bourgogne, Chacenay, Chappes, etc.
Hugues, comte de Troyes, 8, 10, 191.
Hugues, doy. de la Chrétienté de Bar, 101.
Huguette. Voy. Huette.
Hugues, curé de Villenesse, 203.
Humberge, fille d'Adeline, 418.
Humbertus, decanus, 18.
Hunivilla. Voy. Unienville.
Huon. Voy. Eguilly.
Huoz. Voy. Ville-sur-Arce.
Huques, Aube, com. Laubressel, 328.
Huyart (Antoine), 166.
Hyspania. Voy. *Hispania*.

Ignaucourt, Somme, (Guy d'), 134.
Illiers (d'). Voy. Balzac.
Innocent. Voy. Papes.
Insula Germanica. Voy. Montier-la-Celle, 15.
Insulis (de). Voy. Isle-Aumont.
Isabeau, Isabelle. Voy. Angoulême, Arcis, etc.
Isle, Isle-Aumont, Aube, 24, 51, 52 ; châtellenie, 204 ; marquisat, 177.
Isle-en-Rigault (l'), Meuse, 288.
Islotte (l'), à Chervey, 4, 130, 138, 143, 146, 154, 156, 158-164, 165, 169, 171, 339, 364.
Ispania (Walterius de), 8. Voy. Espagne.
Issoudun, Indre, 295, 296.
Italie (la guerre d'), 315.

Iterius. Voy. Mallets.
Itier. Voy. Brosse, Mallets.
Ivry, seign., 379.

Jacenna, Jacennaio (de), Jacques, 14 ; Anséric., 23. Voy. Chacenay.
Jacobins (les) de Troyes, 426.
Jacobus. Voy. Jacques.
Jacobus, decan. Lingon., 49.
Jacqueline. Voy. Châtillon, Chaumont, etc.
Jacques. Voy. Aumont, Chacenay, Chaumont, etc.
Jacquet de Joucterot, dit Fourquault, 125, 127.
Jacquet de la Bussière, 336.
Jaquette, fille de Perrinot le Fourroilon, 116.
Jacquot. Voy. Pacy.
Jaffa (comté de), 232.
Jainville. Voy. Joinville.
Jarnac, Charente, 354.
Jaucourt, Aube, bailli, 375 ; seigneurs, 392 ; Erars, fils de Pierre, 108 ; Jean, 356 ; Perinot, 98 ; Pierre, 107, 108, 166, 260.
Jauges, Jaulges, Yonne, 401.
Jean. Voy. Anglure, Arcis, Balerne, etc.
Jean (le roi), Jean le Bon, 117.
Jean, roi de Jérusalem, 53, 54.
Jean, abbé de Ste-Geneviève, 50.
Jean de Gand (le Bienheureux), 181.
Jean-de-Gand (fief), 5, 149, 157, 165, 175, 182.
Jeanne. Voy. Amoncourt, Arcis, Aumont, etc.
Jeanneton. Voy. Eudelin.
Jehannin. Voy. Vougery.
Jérusalem, 29, 30, 180, 197, 208 ; rois, Baudoin IV, 207 ; Jean, 53, 221, 226, 227 ; René d'Anjou, 285.
Joachim. Voy. Chastenay, etc.

Jobertus, miles de Chacenay, 50.
Joffroy. Voy. Geoffroi.
Johanetta, filia Erardi de Chacenai, 47, 48.
Johannes. Voy. Jean.
Johannes, filius Bovonis, 85.
Joffredus, marescal. Campanie, 42.
Joigny, Yonne, comte, Pierre, 249; Jehanne, 355.
Joinville, Haute-Marne, 259; gouverneur, 371, 406; armoiries des seign., 393; Alix, 111, 249, 258, 260, 264; Ancel (de Rimaucourt), 259; Gauthier, 259; Geoffroi, 209; Gui (de Sailli), 259; Guillaume II, 215, 217; Jean (seign. de Méry), 401; Jean, 96, 99, 244, 249, 253, 254, 258, 259; Jean (d'Ancerville), 259; Jeanne (de Joinville-La-Fauche, 347; Laure (de Sailly), 357; Simon, 44, 45.
Joisel, Joiselle, Marne, (Pierre de), 372.
Josbertus de Firmitate. Voy. Ferté-sur-Aube (la).
Joscelinus, archidiaconus, 18.
Josias. Voy. Anglure.
Jouarre, Seine-et-Marne, 112, 353.
Jours, Côte-d'Or, seign., 377, 378.
Jousseaux, Jura, com. Cosges, seign., 374.
Jouy (Jeanne de), 364.
Juilly-sur-Sarce (ou le Châtel), Aube, 281; seign., 57, 98, 228; Guillaume, 99.
Juilly-les-Nonnains ou Jully, Yonne, 22, 194, 195, 224.
Junchères (vallée de), 56, 228.
Juvencurt, Juvancourt, Aube, (Hugues de), 17.

Laas, Loiret, seign., 135, 137, 144, 295, 296, 300, 306.
Lachy, Marne, (parc de), 285.
Laçois (archidiacre du), 353.
La Font de St-Yon. Voy. Font (la).
La Fontaine (de). Armoiries, 293; Elisabeth, xvi, 158, 160, 161, 328, 330, 332; Nicolas, 159, 328, 426.
Lagny, Seine-et-Marne, 192.
La Grange (de). Voy. Grange.
La Haye (de). Voy. Haye.
Laines-aux-Bois, Aube, 20, 25, 78, 180, 186, 240.
Lallemant (Jean), 279.
Lambert Bouchu, 51, 52, 225.
Lambertus, capell. de Chacennaio, XI.
Lambertus, cellerar. Anserici de Cacennaco, 11.
La Motte-Tilly. Voy. Motte-Tilly.
Lancastre (de), Henri, et Jean, 259.
Lancelot. Voy. Salazar.
Landreville, Aube, 208; Catherine, 139; Jean, 362.
Langres, Haute-Marne, XII, 6, 8, 9, 11, 16, 18, 21, 23-26, 28, 31, 33, 34, 38, 43, 45, 51, 52, 54, 67, 71, 80, 81, 92, 97, 102, 113, 114, 143, 149, 155, 156, 163, 167, 170-172, 175, 178, 186, 187, 190, 191, 197, 199, 200, 202, 203, 213, 215, 217, 225, 230, 236, 240, 241, 252, 255, 258, 264, 272, 277, 293, 304, 307, 331, 333, 337, 339, 348, 382, 386, 417; archidiacre, 420; chapitre, 112; cour épiscopale, 421; *decanus*, 49; *officialis*, Fredericus de Pontalliers, 67; *prepositus, Stephanus*, 67; évêques : Armand de Simiane, 331; Charles de Pérusse d'Escars, 149, 155, 156; François-Louis de Clermont-Tonnerre, 167-170, 333, 337, 386; *Gal*-

terus [de Bourgogne], 23-26, 28; Gilbert de Montmorin, XII; Givry (le cardinal de), 143, 146, 304; *Godefridus* (Geoffroy de Rochetaillée), 16, 18, 21, 23, 197, 199, 200, 202, 2)3; Gui de Genève, 255; *Guido* (Gui de Rochefort), 80, 81, 91, 92, 240, 241; Guillaume de Durfort, 264; Hilduin de Vendeuvre, 34, Hugues de Montréal, 51, 52, 53; Jean d'Arcis, 258; Jean de Rochefort, 255, 426; Manasses de Bar-sur-Seine, 31, 33; Pardaillan de Gondrin (Pierre de), 171, 339; Renard-Hugues de Bar-sur-Seine, 6; Robert I de Bourgogne, 8, 9, 186, 190, 418; Robert II de Châtillon, 38, 213, 418; Robert III de Torote, 71, 187, 236; *Willelmus* (Guillaume II de Joinville), 45, 215, 217; *Willencus*, 11.

Lanis Hugo (de), *prepos. Agnetis* de Cacenai, 20. Voy. Laines-aux-Bois.

Lanques, Haute-Marne, (baron de), 288; Isabelle, 280; Jean, 280.

Lantages, Aube. Aimé, 408; Antoinette, 149, 152, 153, 317, 371-374, 408; Charlotte, 408; Chrétienne, 156, 379; Gaspard, 408; Jacques, 147, 156, 157, 305, 306, 360, 369, 375, 377, 379, 407, 408; Jean, 147, 149, 306, 408; Louis, 377.

Lantil. Voy. Lanty.

Lanti, Lanty, Haute-Marne, Guillaume, 98, 108; Jean, 108.

Laon, Aisne, 286; Baudoin, 256.

Largentier (Nicolas), 156.

Largillière (peintre), XVIII, XXII.

Larivour, La Rivour. Voy. Rivour (La).

Larmurier (Erard), 253.

La Rosière. Voy. Rosière.

Larquelais (de) Michaut, 170.

Larreium, Larrey, Côte-d'Or, chapelle, 70, 235; forteresse, 116; seign., 117, 118, 121, 235, 241, 263, 271, 272; *Guiardus* (*Wiardus* Viard) *de Larreio*, 26, 27, 205; *Renaldus* (Renaud), 78, 85. Voy. Grancey.

Las. Voy. Laas.

Latran, Rome, 42, 50.

Latrecey, Haute-Marne, 426.

Laubressel, Aube, 238, 307, 309; *parrochia*, 29; Lucas, 22.

Laurentius, frater Pagani, 27.

Lautrec, Tarn, seign., 367, 403.

Lavau, Aube, 180.

Lavoisier, 349.

Lay (Emard de), 363.

Layrré (de). Voy. Larrey.

Law (système de), 335.

Laz. Voy. Laas.

Le Bâcle. Voy. Bâcle.

Le Blanc d'Éguilly, Engente, Vitry. Voy. Blanc.

Lecey de Changey, 172.

Lécorcher (Nicolas), 382.

Le Fay, 150, 151. Voy. Fays.

Le Gendre, 175.

Léger. Voy. Baroville, etc.

Le Gruyer. Voy. Gruyer.

Léguisé (Jean), év. de Troyes, 284, 288.

Le Lieur. Voy. Lieur.

Le Mairat. Voy. Mairat.

Le Mercyer. Voy. Mercyer.

Le Noble. Voy. Noble.

Lenoncourt (de), Meurthe. Armoiries, 393; branches de Lenoncourt, 326; famille, 2, 248; marquis, 158; marquise, XVI, 161; Antoine, 319, 376; Char-

les, 155, 319, 321-324, 423, 424; Charlotte, 324; Claude, 157, 318, 324-326; Gabrielle, 319-321, 324, 326; Germain, 319; Henri II, 316, 319; Jean, 299, 318; Joachin, 319; Louis, 318-321, 323, 424; Marie-Sidonia, 162, 330, 331; Olivier, 299; Pierre, 299, 324; Renée, 319; Philibert ou Philippe II, 318, 319, 321, 324-327, 329; Philippe, 157, 158, 299.
Lentaige (de). Voy. Lantages.
Léonard. Voy. Chaumont.
Le Pelé. Voy. Pelé.
L'Epine, Aube, com. Landreville, 29.
Le Rey. Voy. Rez.
Lescelin, chambrier de Molême, 7, 191.
Les Fosses. Voy. Fosses.
Lésignan (de), Eustache, 354; Geoffroi, 354.
Lésines (Notre-Dame de). Voy. Lézinnes.
Lestrac (de) Guillaume, 141, 304, 322, 426; armoiries, 426.
Lézinnes (Yonne), abbé, 129; Antoinette, 365; Jeanne et Jean Trouillard, 269.
Liancourt (de), branche d'Ecageul, 333; famille, 248; seign., M' de, 151, 173, 334, 386; marquis, 164, 166, 172, 332, 335, 337, 347; marquise, 168.
Libourne, Gironde, seign., 295.
Liebaudus, maritus Suffisiæ, 62.
Liège, Belgique, (pays de), 310.
Lieur (le), Jean-Baptiste, Jean-Louis, Louis, 173.
Ligneio (de). Voy. Lignol.
Lignol, Aube, 50.
Ligny, Yonne, 426.
Lignières, Aube, 29, 153, 382; *Ulricus*, 29.
Ligueurs (les), 423.

Lille, Nord, 113, 229, 264, 266.
Limbourg (Waleran, comte de), 226.
Limousin (le), 326.
Lineriis (de). Voy. Lignières.
Listenois, seign., 361.
Livrezanne (Marie-Catherine-Thérèse), 349, 350.
Loches, Aube, 64, 67, 145, 148, 180, 182, 203, 231, 299, 307, 318, 319, 341; Christophe, curé, 203, 207.
Loeriis (de). Voy. Luyères.
Loesme, Louesme, Côte-d'Or, 31.
Loge (étang de la), 377.
Longeville (de), Aube, 167, 341; Charlotte, 172; Claude, 153; Gérard, 135; Gilbert, 155; Marguerite, 172, 173; Marie, 108, 166; Pierre, 168, 170. Voy. Ville-sur-Arce.
Longpré, Aube, 4, 75, 277, 426.
Longuay, Haute-Marne, com. Aubepierre, abbaye, 12, 14, 19, 34, 46, 47, 49, 50, 195, 198, 201, 211, 220; *Radulfus*, abbé, 31.
Longueville, Aube, 400.
Longum vadum. Voy. Longuay.
Lonzac, Charente-Infér., seign., 295, 296.
Lorme (Henry et Jacques de), 151.
Lormes, Nièvre, 328, 354.
Lorraine (la), 226, 326; monnaie, 126; Diane, 406; Henri, 423, 424; Thibaut, 45.
Lorrains (les), 422-424.
Louans (de), Seine-et-Marne, armoiries, 394; Jacques, 131, 288, 291; Philippe, 289.
Louis. Voy. Aycelin, Châlon, etc.
Louis VI, roi de France, 192; Louis VII, roi de France, 25, 197, 200, 206; Louis VIII, 229; Louis IX, 235, 239,

248 ; Louis X, 263, 398 ; Louis XI, xiii, 288, 292, 296, 365 ; Louis XII, 302 ; Louis XIV, 325.
Louppy-le-Château, Meuse, seigneur, 153, 180.
Louze, Haute-Marne, 314.
Loysia, Loisia, Jura, seign., 316.
Lugny (Hébaut de), 283.
Lusignan (de), Gui, 208, 209 ; Hugues, 198.
Lusigné. Voy. Lusigny.
Lusigny, Aube, 22, 32, 48, 55, 61, 62, 71, 92, 93, 94, 104, 105, 166, 181, 236, 256 ; Erard, 62 ; *Fulcherus* Reboursin, 62 ; *Galterus, prepositus de* Lusini, 208 ; *Petrus, frater Galteri*, 32 ; *Radulfus, major de Lusigniaco*, 62.
Luyères, Aube, *Aimbertus (de)*, 22.
Luxembourg (Waleran, comte de), 226.
Luz (Chrétienne de), 153 ; seign., 173.
Luzy (Jean de), 263.
Lyon, Rhône, (province de), 216, 217 ; bourgeois, 398.

Maceline (maison), 213.
Macheret, Marne, com. St-Just, abbaye, 295.
Machy, Aube, 5, 78, 136, 147 ; François, 149, 154, 156, 157, 165, 168, 177, 240, 342, 379, 382.
Mâcon, Saône-et-Loire, 423 ; bailliage, 89, 259 ; Hugues, 198, 201.
Magnant, Aube, 74.
Magnettus. Voy. Clairvaux.
Magny-Fouchard, Aube, 75, 277.
Mahaut. Voy. Chacenay, etc.
Maignant. Voy. Magnant.
Maigneville. Voy. Monneville.
Maignon (le), conseiller d'Etat, 347.
Maillet (Edme), 322.
Mailly, Meurthe, (Gabrielle de), 327.
Maine (la maison du), 359.
Maintgère, Aube, com. Montreuil, 214.
Mairat (le) Marie, 156.
Mairé. Voy. Merrey.
Maisnil Fouchart, Fulchart. Voy. Magny-Fouchard.
Maison-Neufve (la), seign., 405.
Maisy (de), Marguerite, 277.
Maizières, Doubs, (Pierre de), 424.
Malai, Malay. Voy. Mallets.
Malay-le-Roy, Yonne, *prepositus*, 399.
Malbertus. Voy. Bligny.
Maleyum. Voy. Malay-le-Roi.
Malicorne, Yonne, 400.
Malier (François), év. de Troyes, 284.
Mallay. Voy. Mallets (les).
Mallets (les), Aube, com. Noé-les-Mallets, 41, 107, 150, 151, 154, 322, 399 ; *Adelina*, 12 ; *Bencelina*, 17 ; *Bencelinus*, 17, 194, 199 ; *Ermengardis*, 17 ; *Iterius*, 12, 17, 195 ; *Iterius, filius Iterii*, 17 ; Jean, 101 ; *Nevolus*, 12 ; *Rocelina*, 17 ; fief, 108, 141, 159, 160, 183, 197, 216, 261, 304 ; motte, 322 ; moulin, 380 ; Mallet (le grand), xiii, 4, 166, 175, 176, 344, 345 ; Mallet (le petit), xiii, 4, 166, 344, 345.
Maly (Jehan), 125, 127.
Maranville, Haute-Marne, 180.
Marau, ou Boitotte (étang), 376.
Marbéville, Haute-Marne, 324, 325, 327.
Marcenay (de), Côte-d'Or, Hugues et Milon, 7, 189.
Marche (comte de la), 233.
Marcigny-les-Nonnains, Saône-

et-Loire, (prieur), 244; convention, 423, 424.
Marcillac (de), Claude, 385 ; Louise-Elisabeth, 171, 385.
Marcilly, Nièvre, seign., 363.
Marcilly-sur-Seine, Marne, 103, 255, 295, 296, 302.
Marcilly (Guillaume de), 111.
Maret (Barbe), 145.
Marets (les), Seine-et-Marne, marquisat, 379, 381 ; des Marets, voy. Dauvet.
Mareuil-sur-Ay, Marne, (Hugues de), 53.
Marfontaine, Aisne, (sire de), 273.
Margeville, seign., 321.
Marguerite. Voy. Anglure, etc.
Marguerite, dame de Champlost, 32.
Marguerite, femme de Gérard de Durnay, 39.
Maria, uxor Sigueri de Gan, 104.
Marigny (de Saints, seign. de), 139, 301.
Marigny-le-Cahouet, Côte-d'Or, (Eudes de Sombernon, sire de), 263.
Marigny-le-Châtel, Aube, (Guillaume, sire de), 263.
Marimont (château de), 310.
Marisy (de) Elisabeth, 424.
Marmoutiers, Indre-et-Loire, l'abbé, 191.
Marolium. Voy. Mareuil.
Marolles, 95.
Marolles-les-Bailly, Aube, 10, 75, 193, 299, 300, 318, 372, 376.
Marquemont, Oise, com. Monneville, 133.
Marrolis (in), 10. Voy. Marolles-les-Bailly.
Martel, Guillaume, 402 ; Jean, dit Bureau, 364, 402; Jeanne, 132, 133, 364, 402.
Martin de Pinchesne (Marie-Louise), 177, 346-348.

Mary. Voy. Merrey.
Macey, Aube, fief, 166, 180 ; finage, 123.
Massoure (la), Basse-Egypte, 239.
Massy. Voy. Macey.
Mathieu. Voy. Mello, Pizy, etc.
Mathieu, év. de Troyes, 25, 195.
Mathilde-Félicité de Donzi, 205, 206, 208, 211.
Mathilde, fille d'Erard II de Chacenay, 44, 54.
Mathilde, fem. d'Erard I de Chacenay, 29.
Maubert, doyen de Vendeuvre, 36, 38, 42.
Maudet (Anne), 383.
Maulny, Aube, com. Piney, fief, 181.
Mauny (de) Guillaume, 166.
Mauroy (de) François, 135, 376 ; Jean, 372 ; Michel, 148, 372; Nicolas, 135, 292.
Mauvoisin (de) Gui III, 355.
Maximilien, emper. d'Allemagne, 297.
Mazarin (le cardinal), 325.
Mazinghem, Pas-de-Calais, seigneurie, 304, 332.
Méandre (victoire du), 200.
Meaux, Seine-et-Marne, 235, 317; bailli, 104, 289 ; évêques : Burchard, 195 ; Tristan de Salazar, 296.
Mello (de). Armoiries, 394 ; Agathe, 359; Catherine, 356; Charles, 292, 361 ; Charles II, 362 ; Claude, 356, 362, 363 ; Dreux II Saint-Bris, 354, 355; Dreux III Saint-Bris, 354 ; sceau, 394 ; Dreux I Bligny, 115, 355, 356, 361 ; Dreux II Bligny, 356 ; Dreux Vitry-le-Croisé, 358, 359, 363 ; Gauthier, 356 ; Guillaume, 129, 133, 361 ; Guillemette, 359 ; Hector, 358 ; Henri, 407 ;

Isabelle, 355, 356 ; Jean, 124, 281, 285 ; Jean, 357, 359 ; Jean 359 ; Jean, 360, 361, 363 ; Jeanne, fem. de Guillaume de Chaumont, 358, 362, 401 ; Jeanne, fem. de Jacques de Lantages, 147, 148, 149, 305, 306, 407 ; Jeanne, fem. de Jean de Damias, 363 ; Jeanne, fille de Louis, 360 ; Louis, 123, 281, 282, 356, 359 ; Marguerite, 356, 259 ; Mathieu, 261, 269, 353, 354, 355 ; Mathieu, 355 ; Philippe, 140, 407 ; Philiberte, 359 ; Pierre de Fervasques, dit Hutin, 360, 361, 407; Renaud et Regnaud, 116, 117, 119, 292, 355, 356, 357 ; Renaude et Regnaude, 128, 129, 361.

Melun, Seine-et-Marne, vicomtes, 89 ; armoiries, 394 ; Adam III, 245; Guillaume III, 87, 243, 245-248, 397, 398.

Menardus. Voy. Mores.

Mende, Lozère, 258.

Meneurs, (les Frères). Voy. Mineurs.

Meneville, Oise, 407.

Menisson (de) Antoine, 424.

Mercennaco(de).Voy.Marcenay; Hugues et Milon, 7.

Mercyer (la veuve Martin le), 151 ; Daniel, 151.

Méréville (de). Voy. Delpech.

Mergey (mém. du sr de), 308 ; Jean, 310, 314, 316 ; Nicolas, 314.

Meriacum.Voy.Méry-sur-Seine,

Merlo, Voy. Mello.

Merrey, Aube, seign., 107, 114, 181 ; Elissende d'Arcis, 99 ; Gauthier, 99, 250, 253, 260.

Méru, Oise, seign., 276.

Méry-sur-Seine, Aube, 399, 401.

Mesgrigny (de), Armoiries, 394 ; Jean VII, 328 ; Jean VIII, 158, 160, 327, 329.

Mesnil (du), Claude, 406 ; François, 406.

Messon, Aube, 180.

Metensis (urbs), Metz, Moselle, 18, 19, 53, 200, 226 ; Gertrude, 228.

Meursyot, seign., 305.

Meurville, Aube, 45, 46, 98, 113, 129, 220, 257, 320, 361, 426.

Mézinghem. Voy. Mazinghem.

Michaut de Larquelais, 170.

Michel. Voy. Aumont, Boutet, etc.

Miles. Voy. Noyers, etc.

Milet. Voy. Milon.

Millery, à Ville-sur-Arce, seign., 139.

Milley (Le Bourguignon), 166.

Milly, Henri, escuier, 402.

Milo et Milon. Voy. Arcis, Bar-sur-Seine, etc.

Mimeure, Côte-d'Or, (Pierre de), 420.

Mineurs (les Frères) de Troyes, 112.

Mineurs (les Frères) de Bar-sur-Aube, 113.

Mirgaudon, Seine-et-Oise, com. St-Chéron, 145, 306.

Misse generales Clareval., 34.

Moires. Voy. Mores.

Molême, Côte-d'Or, abbaye, 6, 7, 8-10, 38, 60, 62-65, 67, 68, 138, 188-193, 197, 214, 230, 231, 254, 418-420 ; alleu, 185 ; abbés, 8, 22, 36, 189, 191, 212 ; chronique, 397.

Molendinum Leonis, Molinons, Yonne, 26, 39, 396.

Molinot, Côte-d'Or, seign., 263, 267, 353.

Monasterium Celle Trecens. Voy. Montier-la-Celle, 78.

Mondeville, Aube, com. Champignolle (village détruit), 59, 70, 71.

Moneta (de) Hato, 22.

Monneville, Oise, 406.

Monolio (Alyps de), 355.
Mons Spinosus, 38.
Monsterolo (de). Voy. Montreuil.
Monstier-en-l'Isle. Voy. Montier-en-l'Ile.
Mont (Jehan du), 92.
Montagne (bailli de la), 371, 373, 375.
Montaigne (Jean de), 97.
Montaigne, seign., 135, 295, 296, 298.
Montaigu (Pierre de), grand-maître du Temple, 222.
Montaigu, Saône-et-Loire, com. Touches, seign., 361 ; Eudes, 263 ; Robine, 358.
Montaigu, Montaiguillon, Fontaine-sous-Montaiguillon, Seine-et-Marne, seign., 95, 278, 288.
Montbard, Côte-d'Or, 354.
Montbéliard, Doubs, (invasion du comté de), 422, 424.
Montbellet, Saône-et-Loire, (Richard de), 268.
Mont-Carmel (chevalier de N.-D. du), 334, 347.
Montceaux, Aube, (Perrinet de), 362.
Montcornet, seign., 401.
Montcuq, Lot, (Bernard de), 65, 66, 232.
Montdoré, Haute-Saône, (Perrin de), 279.
Monte-Acuto (Petrus de). Voy. Montaigu (Pierre).
Montecucco (de). Voy. Montcuq.
Montecuculli, 308.
Montée-Bridey (la), 372.
Montegny. Voy. Montigny.
Montereau (le pont de), 278, 279.
Monteregali (de). Voy. Montréal.
Montiéramey, Aube, abbaye, 1, 8-10, 26, 33-35, 59, 61, 62, 71, 74, 85, 87, 114, 120, 191, 192, 205, 210, 214, 215, 221, 230, 237, 242, 268 ; abbés, 191 ; François de Dinteville,

308 ; Nicolas, 205 ; Robert, 87, 246 ; Rolland, 215 ; Thibaut, 32, 212, 214 ; religieux, 174, 213, 341.
Montier (de) Jehan, 362, 408.
Montier-en-l'Ile, Aube, *Robertus, miles*, 77.
Montiers-en-Argonne, Marne, com. Possesse, abbé, 319, 321, 324.
Montier-la-Celle, Aube, com. St-André, abbaye, 180, 191, 199, 219 ; abbés : *Galterius*, 15 ; François de Dinteville, 308 ; Pierre, 15, 199 ; fief, 78, 240.
Montiérender, Marne, abbé, 308.
Montigny. Hugues, 205 ; Jean, 98.
Montjeu, Saône-et-Loire, 280. Voy. Castille-Jannin.
Montlandon, Eure-et-Loir, seigneurie, 133, 365.
Montlhéry, Seine-et-Oise, (bataille), 289, 295.
Montmartin, Aube, forêt, 74 ; grange, 277 ; seign., 328.
Montmirail, Marne, (Jean de), 209.
Montmirey-le-Château, Jura, 244.
Montmor, Montmort, Marne, (Hugues de), 19, 200.
Montmorency (connét. de), 315, 316.
Montmorin (de) Gilbert, év. de Langres, XII ; ses armoiries, XII.
Mont-Notre-Dame (le) près Provins, Seine-et-Marne, 380.
Montois (le), 403.
Montpelonne, seign., 328.
Montpensier, Puy-de-Dôme, (comte de), 316.
Montperreux, Doubs, (Hugues de), 263.
Montréal, Yonne, Anséric, 19, 200, 209 ; Hugues, 225 ; coutume, 256.

Montreuil, Aube, 59, 62, 120, 214, 245, 357 ; bois, 230 ; Clairin, 62 ; Elisabeth, 62 ; Marie, 62.
Mont-Saint-Jean, Côte-d'Or, dame, 282.
Montsoreau, Maine-et-Loire. Voy. Chambes (de).
Montsusayn, Montsuzain, Aube, 15, 32, 44, 47, 48, 87, 107, 199, 218, 219, 261 ; Hélie, 22.
Mores, Aube, com. de Celles, abbaye, 5, 13, 14, 19, 21, 23, 29, 35, 36, 39, 41, 42, 43, 44, 54, 57, 77, 87, 110, fondation, 195 ; 201, 203, 207, 208, 211, 217, 218, 219, 230, 353, 419 ; abbés, 28, 29 ; Hugues, 206 ; Ménard, 23 ; Michel, 419 ; Nicolas, 65 ; *Radulphus*, 43 ; *Wibertus*, 19 ; prieur, Alexandre, 19 ; terre, 10, 12, 17, 192.
Moriers (Hugues), 28, 206.
Morimond, Haute-Marne, com. Fresnay, abbaye, 281.
Morinensis dyocesis, 104. Voy. Thérouanne.
Moris (terra de). Voy. Mores.
Mormant, Haute-Marne, com. Leffonds, (*Nicolaus, magister*), 25.
Mosson, Côte-d'Or, seign., 360.
Mothe-lès-Rumilly-lès-Vaudes (la), Aube, 181.
Mothe-Verlingthun, mainten. Verlingthun, Pas-de-Calais, 328.
Mothé (le), Aube, com. Poivre, 406.
Motte (la), seign., 402.
Motte (de La), 165.
Motte-Guinard (la), Aube, com. Chessy, 382, 427.
Motte d'Onjon (la), Aube, com. Onjon, 5, 123, 138, 149, 165, 174, 342, 359, 370.

Motte-Philippe (la), Aube, com. St-Phal, 382, 427.
Motte (la) de Rigny-le-Ferron, Aube, com. Rigny-le-Ferron, 358, 367.
Motte du Vivier (la). Voy. l'Islotte.
Mottet (le sieur), 174.
Motte-Tilly (la), Aube, 425.
Mouchey, Etienne, 164 ; Jacques, 151.
Mouciaux (Jehan), 108.
Moulinet, Aube, fin. Pont-Ste-Marie, 305.
Moulin-Rouge (étang), 370, 372, 373, 374.
Moulins : Boudreville, 420 ; Brannion, 403 ; Byot, finage d'Eguilly, 366 ; Caïn, 88, 246 ; Elie, 304 ; Essoyes, 64 ; *Fulcheri*, 39, 55 ; Garnier, 57, 230 ; Gérard ou Elie, 142 ; Gerboyau, 399 ; Guillaume ou Elie ou Gérard ; Payen, 31, 208 ; Saulces (des), 403.
Mousquet (Philippe), 228.
Moussigot (Simon), 329.
Mousson, Côte-d'Or, seign., 306.
Moynes, Les Moines, seign., 164.
Muissy, Muixé. Voy. Mussy.
Mundivilla. Voy. Mondeville.
Murre-Ville (le château de). Voy. Meurville.
Mussy-l'Evêque, Aube, 98, 163, 178, 336, 348, 382, 417, 423 ; Guillaume, 98, 109, 166 ; Joffroy, 109 ; Périnet, 109.
Myregaudon. Voy. Mirgaudon.

Nanteuil-le-Haudoin, Oise, baron, 319 ; comte, 319.
Nassier (Jean), 142.
Nativité (filles de La). Voy. Cordelières.
Navarre (Rois de), 242. Voy. Comtes de Champagne.

Nazareth (Palestine), 207.
Neesle. Voy. Nesle.
Nemours (M. de), 311.
Nesle (Simon de), 92, 95, 102, 252.
Neuville-sur-Seine, Aube, maison Dieu, 48, 219.
Nevelet (Jean et Pierre), 424.
Nevers, Nièvre. Comtes : 43, 49, 53, 205 ; Gui, 63 ; Guignes V, 231 ; Hervé IV, 49, 205, 218, 221, 225, 231 ; Louis, 266 ; Mahaut, 225, 231. Evêque, 191.
Nicey, Aube, com. Rumilly-les-Vaudes, (Ferry de), 148, 408.
Nicolas, év. de Troyes, 71.
Nicolas, doy. de Vendeuvre, 207.
Nicolaus, filius Crispinæ, 33.
Nil (le), fleuve, 239.
Nitry, Yonne, 8, 190.
Nivernais (le), senéchaussée, 53, 226, 292.
Noble (le) du Bellay, 165, 187 ; Marie, 174.
Noé-les-Mallets, Aube, 4, 5, 38, 42, 46, 107, 129, 134, 139, 144, 147, 152, 153, 159, 165-167, 173, 175, 176, 183, 208, 212, 221, 237, 238, 261, 273, 289, 341, 342, 344, 345, 382 ; prieuré, 38, 214 ; *Gaufridus*, 17 ; Gui, 41, 216 ; Haimon, 207, 208 ; Horriz et Horry, 107, 108, 110 ; Renaux, 108, 110 ; Thomas, 362.
Noeix, Noers, *Noeriæ*, Noex. Voy. Noé.
Nogent (Le Petit), 382.
Nogent-le-Roi, Haute-Marne, André de, 45.
Nogent. Jean et Thibaud, 148.
Nogent, 157.
Noiers. Voy. Noyers.
Noir (le) François, 171.
Noradin, 207.
Norgaudus. Voy. Telere.

Notre-Dame, chapelle paroiss. de Chacenay, 212.
Notre-Dame-aux-Nonnains de Troyes, *Johannes, capellan.*, 20, 22.
Notre-Dame de Lésines, 129. Voy. Lézinnes.
Noé. Voy. Noyers.
Noyers, Yonne. Château, 181 ; châtellenie, 35, 129, 278-280 ; armes de la famille, 394 ; sires, 91, 109 ; Agnès, 279 ; Jean, 356 ; Jeanne, 278, 279 ; Miles, 77 ; Miles VIII, 90, 250 ; Miles IX, 90, 92, 250 ; Miles X, 110, 113, 257, 261, 265, 266, 267, 270, 352, 401 ; Ysabeau, 249, 261, 356.
Noyers, Noys. Voy. Noé.
Noyon, Oise, évêché, 158 ; évêque, 326, 327.
Nozay, Aube, 164, 169 ; Jacques de, 403.
Obriot (Catherine), 385.
Odinus. Voy. Clefmont.
Odo, filius Hugonis de Juvencurt, 17.
Oger. Voy. Anglure.
Oiselay-et-Grachaux, Haute-Saône, (Jean d'), 357.
Onjon (la Motte d'). Voy. Motte d'Onjon (la).
Orceau (d'), Alexandre, 167 ; François d', 167, 176 ; François-Jean, 175, 176, 344 ; François d'Orceau d'Aresne (Mr), 175.
Orchies, Nord, 264.
Orgemont (d') Antoine, 155.
Oriant, Orient, Aube, (forêt d'), 66.
Orléans. Charles, duc d', 308 ; Louis, duc, 278 ; duc d'Orléans de Valois, 284 ; duchesse, 381.
Orliens (Orléans), Pierre, 398.
Orme (l'). Voy. Lormes.

Orval. Voy. Poiseux.
Oudinez. Voy. Ville-sur-Arce.
Oudincourt, Haute-Marne, seigneurie, 319.
Ougney, Jura, seign., 244.
Ource (l'), rivière (*Usse aqua*), 26.
Pacy-en-Valois. Voy. Passy.
Pacy-sur-l'Armançon, Yonne. Gaucher, 113, 267, 270, 354, 401 ; Guillaume, 113, 267, 354 ; Jaquot, 113, 267, 353 ; seign., 361.
Paganus, propositus, 11.
Pagney (vallée de), Jura, 244.
Paillot, Jean, 174 ; Jean-Nicolas, 174.
Palestine (la), 200, 207, 232, 239.
Palisse (la), seign., 359.
Pampelune, Espagne, 242.
Papes : Alexandre III, 206 ; Eugène III, 14, 197 ; Honorius III, 42, 45, 46, 48, 50, 220, 223, 396 ; Innocent III, 42, 216, 396 ; Pascal II, 9, 186.
Pardaillan (de) de Gondrin, 171 ; Pierre, 339.
Pargny-sur-Saulx, Marne, seigneurie, 124, 285.
Paris, 101, 300, 387 ; Châtelet (le), 172, 175, 340, 346, 347 ; défense de, 295 ; évêque, 336 ; faub. St-Marceau, 336 ; Marais (le), 336 ; parlement, 101, 102, 156, 162, 302, 337, 371 ; paroisses : St-Christophe en la Cité, 321, St-Roch, 177 ; police administrative, 177 ; rues : Francs-Bourgeois, 336, l'Oursine, 336.
Parme (Alexandre duc de), 316.
Parvoireville. Voy. Proverville.
Passy-en-Valois, Aisne, 318.
Paul-Baptiste, 311, 312.
Pavie, Italie, (bataille de), 302.
Payen, d'Unienville, 26, 205.
Pays, Aube, bénitier de l'église, 392.
Pays-Bas (les), 316.
Pélage (le cardin.), 223.
Pelé (le), Gui, 147 ; Jacques, 149.
Pellevé (Louis), 336.
Percey, Yonne, (la terre de), 285.
Perche (comté), 234.
Perdouin (Pierre), 422.
Pericard (Jacques), 139.
Périgois (Georges), joailler, 161-164, 329-332.
Péronne, Somme, 229, 270.
Perreau (Nicolas), 125, 127.
Perreux, seign., 274.
Perrose, Perreuse, Yonne, (*Henricus de*), 49.
Pérusse (de) d'Escars (Charles), 149, 155, 156. On écrit aussi Peyrusse des Cars (Haute-Vienne).
Petitpied (Jean), 149.
Pétronille-Elisabeth, fem. de Gui, comte de Bar-sur-Seine, 13, 14, 19.
Petrus Cotinus, 62.
Petrus, decan. Barri, 31.
Philippe Ier, roi de France, 9, 190 ; Philippe II Auguste, 39, 216, 396 ; Philippe IV le Bel, 96, 103, 104, 256, 262, 264 ; Philippe V le Long, 264.
Philippe-le-Hardi, duc de Bourgogne, 271 ; Philippe, comte de Flandre, 358.
Philippine. Voy. Champagne.
Philippus, miles, 21.
Pi (le) Huede, 114.
Picquart (Jehan)), 293.
Piédefer, Antoine, 371 ; Hilaire, 406 ; Jacqueline, 371 ; Jeanne, 372.
Pierre, dit Mauvais, 87.
Pierre, cardin. légat, 195, 206.
Pierrefontaines-les-Varrans, Doubs, 424.

Pierrepont, Somme, 313, 314.
Pinchesne (de). Voy. Martin.
Pinel de Chacenay, 23 ; ses enfants : *Crispina, Doëta, Girardus, Jacobus, Lambertus, Waremberius*, 23.
Pinellus (Hugo), 21.
Pinellus, prepositus, 20.
Piney, Aube, 181, 406.
Pingré (Anne), 385.
Piquigny (le seigneur de), 319.
Pisey. Voy. Pizy.
Pissenconrt, seign., 133.
Pissey, Pisy. Voy. Pizy.
Pithois (Jean) dit Dubois, 144.
Pithou. François, 424; Jeanne, 424 ; Martin, 425 ; Nicolle, 314; Pierre, 252, 306, 425.
Pizy, Yonne, 90, 102, 110, 251-257, 259, 263-265, 268, 272, 273 ; curé, Mathieu al. Mathier, 115, 268.
Plaerta (de) Marchus, 16. Voy. Pleurre.
Plaisie (du) Jehan, 401.
Plaissis (du) sire, 99.
Plancy, Aube. Ancienne famille, 248 ; armoiries, 394 ; chapelle Saint-Laurent ou chastel, 400 ; châtel et châtellenie, 400 ; dame de, 399, 400 ; maison-Dieu, 400 ; seign., 399, 400 ; Gaucher (sire de Viaspre), 400, 401 ; Gui, 227 ; Isabelle, 358, 401 ; Jean, 358, 398-401 ; Jeanne, 358, 401 ; Louis, 356, 401 ; Marguerite, 272, 401 ; Philippe, 227, 263, 399, 400.
Plancy (de), seign. de Chacenay, Mr, 2, 3, 177 ; Henri-Louis, 178, 346, 347 ; Laurent-Florimond, xix, 177, 178, 346-351 ; Louise-Charlotte, 178, 346 ; Pierre-Henri, 177, 346, 348.
Plessier-Choisel (le), Plessis-Chamant (le), Oise, com. Chamant, seign., 301.
Plessis-Savonnières (Anne du), 308.
Pleurre, Marne, Manassès, 190 ; Marc, 199.
Pocaire (Réné), 144, 306.
Poçon. Voy. Poson et Posum.
Poinçart. Voy. Dinteville.
Poinsot (Gilles), 151.
Poiseux près Orval, seign., 360.
Poitiers (de), Jean, 135 ; Marguerite, 274.
Poix (maison forte de), 268.
Polegni. Voy. Poligny.
Poligny, Aube, 10, 64, 74, 92, 98, 120, 193, 230, 237, 318, 319, 357, 372, 376.
Poliniacus. Voy. Poligny.
Polisot, Aube, 307.
Polisy, Aube, 136, 140, 145, 150, 153, 224, 266, 299, 306, 308, 317, 318, 356, 360, 423 ; château, 308, 310.
Poma, uxor Hugonis de Juvencurt, 17.
Pomarc (de) Hugues, 258.
Pommereau (le), Aube, com. Mâchy, 177, 342, 382.
Pommereuil (de) Joly, 422.
Pommerois-les-Longeville. Voy. Pommereau.
Ponce. Voy. Cuiseaux.
Poncher (de), 248 ; armoiries, 394 ; Mme, xii-xix, 173-178. (Voy. Arnauld, Elisab.-Monique) ; Claude, 336 ; Claude-Arnould, 336 ; Claude-François, xii, 170-172, 175, 333, 336-340, 344, 346, 387 ; Etienne, 336 ; Françoise-Elisabeth, 164, 168, 169, 332, 335, 426 ; Marguerite, 336 ; Pierre, 336.
Pont (le marqs de), 424.
Pont-Barse (*Pons Basse*), Aube, com. de Courteranges, 33.

Pont-Sainte-Marie, Aube, 180, 305.
Pont-sur-Yonne, Yonne, 400.
Pontailler, Côte-d'Or, *Fredericus*, 67.
Pontalliers (de). Voy. Pontailler.
Ponthieu (le comte de), 92, 95, 102, 232.
Pontigny, Yonne, abbaye, 257.
Pontius, archid., 16, 18.
Pontiz (li quens de). Voy. Ponthieu.
Pontville, Loiret, com. St-Péravy-Epreux, Claude, 367, 402-405.
Porta (de), *Haymo*, 27 ; Milon, 38.
Porte (de la) Gautier, 108.
Posanges, Côte-d'Or, seign., 261, 362.
Poson, 72, 107, 116, 237.
Possesse, Marne, (Anselme de), 202.
Posum (decima de). Voy. Poson.
Potangis, Marne, 296, 302.
Pothier (Claude-Nicolas, 158, 164.
Pothières, Côte-d'Or, abbé, 191.
Pougy, Aube, Guillaume, 263 ; Manassès, 74, 224, 227.
Pouligny. Voy. Poligny.
Pousson. Voy. Poson.
Praalain. Voy. Praslin.
Praslin, Aube, 272, 401 ; maison, 400.
Pré-au-Chêne (le), 203.
Préaulx, Préaux, Seine-et-Marne, seign., 145, 306.
Précy-Notre-Dame, Aube, François, 406 ; Jean-Baptiste, 406.
Précy-sur-Oise, Oise, 301.
Pré-du-but, Marne, com. Escardes, 285.
Préhy, Yonne, 25.
Pré-la-Croix (le), 141, 304.
Prévéranges, Cher, 159, 161, 323, 329, 330.
Priessac, Pressac, Charente, com. Saint-Quentin, seign., 326 ; Catherine, 326 328 ; Daniel, 326.
Provence (lieut. général en), 284.
Proverville, Aube, 116.
Provins, Seine-et-Marne, 54, 75, 78, 367, 380 ; bailli, 104 ; Cordelières, 368, 403, 404.
Ptolémaïde, 207.
Puis, Puy (le), 75, 277. Voy. Puits-Nuisement.
Puiseaux, Aube, com. Eaux-Puiseaux, Guillaume, 115, 268.
Puits-Nuisement, Aube, (*Ad Puteolos*), 26, 205.

Quenegons. Voy. Cunégonde.
Quercus (grangia dicta). Voy. Chêne (grange du).
Queue-en-Brie (la), Seine-et-Oise, seign., 368.
Quincey, Côte-d'Or, 118.
Quitry. Voy. Guitry.

Radulphus, abbas. Voy. Clairvaux, *Claustrum*.
Radulphus, major de Lusigniaco, 62.
Radulphus, major de Urvilla, 87, 89.
Rageia, Rajeuse, Yonne, com. d'Arces, forêt, 24, 54, 226.
Ragie (Miles de), 272.
Raguier, Hilaire, 371 ; Louis, év. de Troyes, 290 ; Salomon, 425.
Rainaldus, monachus episcopi, 20.
Rains (Bertrand de), 228. Voy. Reims.
Ramée (la) branche de la maison d'Escageul, 333.
Ramerupt, Aube, (comte de), André, 191, 197, 209 ; Erard, 54, 216, 227.

Randons (pré des), 203, 341. Voy. Roandun.
Raoul, abbé de St-Jean des Vignes, 42, 45.
Raoul. Voy. Himmelrod.
Rasse, seigneurie, 301.
Rebais, Seine-et-Marne, abbaye, 157 ; abbés, 319, 321, 324, 325 ; village, 270.
Rebais (de) Jacques, 78, 239.
Récompense (la), 157, 306, 369, 375, 377.
Regnaut. Voy. Barbez, Fontettes, Trye.
Regnier (Bonaventure), 322.
Reigny. Voy. Rigny.
Reims, Marne, province, 216 ; archev., 191 ; Bertrand, 228.
Reîtres (invasion des), 422, 423.
Remiremont, Vosges, 158, 327, 378.
Remondot (le bois) ou Tête-au-Lièvre, à Eguilly, 372.
Renard de Choiseul, 45.
Renaudus, abbas Bassifontis, 32
Renaudus, vicecomes Barri, 33.
Renault, Aube, com. Fresnoy, 360.
René. Voy. Anjou, Bar, etc.
Renève-s/-Vigeanne, Côte-d'Or, 291.
Rennepont, Haute-Marne, 180.
Rennes, Ile-et-Vilaine, l'évêque, 191.
Renty, Pas-de-Calais, château, 311.
Rethelois (comte de), 367.
Reuillon, Côte-d'Or, com. Censerey, seign., 306.
Rey (le), Guillaume, 402, 405 ; Jacques, 402 ; Marthe, 402.
Ricard, *Ricardus calvus*, 7, 189.
Ricardus, prior, 57.
Reciaco (de), Riceys (les), Aube, 289, 327 ; Robert, 10, 192.
Richard, év. d'Albano, 190.
Richardus, prepositus de Chacetniaco, 11, 12, 17.

Richebourg (Claude de), 181.
Richecourt, Meuse, 288, 359.
Riel-la-petite. Voy. Riel-les-Eaux.
Riel-les-Eaux, Côte-d'Or, 18, 26, 199, 215, 235, 236, 272, 273.
Ricz, Basses-Alpes, (évêque de), 000.
Rigny-le-Ferron, Aube, xiv, 133, 137, 272, 358, 363, 366, 398, 399-405 ; chapelle Ste-Paule, 367, 368 ; tombe de Galas de Chaumont, 392 ; fief de la Motte, 358, 403, 405, 406.
Rimaucourt, Haute-Marne, 279, 356.
Ripatorium. Voy. Rivour (La).
Riquencourt, seign., 133.
Rivière-Bourdet (la), Seine-Inf., com. Quevillon, seign., 364.
Rivière-de-Corps, Aube, 180.
Rivière (de la) Haaliz, 77.
Rivières-et-Henruel (les), Marne, seign., 371.
Rivi Parvi (finagium), 18. Voy. Riel-la-Petite.
Rivour (La), Aube, com. Lusigny, abbaye, 13, 20-22, 29, 31, 39, 48, 55, 61, 71, 113, 196, 201, 202, 203, 204, 208, 214, 220, 227, 232, 238 ; Notre-Dame de, 21 ; Alard, abbé, 16, 199 ; *Gaufridus* et *Thomas*, monac., 32.
Roandun (*pratum de*), 26. Voy. Randons.
Robert (saint), abbé de Molême, 7, 8, 189.
Robert (Louis), seign. de Fortelle, 383.
Robert (Marie), 165, 383, 384.
Roche (la) Jean, (comte de), 263.
Rochebaron, Haute-Loire, com. Bas-en-Basset, (Jeanne de), 287.
Rochechouart, Charente, (vicomte de), 309 ; François de

Pontville, 309; Louise, 146, 148-151, 307, 309, 316-318, 373.
Rochefort, Côte-d'Or. Agnès, 179; Gui, 240, 241; Simon, 179, 180, 222, 223.
Rochefoucauld (de la), le comte, 311; Jaquette, 309.
Rochefort (Charles de), sire de Plancy, 362.
Rochefort (Gaucher de), 263.
Roche-Milay (la), Nièvre, 265, 267, 360.
Rochetaillée, Haute-Marne; fief de Rochetaillée à Chervey. Seign., 143, 146; Geoffroi, 12, 14-16, 18, 19, 21, 23, 199, 200, 202, 203; Henri, 197; Jacques, 130, 138, 322; Nicolas, 364.
Rôcourt, Haute-Marne, 67.
Rodemanche (de) Isabelle, 279.
Roffey (Jehan de), 136, 299.
Rohan (de) François, 147, 315; Louis, 289.
Roinvilliers, Seine-et-Oise, seigneurie, 406.
Rolin (Nicolas), 289.
Roline. Voy. Clefmont.
Romains(Guillaume, roi des), 242.
Rome (ambassadeur à), 308.
Romero (Julian), 311.
Romilly-sur-Seine, Aube, 148.
Romont, Vosges, seign., 321.
Roncenay, Aube, (Jehanne de), 398.
Roosny. Voy. Rosny.
Rosière (Jeanne de la), 134, 138.
Rosny, seign., 355.
Rosson, Aube, com. Dosches, (Huet de), 166.
Rougemont, Côte-d'Or, Eudes, 6, 8, 189; Hugues, 8; Rocelin, 6, 189.
Rougemont, Doubs, château, 229; Catherine, 362; Jean, 274, 277, 278.

Roussé (de) Catherine, 328.
Roussillon, Côte-d'Or, seign., 360, 408.
Rouvroy (de) Estevan, 98.
Bouvroy (de) Gilles, 301.
Roux (le Grand et le Petit), Yonne, com. St-Loup-d'Ordon. Jean, 406; Juvénal, 406, 407; Louis, 367, 403-406; Marguerite, 407.
Roux (le) Nicole, 275.
Rovre, Rouvre, Aube, 50.
Roye et Royes (de) Florent, 96, 100.
Ruelle, seign., 369.
Rumilly-les-Vaudes, Aube, 9, 181.
Rupt, seign., Jean, 272, 273.
Ryé. Voy. Riel-les-Eaux.

Sacey, Aube, com. Rouilly-Sacey, 5, 134, 138, 145, 149, 157, 159, 165, 168, 171, 173, 254, 339, 342, 387.
Sailly, Haute-Marne, 357.
Sainctz, Sains, Saint, Saints (de), armoiries, 394; Galleran, 301; Jean, 140-143, 301-304, 409, 417, 426.
St-André (le maréchal de), 316.
St-Antoine (de) Thibaut, 253.
St-Aventin, Aube, com. Verrières, seign., 360.
St-Aventin (de) Jean, prévôt de St-Loup de Troyes, 105.
St-Benoît-sur-Seine, Aube, Henri, 92, 108.
St-Bris, Yonne, 115, 153, 279, 320, 354-356, 361, 362.
St-Chamond, Loire, seign., 359.
St-Chéron (de), Marne, armoiries, 390; seign., 151, 368, 371, 372, 375, 406.
St-Cire et St-Cyr, Yonne, seign., 355, 367
Saint-Claude ou Saint-Oyand, Jura, abbaye, 28.
St-Denis, abbé, 92, 95, 102;

Mathieu de Vendôme, 252.
St-Etienne de Troyes (doyen de), 148.
St-Etienne, église de Bertignolles, 37, 213, 418.
Sancti Eugendi (monachi). Voy. St-Claude.
St-Eusèbe. Voy. St-Usage.
Sanctus Usigius, 27, 28. Voy. St-Usage.
St-Fale. Voy. St-Phal.
St-Fargeau (dame de), 295.
St-Florentin, Yonne, (châtellenie, 281.
St-Germain d'Auxerre (abbaye), 249.
St-Gratien-Savigny, Nièvre, 263.
St-Hérem (de). Voy. Montmorin.
St-Jean de Jérusalem (ordre de), 378.
St-Jean-des-Vignes de Soissons, Aisne, Raoul, abbé, 42, 45, 48, 50, 219, 396.
St-Just, Marne, seign., 95, 295, 296, 302.
St-Laurent (église de Champigny), 201.
St-Lazare (chevalier de), 334, 347.
St-Liébaut, aujourd. Estissac, Aube, 327.
St-Loup de Troyes, abbaye, 47, 48, 61, 62, 93, 94, 104, 105, 219, 230, 236, 256; abbés : Evrard, 16, 199; *Galterus*, 71; Philippe, 215; prévôt, Jean de St-Aventin, 105.
St-Luc (la Chapelle), Aube, 336.
St-Lyé, Aube, 194, 195.
St-Maclou de Bar-sur-Aube, 50, 113, 220, 224.
St-Martin-en-Morvand, seigneurie, 361.
St-Mesmin, Aube, 400.
St-Nabord, Aube, 113.
St-Navort. Voy. St-Nabord.
St-Nicolas de Bar-sur-Aube (les dames de), 113.

St-Nicolas, chapelle du château de Chacenay, XII, 112, 212, 345.
St-Nicolas, chapelle de Morimond, 281.
St-Nicolas de Troyes, (motte, donjon, porte de), 193, 199, 213, 240.
St-Omer, Calvados, 266, 267.
St-Ossège. Voy. St-Usage.
St-Parres-aux-Tertres, Aube, 33.
S. Patrocli (hasta). Voy Saint-Parres-aux-Tertres.
St-Phal, Aube, 165, 317, 379-382, 384, 427; Etienne, 263; Richard, 405.
St-Pouange, Aube, Menisson (Antoine), seign., 424.
St-Priest (de), Jean, 359.
St-Quentin, Aisne, 315, 316.
St-Remy-en-Bouzemont, Marne, seign., 372.
St-Remy de Reims (abbaye), 110, 352.
St-Remy (de) Henri, 152, 153; Jacques et Nicolas-René, 173.
St-Remy-sous-Barbuise, Aube, 400.
St-Robert, prieuré, 421.
St-Roch (paroisse à Paris), 177.
St-Sauveur-en-Puisaye, Yonne, 49, 222.
St-Sépulcre (chevalier du), 364.
St-Sépulcre, aujourd. Villacerf, Aube, prieuré, 48, 219 ; Agnès, 181.
St-Simon (de) Gilles, Guillaume, Jacqueline, Jeanne, Marie, 301
St-Trivier-en-Dombes, Ain, 274.
St-Urbain de Troyes (doyen de), 148.
St-Usage, Aube, 6, 24, 27, 28, 37, 38, 46, 75, 79, 81, 98, 107, 111, 114, 130, 135, 141, 166, 204, 214, 240, 261, 265, 288, 298, 318, 322; Gui, 68, 79, 81, 82, 240; Haymon et

Thomas, 79, 81, 82, 240.
St-Vérain, Marne, Jean (de), 401 ; Jeanne, 272, 399, 400 ; Marguerite, 355.
St-Vincent (baron de), 374.
Ste-Colombe-en-Auxois, Côte-d'Or, seign., 118, 274.
Ste-Geneviève de Paris, Jean, abbé, 50.
Ste-Hermine, Vendée, seign., 354.
Ste-More, 90.
Ste-Parise. Voy. Tours.
Ste-Savine, Aube, 180.
Ste-Suzanne, Aube, com. Mailly, 406.
Saintré (le Petit Jean de), 270.
Saladin, 207-209.
Salazar, Salezar, Sallezard (de), armoiries, 395, 427; Bernarde, 139, 141-146, 298, 301-307, 315, 409, 416; François, 302 ; Galas, xv, xxi, 134-138, 295-304, 335, 365, 366, 416; Hector, 296, 297 ; Jacques, 301, 302 ; Jean, 295, 296 ; Lancelot, 296, 301 ; Tristan, 296, 395, *correct.*, 428.
Salins (de) Philibert, 283.
Salione (de) Jacobus, 76.
Salomon (jugement de), 142.
Samarie, 207.
Samboin (marquis de), 330.
Sancerre, Cher, comtesse, 245.
Saône (la), 423.
Sarrebruck (de), Jean IV, év. de Châlons-sur-Marne, 124, 285; Laure, 401; Simon, 283, 285.
Sarrigny (de) Jean, 270.
Sarvolles. Voy. Cervolles.
Satons (*Guillelmus*), 18.
Saubertier (seign. de), 316.
Saulces (moulin des), 403.
Saulx (de), Anne, 343, 346 ; Pierre, 324.
Saussay (le), Nièvre, seign., 358, 401.
Saveric (maison de), 213.

Savigny, seign., 363.
Savigny (de) Nicole, 153.
Savoie, duc, 423 ; Emmanuel-Philibert, 316 ; Louise, 308.
Savoisy (de) Eudes, 356.
Séant. Voy. Bérulles.
Sébaste, 207.
Séguier, avoc. génér., 348.
Séguier, Séhier. Voy. Gand.
Seigné, Seigny, Côte-d'Or, seigneurie, 377, 378.
Seine, 90, 320.
Semur, Côte-d'Or, seign., 274.
Senailly, Seignelly (val de), 90.
Senelle, Moselle, seign., 328.
Senlis, Oise, 95, 100, 139, 142, 297, 301, 302; bailli et capitaine, 417.
Sennecey [le Grand], Saône-et-Loire, Gui (de), 223.
Sennevoy, Yonne, Hubert (de), 157.
Sens, Yonne, 98, 293 ; archevêques, 54. 191, 216, 227, 296 ; bailli, bailliage, 97, 128, 252, 403 ; prévôté, 399.
Sères, (*Seris*), Aube, près Bar-sur-Seine, 95, 181.
Sermoise, Aube, com. Champignolle, 140, 159, 302.
Servigny, Aube, com. Essoyes, (Adam de), 98.
Servolles. Voy. Cervolles.
Sexfontaine, Haute-Marne, (Simon de), 45.
Seyne. Voy. Seine.
Sézanne, Marne, 55, 91, 101, 283, 284.
Sicile (reine d'Anjou), 285.
Sidonia. Voy. Lenoncourt.
Sigy, Seine-et-Marne, seign., 367, 403.
Silly(de), branche d'Ecageul, 333
Simiane de Gordes (Armand de), 331.
Simon, de Chervey, 41.
Sisteniaco (de) ecclesia, 7. Voy. Stigny.

Soindres, Seine-et-Oise, seign., 336, 340.
Soissons, Aisne, 178, 346 ; doyen, Guy, 42, 46, 48, 396 ; évêques : 396 ; Gauthier, 252 ; Haymard, 42, 45, 48, 219 ; Jacques, 50 ; Aliénor (de), 247.
Soligny-les-Etangs, Aube, 425.
Solteins (*Guiardus*), Wiard Sultan, 21.
Sombernon, Côte-d'Or, (Eudes de), 263.
Soncourt, Haute-Marne, seign., 319, 323-325, 327.
Sosay, Sosoy. Voy. Saussay.
Soumaintrain, Yonne, seign., 360.
Spina (grangia de). Voy. L'Epine.
Spoix, Aube, 5, 90, 109, 116, 134, 166, 172, 173, 181, 257, 297, 309, 320, 342, 356, 423 ; Cathelin, 362.
Stigny, Yonne, 67, 189, 190.
Suilly. Voy. Sully.
Suisses (les), 423.
Sully, Loiret, (Henri, sire de), 245.
Sully (Jeanne de), 358, 401.
Sury-aux-Bois, Loiret, 397.

Taichot (Jean), 125.
Talebos, Taillebois, (Hugues), 28.
Taneileres. Voy. Thennelières.
Tanneguy. Voy. Créqui.
Tartier (Le) Yves, 148.
Teissier (Le) de Montarcy, (Pierre), 162, 163, 331.
Telere (de) *Norgaudus*, 7.
Templiers (les), 222, 223 ; *militia Templi*, 69 ; grand-maître, Guillaume, 221.
Templiers de Troyes, 46, 219, 232, 234.
Térouenne. Voy. Thérouanne.
Tête-au-Lièvre (bois), Voy. Remondot.

Teutoniques (chevaliers), 48, 222, 223. Voy. Beauvoir-les-Allemands.
Thennelières, Aube, 5, 32, 61, 140-142, 149, 153, 156, 163 ; 174, 254, 307, 308, 342, 387.
Thérouanne, Pas-de-Calais, siège d'un anc. évêché. Avoué, 282, 288, 290, 365 ; évêque, 95 ; Jean de Bouloigne, 100 ; official, 104, 256.
Thibaut II, comte de Bar-le-Duc, 397.
Thieffrain, Aube, 75, 145, 307.
Thil-en-Auxois, Côte-d'Or, Guillaume, 263.
Thionville, Moselle, (siège de), 325.
Thoires, Côte d'Or, seign., 305, 306, 360, 377, 378.
Thoirs. Voy. Thoires.
Thons, Vosges, seign., 320, 321, 326.
Thors, Aube, *Hugo de* Thore, 222.
Thouars, Deux-Sèvres, Catherine, 362 ; Hugues, 261 ; Renaud, 247.
Thourotte, Oise, Aubert, 263 ; Robert III, 187, 236.
Tibériade, Palestine, 207, 208.
Tielous (lou), 74 ; étang (de), 74.
Tiffauges, Vendée, (château de), 247.
Tocy (de) Alix, 282, 283.
Tonnerre, Yonne, comté, 185, 188 ; Azeka, 188 ; Louis de Châlon, 118, 271.
Torcé (lou Grant, lou Petit). Voy. Torcy.
Torcy-le-Grand, Torcy-le-Petit, Aube, 103, 113, 255.
Torotte. Voy. Thourotte.
Torvilliers, Aube, 180.
Toul, Meurthe-et-Moselle, (couvent des Cordeliers), 325.
Tour (de la) Henri, 374.
Tournay (évêque de), 267.

Tourraine (la), 336.
Tours, 286, 362 ; archév., 191 ; doyen, 95, 252.
Tours Ste-Parise (les), VII-X, XIII, XIV, XVI, XXI, 3, 5, 115, 123, 130, 134, 136, 139, 142, 146, 147, 148, 149, 155, 157, 158, 159, 160, 163-165, 167, 171, 172, 175, 177, 183, 251, 253, 260, 261, 264, 269, 281, 285, 299, 317, 333, 334, 337, 338-340, 342, 343, 345, 348; chronol. des seign., 352-387, 427.
Trainel, Aube, châtell., 281 ; Anseau II, 196, 218 ; Anseau III, 196, 197 ; Dreues, 263 ; Garnier, 179, 197, 227 ; Henri, 263.
Trée, aujourd. Treix, Haute-Marne, 67.
Trembleio (terra de), 22.
Trémoille (de la) Georges, 295 ; Jean, 361 ; Marguerite, 295, 297.
Trinité (la) de Bar-sur-Seine, Aube, 14, 101, 196 ; prieur : Henri, 101, 254.
Tripoli, 208.
Troies. Voy. Troyes.
Trois-Fontaines, Marne, Gui, abbé, 194.
Trouillart (Jean), 269.
Troyes, 8, 11, 69, 71, 95, 104, 110, 127, 277, 293, 295, 296, 349, 358 ; *aula comitis*, 8 ; bailli, 100, 104, 111, 123, 136, 145, 148, 150, 273, 275, 299, 307, 308, 310, 317, 318, 366, 417 ; bailliage, 142, 146, 160, 292, 306, 309, 314, 320, 329, 331, 348, 375, 377, 420, boisseau, 182 ; cathédrale, 24, 39, 137, 280, 300; châtellenie, 103, 204 ; comtes : Thibaut IV, 396, voyez Champagne ; concile, 190 ; Cordeliers, 267, 294, 352, 353 ; coutume, 95, 96, 346 ; diocèse, 281 ; Dominicains ou Jacobins, 182, 426 ; évêché, 284 ; évêques : Arcis (Pierre d'), 283 ; Bouthillier (Denis-François), 181 ; Carinthie (Henri de), 15, 20, 21, 194, 199, 202, 203 ; Haton, 15 ; Hervé, 47, 223 ; Léguisé, 284, 288 ; Malier (François), 284 ; Mathieu, 25, 195 ; Raguier (Louis), 290 ; fiefs, 240 ; Frères-Mineurs, 112 ; garde du scel. 398, 400 ; Grands-Jours, 253, 254 ; Grosse-Tour 382 ; lieut. génér., 275, 420 ; maison Franquelance, 360 ; mesure, 44, 47, 104, 120, 218, 233, 253, 256 ; motte St-Nicolas, 78, 193, 199, 213, 240 ; musée, 395 ; Notre-Dame de Troyes, 20 ; official et officialité, 94, 256 ; péage de la porte St-Nicolas, 78, 193, 199, 213, 240 ; porte du Beffroy, 166 ; prévôt des marchands, 165 ; rues du Bourg-Neuf, des Quinze-Vingts, 360 ; St-Jean (église), 137 ; St-Loup (abbaye), 47 ; St-Pierre (doyen de), 299 ; Templiers, 219 ; traité de, 280.
Truchot (Jehan), 136, 299.
Trye (de) le maréchal, 266 ; Jeanne, 354 ; Philippe, 355 ; Renaud et Regnauz, 118, 354.
Turcs (les), 207.
Tunis, 248.
Turny, Yonne, 222.
Turpis moneta (Herbertus), 30.
Tyr, 208 ; Guillaume (de), 207, 209.
Univilla, Unienville, Aube, Payen, 26, 28, 205.
Ursius (des) Michel, 166.
Urville, Aube, 88, 89, 246 ; Guillaume, 88 ; Raoul, maire, 88, 246.

Usse (aqua). Voy. l'Ource.

Vacherie (la), Aube, com. Clérey, 214.

Vailly, Aube, 180.

Val-des-Ecoliers, Haute-Marne, com. Verbielle, abbaye, 42, 57, 87, 218, 227, 245, 419 ; *prior* : *Ricardus*, 57.

Val-des-Vignes, Aube, com. Ailleville, couvent, 113, 232.

Vallières, Aube, 139, 308.

Valois (de), Charles II, comte d'Alençon, 355 ; Louis, comte d'Alais, 284.

Vallois (de) St-Remy, 173.

Valsusenay (le), Aube, com. de Vendeuvre, 75.

Valvimbourg, Aube, com. Chacenay, XIII, 345.

Vanlay, Aube, 308, 309.

Vantelet (le sieur du), 344.

Varennes (sieur de), 170, 171.

Varnovillare (de). Voy. Vernonvilliers.

Vasselet (dom), prieur de Bertignolles, 422.

Vauchonvilliers, Aube, 75. Vauchoviler.

Vaucouleurs, Meuse, Guillaume de, 107, 260.

Vaudes, Aube, 5, 69, 130, 134, 154, 156, 157, 160, 163, 164, 165, 167, 169, 172-174, 176, 339, 342, 364, 382 ; Hugues de, 69.

Vaudremont, Haute-Marne, 180.

Vaudrey (de) Anne, 148, 317.

Vaulrougeulx, 372.

Vauluisant, Yonne, com. Courgenay, Jean Hanoteau, abbé, 402.

Vaussine (de) Jehan, 364.

Vaussoigne (de) Jehan, 96.

Vaususannain, Vaususemain. Voy. Valsuzenay.

Vauvray (de) Charles, 168.

Vaux, Aube, com. Fouchères, seign., 360, 407.

Vaux (Guillemette de), 359.

Venderesse, Vendresse (de) Jean, bailli de Troyes, 273.

Vendeuvre, Aube : bois de, 74, 191 ; château, 292 ; châtellenie, 281 ; doyens : 418, Maubert, 36, 38, 212, 418, Nicolas, 207 ; seign., 158, 180, 327, 361, 362 ; Eudes, 42 ; Galeran, 204 ; Hilduin, 12, 193 ; Hugues, 32, 179, 202, 210 ; *filia Hugonis*, 32 ; Jean de Noyers, 356 ; Isabeau de Noyers, 356 ; *Liduinus*, 11 ; Odette, 179 ; Rocelinus, 12.

Vendôme, Gilles de, 96 ; Jacqueline, Jehan, 361.

Vendopero (de). Voy. Vendeuvre.

Venel (Louise), 425.

Venise, Italie, ambass. du roi, 385.

Venisy, Yonne, 54, 216.

Venouse, Yonne, 257.

Ventadour (de), Monstier-Ventadour, Corrèze, Jacques, 131 ; Marguerite, 361, 362.

Vergy, Côte-d'Or, com. Ruelle-Vergy. Maison de, 290 ; Henri, 263 ; Jean, 257, 258 ; Jean (bâtard), 288 ; Jeanne, 288, 290, 291, 365.

Verloing (de) Pierre, 421, 422.

Vernonvilliers, Aube, *Henricus*, 7.

Verpillières, Aube, 64, 141, 231, 304, 322, 426.

Verpy (Didier), curé de Chacenay, 148.

Vertault, *Vertellum*, Yonne, 7, 189.

Verton, Yonne, com. Montacher, 159, 328, 401 ; famille de, 248 ; Louis-François-Marie, 169, 334, 347, 426.

Vexin-Normand (le), 133.

Vézelay, Yonne, 197, 198.
Viâpres, Viáspre, Aube, 400.
Viard, *Wiardus*, Guiard, *Guiardus*. Voy. Chappes, etc.
Vicenæ. Voy. Vincennes.
Vienne (le sieur de), 165; dame, 167; Marie-Elisabeth, 173; Nicolas-François, 173.
Vieuxpont (marq. de), Guillaume-Alexandre, 381.
Vieux-Berger (le), Yonne, com. Cérilly, 405.
Vignier (de) Guillemin, 98.
Vignier, Jacques, 327; le P. Jacques, 205, 274; Jérome, 325; Marie, 327; Nicolas, 425; Philippe, 130, 290.
Vignory, Haute-Marne, baron, 319; Guy, 190, 191; *Girardus de Wangionisrivo*, 28.
Viillon (de) Jehan, 101.
Vilenesse, Villenesse, village disparu, près de Landreville, Aube, 22, 203.
Vilers. Voy. Villiers-sous-Praslin.
Villacerf. Voy. St-Sépulcre
Villaines-en-Duesmois, Côte-d'Or, 110, 264; Mathieu, 304, 305.
Villa Media. Voy. Villemoyenne.
Ville [sous-la-Ferté], Aube, Henri, 138; Jehan, 134, 144, 153.
Ville-au-Bois (la), 75, 146, 322, 364.
Villebaron, ou Villebarou, ou Villebarot, 320.
Villeblavain, Villeblevin, Yonne, 100.
Villebon (Jehans de), 400, 401.
Ville-Ciens, Villecien, Yonne, 91.
Villecomte, Côte-d'Or, 288,
Villedieu, seign., 161, 163.
Villehardouin (de), Aube, Geoffroy, 217, 229.

Villemareuil, Villemereuil, Aube, 157, 166, 375. Villemereux.
Villemaur, châtel., Aube, 25, 204, 358, 367, 403; Nicole, 370.
Villemorien, Aube, 181.
Villemort, Vienne, seign., 381.
Villemoyenne (*Villa Media*), Aube, 1, 62.
Villenauxe, Aube, Gille, 78, 239.
Villeneuve, Seine-et-Oise, seig., 340.
Villeneuve (la), Haute-Saône, 357.
Villeneuve-aux-Riches-Hommes, Aube, com. Trancault, 263, 425.
Villeneuve, près Bar-sur-Seine, Aube, 181.
Villeneuve-en-Chevrie, Seine-et-Oise, 336.
Villeneuve-Mesgrigny, aujourd'. Villeneuve-au-Chêne (la), Aube, 74, 75, 160, 327, 328.
Villeragis, Ville-Ragise, 90; Ville Regis, 285.
Villereys, 244.
Ville-sur-Arce, Aube, 115, 131, 132, 136, 144, 148, 149, 153, 155, 156, 165, 167, 168, 170, 174, 215, 289, 339, 341, 342-357, 359, 426; Ville-sur-Arce d'En Haut et Ville-sur-Arce d'En Bas, 139-174; chapelle, 359; fief, 364; moustier, 357. Voyez Longeville. Barthélemy, 130, 289; Cathelin, 362; Edmée, 155, 156; Escorchés, 54; Geoffroy, 98; Huoz, 108; Isabiaux, 108; Jean, 130, 132, 133, 362; Méline, 108; Oudinez, 108; Perron-Barat, 98; Philippe, 149.
Villetre, Villette, Aube (église de), 112.
Villevenard, Marne, seign., 425.

TABLE 473

Villeynes. Voy. Villaines.
Villiers, (fief), à Spoix, 5.
Villiers-le-Sec, Haute-Marne, 180.
Villiers-sous-Praslin, Aube, Gui, seign., 53, 226.
Villiers-sur-Suise, Hte Marne, 130, 290.
Villy-en-Trodes, Aube, 380.
Villy-le-Maréchal, Aube, 272; Adeline, 62; Erard, 51, 52, 225.
Vincennes, Seine, 399.
Vinea Clos, 30; *Garnerii et Fornerii*, 291; Chacenay, 90; *Ruffe de* Couvegnon, 29, 30.
Vital, médecin, 192.
Vitré, Vitriacus, Vitry-le-Croisé, Aube, 4, 14, 15, 27, 28, 30, 38, 43, 45, 46, 68, 70-72, 77, 79, 82, 83, 84, 85, 92, 98, 107, 109, 111, 113, 116, 117, 119, 121, 123-128, 129-131, 135, 140, 141, 147, 149, 156, 157, 166, 195, 198, 204, 214, 217, 220, 229, 230, 233, 237, 238, 241, 242, 246, 255, 261, 265, 280, 285, 288, 291, 298, 305, 306, 315, 317, 322, 357, 358, 360, 362, 363, 369, 375, 377, 379, 387, 407; bois, 129, 150, 156, plans des bois, 372; coutume, 262; grange, 29; notables, 241; prévôt de, 377; Albéric, 17; Jaquete, 116; Jean, chapelain, 22; Perrinot le Fourroilon, 116.
Vivariæ, Viver, Viviers, Aube, 5, 35, 74, 85, 107, 115, 136, 141, 159, 166, 183, 212, 221, 233, 242, 261, 304, 331; curé, Robert, 232; prieuré, 215, 238, 268; prieurs, 16, 114, 298, 299.
Voillemer (Jean) dit le Barbier, 125, 127.
Voiz. Voy. Voué.
Voudre (de la) Jehans, sire de, 99.
Voué, Aube, 107, 113, 259, 261.
Vougery (Jehannin), 125, 127.
Vraincourt, Hte-Marne, seign., 319.
Vulpillerie. Voy. Verpillères.

W. Voy. G. et V.
Walanus, faber de Castellione, 7.
Walcheren (île de), 243.
Warbertus catalaunensis, 19.
Warembertus. Voy. Pinel.
Warnerius, archidiaconus, 18.
Wèdes, Eudes. Voy. Broyes.
West-Kapel (bataille de), 243.
Wiardus, tabernarius, 76.

Ysabeau. Voy. Elisabeth.

Zéélande (la), 242.
Zurlauben (Marie-Elisabeth), 177
Zurich, Suisse, 423.

TABLE DES MATIÈRES

INTRODUCTION V
Le château de Chacenay VI
I.   L'ancien château jusqu'en 1285 VII
II.   Le château après 1285 VIII
      1. Le donjon VIII
      2. Les Tours Sainte-Parise IX
      3. La chapelle X
III. Le château du XVe siècle à la fin du XVIIIe ... XIII
IV.   Le château actuel XX

I.

TITRES DE LA SEIGNEURIE DE CHACENAY ET DES TOURS SAINTE-PARISE 1
Note sur les premiers Durnay 179
Note sur les de Gand 181
Note sur la mesure de Chacenay 182

II.

HISTOIRE CHRONOLOGIQUE DE LA BARONNIE DE CHACENAY ... 185
I.   Anséric Ier 188
II.   Milon Ier 189
III. Anséric II 191
IV.   Jacques Ier. — Anséric III. — Thomas Ier 196
V.   Erard Ier. — Thomas II. — Jean Ier 202
VI.   Erard II. — Jacques II 214

VII.	Hugues ou Huet. — Erard III................	236
VIII.	Alix. — Ses maris : Gui ou Guigues, comte de Forez ; Guillaume, vicomte de Melun.........	243
	La maison d'Arcis-sur-Aube avant 1278	248
IX.	Jean II. — Erard IV. — Guillaume Ier, Milon ou Milet II	250
X.	Guillaume Ier (le même)	262
XI.	Erard V	266
XII.	Jeanne d'Arcis.—Son mari ;Guillaume de Grancey.	271
XIII.	Robert de Grancey.........................	274
XIV.	Claude de Grancey. — Ses maris : Pierre d'Aumont ; — Philippe de Chanvirey ; — Aimé de Choiseul ; — peut-être Jean de Mello	276
XV.	Jeanne de Choiseul. — Ses maris : Etienne d'Anglure ; — Jean de Blaisy ; — Jacques de Louans.	282
XVI.	Claude d'Anglure. — Son mari : Galas de Salazar.	295
XVII.	Bernarde de Salazar.— Ses maris : Jean de Saints ; — Mathieu de Villaines ; — René Pocaire	301
XVIII.	Guillaume de Dinteville	307
XIX.	Jeanne de Dinteville. — Ses maris : Louis de Lenoncourt ; — Philibert de Choiseul	318
XX.	Charles de Lenoncourt......................	323
XXI.	Claude de Lenoncourt	324
XXII.	Philippe de Lenoncourt.....................	325
XXIII.	Antoine du Châtelet de Thons. — François de Clermont-Tonnerre	326
XXIV.	Daniel du Châtelet. — Jean de Mesgrigny	328
XXV.	Louis d'Ecageul...........................	332
XXVI.	Louis-François-Marie de Verton	335
XXVII.	Claude-François Poncher et Elisabeth-Monique Arnauld.................................	336
XXVIII.	Laurent-Florimond de Plancy	348
	Succession de Laurent Florimond de Plancy ...	349

III.

Chronologie des seigneurs des Tours Sainte-Parise....		352
I.	Erard IV d'Arcis-Chacenay...................	352
II.	Erard IV (le même). — Guillaume II d'Arcis. — Marguerite d'Arcis.......................	353
III.	Mathieu de Mello et Marguerite d'Arcis.........	354

	TABLE	477
IV.	Renaud de Mello	356
V.	Jean de Mello Ier	359
	Jean de Mello II.........................	359
VI.	Louis de Mello	360
VII.	Jean de Mello III	361
VIII.	Antoine de Chaumont	363
IX.	Guillaume de Chaumont	365
X.	Jacques de Chaumont	368
XI.	Léonard de Chaumont......................	371
XII.	Antoine de Chaumont Ier	375
XIII.	Antoine de Chaumont II et Marguerite de Foissy.	376
XIV.	Jean de Foissy	378
XV.	Nicolas Dauvet...........................	379
XVI.	Alexis-François Dauvet et Louis-Anne Dauvet ...	380
XVII.	François Dauvet..........................	384

Sceaux et Armoiries 388
    Planche Ire 388
    Planche II...................................... 389
    Planche III..................................... 389
    Planche IV 395

Additions 396
Lettre d'Erard II de Chacenay au pape Honorius......... 396
Second mariage d'Alix de Chacenay 397
Alliance des maisons de Plancy, Rigny, Chaumont et Chacenay.. 398
La grange de Fontarce aux xve et xvie siècles........... 407
Inventaire des titres du prieuré de Bertignolles 418

Corrections 425
Table des noms de personnes et de lieux 429

Imp. Brunard, rue Urbain IV, 85. — Troyes

www.ingramcontent.com/pod-product-compliance
Lightning Source LLC
Chambersburg PA
CBHW071609230426
43669CB00012B/1888